Karl-Ernst Sommerfeldt / Herbert Schreiber
Wörterbuch der Valenz etymologisch verwandter Wörter

Karl-Ernst Sommerfeldt / Herbert Schreiber

# Wörterbuch der Valenz etymologisch verwandter Wörter

Verben, Adjektive, Substantive

Max Niemeyer Verlag
Tübingen 1996

Die deutsche Bibliothek – CIP-Einheitsaufnahme

*Sommerfeldt, Karl-Ernst:*
Wörterbuch der Valenz etymologisch verwandter Wörter : Verben, Adjektive, Substantive / Karl-Ernst Sommerfeldt/Herbert Schreiber. – Tübingen : Niemeyer, 1996
NE: Schreiber, Herbert:; HST

ISBN 3-484-60166-3

Gedruckt auf alterungsbeständigem Papier
Satz: pagina GmbH, Tübingen
Druck: Allgäuer Zeitungsverlag GmbH, Kempten
Buchbinder: Geiger, Ammerbuch

# Vorwort

Die Zielstellung des Sprachunterrichts läßt sich umreißen als Vermitteln von Wissen, Bewußtmachen sprachlicher Gesetzmäßigkeiten und Befähigen zur sprachlichen Tätigkeit. Unserer Meinung nach "kommt der Arbeit am Wortschatz im Sprachunterricht eine besondere Bedeutung zu, ist doch der Sprachlehrer u.a. bemüht, in Verbindung mit der Wortschatzvermittlung dem Lernenden zu verdeutlichen, wie der Wortschatz strukturiert ist, wodurch und wie sich der Wortschatz verändert, welche paradigmatischen und syntagmatischen Beziehungen im Wortschatz bestehen..." (Schreiber/Sommerfeldt/Starke 1990, 7). Natürlich geschieht die Realisierung der Lexikoneinheiten im Satz, so daß letztlich der Satz (und der Text) Gegenstand eines jeden Sprachunterrichts sind. (Vgl. Lutzeier 1992, 65)

Damit ist der Adressatenkreis dieses Buches umrissen. Es soll primär dem Deutsch Lernenden helfen, seinen Wortschatz zu erweitern, soll jedoch nicht unmittelbares Selbststudienmaterial, sondern Nachschlagewerk sein. Wir setzen damit unser Bemühen um die Erarbeitung von Valenzwörterbüchern fort, behalten dabei aber den Adressaten im Auge. Es geht uns nicht um ein vorwiegend theoretisches Buch, sondern mehr um ein praktisches, ein nützliches und handhabbares. Das schließt aber nicht aus, daß es die Leser anregen soll, sich mit der Sprachtheorie zu befassen.

Die Sprachtheorie im allgemeinen und die Valenztheorie im besonderen haben sich seit dem Erscheinen der Valenzwörterbücher zu den Verben (Helbig/Schenkel 1969) sowie denen zu den Adjektiven und zu den Substantiven (Sommerfeldt/Schreiber 1974 und 1977) weiterentwickelt. Diese Weiterentwicklung haben wir berücksichtigt, wenn auch wesentliche Positionen der früheren Publikationen beibehalten werden. Es handelt sich dabei vor allem um folgende Positionen, auf die in den theoretischen Vorüberlegungen kurz eingegangen wird:

– Die Valenz erstreckt sich heute auf mehrere Ebenen. War sie zunächst auf der syntaktischen Ebene angesiedelt, wurde sie in den Valenzwörterbüchern zu den Adjektiven und den Substantiven als syntaktische und semantische Erscheinung beschrieben, so müssen heute die kommunikativ-pragmatischen Aspekte stärker berücksichtigt werden.

– Es hat sich als günstig erwiesen, Lexikonelemente nicht nach dem Alphabet, sondern nach semantischen Beziehungen zwischen den Elementen
zu beschreiben, da der Spracherwerb stark onomasiologisch geprägt ist.
(Vgl. Fiedler 1990, 8; Schreiber/Sommerfeldt/Starke 1990, 1991, 1993)
– Vor Jahren wurde bereits auf die Möglichkeit – und Notwendigkeit –
hingewiesen, nicht nur Felder jeweils einer Wortart, sondern etymologisch
zusammengehörende Wörter mehrerer Wortarten zu beschreiben. (Vgl.
Sommerfeldt/Schreiber 1979) Tarvainen (1983) spricht in diesem Zusammenhang von der "valenzmäßigen Beschreibung der Wortartgruppen"
(216) (wie *abhängen* – *abhängig* – *Abhängigkeit*). Wir fassen daher Verben,
Adjektive und Substantive, die etymologisch verwandt und semantisch
ähnlich sind, zu Feldern zusammen und beschreiben sie.
Bei der Auswahl der Felder und der zu einem Feld gehörenden Wörter haben wir uns von folgenden Kriterien leiten lassen:
– Es sollen Felder unterschiedlicher Sachbereiche vorgeführt werden, sowohl Bezeichnungen konkreter Erscheinungen als auch solche abstrakter
Erscheinungen, die sich außerdem durch den Anteil der einzelnen Wortarten an der Feldgestaltung unterscheiden. Vollständigkeit in bezug auf
das Abdecken ganzer Systembereiche wurde ebenso wenig angestrebt wie
das Erfassen aller möglichen Feldelemente.
– Primär wurden Felder mit mehrwertigen Valenzträgern – besonders mit
dreiwertigen – ausgewählt, die naturgemäß beim Erlernen einer Sprache
von großer Bedeutung sind. Eine solche Darstellung verdeutlicht auch die
im Sprachsystem angelegten Möglichkeiten.
– Nicht nur Wörter unterschiedlicher Wortarten gehören zu einem Wortfeld, sondern auch Wörter mit unterschiedlicher Wortbildung. Die Vielfalt
der Wortbildung soll verdeutlicht werden. Substantivierte Infinitive werden nicht generell aufgenommen, im wesentlichen nur dann, wenn es
kaum andere Möglichkeiten der Bildung von Substantiven gibt und die
substantivierten Infinitive wirklich gebräuchlich sind. Zuweilen werden sie
angeführt, um Bedeutungsunterschiede zu anderen substantivischen Bil-
dungsarten sichtbar zu machen.
   Wir möchten uns beim Max Niemeyer Verlag und dessen Lektorin, Frau
Birgitta Zeller, ausdrücklich für das Interesse und die Unterstützung bedanken. Wir hoffen, daß dieses Wörterbuch zur vertieften Kenntnis der deutschen Sprache sowie zur Hebung der Sprachkultur beiträgt.

Güstrow / Erfurt                                    Karl-Ernst Sommerfeldt
                                                    Herbert Schreiber

# Inhaltsverzeichnis

# Theoretische Vorüberlegungen

## 1. Zur Entwicklung der Valenztheorie

Seit langem ist man sich darüber im klaren, daß es Valenz auf unterschiedlichen Ebenen gibt. Sah man ursprünglich in der Valenz nur eine syntaktische Erscheinung, so faßte man sie bald auch als semantisch begründet auf.
Wir sind in unseren Wörterbüchern der Adjektive (1974) und der Substantive (1977) vom Inhalt als dem Primären ausgegangen. Für uns war und
ist die Bedeutung dominant, die syntaktische Struktur sekundär. Insofern
schließen wir uns Bondzios Begründung der semantischen Valenztheorie
(SVT) an: "Zu den Eigenschaften von Entitäten gehören deren Relationen
zu anderen Entitäten derart, daß jede Entität ihre eigene, individuelle Re-
lationalität besitzt, die sie in das universelle Beziehungsnetz einknüpft. Da
die Relationspartner wechseln können, muß prinzipiell mit Klassen von Re-
lationspartnern gerechnet werden . . . Die SVT geht davon aus, daß für die
semantische und syntaktische Kombinatorik in Sätzen die Valenz die entscheidende Grundlage bildet. Da sie außerdem annimmt, daß Sätze die
grundlegenden grammatisch organisierten Spracheinheiten der Kommunikation sind, kommt der Valenz unter den Eigenschaften von Wortbedeutun-
gen ein besonderer Stellenwert zu." (Bondzio 1993, 21f.)

Der Begriff der semantischen Valenz hat sich im Laufe der Zeit verändert.
In den drei Wörterbüchern zu Verben, Adjektiven und Substantiven, die in
den 60er und 70er Jahren in der DDR entstanden sind, findet sich bei den
Lemmata zwar deren Semantik (z.B. **Aufenthalt** = 'Verweilen'; **Aufdeckung** =
'Prozeß des Freilegens/Aufdeckens' – Sommerfeldt/Schreiber 1983b, 89),
doch bei den Valenzpartnern wird nur deren denotative Semantik (+Anim,
-Anim, Abstr) angegeben.

Wir stimmen Helbig zu, "daß die Valenzbeziehungen insgesamt das Ergebnis einer Syntaktifizierung von semantischen Beziehungen zwischen ele-
mentaren semantischen Einheiten (Prädikaten und Argumenten) sind, daß
die Valenz selbst verstanden werden muß als komplexe (mehrere Ebenen
umfassende) Erscheinung im Bezugssystem der wechselseitigen (indirekten)
Zuordnung zwischen Laut- und Bedeutungsstrukturen, zwischen der Inhalts-
und der Ausdrucksebene der Sprache". (Helbig 1992, 13)

Bezogen auf die Valenzpartner unterscheidet man heute bei der semantischen Valenz zwischen der funktionellen Charakteristik (den sich aus der Bedeutungsstruktur ergebenden semantischen Kasus) und der denotativen Charakteristik der Partner. Letztlich hat es die semantische Valenz zu tun mit der Bedeutungsstruktur des Valenzträgers (wir verwenden Seme oder Paraphrasen zur Beschreibung der Bedeutungsstruktur des Valenzträgers) und der funktionellen und denotativen Charakteristik der Valenzpartner.

So wie die syntaktische Valenz in den 70er Jahren erweitert wurde zur semantischen Valenz, dabei zwar in ein komplexes Modell einging, "aber ihre relative Autonomie behielt (weil sich beide Ebenen nicht isomorph aufeinander abbilden lassen), so erweitert sich heute die semantische Valenz (. . .) zur pragmatischen Szene, ohne dabei jedoch ihre relative Autonomie zu verlieren, ohne daß sie aus dieser restlos erklärt oder durch sie einfach ersetzt werden könnte". (Helbig 1992, 65)

Hinsichtlich der kommunikativen Orientierung der Sprachwissenschaft unterscheidet man zwischen einem globalen und einem modularen Zugang. Ein globaler Zugang ist nur möglich "über eine globale Gesamttheorie von der sprachlichen Tätigkeit, die nur in komplexer Weise entwickelt werden kann". (Helbig 1992, 65) Wir favorisieren mit Helbig einen modularen Zugang: "Der modulare Zugang geht umgekehrt davon aus, daß der mit der sprachlichen Kommunikation erfaßte Bereich – . . . – nicht in einem einzigen Zug und im Rahmen einer einzigen Theorie analysiert werden kann, sondern nur stufenweise und über verschiedene Teiltheorien, die jeweils spezifische Aspekte des Gesamtphänomens erfassen, die aber als solche systematisch aufeinander beziehbar sein müssen."

Beim "Interaktionssinn" wirken verschiedene Faktoren mit, ein Faktor ist das von der Linguistik erfaßte Sprachsystem. Deshalb ist Vorsicht geboten beim Gebrauch des Terminus "kommunikative / pragmatische Valenz". Wir teilen Helbigs Meinung: Öffnung der Valenztheorie in Richtung Kommunikation bedeutet nicht, daß alle neuen Dinge "noch unter dem Stichwort *Valenz* erfaßt werden müßten". "Deshalb mehren sich die Stimmen, den Begriff *Valenz* (wieder) auf die syntaktische, mindestens aber auf die Systemebene zu beschränken (. . .). In der Tat scheint . . . es besser, von pragmatischen Aspekten der Valenz als von einer gesonderten *pragmatischen Valenz* zu sprechen." (Helbig 1992, 70) Wir halten es nicht für gut, den Valenzbegriff (wieder) auf die syntaktische Valenz zu begrenzen, meinen jedoch, daß mit Valenz nur eine Eigenschaft von Elementen des Sprachsystems bezeichnet werden sollte. Das bedeutet natürlich nicht, daß die pragmatischen Aspekte der Valenz vernachlässigt werden sollten.

Nun gibt es pragmatische Aspekte sowohl in der Kommunikation – also in den Texten – als auch im Sprachsystem. Helbig hat auf vier solcher Aspekte aufmerksam gemacht:

"1) In der konkreten Kommunikationssituation und entsprechend seiner jeweiligen Kommunikationsintention hat der Sprecher die Wahl, etwas an der Oberfläche zu realisieren oder nicht zu realisieren, was semantisch-syntaktisch im System der Sprache (in den Valenzeigenschaften) angelegt ist (. . .).
2) Von den Valenzeigenschaften des Sprachsystems wird von Textsorte zu Textsorte in unterschiedlicher Weise Gebrauch gemacht. . . Es handelt sich dabei um pragmatisch begründbare Modifikationen von für das System anzunehmenden invarianten Eigenschaften (der Valenz), in erster Linie um Verkürzungen und Eliminierungen, auch und (in bestimmten Textsorten) vor allem von obligatorischen Aktanten. . . .
3) Eine Bindung der Valenz an die Kommunikation wird erreicht, indem das Begriffsinventar für die semantische Valenz (. . .), d.h. die semantischen Kasus selbst pragmatisch interpretiert werden. Das geschieht z.B. . . . bei Fillmore, der . . . annimmt, daß mit Hilfe der Kasus bestimmte Elemente eines Vorgangs 'in Perspektive gebracht' werden. . . .
4) Es gibt tatsächlich . . . Glieder, die aus kommunikativen Gründen notwendig sind (textgrammatisch und/oder kommunikativ obligatorisch sind), die für die Verwendung von Sprache in der konkreten Kommunikation und damit auch für den FU (Fremdsprachenunterricht, d.V.) äußerst wesentlich sind, die jedoch nicht eo ipso zu den Valenzeigenschaften selbst gerechnet werden können." (Helbig 1985, 154f.)
Auch Nikula weist auf dieses Problem hin: "Pragmatische Valenz gibt es nicht, aber die Beziehungen zwischen Valenz und Pragmatik sind aus verschiedenen Gründen, sowohl aus theoretischen als auch aus rein praktisch-didaktischen, interessant und wichtig." (Nikula 1985, 159)
    Sehen wir uns die o.g. Aspekte an und entscheiden wir, wie wir in dem Wörterbuch verfahren wollen.
– Der Sprecher hat die Wahl, zu entscheiden, welche Valenzpartner er realisieren will und welche nicht. Das wird sich u.U. von Fall zu Fall ändern. Aber es gibt auch Fälle, in denen – in der Regel – der eine oder andere Valenzpartner nicht realisiert wird. Dafür kann man keine auf alle Situationen und Intentionen zutreffenden Regeln aufstellen. Das trifft z.B. zu bei der Realisierung der von Verben und Adjektiven regierten Dativobjekte, vor allem aber bei bestimmten Valenzpartnern/Attributen des Substantivs, vornehmlich der Agensangabe. Wir werden – abgesehen von den Anmerkungen – solche reduzierten Strukturen bei der Nennung von Beispielen berücksichtigen. Wir werden aber bei der Einführung der Valenzstruktur Beispielsätze bringen, in denen alle Valenzpartner realisiert sind, auch wenn diese Sätze stilistisch anfechtbar sind. Uns geht es auch um das Sichtbarmachen der valenzbedingten sprachlichen Möglichkeiten.
– Wir beschäftigen uns mit der Valenz ganz bestimmter lexisch-semantischer Felder. Denkbar wäre auch ein Wörterbuch nach Textsorten – und sicher

auch nützlich –, doch beim gegenwärtigen Stand der Wissenschaft halten wir ein solches Vorhaben für (noch) nicht umsetzbar. Es ist aber möglich, auf Besonderheiten der Textsorten bei den einzelnen Wortfeldern einzugehen. Das werden wir von Fall zu Fall tun.
– Welke sieht auch pragmatische Aspekte im Sprachsystem. "Wenn Pragmatik der Bezug auf den die Zeichen verwendenden Sprachbenutzer ist, dann ist das Pragmatische nicht nur ein Aspekt der aktuellen Sprachverwendung, sondern auch des Sprachsystems." (Welke 1989, 15) Er hat gleichzeitig die bis dahin geltende Skala der obligatorischen und fakultativen Ergänzungen erweitert und auch kontextuelle Ellipsen einbezogen. Gerade eine solche detaillierte Skala läßt es uns geboten erscheinen, in diesem Wörterbuch auf die Unterscheidung von obligatorisch und fakultativ – wie wir es noch bei den Adjektiven und Substantiven getan haben – zu verzichten.
"Bezeichnet man einen Sachverhalt, so geht das nicht anders, als daß man einen Ausschnitt aus einem komplexen Beziehungsgeflecht herausnimmt und dadurch einige Aspekte aus einem Ganzen besonders hervorhebt (thematisiert, in Perspektive bringt).
Wenn jemand sagt:

> Emil kauft Kartoffeln

so thematisiert er die Relation Käufer – Gegenstand (Ware) des Kaufvorgangs. Diese Thematisierung ist für die Lexikoneinheit (das Wort) *kaufen* konventionell (usuell) so festgelegt. . . . Andere Verben, die denotativ ebenfalls den Sachverhalt des Kaufens betreffen, bringen signifikant andere Perspektiven dieses komplexen Sachverhalts in Perspektive, vgl.:

> verkaufen: Emil verkauft sein Auto. . . .
> abkaufen: Egon kauft Emil das Auto ab. . . ." (Welke 1988, 58f.)

Dadurch, daß wir Wörter unterschiedlicher Wortarten in lexisch-semantischen Feldern darstellen, werden die Unterschiede hinsichtlich der in Perspektive gebrachten Relationen viel deutlicher als beim Darstellen isolierter Lexeme nach dem Alphabet.

## 2. Zur Semantik von Satz und Wortgruppe

Wir wollen hier keine Theorie von Satzsemantik und Wortgruppensemantik vorlegen, sondern lediglich skizzieren, wie sich Semantik und Valenz der Autosemantika Verb, Adjektiv und Substantiv auf die Struktur von Satz und Wortgruppe auswirken. Dabei geht es beim Verb und beim Adjektiv in erster Linie um ihre Rolle als Kern des Satzes, beim Substantiv um seine Rolle als Kern einer Wortgruppe.

Wir stützen uns – was die Semantik des Satzes betrifft – primär auf Polenz. "Fast alle kommunikativ geäußerten Satzinhalte bestehen aus einem Aussagegehalt (...) und einem Handlungsgehalt (...). Im Aussagegehalt wird über Dinge in der (bzw. einer) Wirklichkeit, auf die man BEZUG-NIMMT (Referenz, ...), etwas AUSGESAGT (Prädikation, ...)." (Polenz 1988, 101) Unter einem Ding verstehen wir alles, worauf unser Denken gerichtet ist. Dazu zählen – neben den räumlichen Dingen – Prozesse, Eigenschaften, Relationen. Den so gekennzeichneten Dingen kommen bestimmte Eigenschaften zu bzw. zwischen ihnen bestehen bestimmte Relationen.

Den Kern der Satzsemantik bildet die Aussage, das Abbild eines Sachverhaltes. Wir unterscheiden zwischen objektiv realen und nur im Bewußtsein existierenden Sachverhalten. Sprachlich können Sachverhalte vor allem durch Sätze oder durch Wortgruppen ausgedrückt werden. (Vgl. Sachwörterbuch für die deutsche Sprache 1989, 206f.) Den Kern der Semantik des Satzes bildet also die Proposition: "Die Proposition ist als die Entsprechung eines Sachverhaltsabbildes die kleinstmögliche Funktionseinheit der semantischen Struktur. ... In der semantischen Struktur sprachlicher Äußerungen treten zumeist mehrere Propositionen auf, nämlich als Komplex aus mehreren miteinander verbundenen semantischen Merkmalen (Prädikaten)." (Flämig 1991, 42f.) Eine solche komplexe Proposition wird sprachlich realisiert durch das (grammatische) Prädikat und die Aktanten/Valenzpartner. Es kann also festgehalten werden: Der Kern der Aussage (Polenz spricht vom Prädikat) und der Kern des Satzes (Polenz spricht vom Prädikatsausdruck) sind die entscheidenden Elemente. (Vgl. Sommerfeldt/Starke 1992, 170ff.) Im Mittelpunkt des Satzes steht also das (grammatische) Prädikat, genauer gesagt: das Autosemantikon im Prädikat. Der Satz wird formal und inhaltlich determiniert durch ein sehr komplexes Prädikat, das nicht nur finite und infinite Verbformen einschließt, sondern auch prädikative Adjektive und Substantive. In unserem Verständnis ist das Prädikat "sprachlicher Ausdruck einer Aussagefunktion in dem Sinne, daß es die Eigenschaft (Beschaffenheit) eines Individuums (oder einer Klasse von Individuen) oder die Beziehung zwischen zwei oder mehr Individuen (oder Klassen von Individuen) widerspiegelt." (Sommerfeldt/Starke 1992, 213)

Indem wir Autosemantika als Elemente des (grammatischen) Prädikats beschreiben, geben wir an, wie durch sie der Inhalt des Satzes – seine Semantik – determiniert wird. Auf weitere Komponenten der Satzsemantik – auch auf die Handlungssemantik – gehen wir hier aus Platzgründen nicht ein. (Vgl. dazu Polenz 1988, 194ff.) Mit der Beschreibung der Felder von Autosemantika, die in Semantik und syntaktischer Valenz viele Gemeinsamkeiten besitzen, beschreiben wir gleichzeitig semantische Satztypen des Deutschen. (Vgl. Sommerfeldt/Starke 1992, 175ff.; Gansel 1992, 66ff.; Sommerfeldt 1993, 26ff.) Während sich Verb und Adjektiv als Teil des Prädikats auf den ganzen Satz "erstrecken" und ihn gewissermaßen determinieren, wirkt sich die Valenz des Substantivs – auch wenn es als Teil des Prädikats auftritt – zunächst auf jene Wortgruppe aus, deren Kern es ist: auf die Substantivgruppe.

Hinsichtlich der Substantivgruppen konzentrieren wir uns auf jene Gruppen, deren Kern semantisch einem Verb oder einem Adjektiv entspricht bzw. von einem Verb oder einem Adjektiv abgeleitet ist. Diese Substantive sind auch Gegenstand unserer Beschreibung im Wörterbuch. Denn diese Substantivgruppen drücken in ähnlicher Weise wie Sätze Sachverhalte aus, ihre Semantik ist also ebenfalls ein Sachverhaltsabbild. Auf Unterschiede in der Semantik zwischen Sätzen und Substantivgruppen einerseits sowie zwischen Substantivgruppen und anderen Wortgruppen andererseits gehen wir hier nicht weiter ein. "Ist der Kern der Substantivgruppe ein deverbales Substantiv, das einen Prozeß bezeichnet und damit die Bedeutung des zugrundeliegenden Verbs beibehält, so ist dieses Substantiv in der Substantivgruppe Prädikatsausdruck. In solchen Fällen übernehmen die Substantive auch die semantische Valenz des Basisverbs. ... Ebenso verhält es sich bei Substantivgruppen mit einem deadjektivischen Abstraktum als Kern, das die Bedeutung des zugrundeliegenden Adjektivs in den substantivischen Bereich übernimmt." (Jürgens 1994, 46) Wir führen hier keine grundsätzliche Diskussion über die Besonderheiten der Valenz der Substantive und deren Beschreibungsmethoden, wir verweisen in diesem Zusammenhang auf Helbig (1992, 112ff.).

Auf Besonderheiten bei der sprachlichen Realisierung der Valenzpartner gehen wir bei den einzelnen Beispielen ein, sind uns jedoch der Vagheit und Subjektivität mancher Beschreibung gerade bei den Substantivgruppen wohl bewußt. (Vgl. auch Sommerfeldt/Starke 1992, 193ff.; Jürgens 1994) Auch in der Verwendungsweise der Valenzpartner der Substantive zeigen sich pragmatische Aspekte, z.B. in bestimmten Textsorten. (Vgl. Jürgens 1993, 337ff.)

## 3. Zur feldmäßigen Beschreibung des Lexikons

Wir haben oben bereits betont, welche Bedeutung wir der Lexik und damit der Wortschatzarbeit im Sprachunterricht beimessen. Der Sprachlehrer ist bemüht, dem Lerner zu verdeutlichen, wie der Wortschatz strukturiert ist, wodurch und wie er sich verändert. Von diesen Überlegungen waren wir im Vorwort ausgegangen. Letztlich soll der Lerner befähigt werden, aus der Fülle des sprachlichen Angebots jene sprachlichen Einheiten auszuwählen, die am besten geeignet sind, das von ihm Beabsichtigte situationsadäquat auszudrücken. Ein wesentliches Mittel dazu sehen wir in der Beschäftigung mit sprachlichen Feldern, insbesondere mit Wortfeldern. Wortfelder ermöglichen u.E. am besten, die vielfältigen Beziehungen zwischen den sprachlichen Einheiten zu verdeutlichen: die Gemeinsamkeiten und Unterschiede, den Grad der Überordnung und Unterordnung, die Art des Aufeinanderbezogenseins und der gegenseitigen Bedingtheit, das Übergreifen in andere Felder usw. (Vgl. Schreiber/Sommerfeldt/Starke 1990, 7) Auch Bondzio hat sich im Rahmen seiner semantischen Valenztheorie für die Beschäftigung mit Feldern ausgesprochen: "Eine FS (Funktorenstruktur, d.V.) ist die gemeinsame Komponente einer mehr oder weniger großen Menge von Sememen. Aus der Sicht der SVT (semantischen Valenztheorie, d.V.) bilden diese charakteristischen Mengen die Basis für die Klassifizierung der Gesamtmenge der Sememe und damit die Basis der semantischen Klassifizierung der autosemantischen Wörter bzw. Lexeme. Die SVT bezeichnet diese Menge als Felder. . . . Die Benutzung des Feldbegriffes ist nicht zufällig. Eine Motivierung ergibt sich daraus, daß sich aus dem Konzept der FS alle wesentlichen Eigenschaften des ursprünglichen Feldbegriffs ableiten lassen, dieses Konzept aber in einem Sinne erweitert wird, wie dies neuere Feldkonzeptionen . . . ins Auge fassen. Kurz gesagt handelt es sich darum, daß die ursprünglich nur paradigmatisch strukturierten Felder um die syntagmatische Dimension erweitert sind. Auf diese Weise vermag das Feldkonzept die multidimensionale Vernetzungsstruktur des Lexikons adäquater abzubilden." (Bondzio 1993, 29)

Schließlich sei noch auf Lutzeier hingewiesen, der sich schon seit Jahren mit Wortfeldern beschäftigt. Er verspricht sich aus der Untersuchung von Wortfeldern neben Aussagen zur temporalen (sprachgeschichtlichen) und zur lokalen (sprachgeographischen) Dimension (vgl. Lutzeier 1981, 243 ff.) vor allem "Informationen für einen Ähnlichkeitsbegriff zwischen Wörtern, der ein zusätzliches Kriterium für Subklassifikationen innerhalb syntaktischer Kategorien im Hinblick auf einen Interpretationsbegriff liefern würde. Es liegt meiner Meinung nach nahe zu vermuten, daß eine Relation der Ähnlichkeit schon immer zumindest intuitiv eine entscheidende Rolle bei der Zusammenfassung von Wörtern zu Wortfeldern gespielt hat." (Lutzeier 1981, 83) So können wir auch Lutzeiers Definition des Wortfeldes – ohne auf Einzelheiten wertend eingehen zu wollen – zustimmen: "Wortfelder sind zunächst bestimmte Klassen von Wörtern, also Teilklassen des Wortschatzes einer Sprache. Die Elemente eines Wortfeldes sind, was ihre Bedeutung angeht, einander ähnlich, aber auch, falls es sich nicht um strikte Synonyme handelt, gleichzeitig voneinander verschieden. Das Ausmaß an *Ähnlichkeit* überwiegt dabei das Ausmaß an *Verschiedenheit*." (Lutzeier 1992, 69)

Wir verstehen unter einem Wortfeld "ein lexikalisches Subsystem, das von sprachlichen Einheiten gebildet wird, die auf paradigmatischer Ebene bedeutungsverwandt sind, einerseits gemeinsame Seme besitzen, sich andererseits aber durch Oppositionsseme oder durch spezielle Seme, die nur mit bestimmten Semen anderer Lexeme kompatibel sind, voneinander unterscheiden". (Schreiber/Sommerfeldt/Starke 1990, 7). Wir stimmen Bondzio zu, was "eine definitive, sprachunabhängige Gliederung des Lexikons" betrifft: Eine solche Gliederung ist nicht möglich. "Dies zeigt sich bei Gliederungsversuchen für den Teil des Lexikons, dessen Referenzobjekte Erscheinungen der realen Welt sind. Hier gibt es unterschiedliche Gliederungsmöglichkeiten, die durchaus gleichberechtigt nebeneinander stehen." (Bondzio 1993, 30)

In mehreren Publikationen haben wir uns mit Arten von Feldern beschäftigt. Grundsätzlich kann man zwischen einfachen und komplexen Feldern unterscheiden. Zu den komplexen Feldern gehören die funktional-semantischen Felder mit Elementen mehrerer sprachlicher Ebenen, vor allem mit lexikalischen und grammatischen Elementen. Bei den einfachen Feldern unterscheiden wir zwischen lexikalischen Feldern (zu denen die Wortfelder gehören) und grammatischen Feldern (die hier außerhalb unserer Betrachtung bleiben). (Vgl. Sommerfeldt/Starke 1984, 20ff.)

Es ist unbestritten, daß Felder über eine Struktur verfügen. "Das 'Gefüge des Feldes' ist natürlich meine semantische Struktur. Bezüglich dieser Struktur erhält jedes Element seine Position. Diese Position ist über die Namen der Zerlegungsmengen, denen das Element angehört und den semantischen Relationen des Elements zu anderen Elementen definiert. Insofern ist die Position jedes Elements von den Positionen der übrigen Elemente des Wortfeldes abhängig." (Lutzeier 1981, 148)

Daß eine solche Struktur besteht und daß diese Struktur – ja die Struktur aller möglichen Wortfelder – mit Hilfe eines endlichen Inventars von Semen/Noemen beschrieben werden sollte, daran ist wohl nicht zu zweifeln. Es gibt bereits Versuche, größere Ausschnitte des deutschen Wortschatzes auf verschiedenen Hierarchiestufen feldmäßig zu beschreiben. Wir denken dabei vor allem an die sehr gelungene Arbeit von Gansel (1992), dreiwertige deutsche Tätigkeitsverben in ein System zu bringen. Einbezogen werden im wesentlichen die Felder *Verben des Trennens/Verbindens, des Mitteilens/Verschweigens, des Besitzwechsels, des emotionalen Bewegens, der Fortbewegung, des Transportes/Beförderns* und *des rationalen Einwirkens auf den Menschen*. Ausgehend vom Genussem werden sieben Stufen von Differentiasemen aufgebaut, die zu untergeordneten Feldern führen. Mit Hilfe weiterer Hierarchiestufen werden die einzelnen Felder in sich gegliedert. So gelangt Gansel z.B. beim Feld der *Verben des Besitzwechsels* zu 13 Stufen. Obwohl eine solche Darstellung unter semantischem Aspekt überzeugt, scheint sie uns für die Wörterbuchpraxis nicht handhabbar zu sein. Die Schwierigkeiten multiplizieren sich, wenn auch andere Wortarten einbezogen werden sollen. Wir haben deshalb einen "einfacheren" Weg gewählt, haben auf die Klassifizierung größerer Ausschnitte des Wortschatzes verzichtet und haben gleich bei (Mikro-)Feldern angesetzt. Mit Hilfe von Semen bzw. Paraphrasen haben wir eine Unterteilung vorgenommen, auf die sich auch die Beschreibung der einzelnen lexisch-semantischen Varianten des Lexems bezieht. Dabei haben wir – aus didaktischen Gründen – bewußt vereinfacht. Bei der Einschätzung unserer "Wortfelder für den Sprachunterricht. Verbgruppen" (1990) hat Helbig das Fehlen eines Inventars von Semen und von semantischen Kasus kritisiert. Er meint, daß ein solches Vorgehen – wie wir es praktiziert haben – linguistischen Ansprüchen nicht genügen kann, gesteht einem solchen Vorgehen aber durchaus einen praktischen Nutzen zu. (Vgl. Helbig 1992) Und ein solcher praktischer Nutzen stand und steht für uns bei der Beschäftigung mit Wortfeldern im Vordergrund. Noch hat die Linguistik keine praktikablen und für die Linguistik akzeptablen Methoden und Instrumentarien vorgelegt, auf die wir bei unseren Untersuchungen zurückgreifen könnten. Doch die Sprachpraxis, der tägliche Sprachunterricht benötigt dringend vielfältig aufbereitetes, handhabbares Sprachmaterial.

Schließlich sei noch angemerkt, daß die Elemente eines Makro- wie eines Mikrofeldes danach geordnet werden müssen, ob sie zum Kern oder zur Peripherie eines Wortfeldes (einschließlich der Übergangszone) gehören und zu welchen anderen Feldern sie einen Übergang darstellen bzw. auf welche anderen Felder sie verweisen. (Vgl. auch Scharnhorst 1993)

## 4. Anforderungen an Wörterbücher neuen Typs

Seit Jahren wird darüber diskutiert, wie moderne Wörterbücher auszusehen haben. Viehweger hat bereits 1983 festgestellt: "Wenn die Lexikographie mit der Semantiktheorie darin übereinstimmt, daß es eine vorrangige Aufgabe ist, Wörterbücher mit einer neuen Qualität von Informationen bzw. mit neuen Informationstypen zu schaffen, dann wäre es an der Zeit, die bisher unterbreiteten Vorschläge ernsthaft auf ihre lexikographische Umsetzbarkeit hin zu überprüfen und bestimmte Lemmabereiche des Wortschatzes nach diesen Prinzipien darzustellen." (Viehweger 1983, 265) Einige Versuche, neue Wörterbucharten zu schaffen, wollen wir kurz skizzieren.

Viehweger selbst hat damals ein *"Erklärend-kombinatorisches Wörterbuch"* (1983, 265) thesenartig charakterisiert: "Aus dem Titel dieses Wörterbuchs, . . ., wird bereits deutlich, daß dieser Wörterbuchtyp erklärendes Bedeutungswörterbuch und Kollokationswörterbuch zu einem einheitlichen Wörterbuch zu vereinigen versucht. Theoretisches Fundament dieses Projekts ist die in der Semantiktheorie weit verbreitete Annahme, daß sich Bedeutungen von Wortschatzelementen (Sememe) aus semantischen Merkmalen (Seme, semantische Multiplikatoren, lexikalische Parameter u.a.) konstituieren, auf deren Grundlage sich sowohl die paradigmatischen semantischen Relationen von Wortschatzelementen sowie die zwischen lexikalischen Paradigmen einerseits als auch die syntagmatischen semantischen Relationen zwischen Wortschatzelementen andererseits explizit beschreiben lassen. Ein

erklärend-kombinatorisches Wörterbuch ist kein alphabetisch geordnetes Bedeutungswörterbuch, sondern ein Wörterbuch, dessen Aufbau- und Organisationsprinzipien prinzipiell die semantischen Struktur- und Funktionsprinzipien des Wortschatzes reflektieren. . ." (Viehweger 1983, 265) Viehweger schlägt folgende Wörterbucheintragungen vor:
– Schlüsselwort mit Wortklassenangabe,
– Morphologische Charakterisierung des Schlüsselwortes,
– Explikation der Wortbildungsregularitäten sowie Angabe aller aus dem Schlüsselwort abzuleitenden Wortschatzelemente,
– Angaben zur syntaktischen Valenz,
– Beispielgruppen, die die syntaktische Valenz des Lemmas deutlich machen,
– Angabe der systematischen semantischen Relationen zwischen Schlüsselwort und Wörtern bzw. Wortgruppen in den Termen einer Semantiksprache,
– Illustration der lexikalischen Funktionen durch Beispiele und Beispielgruppen,
– stilistische Charakterisierung des Schlüsselwortes,
– Phraseologismen,
– konfrontative Informationen. (Vgl. Viehweger 1983, 265f.)

1983 forderte Helbig die "Integrierung der Eigenschaften, die früher meist isoliert von den Modellen der semantischen Merkmalanalyse, der syntaktischen Valenz und der semantischen Valenz aufgedeckt und beschrieben worden sind". (137) Er verlangte – auf Lexikoneintragungen für Verben bezogen – Informationen auf sechs verschiedenen Stufen:

Stufe 1     Angabe der logischen Struktur des Prädikats (Angabe der Anzahl der Argumente des Prädikats)

Stufe 2     Angabe der inhärenten Merkmale des Prädikats (valenzrelevante und valenzirrelevante Merkmale)

Stufe 3     Angabe der semantischen Kasus des Verbs

Stufe 4     Referentiell-semantische Charakterisierung der Argumente des Verbs

Stufe 5     Angabe der syntaktischen Valenz des Verbs (Angabe des Satzgliedwertes der Substantive und der morphologischen Repräsentation der Satzglieder)

Stufe 6     Angabe der Zahl der Aktanten und ihrer valenzbedingten Art (obligatorisch oder fakultativ). (Helbig 1983, 137f.)

Bei unseren Ausarbeitungen zu verbalen, adjektivischen und substantivischen Wortfeldern haben wir uns von diesem System leiten lassen, haben es aber – das hat Helbig in seiner Besprechung der "Verbgruppen" richtig erkannt – wesentlich vereinfacht, und zwar aus didaktischen Gründen. Mit Blick auf die Versuche Schumachers und seiner Mitarbeiter hält es Helbig heute nicht mehr für angebracht, große Valenzwörterbücher mit sehr vielen einzelnen Informationen zu schreiben. Er hat angekündigt, daß bei ihm von mehreren Autoren eine Reihe kleiner Wörterbücher zu einzelnen (kleinen) Verbgruppen entsteht. Und für die Beschreibung der Lexeme/lexisch-semantischen Varianten schlägt auch er jetzt eine Vereinfachung vor.

Für unverzichtbar hält Helbig Angaben auf folgenden drei Stufen:
- Angabe der semantischen Merkmale des Lexems
- Angaben zur semantischen Valenz: semantische Kasus und semantisch-denotative Charakteristik
- Angaben zur syntaktischen Valenz: Angabe der Satzgliedrolle und der morphologischen Gestalt der Aktanten. (Vgl. Helbig 1992, 173ff.)

Bei Engel/Schumacher ist besonders deutlich ablesbar, wie sich die Auffassung über die Gestaltung solcher Wörterbücher entwickelt hat. Im *Kleinen Valenzlexikon deutscher Verben* von 1976 werden die ausgewählten Verben in alphabetischer Reihenfolge dargeboten. Als Grund wird genannt: "Man hat oft gefordert, statt dieser Abfolge eine Gruppierung der Verben nach inhaltlichen Kriterien vorzunehmen. Es hat sich jedoch erwiesen, daß es speziell für die Klasse der Verben bisher keine geeignete Theorie gibt, um Zusammenstellungen nach Sachgruppen, Situationen o.ä. zu ermöglichen, die für einen Benutzer durchschaubar wären." (Engel/Schumacher 1976, 30) Es wird angestrebt, unter demselben Stichwort alle Sememe eines Verbs abzuhandeln, z.B. bei **ausgeben:** *Er gibt eine Runde aus. – Er hat für diese Geschenke viel Geld ausgegeben. – Er gibt seinen Freund als Ausländer aus.* Und bei der Beschreibung der Lemmata im Wörterbuch selbst liegt der Schwerpunkt auf dem Satzbauplan und den Beispielsätzen. (Vgl. Engel/Schumacher 1976, 115ff.)

Zehn Jahre später erscheint *Verben in Feldern*, hrsg. von Schumacher. Dieses Wörterbuch orientiert sich eindeutig am Benutzer: am Fremdsprachenunterricht und am fortgeschrittenen Deutschlerner. "Diese Ausrichtung führte zu einem nach onomasiologischen Kriterien gegliederten selektiven Wörterbuch mit Wortartikeln, in denen die Bedeutung ausgewählter Verben erklärt und deren spezifische Umgebung in syntaktischer und semantischer Hinsicht charakterisiert wird. Darüber hinaus werden in zusammenhängenden lexikographischen Texten Gemeinsamkeiten und Besonderheiten der in einem Feld zusammengefaßten Verben erläutert." (Schumacher 1986, Vf.) Analysiert werden sieben verbale Makrofelder: allgemeine Existenz, spezielle Existenz, Differenz, Relation und geistiges Handeln, Handlungsspielraum, sprachlicher Ausdruck, vitale Bedürfnisse. Die Beschreibung der einzelnen Verben reicht von der morphologischen Kennzeichnung (Stammformen, Morphologie der Ergänzungen) über stilistische Bemerkungen bis zur Beschreibung der Ergänzungen. Dann folgen zahlreiche nützliche Angaben, die aber die Überschaubarkeit der Beschreibung des einzelnen Verbs stark be-

einträchtigen. Es ist zu fragen, ob diese Angaben in diesem Zusammenhang
unbedingt erforderlich sind: Möglichkeiten der Passivbildung, Wendungen,
weitere Wortbildungserscheinungen, Erläuterungen zu Stilschichten usw.
1992 haben Kubczak und Schumacher Hinweise zur Überarbeitung des
*Kleinen Valenzlexikons deutscher Verben* unterbreitet (103ff.). Sie stützen sich
dabei auf den Grundwortschatz des Zertifikats Deutsch als Fremdsprache,
gehen also auch – wie bei den *Verben in Feldern* – vom anvisierten Nutzer
aus. 550 Verben werden ausgewählt. Die Beschreibung der Lemmata erfolgt
in den Schritten

– Verb mit Stammformen
– Satzbauplan (Angabe der Morphologie der Ergänzungen)
– prototypisches Beispiel
– Belegungsregeln.

"Den zentralen Teil des Artikels bilden die syntaktischen und semantischen
Belegungsregeln (BELR) mit den zugehörigen Beispielen. Hierbei wird für
jede im Satzbauplan angeführte Verbergänzung angegeben, in welchen speziellen syntaktischen Ausdrucksformen sie vorkommen kann. . . . Jeweils pa-
rallel zu diesen Einträgen werden rechts die semantischen Regularitäten angegeben. Zunächst wird immer die verbspezifische Rolle charakterisiert, die
der Entität zukommt, auf die die Belegung der Ergänzungsstelle referiert. . .
Ferner wird eine kategoriale Kennzeichnung der Entitäten gegeben mit generellen Ausdrücken wie 'Person', 'Institution' u.a. sowie spezifischen Be-
stimmungen wie 'Geldsumme', mit denen ihr Status ontologisch markiert
wird." (Kubczak/Schumacher 1992, 104)
  Man kann also folgende Tendenzen bei der Erarbeitung von Valenzwörterbüchern des Deutschen erkennen:
– Beschreibung von Feldern mit Elementen einer Wortart bzw. mehrerer
  Wortarten
– Beschreibung der Semantik des Valenzträgers und der Aktanten, letztere
  semantisch-funktionell und semantisch-denotativ
– Beschreibung der morphologischen Besonderheiten des Valenzträgers sowie der syntaktischen und morphologischen Eigenschaften der Ergänzungen
– Angaben stilistischer Art, z.B. Stilschicht, regionaler Gebrauch usw.
– Beschreibung der Semantik mit Hilfe eines semantischen Instrumenta-
  riums, auch ohne ein hierarchisch streng geordnetes System (Seme, Paraphrasen).
Unterschiede und Probleme ergeben sich hinsichtlich
– der Einbeziehung kommunikativ-pragmatischer Bezüge (vgl. Gansel 1992,
  12)
– der Einbeziehung weiterer Wortbildungsmöglichkeiten
– der Einbeziehung von Wendungen.

Schließlich sei bemerkt, daß sich in den letzten Jahren Forderungen mehren, auch die Schüler an solche Darstellungen/Wörterbücher heranzuführen: "Überwunden werden muß die unselige Tradition, sich lediglich über die Schreibweise orthographisch schwieriger Wörter in Wörterbüchern zu informieren. Die vielfältigsten Wörterbuchbenutzungssituationen im täglichen Leben sollten Anlaß sein nachzuschlagen: Aussprache, Betonung, Flexion, Bedeutung, syntaktische Fügungsweise, stilistische Nuancierung. Neben den üblichen alphabetischen Wörterbüchern sollten Schüler auch mit nest- und nichtalphabetischen, nach Wortfamilien, Bezeichnungsfeldern, thematischen Reihen oder Sachgruppen geordneten Lexika vertraut gemacht werden." (Michel/Schübel/Starke 1992, 399)

# 5. Zum Aufbau des Wörterbuches

Ausgehend von den eben diskutierten Problemen gehen wir folgendermaßen vor:
– Bei der Auswahl des Sprachmaterials ergaben sich unterschiedlich strukturierte Felder: zum einen Felder, zu denen Verben, Adjektive und Substantive gehören, zum anderen Felder, zu denen nur Elemente zweier Wortarten gehören bzw. bei denen zwei Wortarten dominieren.
– Bei der Beschreibung versuchen wir, Unterschiede semantisch nahestehender Wörter der gleichen Wortart, aber anderer Wortbildung deutlich werden zu lassen, um dem Deutsch lernenden Ausländer Hilfen zu geben bei der semantischen Differenzierung. Es werden aber nur die Wörter aufgenommen, die noch zu dem jeweiligen Feld zu zählen sind.
– Die linguistische Beschreibung der einzelnen Felder erfolgt in drei Abschnitten:
   1) Kurze Beschreibung des jeweiligen Feldes (Angabe der semantischen Invarianten / Kennzeichnung der Distribution / Angabe der Wertigkeit bzw. Stelligkeit)
   2) Gegliederte Übersicht über das Wortfeld (Gruppenbildung nach differenzierenden Semen)
   3) Detaillierte Beschreibung der einzelnen Wörter, innerhalb des Feldes alphabetisch geordnet, in der Reihenfolge Verb – Adjektiv – Substantiv.
– Bei der detaillierten Beschreibung der einzelnen, aber unterschiedlichen Wortarten angehörenden Wörter entschieden wir uns – in Anlehnung an die Übungsbücher zu den Verb-, Adjektiv- und Substantivgruppen – für folgendes Modell:
   1) Nennung der etymologisch und semantisch zusammengehörenden Wörter
   2) Beispielsatz für jedes angeführte Wort mit sprachlicher Realisierung aller Valenzpartner

3) Angabe der (gemeinsamen) Seme in Anlehnung an die in der Feld-
   übersicht gebrauchten Seme
4) Semantisch-funktionelle und semantisch-denotative Charakterisierung
   der (möglichen) Aktanten, ohne sie als obligatorisch oder fakultativ zu
   kennzeichnen
5) Angabe einer Reihe von Beispielsätzen für alle Wörter, wobei der Gebrauch für die Auswahl entscheidend war, nicht die sprachliche Realisierung aller möglichen Aktanten
6) Anmerkungen, z.B. zum semantischen Unterschied zwischen Wörtern
   einer Wortart, zum Vorkommen von Konstruktionsvarianten für dasselbe Wort, zum häufigen Nicht-Realisieren von möglichen Aktanten
   (kommunikativ-pragmatischer Aspekt), zu stilistischen Besonderheiten
   u.ä.
– Bei der Kennzeichnung und sprachlichen Realisierung aller Valenzpartner in den ersten Beispielsätzen nehmen wir in Kauf, daß Sätze und Wortgruppen entstehen, die so kaum bzw. nur unter bestimmten Bedingungen
  in der Realität vorkommen. Uns geht es darum zu zeigen, welche syntak-
  tische/morphologische Form der Aktant aufweist, wenn er realisiert wird.
– Auf die Kennzeichnung der Satzgliedrolle haben wir verzichtet, weil das
  ein bestimmtes (allgemein anerkanntes) System voraussetzt – das es aber
  noch nicht gibt – und weil die Bestimmung in vielen Fällen schwierig,
  wenn nicht gar unmöglich ist.

# LITERATUR

Agricola, Erhard (1983): Mikro-, Medio- und Makrostrukturen als Informationen in Wörterbüchern. In: Linguistische Studien. Reihe A. Nr. 109. Berlin.

Bondzio, Wilhelm (1993): Funktorenstrukturen der deutschen Sprache. Ein Beitrag zur Grundlegung einer semantischen Valenztheorie. In: F. Simmler (Hrsg.): Probleme der Funktionellen Grammatik. Berlin, Bern, Frankfurt a.M., New York, Paris, Wien.

Busch, Georg (1993): Sichtung linguistischer Modelle für die semantische Beschreibung von Verben. In: P.R. Lutzeier (Hrsg.): Studien zur Wortfeldtheorie. Tübingen.

Chen, Xuan (1994): Semantik und Syntax deutscher und chinesischer Verben des Existierens. Frankfurt a.M., Berlin, Bern, New York, Paris, Wien.

Dupny-Engelhardt, Hiltraud (1993): Wortfeldpraxis nach den Prinzipien der Lexematik. In: P.R. Lutzeier (Hrsg.): Studien zur Wortfeldtheorie. Tübingen.

Engel, Ulrich / Helmut Schumacher (1976): Kleines Valenzlexikon deutscher Verben. Tübingen.

Ewald, Petra (1992): Konkreta versus Abstrakta. Zur semantischen Subklassifikation deutscher Substantive. In: Sprachwissenschaft 17, Heft 3/4. Heidelberg.

Fiedler, Gabriele (1990): Semantik und Valenz semantisch zusammengehörender Wörter der Wortarten Verb, Substantiv und Adjektiv. Dissertation. Güstrow.

– (1991): Semantik und Valenz in komplexen Wortfeldern. In: I. Pohl und G. Bartels (Hrsg.): Sprachsystem und sprachliche Tätigkeit. Frankfurt a.M., Bern, New York, Paris.

Flämig, Walter (1991): Grammatik des Deutschen. Einführung in Struktur- und Wirkungszusammenhänge. Berlin.

Fleischer Wolfgang / Georg Michel / Günter Starke (1993): Stilistik der deutschen Gegenwartssprache. Frankfurt a.M., Berlin, Bern, New York, Paris, Wien.

Gansel, Christina (1992): Semantik deutscher Verben in kognitionspsychologischer Sicht. Frankfurt a.M., Berlin, Bern, New York, Paris, Wien.

– (1993): Ansätze zu obligatorischer und fakultativer Valenz in kognitionspsychologischer Sicht. In: G. Bartels / I. Pohl (Hrsg.): Wortschatz – Satz –
Text. Frankfurt a.m., Berlin, Bern, New York, Paris, Wien.

Geckeler, Horst (1993): Strukturelle Wortfeldforschung. In: P.R. Lutzeier
(Hrsg.): Studien zur Wortfeldforschung. Tübingen.

Götze, Lutz (1979): Valenzstrukturen deutscher Verben und Adjektive. München.

Greule, Albrecht (1982): Valenz, Satz und Text. Syntaktische Untersuchungen zum Evangelienbuch Otfrids von Weißenburg auf der Grundlage des
Codex Vindobonensis. München.

Harras, Gisela (1993): Lexikalische Feldstruktur und kommunikatives Hin-
tergrundwissen. In: P.R. Lutzeier (Hrsg.): Studien zur Wortfeldtheorie.
Tübingen.

Helbig, Gerhard (1983): Valenz und Lexikographie. In: Deutsch als Fremdsprache 20. Heft 3. Leipzig.

– (1985): Valenz und Kommunikation. In: Deutsch als Fremdsprache 22.
Heft 3. Leipzig.

– (1992): Probleme der Valenz- und Kasustheorie. Tübingen.

– / Wolfgang Schenkel (1983): Wörterbuch zur Valenz und Distribution deutscher Verben. Leipzig.

Hoffmann, Joachim (1986): Welt der Begriffe. Berlin.

Hundsnurscher, Franz (1993): Die "Lesart" als Element der semantischen
Beschreibung. In: P.R. Lutzeier (Hrsg.): Studien zur Wortfeldtheorie.
Tübingen.

Jürgens, Frank (1993): Pragmatische Valenz in Satz und Wortgruppe. In: G.
Bartels und I. Pohl (Hrsg.): Wortschatz – Satz – Text. Frankfurt a.M.,
Berlin, Bern, New York, Paris, Wien.

– (1994): Zur Entwicklung substantivischer Wortgruppen in wissenschaftli-
chen Texten des 19. und 20. Jahrhunderts. Frankfurt a.M., Berlin, Bern,
New York, Paris, Wien.

Kubczak, Jacqueline / Helmut Schumacher (1992): Mieten – vermieten –
(sich) leihen – leihen. Eine lexikographische Beschreibung mit kontrasti-
vem Ausblick. In: CAHIRS D'ETUDES GERMANIQUES. Beiträge zur
Lexikographie und Lexikologie des Deutschen. 23. Aix-en-Provence.

Ludwig, Klaus-Dieter (1994): Probleme der Markierung im Wörterbuch. In:
K. Hyldgaard-Jensen und V.H. Pedersen (Hrsg.): Symposium on Lexi-
cography VI. Tübingen.

Lutzeier, Peter Rolf (1981): Wort und Feld. Tübingen.

– (1992): Wortfeldtheorie und kognitive Linguistik. In: Deutsche Sprache
1992, Heft 1. Berlin.

– (1993): Wortfelder als kognitive Orientierungspunkte. In: P.R. Lutzeier
(Hrsg.): Studien zur Wortfeldtheorie. Tübingen.

Michel, Georg / Adelbert Schübel / Günter Starke (1992): Grammatik braucht der Mensch. Reflexion über Sprache – was und wie? In: Deutschunterricht 45, Heft 9. Berlin.

Nikula, Henrik (1985): Pragmatik und Valenz. In: K. Nyholm (Hrsg.): Grammatik im Unterricht. Åbo.

Polenz, Peter von (1988): Deutsche Satzsemantik. Berlin, New York.

Sachwörterbuch für die deutsche Sprache (1989). Von einem Autorenkollektiv unter Leitung von K.-E. Sommerfeldt und W. Spiewok. Leipzig.

Scharnhorst, Jürgen (1993): Der Wortschatz unter dem Aspekt von Zentrum und Peripherie. In: G. Bartels und I. Pohl (Hrsg.): Wortschatz – Satz – Text. Frankfurt a.M., Berlin, Bern, New York, Paris, Wien.

Schreiber, Herbert / Karl-Ernst Sommerfeldt / Günter Starke (1990²): Deutsche Wortfelder für den Sprachunterricht. Verbgruppen. Leipzig.

– / Karl-Ernst Sommerfeldt / Günter Starke (1991): Deutsche Adjektive. Wortfelder für den Sprachunterricht. Berlin, München, Leipzig, Wien, Zürich, New York.

– / Karl-Ernst Sommerfeldt / Günter Starke (1993): Deutsche Substantive. Wortfelder für den Sprachunterricht. Leipzig, Berlin, München, Wien, Zürich, New York.

Schumacher, Helmut (Hrsg.) (1986): Verben in Feldern. Valenzwörterbuch zur Syntax und Semantik deutscher Verben. Berlin, New York.

Sommerfeldt, Karl-Ernst (1991a): Wortfelder mit mehreren Wortarten – eine praxisnahe Beschreibung des Lexikons. In: Wissenschaftliche Zeitschrift der Ernst-Moritz-Arndt-Universität Greifswald (Außenstelle Neubrandenburg) 2, Heft 3.

– (1991b): Zur Integration von Lexik und Grammatik. Frankfurt a.M., Bern, New York, Paris.

– (1993): Operationale Grammatik des Deutschen. Eine Skizze. München.

– / Herbert Schreiber (1979): Zum Verhältnis von semantischer und syntaktischer Valenz. In: Zeitschrift für Phonetik, Sprachwissenschaft und Kommunikationsforschung 32, Heft 3. Berlin.

– / Herbert Schreiber (1983³a): Wörterbuch zur Valenz und Distribution deutscher Adjektive. Leipzig.

– / Herbert Schreiber (1983³b): Wörterbuch zur Valenz und Distribution der Substantive. Leipzig.

– / Günter Starke (Hrsg.) (1984): Grammatisch-semantische Felder der deutschen Sprache der Gegenwart. Leipzig.

– / Günter Starke (1992²): Einführung in die Grammatik der deutschen Gegenwartssprache. Tübingen.

Tarvainen, Kalevi (1983): Zur valenzmäßigen Beschreibung etymologischer Wortartgruppen. In: Linguistische Studien. Reihe A. Nr. 109. Berlin.

Teubert, Wolfgang (1979): Valenz des Substantivs. Düsseldorf.

Viehweger, Dieter (1983): Wege zu einem neuen Typ von Bedeutungswörter-
büchern. In: Zeitschrift für Germanistik 4, Heft 3. Leipzig.
Welke, Klaus M. (1988): Einführung in die Valenz- und Kasustheorie. Leip-
zig.
– (1989): Pragmatische Valenz: Verben des Besitzwechsels. In: Zeitschrift für
Germanistik 10, Heft 1. Leipzig.
Wörterbuch der deutschen Gegenwartssprache (1966–1977), hrsg. von R.
Klappenbach und W. Steinitz. Berlin.
Wotjak, Gerd (1993): Semantische Makrostrukturbeschreibung (lexikalisch-
semantische Felder) und (enzyklopädische) Wissensrepräsentationen. In:
P.R. Lutzeier (Hrsg.): Studien zur Wortfeldtheorie. Tübingen.

# Abkürzungsverzeichnis

| Symbol | volle Form | Erklärung | Beispiel |
|---|---|---|---|
| A | Adjektiv | | |
| Adv | Adverb | | |
| Inf | Infinitiv bzw. Infinitivkonstruktion | | Er erlaubt ihnen, *zur Sandbank zu schwimmen.* |
| NS | Nebensatz, differenziert nach dem Einleitungswort: | | |
| NSdaß | | eingeleitet mit "daß" | ..., *daß er vor dem Wettkampf sehr aufgeregt sei.* |
| NSob | | eingeleitet mit "ob" | ..., *ob die geplanten Investitionen vorgenommen werden sollten.* |
| NSw | | eingeleitet mit einer w-Frage (*wer, wann, welcher, wie* usw.) | ..., *wie er sich die Modernisierung vorstelle.* |
| Pl | Plural | | |
| S | Substantiv | | |
| Sa | Substantiv im Akkusativ | | Die junge Mutter badet *den Säugling* in handwarmem Wasser. |
| Sd | Substantiv im Dativ | | Der Zeuge beschrieb *dem Gericht* den Hergang des Unfalls. |
| Sg | Substantiv im Genitiv | | Die Sauberkeit *der Stadt* erfreute die Besucher. |
| Sp | Substantiv mit Präposition | | Er putzt seine Schuhe *mit einer weichen Bürste.* |
| V | Verb | | |
| (a), (b), (c), (d) | | Kennzeichnung der Aktanten im Mustersatz | |

# Verzeichnis der Wortfelder

# Feld der Fortbewegung

Zu diesem Feld gehören Wörter, die angeben, daß sich ein Lebewesen oder ein Ding von einem Ausgangspunkt über weitere Punkte zu einem Zielpunkt bewegt – ggfs. unter Einbeziehung eines Instruments. Die Benutzung von Instrumenten ist ein Kriterium für die Klassifizierung der Feldelemente unter anderen Kriterien. Die drei möglichen lokalen Argumente werden zu einem Argument zusammengezogen. Meist wird die Bezeichnung der Richtung realisiert, manchmal auch die Bezeichnung des Ausgangspunktes und die der Übergangspunkte. Diese Wörter sind mehrheitlich zweiwertig:

Täter     –     Richtung

z.B. *Der Vogel* fliegt *auf den Baum.*
*Der Junge* fährt *(mit dem Fahrrad) zur Schule.*
*Der D-Zug* rast *in den Tunnel.*
Die Fahrt *des Jungen zur Schule* wurde vom Vater gefilmt.

## Übersicht über das Wortfeld

1.     'allgemeine Fortbewegung auf ein Ziel'
*fliehen / entfliehen / flüchten – flüchtig – Flucht; gelangen / hinaufgelangen / hinuntergelangen; gleiten / dahingleiten / hinuntergleiten – Gleiten; kommen / ankommen / heimkommen – Ankunft; reisen / einreisen / verreisen – Reisen / Reise*

2.     'Fortbewegung zu Lande'

2.1.     'im wesentlichen ohne Hilfsmittel'

2.1.1.     '(relativ) langsam'
*bummeln / umherbummeln – Bummeln; gehen / zugehen / zurückgehen – Gang; klettern / hinabklettern / hinaufklettern – Klettern / Kletterei; marschieren / abmarschieren / einmarschieren – marschbereit / abmarschbereit – Marschieren / Marsch / Abmarsch / Marschbereitschaft; schleichen / davonschleichen / wegschleichen – Schleichen; schlendern / zurückschlendern – Schlendern; schreiten / durchschreiten – Durchschreiten; spazieren / spazierengehen / hineinspazieren – Spaziergang;*

*stolpern* / *hinaufstolpern; trippeln – Trippelei* / *Getrippel; trotten* / *hinterhertrotten; wandern* / *durchwandern – Wanderung; krabbeln – Krabbelei* / *Gekrabbel; kriechen* / *herauskriechen* / *hineinkriechen – Kriechen; robben – Robben; rutschen – Rutschen* / *Rutsch*

2.1.2. '(relativ) schnell'

*eilen* / *forteilen* / *weitereilen – Eilen; hasten* / *vorwärtshasten; jagen* / *davonjagen – Jagd* / *Jagerei; laufen* / *hineinlaufen – Laufen* / *Lauf* / *Lauferei* / *Gelaufe; rennen* / *zurückrennen – Rennen* / *Rennerei* / *Gerenne; sausen* / *lossausen* / *zurücksausen; sprinten – Sprint; spurten* / *davonspurten – Spurt; stürzen* / *hinausstürzen* / *fortstürzen; traben* / *davontraben* / *zurücktraben*

2.2. 'mit Hilfsmitteln'

*fahren[1]* / *abfahren[1]* / *hinauffahren – Fahrt[1]* / *Weiterfahrt* / *Fahrerei; galoppieren* / *davongaloppieren – Galoppieren* / *Galopp; kutschieren* / *umherkutschieren – Kutschieren* / *Herumkutschieren; rasen* / *davonrasen* / *weiterrasen – Rasen* / *Raserei; reiten* / *ausreiten* / *heimreiten – Reiten* / *Ritt; rodeln* / *hinabrodeln* / *hinunterrodeln – Rodeln; rollern – Rollern*

3. 'Fortbewegung im Wasser'

*fahren[2]* / *abfahren[2] – Fahrt[2]* / *Abfahrt; kraulen – Kraulen; paddeln – Paddeln; rudern* / *hinüberrudern* / *zurückrudern – Rudern; schwimmen* / *wegschwimmen* / *zurückschwimmen – Schwimmen; segeln[1]* / *umsegeln – Segeln*

4. 'Fortbewegung in der Luft'

*fliegen* / *abfliegen – Fliegerei* / *Flug* / *Abflug* / *Hinflug* / *Rückflug* / *Weiterflug; schweben* / *niederschweben; segeln[2]* / *vorübersegeln – Vorübersegeln*

## Beschreibung der Wörter

### bummeln / umherbummeln – Bummeln

Die Gäste (a) bummeln durch die vorweihnachtlichen Straßen (b). Sie (a) bummeln in der Stadt (b) umher. Das Bummeln (a) durch die historische Altstadt (b) ist für alle Touristen ein Erlebnis.

1. 'Fortbewegung zu Lande', 'ohne Hilfsmittel', 'relativ langsam', 'auf den Beinen', 'ziellos'

2. a – Täter / Mensch /
        V: Sn;                          S: Sg/Sp (von)
   b – Richtung / Ding /
        V: Sp (in, durch, zu. . .);     S: Sp (in, durch, zu. . .)

3. Die Kinder / Besucher bummelten zum Bahnhof. Die Urlauber bummelten in der Stadt / auf dem Markt umher. Wir beobachteten die Schaulustigen beim Bummeln durch die Stadt.

Anmerkung
– Beim Substantiv *Bummeln* ergibt sich die Täterbezeichnung meist aus dem Kontext.
– Bei *bummeln / Bummeln* wird der Ort häufig mit *durch* angegeben:
  Sie bummelten *durch die Geschäfte.*
– Zuweilen ist auch die Richtungsbezeichnung möglich:
  Sie bummelten *zum Busbahnhof.*
– Bei *umherbummeln* geht es um eine Bewegung an einem Ort:
  Sie bummelten *auf dem Markt* umher.

## eilen / forteilen / weitereilen – Eilen

Der Student (a) eilte zum Bahnhof (b). Nach vorsichtigem Überqueren der Straße eilten die Passanten (a) fort / weiter. Arbeitsschluß und Abfahrt der Züge bewirken ein Eilen der Menschen (a) zum Bahnhof (b).

1. 'Fortbewegung zu Lande', 'ohne Hilfsmittel', 'auf den Beinen', 'relativ schnell', 'hastig'
2. a – Täter / Mensch /
     V: Sn;                              S: Sg
   b – Richtung / Ding, Lebewesen /
     V: Sp (zu, nach, an. . .);          S: Sp (zu, nach, an. . .)
3. Die Zuschauer eilten nach Hause. Das Mädchen eilte zu seiner Mutter. Die Käufer eilten fort/weiter. Er beobachtete das Eilen der Passanten unter ein schützendes Dach.

Anmerkung
– In bestimmten Situationen können die Seme 'ohne Hilfsmittel' und 'auf den Beinen' durch die Angabe eines Instruments unterdrückt werden:
  Der Junge eilte *mit dem Fahrrad* zum Sportplatz.

## fahren¹ / abfahren¹ / hinauffahren – Fahrt¹ / Weiterfahrt / Fahrerei

Die Straßenbahn (a) fährt zum Bahnhof (b). Die Zahnradbahn (a) fährt den Berg (b) hinauf. Der Zug (a) fährt bald ab. Wir verfolgen mit Spannung die Fahrt des Neulings (a) auf der Rennbahn (b). Die Weiterfahrt des Zuges (a) in die Kreisstadt (b) verzögert sich etwas. Die tägliche Fahrerei meines Bruders (a) zur Firma (b) ist sehr zeitaufwendig.

1. 'Fortbewegung zu Lande', 'mit Hilfsmittel', 'mit Hilfe einer antreibenden Kraft', 'von Dingen und Personen'
2. a – Täter / Mensch, Ding (Fahrzeug) /
     V: Sn;                              S: Sg
   b – Richtung / Ding, Mensch /
     V: **fahren:** Sp (von, nach, durch, zu. . .) S: Sp (von, nach, durch, zu. . .)
     **hinauffahren:** Sa, Sp (auf, in);

3. Der Fahrstuhl fährt in den Keller. Der Zug / die Straßenbahn fährt durch die
Weststadt. Die Beamten / Wissenschaftler fahren alle bis zum 10. Stockwerk hinauf.
Mein Vater / das Auto fährt jetzt ab. Die Fahrt / Weiterfahrt des Busses / Last-
wagens dauert etwa drei Stunden. Diese ewige Fahrerei in den schlechten Bussen ist
für alle eine Qual.

Anmerkung
– Bei *fahren* wird die Ortsbezeichnung durch Sp (von, nach, durch, zu...) realisiert, bei *hinauffahren*
gibt die erste Konstituente grob die Richtung an, Sp (auf, in) jedoch den eigentlichen Zielpunkt:
    Die Bahn fährt *auf den Berg*.
    Der Lift fährt *in die 6. Etage* hinauf.
– Bei *abfahren* gibt *ab-* allgemein die Richtung an, deshalb wird die genaue Richtungsbezeichnung selten
realisiert:
    Der Zug fährt ab (*nach Berlin*).
– Dafür erscheint häufiger die Struktur:
    Der Zug *nach Berlin* fährt ab.
– Das Substantiv *Fahrerei* besitzt ein pejoratives Sem:
    Die ewige Fahrerei habe ich satt.

## fahren² / abfahren² – Fahrt² / Abfahrt

Diese Fähre (a) fährt nach Gedser (b). Dieses Schiff (a) fährt in einer halben
Stunde ab. Die Fahrt des Schiffes (a) über die Meerenge (b) dauer 30 Minuten. Die Abfahrt des Schiffes (a) verzögert sich um eine Stunde.

1. 'Fortbewegung auf dem Wasser', 'mit einem Wasserfahrzeug / Schiff', 'mit Hilfe
   einer antreibenden Kraft'
2. a  – Täter / Ding (Wasserfahrzeug) /
        V: Sn;                          S: Sg
   b  – Richtung / Ding /
        V: Sp (über, nach...);          S: Sp (über, nach...)
3. Der Eisbrecher / dieses Forschungsschiff / der Luxusliner fährt zum Nordmeer. Die
   Boote der Krabbenfischer fahren bei einsetzender Flut ab. Die Fahrt des Passagier-
   schiffes durch den Großen Belt ist immer ein Erlebnis. Wir dürfen die Abfahrt des
   Dampfers zur Insel nicht verpassen.

Anmerkung
– Bei *abfahren* gibt *ab-* allgemein die Richtung an, daher wird die genaue Richtungsbezeichnung selten
realisiert:
    Die Fähre *fährt ab* (nach Hiddensee).
– Dafür erscheint häufiger die Struktur:
    Die Fähre *nach Hiddensee* fährt ab.

## fliegen / abfliegen – Fliegerei / Flug / Abflug / Hinflug / Rückflug / Weiterflug

Diese Maschine (a) fliegt nach London (b). Dieses Flugzeug (a) fliegt in
wenigen Minuten ab. Der Flug / Hinflug / Rückflug der Lufthansamaschine
(a) nach New York (b) dauerte nicht so lange wie angegeben. Der Abflug der
Postmaschine (a) zur Insel (b) erfolgt dreimal in der Woche. Die häufige

Fliegerei von Hamburg nach München und zurück (b) berührt mich kaum noch.

1. 'Fortbewegung in der Luft', 'innerhalb und außerhalb der Erdatmosphäre', 'mit Hilfe von Flügeln bzw. eines technischen Antriebes'
2. a – Täter / Lebewesen, Ding (Luft-, Raumfahrzeug) /
        V: Sn;                      S: Sg/Sp (von)
     b – Richtung / Ding /
        V: Sp (nach, durch. . .);        S: Sp (nach, durch. . .)
3. Der Vogel fliegt von Baum zu Baum. Der Schmetterling fliegt über die Wiese. Der Hubschrauber mit den Verunglückten fliegt jetzt ab. Die Chartermaschine nach Malta fliegt in wenigen Minuten ab. Der Flug / Hinflug / Rückflug / Weiterflug der eben gelandeten Bundeswehrmaschine in die Heimat verzögert sich etwas. Wir warten alle auf den Abflug des Düsenjägers.

Anmerkung

– Bei *abfliegen / Abflug* gibt *ab-* die Richtung an, die Richtungsbezeichnung wird deshalb selten realisiert. Bei *Hinflug / Rückflug / Weiterflug* wird durch die erste Konstituente zwar auch die Richtung angedeutet, die Richtungsbezeichnung wird jedoch häufiger realisiert:

     Der *Abflug* der französischen Maschine erfolgt in wenigen Minuten.

     Der *Rückflug / Weiterflug* der Maschine *nach Moskau* verzögert sich wegen dichten Nebels.

– Das Substantiv *Fliegerei* besitzt ein pejoratives Sem. Das Substantiv bezeichnet vor allem den allgemeinen zielgerichteten Prozeß. Die Bezeichnung des Täters wird kaum realisiert, sie ergibt sich meist aus dem Kontext:

     Die Fliegerei *mit diesen alten klapprigen Maschinen in die Urwaldgebiete* kommt einem Hasardspiel gleich.

## fliehen / entfliehen / flüchten – flüchtig – Flucht

Der Verfolgte (a) floh ins Ausland (b). Der Gefangene (a) entfloh aus der Strafvollzugsanstalt (b). Die Vertriebenen (a) flüchteten über die Grenze (b). Seit dem gestrigen Morgen sind drei Häftlinge (a) flüchtig. Die Flucht der Kriegsgefangenen (a) aus dem Lager ins Ausland (b) war von langer Hand vorbereitet worden.

1. 'allgemeine Fortbewegung auf ein Ziel', 'relativ schnell', 'sich vor jemandem / etwas in Sicherheit bringen wollen', 'mit und ohne Hilfsmittel'
2. a – Täter / Mensch, Tier /
        V: Sn;               A: Sn;              S: Sg/Sp (von)
     b – Richtung / Ding /
        V: Sp (aus, in, nach. . .);    A: nicht realisiert;    S: Sp (aus, in, nach. . .)
3. Die Dorfbewohner / Tiere fliehen vor dem Feuer in die Berge. Der Geisteskranke entfloh aus der Klinik in die Stadt. Die geschlagene Armee flüchtete über die Beresina. Der zum Tode Verurteilte ist flüchtig. Die Flucht der Bankräuber ins Ausland mißlang.

**Anmerkung**
- Die Verben *fliehen* und *flüchten* werden weitgehend synonym gebraucht:
  Der Pferdedieb *floh / flüchtete* vor den Verfolgern ins Gebirge.
- Bei allen Wörtern kann außer den beiden Valenzpartnern angegeben werden, woraus bzw. wovor /
  vor wem sie fliehen. Diese Bezeichnung der Ursache im weiten Sinne könnte durchaus als weiterer
  Valenzpartner angesehen werden:
  Sie flüchteten *vor den Antreibern / Unterdrückern / unmenschlichen Lebensbedingungen.*
- Bei *flüchtig* wird angegeben, daß sich jemand auf der Flucht befindet, geflohen ist. Die Bezeichnung
  der Richtung wird daher nicht realisiert.
- Bei *entfliehen* kann der Ausgangspunkt / die Ursache auch durch ein Substantiv im Dativ realisiert
  werden:
  Er entfloh *dem Menschengetümmel.*
- Bei reinen Ortsbezeichnungen steht meist ein Substantiv mit Präposition:
  Er entfloh *aus dem Gefängnis / aus der Arrestzelle.*
- Der reine Kasus markiert eine gehobene Stilfärbung.

## galoppieren / davongaloppieren – Galoppieren / Galopp

Die Reiter (a) galoppieren über die Rennbahn (b). Die ganze Schwadron (a) galoppiert davon. Das Galoppieren größerer Kavallerieverbände (a) auf dem Übungsplatz (b) muß sorgfältig geübt werden. Alle waren begeistert von dem Galopp des Siegers (a) vor der Zuschauertribüne (b).

1. 'Fortbewegung zu Lande', 'mit einem Hilfsmittel (meist Pferd)', 'in Sprüngen laufend', 'bezogen auf Menschen und bestimmte Tiere'
2. a – Täter / Mensch, Tier (Säugetier) /
      V: Sn;                          S: Sg/Sp (von)
   b – Richtung / Ding /
      V: Sp (über, in, nach. . .);    S: Sp (über, in, nach. . .)
3. Die Husaren / Reiter / Pferde galoppieren über die Koppel / Lichtung. Die Herde galoppierte davon. Der Reiter / das Pferd kam in vollem Galopp ins Ziel.

**Anmerkung**
- Bei Sn = Mensch kann ein Hilfsmittel (Tier) angegeben werden, bei Sn = Tier nicht:
  *Der Reiter* galoppierte *mit der Stute* über den Hof.
  *Der Reiter* galoppierte über den Hof.
  *Die Pferde* galoppierten über die Wiese.
- Insofern können die Wörter dieser Gruppe sowohl in die Gruppe 'mit Hilfsmittel' als auch in die
  Gruppe 'ohne Hilfsmittel' eingeordnet werden.
- Bei *davongaloppieren* deutet *davon-* die Richtung an, die Richtungsbezeichnung wird daher häufig nicht
  realisiert.

## gehen / zugehen / zurückgehen – Gang

Die Kinder (a) gehen ins Kino (b). Der Verkäufer (a) geht auf den Kunden (b) zu. Die Besucher (a) gehen nach Hause (b) zurück. Der sonntägliche Gang der Gemeindemitglieder (a) zur Kirche (b) ist allen zur Gewohnheit geworden.

1. 'Fortbewegung zu Lande', 'ohne Hilfsmittel', 'relativ langsam', 'auf den Beinen'

2. a  –  Täter / Mensch, Tier (Säugetier, Vogel) /
       V: Sn;                       S: Sg
   b  –  Richtung / Ding /
       V: Sp (zu, in, nach. . .);         S: Sp (zu, in, nach. . .)
3. Der Schornsteinfeger geht auf den Dachboden. Der Rentner geht ans Fenster. Die
Gratulanten gehen auf den Jubilar zu. Nach der Vorstellung gehen die Zuschauer in
die Stadt zurück. Der Gang des Schuldners zur Bank war fast zur Routine geworden.

Anmerkung
– Bei *gehen* und *zurückgehen* treten unterschiedliche Präpositionen zur Angabe der Richtung auf, bei
*zugehen* aber nur *auf*:
    Der Junge geht *zu seiner Großmutter / in den Park / auf den Spielplatz / nach Hause* (zurück).
    Der Besucher geht *auf den Direktor* zu.


## gelangen / hinaufgelangen / hinuntergelangen

Die Expedition (a) gelangte auf den höchsten Berg (b) der Erde. Der Schornsteinfeger (a) gelangte in kurzer Zeit auf den Schornstein (b) hinauf. Die
Touristen (a) gelangten wohlbehalten über den Geröllhang auf die Wiese (b)
hinunter.

1. 'allgemeine Fortbewegung auf ein Ziel', 'mit oder ohne Hilfsmittel', 'langsam oder
schnell', 'mit oder ohne Mühe'
2. a  –  Täter / Lebewesen, Ding (meist Fahrzeug) / Sn
   b  –  Richtung / Ding, Lebewesen / Sp (auf, in, nach, zu. . .)
3. Die Schiffbrüchigen gelangten mit Mühe ans rettende Ufer. Der Einbrecher gelangte durch den Keller in den Tresorraum. Die alte Frau gelangte nur mit großer Mühe
in die 4. Etage hinauf. Die Forscher gelangten unter Verwendung zahlreicher Hilfsmittel bis auf den Grund des Höhlensees hinunter.


## gleiten / dahingleiten / hinuntergleiten – Gleiten

Die Schlitten (a) gleiten geräuschlos über das Eis (b). Die Vögel (a) gleiten
fast bewegungslos dahin. Der Segelflieger (a) gleitet auf den Landeplatz (b)
hinunter. Das Gleiten der Schlitten (a) über das Eis (b) erfreute die Urlauber.

1. 'allgemeine Fortbewegung auf ein Ziel', 'schwebend', 'leicht und mühelos'
2. a  –  Täter / Lebewesen, Ding (Fahrzeug) /
       V: Sn;                       S: Sg/Sp (von)
   b  –  Richtung / Ding /
       V: Sp (auf, in, über, zu. . .);     S: Sp (auf, in, über, zu. . .)
3. Die Tänzer glitten leichtfüßig über das Parkett. Der Kondor gleitet majestätisch
durch die Wolken. Die Rennboote glitten in Formationen über den spiegelglatten
See. Das neue Auto gleitet über die Autobahn dahin. Der Drachenflieger gleitet
vom Gipfel des Berges ins Tal hinunter. Das Kurven und langsame Gleiten der
Segelflieger am blauen Himmel war wunderschön anzusehen.

Anmerkung
– Bei *dahingleiten* und *hinuntergleiten* gibt die erste Konstituente bereits die allgemeine Richtung an. Die genaue Richtungsbezeichnung wird deshalb zuweilen nicht realisiert:
  Der Adler gleitet dahin / hinunter.

## hasten / vorwärtshasten

Der Student (a) hastet zum Bahnhof (b). Trotz des Gewitters hastet der Läufer (a) vorwärts.

1. 'Fortbewegung zu Lande', 'relativ schnell', 'häufig mit Ungeduld'
2. a  –  Täter / Mensch / Sn
   b  –  Richtung / Mensch, Ding / Sp (zu, nach, auf. . .)
3. Die Bergarbeiter hasten durch den Regen zu ihren Familien. Die Tochter hastet durch die dunklen Straßen nach Hause. Der junge Mann hastet auf den Bahnsteig, um die Ankunft seiner Freundin nicht zu verpassen. Einige Hausfrauen hasten zum Ausverkauf. Trotz Erschöpfung hastet der Verfolgte vorwärts.

Anmerkung
– Bei *vorwärtshasten* weist *vorwärts-* auf die allgemeine Richtung hin, die Richtungsbezeichnung wird daher meist nicht realisiert:
  Ohne aufzusehen, hastete der Marathonläufer vorwärts.

## jagen / davonjagen – Jagd / Jagerei

Das Taxi (a) jagt zum Flughafen (b). Das scheue Wild (a) jagt beim Herannahen des Zuges davon. Die Jagd der Schulklasse (a) zum Bahnhof (b) zahlte sich aus. Die Jagerei der Touristen (a) nach einem guten Platz (b) im Reisebus ist lästig.

1. 'Fortbewegung zu Lande', 'ohne Hilfsmittel', 'sehr schnell'
2. a  –  Täter / Lebewesen, Ding (Fahrzeug) /
        V: Sn;                    S: Sg
   b  –  Richtung / Ding /
        V: Sp (nach, auf, zu. . .);   S: Sp (nach, auf, zu. . .)
3. Die Menschen jagen durch die Stadt. Autos jagen zum Fußballstadion. Nach dem Startschuß jagen die Motorräder davon. Wenn Löwen nahen, jagen viele andere Tiere davon. Wir haben die tägliche Jagd / Jagerei zu den Zügen satt.

Anmerkung
– Bei *davonjagen* gibt *davon-* die allgemeine Richtung an, die Richtungsbezeichnung wird häufig nicht realisiert:
  Das aufgescheuchte Reh jagte in großen Sprüngen davon.
– Das Substantiv *Jagerei* verfügt über ein pejoratives Sem.

## klettern / hinabklettern / hinaufklettern – Klettern / Kletterei

Die Kinder (a) klettern auf den Berg (b). Die Bergsteiger (a) klettern auf den Gipfel (b) hinauf. Die Männer (a) von der Bergwacht sind in die Schlucht (b) hinabgeklettert. Das Klettern des Jungen (a) auf das Gerüst (b) erzürnte die Arbeiter. Die ständige Kletterei der Hausbewohner (a) in die oberen Stockwerke (b) wegen des häufig defekten Fahrstuhls war Anlaß zur Klage.

1. 'Fortbewegung zu Lande', 'im wesentlichen ohne Hilfsmittel', 'relativ langsam', 'auf den Beinen', 'oft unter Zuhilfenahme der Hände', 'mit Anstrengung'
2. a – Täter / Lebewesen /
      V: Sn;                            S: Sg/Sp (von)
   b – Richtung / Ding /
      V: Sp (auf, in, durch. . .);      S: Sp (auf, in, durch. . .)
3. Der Kutscher klettert auf den Kutschbock. Die Fluggäste klettern in die kleine Maschine. Die Katze klettert auf den Baum. Der Maurer klettert auf das Gerüst hinauf. Nach getaner Arbeit mußte er wieder hinabklettern. Das Klettern im Elbsandsteingebirge hat eine lange Tradition. Die Kletterei der Läufer über die umgestürzten Bäume verzögerte ihre Ankunft beträchtlich.

Anmerkung
– Bei *hinabklettern* und *hinaufklettern* bezeichnet die erste Konstituente bereits allgemein die Richtung, die genaue Richtungsbezeichnung wird daher zuweilen nicht realisiert. Sie ergibt sich oft aus dem Kontext.
– Das Substantiv *Kletterei* besitzt ein pejoratives Sem.

## kommen / ankommen / heimkommen – Ankunft

Der dänische Konsul (a) kommt morgen nach Schwerin (b). Die Gäste (a) kommen am Abend auf dem Flughafen (b) an. Die Kriegsgefangenen (a) kommen nach vier Jahren heim. Die Ankunft des Festumzuges (a) auf dem Marktplatz (b) verzögert sich um fast eine Stunde.

1. 'allgemeine Fortbewegung auf ein Ziel', 'mit oder ohne Hilfsmittel', 'schnell oder langsam'
2. a – Täter / Lebewesen, Ding /
      V: Sn;                            S: Sg/Sp (von)
   b – Richtung / Lebewesen, Ding /
      V: Sp (nach, auf, zu. . .);       S: Sp (nach, auf, zu. . .)
3. Der Sohn kommt regelmäßig zu seinen Eltern. Die Jäger kommen mit reicher Beute heim. Der Zug kommt pünktlich in Frankfurt an. Die Materiallieferung / die bestellte Ware kommt zum vereinbarten Termin beim Besteller an. Wir warten auf die Ankunft des Busses am Busbahnhof. Der Züchter wartet auf die Ankunft der neuen Pferde auf der Koppel.

Anmerkung
– Zwischen den Wörtern dieser Gruppe gibt es zum Teil beträchtliche semantische Unterschiede:
– Das Verb *kommen* als Schlüsselwort bezeichnet die zielorientierte Fortbewegung in eine Richtung: Er kommt morgen wieder *in die Schule.*

- Bei *heimkommen* bezeichnet *heim-* allgemein die Richtung, so daß die genaue Richtungsbezeichnung nicht realisiert wird; vielfach ergibt sie sich aus dem Kontext:
  *Die Waldarbeiter* kommen heim (= aus dem Wald).
- Dagegen bezeichnen *ankommen* und *Ankunft* keine zielgerichtete Bewegung, sondern den Abschluß der Bewegung an einem Ort:
  Der Bus kommt um 14 Uhr *in Rostock* an.
  Die Ankunft des Busses *in Rostock* verzögert sich etwas.

## krabbeln – Krabbelei / Gekrabbel

Das Kleinkind (a) krabbelt unter den Tisch (b). Die Krabbelei der kleinen Kinder (a) in dem Zimmer (b) regte ihn auf. Das Gekrabbel der Ameisen (a) auf dem Balkon (b) störte die Kinder nicht.

1. 'Fortbewegung zu Lande', 'ohne Hilfsmittel', 'relativ langsam', 'nicht nur mit den Beinen'
2. a – Täter / Lebewesen /
       V: Sn;                S: Sg/Sp (von)
     b – Richtung / Ding /
       V: Sp (auf, zu, in. . .);    S: Sp (auf, zu, in. . .)
3. Das Kleinkind krabbelt zu seiner Mutter. Die Käfer krabbeln auf den Baumstamm. Eltern und Großeltern beobachten die Krabbelei der Kleinen im Garten. Bei diesem Gekrabbel der Babys muß die Mutter auf ihr Kind höllisch aufpassen.

Anmerkung
- Im allgemeinen weisen *Krabbelei* und *Gekrabbel* ein pejoratives Sem auf, das aber in bestimmten Kontexten fehlen kann.

## kraulen – Kraulen

Der Schwimmer (a) krault über den See (b). Das Kraulen der Sportler (a) über den See (b) hat sich zu einem beliebten Wettkampf entwickelt.

1. 'Fortbewegung im Wasser', 'Arme abwechselnd von hinten über den Kopf nach vorn und unter Wasser wieder zurückziehend', 'mit den Beinen schlagartige Bewegungen ausführend', 'sehr schnell', 'ohne spezielle Hilfsmittel' (eine spezielle Schwimmart)
2. a – Täter / Mensch /
       V: Sn;                S: Sg
     b – Richtung / Ding /
       V: Sp (durch, zu, über. . .);    S: Sp (durch, zu, über. . .)
3. Die Weltrekordlerin krault durch das Becken. Das Kraulen des Rekordhalters wurde von allen bewundert.

## kriechen / herauskriechen / hineinkriechen – Kriechen

Das Kind (a) kroch vor Angst unter das Bett (b). Der Bär (a) kroch aus seiner Höhle (b) heraus. Die Schnecke (a) kriecht in ihr Haus (b) hinein. Das Kriechen der Blindschleiche (a) durch das Laub (b) hatte nur der Junge bemerkt.

1. 'Fortbewegung zu Lande', 'ohne Hilfsmittel', 'relativ langsam', 'dicht am Boden', 'nicht nur mit Hilfe der Beine', 'unter Umständen unter Einsatz des ganzen Körpers'
2. a – Täter / Mensch, Tier /
       V: Sn;                  S: Sg
     b – Richtung / Ding /
       V: Sp (in, durch, aus. . .);    S: Sp (in, durch, aus. . .)
3. Das Baby kriecht zu seiner Großmutter. Der Indianer kriecht durch das Gestrüpp. Der Käfer / Hund kriecht über den Weg. Viele Spaziergänger beobachten das Kriechen der Kröten durch den Schutztunnel. Beim langen Kriechen auf dem Schotter schmerzen die Knie.

Anmerkung
– In der Bedeutung 'sich langsam und unter Aufbietung aller Kräfte vorwärtsbewegen' kann *kriechen* auch auf Dinge (besonders Fahrzeuge) bezogen werden:
  *Das alte Auto* kroch im ersten Gang den Berg hinauf.

## kutschieren / umherkutschieren – Kutschieren / Herumkutschieren

Der junge Mann (a) ist mit dem neuen Wagen ins Nachbardorf (b) kutschiert. Drei Stunden ist das Pärchen (a) in der Gegend (b) umherkutschiert. Das häufige Kutschieren seines Sohnes (a) in die Kleinstadt (b) mißfiel dem Vater. Das tagelange Herumkutschieren der Jugendlichen (a) durch die Badeorte (b) mißfiel vielen.

1. 'Fortbewegung zu Lande', 'mit einem Fahrzeug (gelegentlich einer Kutsche)', 'meist zum Vergnügen' /salopp/
2. a – Täter / Mensch /
       V: Sn;                  S: Sg
     b – Richtung / Ding /
       V: Sp (in, durch, nach. . .);    S: Sp (in, durch, nach. . .)
3. Die zwei jungen Frauen kutschierten mit ihrem neuen Auto in die Landeshauptstadt. Die Freunde kutschierten die ganze Woche lang im Lande umher. Dieses Herumkutschieren ihres Sohnes von einem Ort zum anderen bereitete den alten Eltern Sorge.

Anmerkung
– Bei *kutschieren* geht es primär um die Richtung, bei *umherkutschieren* und *Herumkutschieren* um den Ort:
  Die jungen Männer kutschierten am Wochenende *in den mondänen Badeort.*
  Die jungen Männer kutschierten *in dem mondänen Badeort* umher.

## laufen / hineinlaufen – Laufen / Lauf / Lauferei / Gelaufe

Die Verkäuferin (a) lief zur Straßenbahn (b). Der Dieb (a) lief in den Park (b) hinein. Das Laufen der Sportler (a) auf Asphaltstraßen (b) findet nicht die ungeteilte Zustimmung. Der Lauf des Griechen (a) von Marathon nach Athen (b) ist in die Geschichte eingegangen. Die dauernde Lauferei des Untermieters (a) ins Badezimmer (b) stört die anderen Mieter sehr. Das ständige Gelaufe um die billigsten Waren (b) mache ich nicht mit.

1. 'Fortbewegung zu Lande', 'ohne Hilfsmittel', 'relativ schnell', 'mit den Beinen'
2. a – Täter / Mensch, Tier /
   V: Sn;                          S: Sg/Sp (von)
   b – Richtung / Ding /
   V: Sp (durch, zu, in. . .);     S: Sp (durch, zu, in. . .)
3. Der Student lief noch schnell zur Post, um das Telegramm aufzugeben. Das Kind lief weinend in das Haus hinein. Das Laufen mit zwei Koffern fiel der Frau sehr schwer. Der Lauf des Weltmeisters über 10 000 Meter begeisterte die Zuschauer. Die Lauferei des Angestellten von Zimmer zu Zimmer belustigte die Wartenden.

Anmerkung
– *Laufen* bezeichnet einen Prozeß allgemein, *Lauf* dagegen einen geschlossenen Prozeß:
   *Das tägliche Laufen* von der Wohnung zum Bahnhof kostet viel Zeit.
   *Den Lauf* über 30 Kilometer von der Hauptstadt zum Zielort gewann der Sieger in Rekordzeit.
– Die Substantive *Lauferei* und *Gelaufe* verfügen über ein pejoratives Sem.

## marschieren / abmarschieren / einmarschieren – marschbereit / abmarschbereit – Marschieren / Marsch / Abmarsch / Marschbereitschaft

Die Kompanie (a) marschiert in die Kaserne (b) (ein). Die Einheit (a) marschiert morgen früh zum Manöver (b) ab. Das Bataillon (a) ist marschbereit / abmarschbereit. Die Marschbereitschaft der Kompanie (a) wurde vom Kommandeur befohlen. Das Marschieren der Soldaten (a) durch die Stadt (b) lockte Schaulustige an. Der Marsch der Sportler (a) zum Stadion (b) wurde aufmerksam verfolgt. Der Abmarsch der Soldaten (a) in die Quartiere (b) verzögerte sich unverständlicherweise.

1. 'Fortbewegung zu Lande', 'ohne Hilfsmittel', 'relativ langsam', 'auf den Beinen', 'in einer geordneten Gruppe'
2. a – Täter / Mensch /
   V: Sn;                          A: Sn;                S: Sg
   b – Richtung / Ding /
   V: Sp (nach, zu, in. . .);      A: nicht realisiert;  S: Sp (nach, zu, in. . .)
3. Die Demonstranten marschierten zum Marktplatz. Die Armee marschierte nach Süden. Die Turnriege marschiert in die Turnhalle / zum nächsten Gerät ab. Die Wandergruppe ist marschbereit / abmarschbereit. Die Truppe befindet sich in

Marschbereitschaft. Die jungen Rekruten waren gespannt auf den ersten langen Marsch bei voller Belastung. Die Besucher sahen dem Marschieren der Rekruten zu. Der Abmarsch der Sportler zur Eröffnung der Wettkämpfe ins Stadion war auf 8 Uhr festgesetzt.

Anmerkung
– Die Adjektive *marschbereit* und *abmarschbereit* sowie das Substantiv *Marschbereitschaft* drücken keine Bewegung, sondern lediglich die Bereitschaft zur Bewegung aus. Die Richtungsbezeichnung wird daher nicht realisiert.
– In *abmarschieren* und *Abmarsch* drückt *ab-* weniger die Richtung als vielmehr das Verlassen des Ortes aus. Die genaue Richtungsbezeichnung ist erforderlich.
– Die Wörter dieser Gruppe werden in Situationen gebraucht, in denen die Bewegungen zu Fuß geordnet, vielfach auf Befehl erfolgen, z.B. beim Militär, im Sport, in einer Wandergruppe.

## paddeln – Paddeln

Die Jungen (a) paddelten im Schlauchboot über den See (b). Das Paddeln der Mädchen (a) über den See (b) wurde von den Urlaubern vom Ufer aus aufmerksam verfolgt.

1. 'Fortbewegung im Wasser', 'mit Hilfe von Instrumenten (Paddel)', 'manuell'
2. a  –  Täter / Mensch /
       V: Sn;                                    S: Sg
   b  –  Richtung / Ding /
       V: Sp (von – nach, über...);    S: Sp (von – nach, über...)
3. Die Urlauber / Sportler sind durch mehrere Seen bis zu einer Insel gepaddelt. Gestern haben wir lange gepaddelt. Im Sommer ist Paddeln eine beliebte Urlaubsbeschäftigung.

Anmerkung
– Mit *paddeln* kann auch das Schwimmen eines Menschen bezeichnet werden, der sich wie ein Hund im Wasser mit schnellen Armbewegungen vorwärtsbewegt:
   *Der Junge* paddelte schnell ans Ufer.
   In diesem Fall entfällt das Sem 'mit Hilfe von Instrumenten (Paddel)', ebenso die Angabe eines Wasserfahrzeuges.
– In der eben genannten Bedeutung kann *paddeln* auch auf Tiere, besonders auf Hunde, bezogen werden:
   *Der kleine Hund* paddelte am Ufer entlang.

## rasen / davonrasen / weiterrasen – Rasen / Raserei

Der Jugendliche (a) rast mit seinem Motorrad zur Disko in den Nachbarort (b). Nachdem er seiner Mutter den Brief gegeben hatte, raste der Junge (a) davon. Um mit der Verteilung schnell fertig zu werden, raste der Gymnasiast (a) weiter zum nächsten Gehöft (b). Wir beobachten mit Schrecken die zunehmende Raserei / das zunehmende Rasen der jungen Leute (a) durch die Ortschaften (b).

1. 'Fortbewegung zu Lande', 'aus eigener Kraft auf den Beinen bzw. mit Hilfe eines Instruments (Fahrzeug)', 'sehr schnell'

2. a  –  Täter / Mensch, Ding (Fahrzeug) /
       V: Sn;                          S: Sg
   b  –  Richtung / Ding /
       V: Sp (nach, durch, zu. . .);   S: Sp (nach, durch, zu. . .)
3. Die Schulklasse raste auf den anderen Bahnsteig. Der Lastkraftwagen rast davon.
   Trotz des Defekts ist der Rennfahrer weitergerast. Die Raserei der Jugendlichen auf
   ihren schnellen Maschinen ist kaum noch zu verantworten. Das Rasen der Kraftfahrer auf nassen und zum Teil vereisten Straßen hat zu schweren Unfällen geführt.

Anmerkung
–  Die Wörter dieser Gruppe bezeichnen vorrangig eine sehr schnell Bewegung zu Lande. Sie können
   sich aber auch auf eine sehr schnelle Bewegung auf dem Wasser bzw. in der Luft beziehen; das ergibt
   sich aus dem Kontext (aus der Bedeutung der Aktanten bzw. aus der Situation):
       Das Auto rast über die Straßen. (= zu Lande)
       Das Motorboot rast über den See. (= auf dem Wasser)
       Der Düsenjäger rast durch die Nacht. (= in der Luft)
–  Rasen und Raserei bezeichnen vor allem die schnelle Bewegung von Motorfahrzeugen und besitzen
   dann ein pejoratives Sem.
–  In davonrasen und weiterrasen bezeichnet die erste Konstituente eine allgemeine Richtung. Die genaue Richtungsangabe wird häufig nicht realisiert.

## reisen / einreisen / verreisen – Reisen / Reise

Die Familie (a) reist an die Ostsee (b). Viele Polen (a) reisen nach Deutschland (b) ein. In diesem Jahr verreisen wir (a) ins Gebirge (b). Das Reisen in
ferne Länder (b) ist meine liebste Freizeitbeschäftigung. Die Reise der Expedition (a) zum Basislager (b) verlief ohne Störungen.

1. 'allgemeine Fortbewegung auf ein Ziel', 'über eine größere Entfernung hinweg',
   'mit einem Instrument (Verkehrsmittel)', 'von einem Ort an einen anderen', 'für
   eine längere Zeit'
2. a  –  Täter / Mensch /
       V: Sn;                          S: Sg/Sp (von)
   b  –  Richtung / Ding /
       V: Sp (von – über – nach, zu, in. . .);  S: Sp (von – über – nach, zu. . .)
3. Die Verwandten / Nachbarn reisen / verreisen ans Meer. Sie reisen in den Süden.
   Immer mehr Touristen reisen nach Deutschland ein. Das Reisen mit dem Flugzeug
   nimmt zu. Die Reise zum Nordkap war ein einmaliges Erlebnis.

Anmerkung
–  Während reisen und verreisen weitgehend synonym sind, gibt einreisen an, daß jemand aus dem
   Ausland in ein Land kommt:
       Sie reisen mit der Bahn nach Frankreich ein.
       Sie sind gestern eingereist (d.h. aus dem Ausland in das Zielland).
–  Reisen bezeichnet den allgemeinen Prozeß, Reise ein abgeschlossenes Ereignis:
       Das Reisen nach Schweden ist für uns schon zur Selbstverständlichkeit geworden.
       Die Reise von Rostock nach Berlin dauert zwei Stunden.

## reiten / ausreiten / heimreiten – Reiten / Ritt

Der Cowboy (a) reitet in die Stadt (b). Herr von Wolzogen (a) reitet mit seiner Gattin aus. Erst spät abends reiten sie (a) heim. Das Reiten über die Hindernisse (b) will gelernt sein. Der Ritt des Olympiasiegers (a) über den Parcour (b) wurde mit viel Beifall bedacht.

1. 'Fortbewegung zu Lande', 'auf einem Tier (meist Pferd) sitzend'
2. a  –  Täter / Mensch /
       V: Sn;                          S: Sg
   b  –  Richtung / Ding, Mensch /
       V: Sp (nach, über, zu. . .);    S: Sp (nach, über, zu. . .)
3. Das Mädchen reitet zu den Großeltern. Die Soldaten reiten zur Kaserne. Jeden Morgen reitet die Gräfin mit ihrer Tochter aus. Nach einiger Zeit reiten sie wieder heim. Das Reiten auf Kamelen ist für Europäer immer wieder ein Abenteuer. Ein ausgedehnter Ritt über Wiesen und Felder wirkt beruhigend auf die Nerven.

Anmerkung
–  Bei *ausreiten* und *heimreiten* bezeichnet die erste Konstituenten die allgemeine Richtung (= weg von bzw. hin zu), die genaue Richtungsbezeichnung wird kaum realisiert. Sie ergibt sich vielfach aus dem Kontext (gelegentlich aus der Semantik des ersten Aktanten):
       *Der Gutsbesitzer* reitet aus. (= von seinem Gut)
       *Der Bauer* reitet heim. (= zu seinem Hof)
–  *Reiten* bezeichnet den Prozeß allgemein, *Ritt* bezieht sich auf ein begrenztes Ereignis. Deshalb werden bei *Reiten* selten beide Aktanten realisiert:
       *Das Reiten* über die Hindernisse ist für Pferd und Reiter problematisch.
       *Der Ritt* des Außenseiters über den schwierigen Parcour war fehlerfrei.

## rennen / zurückrennen – Rennen / Rennerei / Gerenne

Die junge Frau (a) rennt zur Straßenbahn (b). Das Mädchen (a) rennt zum Spielplatz (b) zurück. Das Rennen der Schnäppchenjäger (a) zu den Wühltischen (b) beim Winterschlußverkauf begann nach Öffnen des Kaufhauses. Die Rennerei / das Gerenne der Kinder (a) durch das Treppenhaus (b) störte die alten Leute sehr.

1. 'Fortbewegung zu Lande', 'mit den Beinen', 'sehr schnell'
2. a  –  Täter /Mensch, Tier /
       V: Sn;                          S: Sg
   b  –  Richtung / Ding /
       V: Sp (durch, zu, in. . .);     S: Sp (durch, zu, in. . .)
3. Paul ist noch schnell zum Fleischer gerannt. Die Rehe rennen in den Wald. Die Rinder rennen zurück in den Stall. Die Rennerei / das Gerenne der Schüler durch die Turnhalle verursachte einen fürchterlichen Lärm.

Anmerkung
–  *Gerenne* und *Rennerei* verfügen über ein pejoratives Sem.

## robben – Robben

Die Soldaten (a) robben zum Waldrand (b). Das Robben der Soldaten (a) durch tiefen Sand (b) amüsierte den zynischen Ausbilder.

1. 'Fortbewegung zu Lande', 'bäuchlings auf dem Boden', 'unter Benutzung der Ellenbogen, Knie und Fußspitzen', 'langsam'
2. a – Täter / Mensch /
      V: Sn;                 S: Sg
   b – Richtung / Ding /
      V: Sp (zu, über, durch. . .);    S: Sp (zu, über, durch. . .)
3. Die Kompanie / die Gruppe / der Rekrut robbte durch tiefen Morast. Die Soldaten waren wütend über den Befehl zum Robben über den frischgepflügten Acker.

## rodeln / hinabrodeln / hinunterrodeln – Rodeln

Die Kinder (a) rodelten bis ins Tal (b) (hinab / hinunter). Das Rodeln der Jugendlichen (a) über die Straße (b) führte zu einem schweren Unfall.

1. 'Fortbewegung zu Lande', 'auf gleitfähigem Untergrund (meistens Schnee)', 'mit Hilfe eines Instruments (Schlitten)', 'abwärts', 'relativ schnell'
2. a – Täter / Mensch /
      V: Sn;                 S: Sg
   b – Richtung (abwärts) / Ding /
      V: Sp (in, über, zu. . .);     S: Sp (in, über, zu. . .)
3. Die Jungen und Mädchen rodeln den ganzen Nachmittag vom Stadtberg auf die Talwiese (hinab / hinunter). Die Kinder freuen sich schon lange auf den ersten Schnee und die Möglichkeit zum Rodeln. Rodeln bei Mondschein auf glattem Schnee von einem hohen Berg macht den jungen Leuten viel Vergnügen.

## rollern – Rollern

Die Kinder (a) rollern den Bürgersteig entlang (b). Das Rollern der Jungen (a) den Berg hinab (b) kann für die Passanten gefährlich werden.

1. 'Fortbewegung zu Lande', 'mit einem Instrument (Roller)', 'sehr schnell', 'fahrend'
2. a – Täter / Mensch (meist Kind) /
      V: Sn;                 S: Sg
   b – Richtung / Ding /
      V: Sp (entlang, über . . .);   S: Sp (entlang, hinab, durch, über. . .)
3. Die Mädchen und Jungen rollern mit Begeisterung über den asphaltierten Spielplatz. Sie rollern zu den wartenden Eltern. Das Rollern der Kinder über belebte Straßen ist sehr gefährlich und deshalb verboten.

## rudern / hinüberrudern / zurückrudern – Rudern

Die Urlauber (a) rudern zum anderen Ufer (b) (hinüber). Nach einer Stunde ruderten sie (a) wieder zur Anlegestelle (b) zurück. Das Rudern der Urlauber (a) über den stillen See (b) wurde von der Terrasse aus beobachtet.

1. 'Fortbewegung im Wasser', 'mit einem Instrument (Boot)', 'mit Hilfe von Ruderstangen', 'unter körperlicher Anstrengung', 'relativ langsam'
2. a – Täter / Mensch /
      V: Sn;                    S: Sg
   b – Richtung / Ding /
      V: Sp (über, nach, zu. . .);    S: Sp (über, nach, zu. . .)
3. Der Rettungsschwimmer rudert zu dem Verunglückten (hinüber). Der Lotse rudert zum Schiff (hinüber). Nach kurzer Zeit ruderte ihn ein Matrose an Land zurück. Das Rudern über diesen See macht allen Urlaubern viel Freude.

## rutschen – Rutschen / Rutsch

Der gestürzte Junge (a) rutschte in den Graben (b). Das Rutschen / der Rutsch des defekten Autos (a) in den Graben (b) konnte nicht mehr verhindert werden.

1. 'Fortbewegung zu Lande', 'ohne Hilfsmittel', 'gleitende Bewegung', 'auf einer Fläche bzw. abwärts', 'relativ langsam', 'zuweilen nicht bewußt herbeigeführt'
2. a – Täter / Lebewesen, Ding /
      V: Sn;                    S: Sg
   b – Richtung / Ding /
      V: Sp (über, in, auf. . .);    S: Sp (über, in, auf. . .)
3. Der Junge rutschte auf dem Hosenboden über die Eisbahn. Die Kinder rutschen mit Begeisterung auf der Rutsche ins Wasser. Das Rutschen auf der großen Rutschbahn ist erst für Kinder ab 6 Jahren erlaubt. Rutsche und Abbrüche des Erdreichs werden durch eine dichte Pflanzendecke eingeschränkt.

Anmerkung
– Bei *rutschen* und *Rutschen / Rutsch* handelt es sich zuweilen um eine nicht beabsichtigte Fortbewegung. Daher kann man nicht in allen Fällen von einem Täter sprechen.
– Mit *rutschen* und *Rutsch* kann umgangssprachlich auch eine gewollte Fortbewegung mit einem Fahrzeug bezeichnet werden. Dann liegt die Bedeutung 'eine kleine Reise / eine Spritztour (machen)' vor: Am Wochenende *rutschen* wir mal schnell auf die Insel Rügen / machen wir *einen Rutsch* auf die Insel Rügen.

## sausen / lossausen / zurücksausen

Die Kinder (a) sausen zur Eisdiele (b). Der Junge (a) saust los zu seiner Mutter (b). Die Jungen (a) sausen zurück zum Start (b).

1. 'Fortbewegung zu Lande', 'mit oder ohne Hilfsmittel', ' mit einem Fahrzeug oder auf den Beinen', 'sehr schnell'

2. a  –  Täter / Mensch, Tier (Säugetier), Ding (Fahrzeug) / Sn
   b  –  Richtung / Ding / Sp (zu, nach, auf, über. . .)
3. Die Kinder sausen johlend auf die Straße. Der Hase saust Haken schlagend über den Acker. Nach dem Startzeichen sausten die Läufer / die Radfahrer / die Rennwagen los. Nach Erreichen des Zieles sausten sie zum Ausgangspunkt zurück.

Anmerkung
– Wenn als Täter die Bezeichnung für einen Menschen oder ein Tier erscheint, dann ist immer 'auf den Beinen', 'ohne Hilfsmittel' gemeint; ansonsten muß das Hilfsmittel genannt werden:
   Die Jungen sausten *mit ihren Fahrrädern* durch die Straßen der Stadt.
   *Die Radfahrer* sausten durch die Straßen der Stadt.
– Wenn als Täter die Bezeichnung für ein Ding erscheint, ist damit ein Fahrzeug mit einem technischen Antrieb gemeint:
   *Der Intercity / das Auto* saust durch die Landschaft.

## schleichen / davonschleichen / wegschleichen – Schleichen

Der Indianer (a) schlich lautlos zum Lagerfeuer (b) der Fremden. Der Einbrecher (a) schlich über den dunklen Hof (b) davon / weg. Das Schleichen der Indianer (a) durch das Gestrüpp (b) war niemandem aufgefallen.

1. 'Fortbewegung zu Lande', 'auf den Beinen', 'ohne Hilfsmittel', 'relativ langsam', 'vorsichtig', 'möglichst lautlos und unbemerkt'
2. a  –  Täter / Mensch, Tier /
          V: Sn;                          S: Sg
   b  –  Richtung / Ding /
          V: Sp (durch, zu, in. . .);     S: Sp (durch, zu, in. . .)
3. Das Mädchen schleicht auf Zehenspitzen aus der Wohnung. Der Fuchs schleicht über den Hof zum Hühnerstall. In der Dunkelheit der Nacht schlich sich der Dieb davon / weg.

Anmerkung
– Bei *davonschleichen* und *wegschleichen* gibt die erste Konstituente die allgemeine Richtung an. Die genaue Richtungsbezeichnung wird deshalb selten realisiert.

## schlendern / zurückschlendern – Schlendern

Die Verliebten (a) schlenderten Hand in Hand durch den Park (b). Eng umschlungen schlenderten sie (a) zur Gaststätte (b) zurück. Das Schlendern der Pärchen (a) kreuz und quer durch die Altstadt (b) amüsiert die Anwohner.

1. 'Fortbewegung zu Lande', 'ohne Hilfsmittel', 'auf den Beinen', 'relativ langsam', 'gemächlich spazieren', 'zum Vergnügen'
2. a  –  Täter / Mensch /
          V: Sn;                          S: Sg/Sp (von)
   b  –  Richtung / Ding /
          V: Sp (zu, durch, über. . .);   S: Sp (zu, durch, über. . .)
3. Die Touristen / Spaziergänger schlendern über den Markt. Erst nach Stunden schlenderten sie nach Hause zurück. Das Schlendern durch den mit Blumen übersäten Park war für alle ein Genuß.

## schreiten / durchschreiten – Durchschreiten

Das Brautpaar (a) schritt zum Traualtar (b). Die Prozession (a) durchschritt die Kirche (b). Das Durchschreiten des Krönungssaales (b) durch die Besucher (a) hatte etwas Feierliches an sich.

1. 'Fortbewegung zu Lande', 'ohne Hilfsmittel', 'auf den Beinen', relativ langsam', 'gemessenen Schrittes', 'feierlich / würdevoll'
2. a – Täter / Mensch /
        V: Sn;             S: Sp (durch)
    b – Richtung / Ding /
        V: **schreiten**: Sp (zu, auf, in. . .) S: Sg/Sp (von)
        **durchschreiten**: Sa;
3. Die Besucher schritten durch die Gemächer / den Saal. Der Redner durchschritt auf dem Weg zum Rednerpult den bis auf den letzten Platz gefüllten Saal. Das Durchschreiten des Saales durch die Festgäste erheiterte manchen Besucher.

## schweben / niederschweben

Die Fallschirmspringer (a) schweben zur Erde (b). Ein Luftballon (a) schwebt nieder.

1. 'Fortbewegung in der Luft', 'langsam', 'gleitend'
2. a – Täter / Lebewesen, Ding / Sn
    b – Richtung / Ding / Sp (zu, auf, durch. . .)
3. Das Segelflugzeug / der Gleiter schwebt zum Landeplatz. Der Fallschirmjäger schwebt in den Zielkreis. Der Adler breitet seine Schwingen aus und schwebt nieder.

Anmerkung
– *Nieder-* gibt die allgemeine Richtung an, die genaue Richtung wird meist nicht realisiert.

## schwimmen / wegschwimmen / zurückschwimmen – Schwimmen

Der Junge (a) schwimmt an Land (b). Beim Herannahen des Motorbootes schwammen die Enten (a) von der kleinen Insel (b) weg. Nach der Wende schwamm der Sportler (a) zum Startblock (b) zurück. Das Schwimmen der Verwegenen (a) in den eisigen Fluten (b) zog viele Schaulustige an.

1. 'Fortbewegung im Wasser', 'ohne Hilfsmittel', 'aus eigener Kraft', 'ohne zu sinken im Medium Wasser vorwärtskommen'
2. a – Täter / Lebewesen /
        V: Sn;             S: Sg
    b – Richtung / Ding /
        V: Sp (über, an, zu. . .);     S: Sp (über, an, zu. . .)

3. Die Mädchen schwimmen zur Insel. Die Gänse schwimmen ans Ufer zurück. Die Fische schwammen beim Herannahen der Kinder weg. Das Schwimmen in dem warmen Wasser der Therme empfanden alle als Wohltat. Beim Schwimmen über den Fluß muß man die Strömung berücksichtigen.

Anmerkung
– Bei *wegschwimmen* und *zurückschwimmen* gibt die erste Konstituente allgemein die Richtung an. Die genaue Richtungsbezeichnung wird daher oft nicht realisiert bzw. ergibt sich aus dem Kontext.

## segeln[1] / umsegeln – Segeln

Die jungen Leute (a) sind zur Insel Bornholm (b) gesegelt. Die Wassersportler (a) umsegelten die ganze Insel (b). Das Segeln der Jugendlichen (a) über den Müggelsee (b) war nicht unbeobachtet geblieben.

1. 'Fortbewegung im Wasser', 'mit einem Instrument (Boot mit Segel)', 'den Winddruck zur Fortbewegung nutzend'
2. a – Täter / Mensch, Ding (Boot mit Segel) /
        V: Sn;                          S: Sg
     b – Richtung / Ding /
        V: **segeln**: Sp (zu, über, nach. . .) S: Sp (zu, über, nach. . .)
        **umsegeln**: Sa;
3. Der Weltenbummler segelte gern durch Meerengen. Die Forscher umsegelten die Insel Rügen. Der Dreimaster segelt durch den Kanal. Es ist dringend erforderlich, das Segeln der Halbwüchsigen zu beaufsichtigen.

Anmerkung
– Das Verb *umsegeln* bezeichnet einen abgeschlossenen Prozeß. Der zweite Aktant als Substantiv im Akkusativ muß realisiert werden:
     Die Boote umsegelten *das Feuerschiff.*

## segeln[2] / vorübersegeln – Vorübersegeln

Die Möwen (a) segeln durch die Luft (b). Wolken (a) segeln am Fenster (b) vorüber. Das Vorübersegeln der Wolken (a) am Fenster (b) des Hotels auf dem Berggipfel ist für die Gäste ein Erlebnis.

1. 'Fortbewegung in der Luft', 'mit oder ohne Hilfsmittel', 'die Tragfähigkeit der Luft nutzend', 'langsam', 'schwebend'
2. a – Täter / Mensch, Tier (Vogel, Schmetterling), Ding /
        V: Sn;                          S: Sg
     b – Richtung / Ding /
        V: Sp (durch, zu, an. . .);      S: Sp (durch, zu, an. . .)
3. Die Drachenflieger segeln ins Tal. Schmetterlinge segeln über die Wiese. Bunte Blätter segeln auf die Parkwege. Große Ballons segeln vorüber. Das Vorübersegeln der vielen farbenprächtigen Ballons bereitete den Zuschauern große Freude.

**Anmerkung**
- Bei *vorübersegeln* / *Vorübersegeln* gibt die erste Konstituente allgemein die Richtung an (meist bezogen auf den Standort des Betrachters). Die genaue Richtungsbezeichnung wird oft nicht realisiert.

## spazieren / spazierengehen / hineinspazieren – Spaziergang

Die Besucher (a) spazieren von einer Ausstellungshalle in die andere (b). Die Rentner (a) gehen im Park (b) spazieren. Die Messebesucher (a) spazieren in die Pavillons (b) hinein. Spaziergänge der Senioren (a) durch die Auenwälder (b) gehören zum wöchentlichen Programm.

1. 'Fortbewegung zu Lande', 'ohne Hilfsmittel', 'auf den Beinen', 'relativ langsam', 'gemächlich', 'schlendernd', 'zur Erholung / Entspannung'
2. a – Täter / Mensch /
    V: Sn;                              S: Sg
   b – Richtung / Ding /
    V: Sp (in, durch, zu...);            S: Sp (in, durch, zu...)
3. Die Verliebten spazieren durch den blühenden Park. Die Urlauber gingen in der Altstadt / auf der Strandpromenade spazieren. Die kessen Burschen spazierten schnurstracks in den Salon hinein. Der Spaziergang der alten Leute durch die Pavillons nahm mehr Zeit als vorgesehen in Anspruch.

**Anmerkung**
- *Spazieren* verweist vor allem auf die Richtung, *spazierengehen* auf den Ort:
  Die Kurpatienten spazieren *durch den Kurort*.
  Die Kurpatienten gingen *in dem Kurort* spazieren.

## sprinten – Sprint

Die Läufer (a) sprinten ins Ziel (b). Der Sprint der Läufer (a) ins Ziel (b) wurde gefilmt.

1. 'Fortbewegung zu Lande', 'ohne Hilfsmittel', 'auf den Beinen', 'sehr schnell', 'die Geschwindigkeit kurz vor dem Ziel beträchtlich erhöhend'
2. a – Täter / Mensch (vor allem Sportler) /
    V: Sn;                              S: Sg
   b – Richtung / Ding /
    V: Sp (in, zu...);                   S: Sp (in, zu...)
3. Die 100–Meter-Läufer sprinten über die volle Distanz. Der Sprint des Läufers nach fast 5000 Metern war faszinierend.

## spurten / davonspurten – Spurt

Der Favorit (a) spurtete ins Ziel (b). Nach dem Start spurteten die Läufer (a) davon. Der Spurt des Läufers (a) im Stadion (b) begeisterte die Zuschauer.

1. 'Fortbewegung zu Lande', 'die Geschwindigkeit aufs äußerste beschleunigend', 'besonders kurz vor Erreichen des Zieles'

2. a  –  Täter / Mensch /
          V: Sn;                                 S: Sg
   b  –  Richtung / Ding /
          V: Sp (in, zu, über. . .);            S: Sp (in, zu, über. . .)
3. Der Läufer spurtet über die Ziellinie. Er spurtet die letzten 200 Meter. Die Eis-
   schnelläufer spurteten davon. Die Spitzengruppe zog den Spurt kurz vor dem Ziel
   an. Wir beobachteten einen hervorragenden Spurt der besten Langstreckenläufer
   bis zur Ziellinie.

Anmerkung
–  Die Fortbewegung geschieht hauptsächlich mit den Beinen. Unter bestimmten Umständen ist auch
   eine Fortbewegung mit Armen und Beinen (schwimmen) bzw. mit einem Hilfsmittel (rudern, radfahren) möglich.

## stolpern / hinaufstolpern

Der Junge (a) stolperte ins Zimmer (b). Das Mädchen (a) stolperte die Treppe (b) hinauf.

1. 'Fortbewegung zu Lande', 'relativ langsam', 'mit dem Fuß gegen ein Hindernis
   stoßend', 'aus dem Gleichgewicht kommend'
2. a  –  Täter / Mensch / Sn
   b  –  Richtung / Ding /
          **stolpern**: Sp (in, durch)
          **hinaufstolpern**: Sa
3. Der Betrunkene stolperte durch die Dunkelheit. Er stolperte durch den Korridor.
   Die alte Frau stolperte den Weg zum Stadtpark hinauf.

Anmerkung
–  Es kann angegeben werden, worüber jemand gestolpert ist. Auch hier könnte man von einem
   Aktanten sprechen:
          Der Betrunkene stolperte über einen Stock / über seine eigenen Füße.
–  Im eigentlichen Sinne handelt es sich aber bei dieser Verwendungsweise nicht um eine zielgerichtete
   Fortbewegung.

## stürzen / hinausstürzen / fortstürzen

Das Mädchen (a) stürzte zu ihrem verletzten Freund (b). Der junge Mann
(a) stürzte schimpfend auf den Hof (b) hinaus. Als der Mann die Nachricht
erhalten hatte, stürzte er (a) augenblicklich fort.

1. 'Fortbewegung zu Lande', 'ohne Hilfsmittel', 'sich schnell und ungestüm vorwärts
   bewegend', 'zielorientiert'
2. a  –  Täter / Mensch / Sn
   b  –  Richtung / Ding / Sp (zu, an, auf, aus. . .)
3. Der besorgte Vater stürzte zum Telefon. Der Verkäufer stürzte ins Lager, um die
   verlangte Ware zu holen. Die junge Mutter stürzte in den Garten hinaus, um nach
   dem schreienden Kind zu sehen. Die Bewohner stürzten aus dem brennenden Haus
   auf die Straße hinaus. Bei Ertönen der Alarmanlage stürzten die Diebe sofort fort.

## traben / davontraben / zurücktraben

Der Schüler (a) trabt nach Hause (b). Die Pferde (a) traben davon. Nach der Schule trabt das Mädchen (a) zur elterlichen Wohnung (b) zurück.

1. 'Fortbewegung zu Lande', 'auf den Beinen', 'relativ schnell', 'Tempo zwischen Gehen und Rennen' (bei Pferden 'Tempo zwischen Schritt und Galopp')
2. a – Täter / Mensch, Tier/Säugetier (meist Pferd) / Sn
   b – Richtung / Ding / Sp (zu, nach, in. . .)
3. Die Rekruten traben auf den Übungsplatz. Die Kinder traben zum Sportplatz. Die Pferde traben über die Koppel. Die Elephantenherde trabt davon. Nachdem sich der Lärm gelegt hat, traben die Zebras zur Wasserstelle zurück.

## trippeln – Trippelei / Getrippel

Das Kleinkind (a) trippelt zur Mutter (b). Das ständige Getrippel / die ständige Trippelei der Kinder (a) durch die Zimmer (b) regte ihn auf.

1. 'Fortbewegung zu Lande', 'auf den Beinen', 'ohne Hilfsmittel', 'relativ langsam', 'mit kurzen schnellen Schritten'
2. a – Täter / Mensch (vor allem kleine bzw. gebrechliche Menschen), Tier /
       V: Sn;                              S: Sg/Sp (von)
   b – Richtung / Ding, Lebewesen /
       V: Sp (zu, über, in. . .);          S: Sp (zu, über, in. . .)
3. Das alte Mütterchen trippelt an der Ampel über die Straße. Tauben trippeln auf dem Dach. Das Getrippel der Kindergartengruppe ist niedlich anzusehen. Auf dem Getreideboden kann man die Trippelei von Mäusen hören.

Anmerkung
– Das Substantiv *Trippelei* verfügt über ein pejoratives Sem, bei *Getrippel* bestimmt der Kontext die Wertung:
     positiv: Das Getrippel *der kleinen Mädchen* ist anmutig.
     negativ: Das Getrippel *auf dem Boden* stört die Hausbewohner.

## trotten / hinterhertrotten

Der Junge (a) trottet müde nach Hause (b). Die Schulklasse wandert zum See, ein Schüler (a) trottet hinterher.

1. 'Fortbewegung zu Lande', 'auf den Beinen', 'ohne Hilfsmittel', 'relativ langsam', 'müde / schwerfällig / gemächlich'
2. a – Täter / Mensch, Tier (Säugetier) / Sn
   b – Richtung / Ding, Lebewesen / Sp (in, nach, zu. . .)
3. Die Urlauber trotten durch den Wald. Die Kellnerin trottet nach Hause. Die Pferde / Schafe trotten in den Stall. Ein Fohlen trottet hinterher.

Anmerkung
– Bei *hinterhertrotten* gibt die erste Konstituente allgemein die Richtung an. Die genaue Richtungsbezeichnung wird meist nicht realisiert, sie ergibt sich aus dem Kontext.

## wandern / durchwandern – Wanderung

Die Urlauber (a) wandern durch den Thüringer Wald (b). Die befreundeten Familien (a) durchwandern die Sächsische Schweiz (b). Eine Wanderung versierter Alpinisten (a) durch die Alpenregion (b) ist für alle ein unvergeßliches Erlebnis.

1. 'Fortbewegung zu Lande', 'ohne Hilfsmittel', 'relativ langsam', 'auf den Beinen', 'in der Natur', 'oft zur Erholung'
2. a  –  Täter / Mensch (Gruppe) /
       V: Sn;                              S: Sg
   b  –  Richtung / Ding /
       V: **wandern**: Sp (durch, nach, zu, auf. . .) S: Sp (durch, nach, zu, auf. . .)
       **durchwandern**: Sa;
3. Die Erholungsuchenden wandern durch den herbstlichen Hochwald. Sie wandern auf den Riechheimer Berg. Die Schulklasse wanderte durch wogende Felder und über duftende Wiesen. Sie durchwanderten die Rhön. Die monatlichen Wanderungen des Seniorenverbandes in die nähere oder weitere Umgebung des Heimatortes fanden regen Zuspruch.

# Feld des Transportes

Die Wörter dieses Wortfeldes bezeichnen die Ortsveränderung von Lebewesen und Dingen. Die Ortsveränderung wird durch ein Lebewesen oder ein Ding bewirkt, aber nicht durch das von der Veränderung betroffene Lebewesen oder Ding.

Die Wörter dieses Feldes sind – logisch gesehen – dreiwertig: Täter/Absender – Objekt – Ort/Richtung. Man könnte allerdings allein bei der Ortsveränderung von drei Argumenten sprechen: Ausgangspunkt – berührter Punkt – Zielpunkt:

> Die Maschine fliegt die Hilfsgüter *von Frankfurt/Main über Italien nach Sarajevo.*

Diese drei Argumente werden bei der Beschreibung zusammengezogen. Am wichtigsten – weil am häufigsten sprachlich realisiert – ist die Richtungsbezeichnung. Im wesentlichen wird zum Transport ein Instrument benutzt. Man könnte deshalb von einem weiteren Valenzpartner sprechen. Wir fassen jedoch diese Instrumentbezeichnung als freie Angabe.

Das Feld des Transportes weist Berührungen mit anderen Felder auf, z.b. mit dem Feld des Besitzwechsels (z.B. *liefern, übergeben, überreichen*) und mit dem Feld der Fortbewegung, auf die bei der Beschreibung der Lexikoneinheiten hingewiesen wird:

> Das Auto bringt die Ware *zum Kunden.* (Transport)
> Das Auto bringt *dem Kunden* die Ware. (Besitzwechsel)

Bei Verben dieses Feldes kann unter bestimmten Bedingungen die Richtungsbestimmung unausgedrückt bleiben:

> *Dieser Lastwagen befördert Baumaterial* (zu den Baustellen).

Dann wird die generelle Aufgabe des Transportmittels genannt.
Bei den Substantiven wird meist nur die Bezeichnung des Objektes, das an einen anderen Ort bewegt wird, gelegentlich auch die Richtungsbezeichnung, selten die Bezeichnung des Täters/Urhebers realisiert. (Vgl. zu diesem Wortfeld generell Gansel 1992, 98f.; Schreiber/Sommerfeldt/Starke 1993, 14ff.)

# Übersicht über das Wortfeld

1.  'allgemeines Transportieren'
    *befördern / weiterbefördern / zurückbefördern – Befördern / Beförderung;
    transportieren / abtransportieren / wegtransportieren – transportabel –
    Transportieren / Transport / Abtransport / Rücktransport; überführen –
    Überführen / Überführung*

2.  'Kontakt zwischen Täter und Objekt zwingend'

2.1. 'Täter in vollem Kontakt mit dem Objekt'

    *tragen / zurücktragen – tragbar – Tragen; schleppen[1] / anschleppen / weg-
    schleppen – Schleppen / Schlepperei*

2.2. 'Täter vor dem Objekt'

    *schleifen / wegschleifen – Wegschleifen; schleppen[2] / abschleppen – Ab-
    schleppen; zerren / fortzerren / wegzerren – Wegzerren; ziehen / fortzie-
    hen / wegziehen – Wegziehen*

2.3. 'Täter hinter dem Objekt'

    *kullern / hinunterkullern – Hinunterkullern; rollen / wegrollen / zurück-
    rollen – Rollen; schieben / vorwärtsschieben / weiterschieben / wegschieben –
    Schieben / Wegschieben; trudeln / hinuntertrudeln – Hinuntertrudeln; wäl-
    zen / fortwälzen / wegwälzen – Fortwälzen / Wegwälzen*

3.  'Kontakt zwischen Täter und Objekt nicht zwingend'
    *bringen / fortbringen / wegbringen / zurückbringen – Fortbringen / Weg-
    bringen / Zurückbringen; bugsieren[1] / hinausbugsieren[1] / hineinbugsieren[1];
    fahren / weiterfahren – Fahrerei; verfrachten – Verfrachten / Verfrachtung*

4.  'spezielle Art des Transportes'

4.1. 'durch die Luft'
    *fliegen / hinüberfliegen – Fliegen*

4.2. 'auf dem Wasser'
    *bugsieren[2] / hinausbugsieren[2] / hineinbugsieren[2] – Bugsieren; verschiffen –
    Verschiffen / Verschiffung*

4.3. 'auf dem Land'
    *kutschen / herumkutschen / umherkutschen – Herumkutschen; kutschie-
    ren / herumkutschieren / umherkutschieren – Herumkutschieren*

# Beschreibung der Wörter

## befördern / weiterbefördern / zurückbefördern – Befördern / Beförderung

Die Bahn (a) befördert die Reisenden (b) an ihre Urlaubsorte (c). Busse (a) befördern die Gruppen (b) dann weiter / zurück in ihre Quartiere (c). Das Befördern / die Beförderung der Möbel (b) an den Bestimmungsort (c) durch die Spedition (a) wurde zur allgemeinen Zufriedenheit ausgeführt.

1. 'allgemeines Transportieren', 'ohne Angabe eines besonderen Mediums'
2. a – Täter / Lebewesen, Ding (meist Fahrzeug), Institution /
      V: Sn;                          S: Sp (durch)
   b – Objekt / Lebewesen, Ding /
      V: Sa;                          S: Sg/Sp (von)
   c – Ort / Richtung /
      V: Sp (nach, in, zu. . .);      S: Sp (nach, in, zu. . .)
3. Die Post / das Fuhrunternehmen befördert Briefe / Paketsendungen zu den Adressaten. Reitende Boten / Pferdeschlitten beförderten das Postgut zu den Einzelhöfen weiter. Bahn und Busfirmen beförderten die Kurgäste nach der Kur wieder zurück in ihre Heimatorte. Die Beförderung der Gäste zum Berghotel ist kostenlos. Das Befördern / die Beförderung der Erkrankten vom Fischkutter ins Lazarettschiff ist sehr kompliziert.

Anmerkung
– Bei einer generellen Aussage wird die Richtungsbezeichnung zuweilen nicht realisiert:
    Dieser Bus befördert nur Kinder (zur Schule).
    In solchen Waggons werden nur Schweine und Rinder befördert.

## bringen / fortbringen / wegbringen / zurückbringen – Fortbringen / Wegbringen / Zurückbringen

Die Studentin (a) bringt das Buch (b) zur Bibliothek (c). Der Vater (a) bringt das Altpapier (b) fort / weg. Das Mütterchen (a) bringt das Leergut (b) zum Geschäft (c) zurück. Das Wegbringen des Abfalls (b) auf die Mülldeponie (c) erfolgt zweimal in der Woche. Das Zurückbringen der Bücher (b) in die Bibliothek (c) durch die Leser (a) erfolgte nur schleppend.

1. 'Kontakt zwischen Täter und Objekt nicht zwingend', 'z.T. mit der Hand an einen Ort befördernd', 'gelegentlich persönliche Aktivität gegeben'
2. a – Täter / Lebewesen, zuweilen auch Ding /
      V: Sn;                          S: Sp (durch)
   b – Objekt / Ding, zuweilen auch Lebewesen /
      V: Sa;                          S: Sg/Sp (von)
   c – Ort / Richtung /
      V: Sp (nach, in, zu. . .);      S: Sp (nach, in, zu. . .)
3. Der Dienstmann / der Bus bringt die Koffer nach Hause. Der Kellner bringt das Essen aufs Zimmer. Der Nachbar bringt die entliehene Säge zurück. Der Lastwa-

gern bringt den Schrott / die Kohlen fort / weg. Die Hausfrau freut sich über das termingerechte Zurückbringen des entliehenen Geschirrs durch ihre Freundin.

**Anmerkung**

– Bei *bringen* und *zurückbringen* wird die Richtungsbezeichnung in der Regel realisiert, bei *fortbringen* und *wegbringen* nicht. Bei den letztgenannten Verben wird die Richtung durch die jeweils erste Konstituente angedeutet:

Der Monteur bringt den Wagen *zum Besitzer* zurück.
Der Autobesitzer bringt den Wagen weg.

Das gilt auch für die Substantive.

– Bei *bringen* und *zurückbringen* kann die Richtungsbezeichnung auch durch ein Substantiv im Dativ ausgedrückt werden. Dann ist eigentlich nicht mehr die Richtung gemeint, sondern der Empfänger. Hier liegt eine enge Berührung des Feldes des Transportes mit dem Feld des Besitzwechsels vor:

Der Händler bringt die Kartoffeln *zum Kunden*. (= Transport)
Der Händler bringt *dem Kunden* die Kartoffeln. (= Besitzwechsel)

## bugsieren[1] / hinausbugsieren[1] / hineinbugsieren[1]

Der Freund (a) bugsierte den betrunkenen Kollegen (b) in dessen Bett (c). Der Hotelboy (a) bugsierte den neuen Wagen (b) mit Geschick aus der engen Tiefgarage auf die belebte Straße (c) hinaus. Die Möbelträger (a) bugsierten den großen Schreibtisch (b) in das Arbeitszimmer (c) hinein.

1. 'Kontakt zwischen Täter und Objekt nicht zwingend', 'mit großer Anstrengung bzw. mit Geschick' /umgangssprachlich/
2. a – Täter / Lebewesen / Sn
   b – Objekt / Ding, auch Lebewesen / Sa
   c – Ort / Richtung / Sp (nach, in, auf. . .)
3. Die Kohlenträger bugsieren die Brikettsäcke in den engen Keller. Die Feuerwehr bugsiert den Übergewichtigen in den Krankenwagen. Der Fahrschüler bugsiert den Wagen mühselig aus der Parklücke auf die Straße hinaus. Die neuen Mieter bugsieren die alten Möbel in die kleine Bodenkammer hinein.

## bugsieren[2] / hinausbugsieren[2] / hineinbugsieren[2] – Bugsieren

Der Schlepper (a) bugsiert den Ozeanriesen (b) in die Fahrrinne (c) (hinein). Er (a) bugsiert das Schiff (b) aufs offene Meer (c) hinaus. Das Bugsieren der Schiffe (b) in den Hafen (c) durch die Schlepper (a) ist nicht ungefährlich.

1. 'Spezielle Art des Transportes', 'auf dem Wasser', 'an einen bestimmten Ort', 'mit Hilfe eines Schiffes / durch ein Schiff', 'schleppend oder schiebend' /Fachsprache (Seemannssprache)/
2. a – Täter / Ding (Schiff), auch Mensch (Kapitän, Lotse) /
      V: Sn;                          S: Sp (durch)
   b – Objekt / Ding (Schiff) /
      V: Sa;                          S: Sg/Sp (von)
   c – Ort / Richtung /
      V: Sp (in, auf, aus. . .);      S: Sp (in, auf, aus. . .)

3. Das kleine leistungsstarke Arbeitsschiff bugsiert den Tanker durch die Fahrrinne an den Ölkai. Der Kapitän bugsiert die Fähre geschickt an die Anlegestelle. Das Schiff bugsiert das nicht mehr manövrierfähige Schiff aus der Untiefe hinaus. Er bugsiert den Dampfer in die schützende Bucht hinein. Der Kapitän des Bugsierdampfers wurde für sein langjähriges kollisionsloses Bugsieren der Schiffe in den Hafen und aus dem Hafen geehrt.

## fahren / weiterfahren – Fahrerei

Der Chauffeur (a) fährt den Mercedes (b) in die Garage (c). Der Lastwagen (a) fährt die Fracht (b) weiter zum Bestimmungsort (c). Die ewige Fahrerei von Sand (b) zu den Baustellen (c) durch die lauten Fahrzeuge (a) stört die Anwohner der Zufahrtsstraße sehr.

1. 'Kontakt zwischen Täter und Objekt nicht zwingend', 'etwas bzw. jemanden mit Hilfe eines Fahrzeuges befördern'
2. a – Täter / Mensch, Ding (Fahrzeug) /
      V: Sn;                          S: Sp (durch)
   b – Objekt / Ding, Lebewesen /
      V: Sa;                          S: Sg/Sp (von)
   c – Ort / Richtung /
      V: Sp (nach, in, zu...);        S: Sp (nach, in, zu...)
3. Der Lastwagen fährt Holz zu der Baustelle / auf die Baustelle. Der Bus fährt die Urlauber zum Hotel. Das Taxi fährt die Verliebten weiter zum Meer. Die tägliche lange Fahrerei zum Arbeitsort und zurück ist sehr anstrengend.

Anmerkung
– Der Kontakt zwischen Täter und Objekt ist abhängig von der jeweiligen Situation:
      enger Kontakt: Der Mann fährt *das Auto* in die Garage.
      lockerer Kontakt: Der Mann fährt *die Rüben* (mit der Schubkarre) zur Miete.
– Ist Sa = das Zutransportierende, dann kann das Instrument als Sp (mit) angeschlossen werden. Ist dagegen Sa = Instrument des Transportierens, dann kann das Zutransportierende als Sp (mit) – als Attribut – angeschlossen werden:
      Der Bauer fährt *die Rüben mit der Schubkarre* in die Scheune.
      Der Bauer fährt *die Schubkarre mit den Rüben* in die Scheune.

## fliegen / hinüberfliegen – Fliegen

Großraumflugzeuge (a) fliegen die Hilfsgüter (b) in das Katastrophengebiet (c). Der Hubschrauberpilot (a) fliegt die Rettungsmannschaft (b) zum Einsatzort (c) hinüber. Das Fliegen von Nahrungsmitteln (b) in die eingeschlossene Stadt (c) durch die Hilfskräfte (a) ist mit großen Risiken verbunden.

1. 'Spezielle Art des Transportes', 'durch die Luft', 'mit einem Instrument (Flugzeug)'
2. a – Täter / Mensch, Ding (Flugzeug), Institution /
      V: Sn;                          S: Sp (durch)
   b – Objekt / Ding, Lebewesen /
      V: Sa;                          S: Sg/Sp (von)

c  –  Ort / Richtung /
      V: Sp (in, nach, zu. . .);       S: Sp (in, nach, zu. . .)
3. Der Pilot fliegt die Touristen zu ihren Urlaubsorten. Hubschrauber fliegen die Verletzten in nahegelegene Krankenhäuser. Der Fluglehrer fliegt den Flugschüler zum
anderen Flugplatz hinüber. Das Fliegen der Rettungsmannschaft zu den Verunglückten wurde durch das schlechte Wetter stark beeinträchtigt.

## kullern / hinunterkullern – Hinunterkullern

Das Mädchen (a) kullert die Murmeln (b) über den Tisch (c). Der Halb-
wüchsige (a) kullert den Stein (b) ins Tal (c) hinunter. Das Hinunterkullern
der Bälle (b) vom Hügel auf die Wiese (c) durch die Kinder (a) belustigte
auch die Erwachsenen.

1. 'Kontakt zwischen Täter und Objekt zwingend', 'Täter hinter dem Objekt', 'Kugel
bzw. kugelähnliches Objekt bewegend', 'rollende Bewegung'
2. a  –  Täter / Mensch /
      V: Sn;              S: Sp (durch)
   b  –  Objekt / Ding (kugelförmig) /
      V: Sa;              S: Sg/Sp (von)
   c  –  Ort / Richtung /
      V: Sp (in, auf, über. . .);     S: Sp (in, auf, über. . .)
3. Die Kinder kullern kleine Kugeln / Erbsen in ein Loch. Die Kugel ist unter den
Schrank gekullert. Die Kinder beobachten das Kullern der Murmeln in das Spiel-
loch. Die Zuschauer sahen entsetzt das Kullern des Balles ins Tor.

## kutschen / herumkutschen / umherkutschen – Herumkutschen

Der Angestellte (a) kutscht den Gast (b) stundenlang durch die Stadt (c).
Der Fahrer (a) kutschte die junge Frau (b) ziemliche lange in der Stadt (c)
herum / umher. Das Herumkutschen des Gastes (b) in der Stadt (c) durch
den Chauffeur (a) führte zur Verärgerung.

1. 'Spezielle Art des Transportes', 'auf dem Land', 'mit einem Hilfsmittel (Fahrzeug)',
'Beförderung von Menschen', 'Fahrzeug nicht von Pferden gezogen' / salopp /
2. a  –  Täter / Mensch, Ding (Fahrzeug) /
      V: Sn;              S: Sp (durch)
   b  –  Objekt / Mensch /
      V: Sa;              S: Sg/Sp (von)
   c  –  Ort / Richtung /
      V: Sp (durch, in, an. . .);    S: Sp (durch, in, an. . .)
3. Der Omnibus / die Straßenbahn hat die Fahrgäste bis ans Ende der Stadt ge-
kutscht. Der Bekannte kutschte die ganze Familie in der Gegend herum / umher.
Das tägliche Herumkutschen mit den vielen Besuchern regt mich auf.

Anmerkung
- *Herumkutschen* verfügt über ein pejoratives Sem.
- Das Verb *kutschen* hatte früher eine weitere Bedeutung, abgeleitet vom Substantiv *Kutsche*: 'jemanden in einer Kutsche, einem Pferdefuhrwerk befördern, jemanden kutschieren'. Diese Bedeutung ist heute veraltet. (Vgl. Wörterbuch der deutschen Gegenwartssprache 1970, 2279)

## kutschieren / herumkutschieren / umherkutschieren – Herumkutschieren

Der Kavalier (a) hat die Damen (b) in einer Kutsche ins Theater (c) kutschiert. Vorher hatte er (a) sie (b) zwei Stunden lang in der Gegend (c) herumkutschiert / umherkutschiert. Das Herumkutschieren der Damen (b) in der Landschaft (c) durch den Kavalier (a) erregte einiges Aufsehen.

1. 'Spezielle Art des Transportes', 'auf dem Lande', 'mit einer Kutsche / einem Pferdefuhrwerk'
2. a  – Täter / Mensch /
      V: Sn;                    S: Sp (durch)
   b  – Objekt / Mensch /
      V: Sa;                    S: Sg/Sp (von)
   c  – Ort / Richtung /
      V: Sp (in, durch, zu...);  S: Sp (in, durch, zu...)
3. Er kutschierte die Geburtstagsgesellschaft durch blühende Wiesen. Er kutschierte gern Gäste den ganzen Tag in der Gegend herum / umher. Vom langen Herumkutschieren waren alle sehr müde geworden.

Anmerkung
- *Herumkutschieren* verfügt über ein pejoratives Sem.
- Das Verb *kutschieren* übernimmt zunehmend die Bedeutung von *kutschen* und bedeutet umgangssprachlich heute auch 'jemanden / etwas in einem nicht von Pferden gezogenen Fahrzeug befördern': Ich kutschiere euch gern *mit meinem neuen Auto durch die Stadt*.

## rollen / wegrollen / zurückrollen – Rollen

Die Forstarbeiter (a) rollen die Baumstämme (b) an den Wegrand (c). Der Verkäufer (a) rollt den Teppich (b) wieder weg / in die Ecke (c) zurück. Das Rollen der Baumstämme (b) an den Wegrand (c) durch die Arbeiter (a) dauerte länger als vorgesehen.

1. 'Kontakt zwischen Täter und Objekt zwingend', 'Täter hinter dem Objekt', 'etwas drehend bzw. wälzend vorwärts bewegen', 'Objekt rund bzw. kugelförmig'
2. a  – Täter / Mensch /
      V: Sn;                    S: Sp (durch)
   b  – Objekt / Ding (rund bzw. kugelförmig) /
      V: Sa;                    S: Sg/Sp (von)
   c  – Ort / Richtung /
      V: Sp (an, in, hinter...);  S: Sp (an, in, hinter...)
3. Der Bierkutscher rollt die Bierfässer in den Keller. Der Mechaniker rollt die Autoreifen in die Werkstatt. Der Rentner rollt den Ball weg / zu den Kindern zurück. Das Rollen der Bierfässer auf den Lastwagen erfordert viel Geschick und Kraft.

Anmerkung
- Bei *wegrollen* gibt *weg-* die allgemeine Richtung an. Die genaue Richtungsbezeichnung wird daher vielfach nicht realisiert:
  Die Arbeiter rollten die Baumstämme weg.

## schieben / vorwärtsschieben / weiterschieben / wegschieben – Schieben / Wegschieben

Der Bauer (a) schiebt die Schubkarre (b) in den Schuppen (c). Helfer (a) schieben das defekte Auto (b) vorwärts / weiter / weg. Das Schieben des Autos (b) von der Kreuzung (c) durch den Fahrer (a) belustigte die Passanten. Das Wegschieben der Möbel (b) von der Wand (c) durch die Möbelträger (a) hinterließ Spuren auf dem Parkett.

1. 'Kontakt zwischen Täter und Objekt zwingend', 'Täter hinter dem Objekt', 'Befördern mit den Händen bzw. dem ganzen Körper', 'Vorwärtsbewegung bewirkend'
2. a   –   Täter / Mensch /
           V: Sn;                   S: Sp (durch)
      b   –   Objekt / Ding, Mensch /
           V: Sa;                   S: Sg/Sp (von)
      c   –   Ort / Richtung /
           V: Sp (in, von, neben...);     S: Sp (in, von, neben...)
3. Der Kellner schiebt die Stühle unter die Tische / in die Ecke. Der Monteur schiebt den Kühlschrank wieder an die Wand. Mit vereinten Kräften schieben sie den Kleiderschrank vorwärts / weiter / weg. Das Schieben des Autos von der Kreuzung bereitet dem Fahrer sichtlich Mühe. Beim Wegschieben der falsch gestellten Möbel helfen die Nachbarn den neuen Mietern.

Anmerkung
- Bei *vorwärtsschieben, weiterschieben* und *wegschieben* gibt die erste Konstituente die allgemeine Richtung an. Die genaue Richtungsbezeichnung wird oft nicht realisiert.

## schleifen / wegschleifen – Wegschleifen

Der Hilfsarbeiter (a) schleift den Sack (b) zum Wagen (c). Die Waldarbeiter (a) schleifen die herumliegenden Äste (b) weg. Beim Wegschleifen der gefällten Bäume (b) durch die Waldarbeiter (a) geschah das Unglück.

1. 'Kontakt zwischen Täter und Objekt zwingend', 'Täter vor dem Objekt', 'Kontakt mit der Hand oder über ein Hilfsmittel', 'Kraft einsetzend', 'ziehend', 'Objekt mit Erdkontakt'
2. a   –   Täter / Mensch, Tier (Säugetier) /
           V: Sn;                   S: Sp (durch)
      b   –   Objekt / Ding, auch Lebewesen /
           V: Sa;                   S: Sg/Sp (von)
      c   –   Ort / Richtung /
           V: Sp (in, zu, hinter...);     S: Sp (in, zu, hinter...)
3. Die Männer schleifen die dicken Stämme zum Lastwagen / bis an die Straße. Sie schleiften die Leiche zum Auto. Nach der Schießerei schleifte man die Toten weg. Beim Wegschleifen der Zuckersäcke riß ein Sack auf.

**Anmerkung**
- Bei *wegschleifen* / *Wegschleifen* gibt die erste Konstituente die allgemeine Richtung an. Die genaue Richtungsbezeichnung wird meist nicht realisiert.

## schleppen¹ / anschleppen / wegschleppen – Schleppen / Schlepperei

Die Mutter (a) schleppt das schwere Einkaufsnetz (b) nach Hause (c). Die Nachbarin (a) schleppt täglich neue Dinge (b) an / weg. Das Schleppen der Kohlen (b) in die Wohnung (c) durch den Vater (a) hat bald ein Ende. Die ewige Schlepperei der Kohlen (b) in die Wohnung (c) hört endlich auf.

1. 'Kontakt zwischen Täter und Objekt zwingend', 'Täter in vollem Kontakt mit dem Objekt', 'etwas Schweres mit großer Anstrengung tragend'
2. a – Täter / Mensch /
     V: Sn;                    S: Sp (durch)
   b – Objekt / Ding, Lebewesen /
     V: Sa;                    S: Sg/Sp (von)
   c – Ort / Richtung /
     V: Sp (nach, in, auf. . .);    S: Sp (nach, in, auf. . .)
3. Der Junge schleppt den Kartoffelsack in den Keller. Der Student schleppt die neuen Möbel in sein Zimmer. Die Anwohner schleppen den Verletzten ins Haus. Das lesehungrige Mädchen schleppt immer neue Bücher an. Warum schleppst du alles weg? Wir haben jetzt einen Aufzug; damit hört die Schlepperei der Kohlen auf.

**Anmerkung**
- *Schlepperei* verfügt über ein pejoratives Sem.
- Bei *anschleppen* und *wegschleppen* wird die Richtung durch die erste Konstituente angedeutet; die genaue Richtungsbezeichnung wird meist nicht realisiert.

## schleppen² / abschleppen – Abschleppen

Der Traktor (a) schleppt den Wagen (b) auf den Hof (c). Der Mechaniker (a) schleppt das Auto (b) ab. Das Abschleppen des Autos (b) in die Werkstatt (c) durch die Pannenhilfe (a) kam den Autofahrer teuer zu stehen.

1. 'Kontakt zwischen Täter und Objekt zwingend', 'Täter vor dem Objekt', 'Objekt mit Bodenberührung', 'etwas/jemanden mit Anstrengung fortziehend'
2. a – Täter / Mensch, Institution, Ding (Fahrzeug) /
     V: Sn;                    S: Sp (durch)
   b – Objekt / Ding, auch Lebewesen /
     V: Sa;                    S: Sg/Sp (von)
   c – Ort / Richtung /
     V: Sp (in, zu, auf. . .);    S: Sp (in, zu, auf. . .)
3. Der Autofahrer schleppt den defekten Wagen zur nächsten Werkstatt. Der Passant schleppt den Verunglückten von der Fahrbahn an den Straßenrand. Der ADAC schleppt das ausgebrannte Auto ab. Das Abschleppen eines defekten Autos durch den Hilfsdienst kostet viel Geld.

Anmerkung
- Bei *abschleppen* und *Abschleppen* – bezogen auf Autos – brauchen Täterbezeichnung und Richtungsbezeichnung nicht realisiert zu werden:
    Das Auto mußte abgeschleppt werden.
- In der Bedeutung 'jemanden ohne dessen Einwilligung irgendwohin führen/bringen' wird *schleppen*
  scherzhaft gebraucht. Das Sem 'Kontakt zwischen Täter und Objekt zwingend' entfällt dann:
    Klaus schleppte *seinen Besuch drei Stunden durch die Stadt.*
    Jürgen schleppte *seinen Freund ins Kino.*

## tragen / zurücktragen – tragbar – Tragen

Das Mädchen (a) trägt das Paket (b) zur Post (c). Der Käufer (a) trägt die
Ware (b) zum Geschäft (c) zurück. Dieses Fernsehgerät (b) ist tragbar. Das
ständige Tragen von Kohlensäcken (b) in die Keller (c) durch die Kohlenträger (a) führt zu starken Abnutzungserscheinungen an der Wirbelsäule.

1. 'Kontakt zwischen Täter und Objekt zwingend', 'Täter in vollem Kontakt mit dem
   Objekt', 'Objekt ohne Bodenberührung', 'eine nicht zu schwere Last unter Einsatz
   körperlicher Kraft fortbewegend'
2. a  –  Täter / Lebewesen /
            V: Sn;                      A: nicht realisiert;      S: Sp (durch)
   b  –  Objekt / Ding, Lebewesen /
            V: Sa;                      A: Sn;                    S: Sg/Sp (von)
   c  –  Ort / Richtung /
            V: Sp (zu, in, nach. . .);  A: nicht realisiert;      S: Sp (zu, in,
                                                                    nach. . .)
3. Der Reisende trägt den Koffer zum Bahnhof. Der Pfleger trägt den Patienten in
   den Behandlungsraum. Der Angestellte trägt die Stühle ins Haus zurück. Das Tragen der vielen schweren Pakete ist sehr anstrengend.

Anmerkung
- Das Adjektiv *tragbar* gibt an, daß etwas generell getragen werden kann, bezeichnet also keinen
  Prozeß, sondern einen Zustand. Die Bezeichnungen für den Täter und die Richtung werden daher in
  der Regel nicht realisiert:
    Dieser Computer ist tragbar. (= Das ist ein tragbarer Computer.)

## transportieren / abtransportieren / wegtransportieren – transportabel – Transportieren / Transport / Abtransport / Rücktransport

Die Firma (a) transportiert die Ware (b) von Rostock über Berlin nach
Erfurt (c). Morgen transportieren wir (a) die alten Möbel (b) ab / weg.
Dieses Gerät (b) ist durchaus transportabel. Das Transportieren / der Trans-
port der Schweine (b) nach Bremen (c) durch den Tiertransport (a) dauerte
nur wenige Stunden. Der Abtransport / der Rücktransport der Kisten (b) ins
Werk (c) durch die Spedition (a) entlastet uns sehr.

1. 'Allgemeines Transportieren', 'neutral', 'meist größere Dinge bzw. Lebewesen', 'mit
   einem Hilfsmittel', 'nicht mit der Hand'

2. a  –  Täter / Lebewesen, Ding (meist Fahrzeug), Institution /
      V: Sn;                    A: nicht realisiert;      S: Sp (durch)
   b  –  Objekt / Ding, Lebewesen /
      V: Sa;                    A: Sn;              S: Sg/Sp (von)
   c  –  Ort / Richtung /
      V: Sp (nach, in, zu...);     A: nicht realisiert;      S: Sp (nach, zu,
                                                                  in...)
3. Die Arbeiter / Lastwagen transportieren Baumaterialien zu den Baustellen. Die Firma transportiert Gemüse ins Ausland. Die Stadtreinigung transportiert Müll ab / weg. Dieser Ofen / diese Garage ist transportabel. Der Transport der Mannschaft ins Stadion verzögert sich um 30 Minuten. Der Abtransport / der Rücktransport der Zuschauer / der Fans zum Bahnhof erfolgt mit Sonderwagen der Straßenbahn.

Anmerkung
– Das Adjektiv *transportabel* gibt lediglich den Zustand an. Die Bezeichnungen des Täters und der Richtung werden daher nicht realisiert.
– Bei *abtransportieren, wegtransportieren, Abtransport* und *Rücktransport* gibt die erste Konstituente ganz allgemein die Richtung an. Die genaue Richtungsbezeichnung wird kaum realisiert:
    Die Bretter werden noch heute von der Spedition abtransportiert / wegtransportiert.
    Der Abtransport / der Rücktransport des Leergutes durch die Spedition erfolgt noch heute.

## trudeln / hinuntertrudeln – Hinuntertrudeln

Die Kinder (a) trudeln den Ball (b) ins Tor (c). Die Kinder (a) trudeln die Murmeln (b) zum markierten Feld (c) hinunter. Das Hinuntertrudeln der Kugeln (b) in die Vertiefung (c) des Spielplatzes durch die Kindergartenkinder (a) lockte immer Zuschauer an.

1. 'Kontakt zwischen Täter und Objekt zwingend', 'Täter neben bzw. hinter dem Objekt', 'Objekt mit Bodenkontakt', 'etwas Rundes langsam und nicht ganz gleichmäßig rollend bewegen' /umgangssprachlich/
2. a  –  Täter / Mensch /
      V: Sn;                               S: Sp (durch)
   b  –  Objekt / Ding (rund) /
      V: Sa;                              S: Sg/Sp (von)
   c  –  Ort / Richtung /
      V: Sp (in, zu...);               S: Sp (in, zu...)
3. Die Piraten haben die erbeuteten Fässer an Land getrudelt. Der Junge trudelt den Ball über die Wiese. Die Kinder trudeln die Holzmurmeln ins Tal hinunter. Das Hinuntertrudeln der Äpfel durch die Erntehelfer verärgerte den Besitzer der Obstplantage.

Anmerkung
– Bei *hinuntertrudeln* und *Hinuntertrudeln* handelt es sich immer um eine Bewegung von oben nach unten. Deshalb wird oft neben dem Zielpunkt auch der Ausgangspunkt angegeben:
    Die Kinder trudeln die Reifen *vom Berg auf die Wiese* hinunter.
    Das Hinuntertrudeln der Reifen *vom Berg auf die Wiese* durch die Kinder war immer mit viel freudigem Lärm verbunden.

## überführen – Überführen / Überführung

Der Krankentransport (a) überführt den Verletzten (b) in ein Spezialklinik (c). Das Überführen / die Überführung des Häftlings (b) in eine andere Haftanstalt (c) durch die Polizei (a) bereitete einige Schwierigkeiten.

1. 'Allgemeines Transportieren', 'von einem Ort an einen anderen Ort bringen', 'meist mit einem Hilfsmittel (Fahrzeug)', 'neutral'
2. a – Täter / Mensch, Institution /
      V: Sn;                          S: Sp (durch)
   b – Objekt / Mensch, Ding /
      V: Sa;                          S: Sg/Sp (von)
   c – Ort / Richtung /
      V: Sp (in, nach, zu. . .);      S: Sp (in, nach, zu. . .)
3. Das Bestattungsinstitut überführt den Toten / den Sarg mit den sterblichen Überresten in den Heimatort des Verstorbenen. Die Überführung der Leiche des Verunglückten nach Deutschland erfolgte innerhalb weniger Tage.

## verfrachten – Verfrachten / Verfrachtung

Die Mitarbeiter (a) des Roten Kreuzes verfrachten die Kisten (b) mit den Hilfsgütern in das Flugzeug (c). Das Verfrachten / die Verfrachtung der Maschinenteile (b) in den Laderaum (c) des Schiffes durch die Hafenarbeiter (a) erfolgt termingerecht.

1. 'Kontakt zwischen Täter und Objekt nicht zwingend', 'zum Transport bestimmte Dinge (Fracht) verstauen', 'große Menge', 'meist in einem Transportmittel'
2. a – Täter / Mensch, Institution /
      V: Sn;                          S: Sp (durch)
   b – Objekt / Ding /
      V: Sa;                          S: Sg/Sp (von)
   c – Ort / Richtung /
      V: Sp (in, an, nach. . .);      S: Sp (in, an, nach. . .)
3. Die Firma / Spedition verfrachtet die neuen Maschinen nach Südamerika. Die Verfrachtung der Waren im Schiff / nach Übersee dauerte nicht lange.

Anmerkung
– Auf Menschen als Objekt bezogen, kann *verfrachten* umgangssprachlich scherzhaft gebraucht werden: Die Eltern verfrachten *ihre beiden Kinder* für zwei Wochen zu den Großeltern.

## verschiffen – Verschiffen / Verschiffung

Die Regierung (a) verschiffte die Verurteilten (b) auf die Strafinsel (c). Das Verschiffen / die Verschiffung der Hilfsgüter (b) auf den Balkan (c) durch die UNO (a) erfolgte umgehend.

1. 'Kontakt zwischen Täter und Objekt nicht zwingend', 'in besonderer Art und Weise', 'auf dem See- bzw. Wasserweg'
2. a  –  Täter / Mensch, Institution /
      V: Sn;                        S: Sp (durch)
   b  –  Objekt / Lebewesen (in großer Zahl), Ding (in großer Zahl) /
      V: Sa;                        S: Sg/Sp (von)
   c  –  Ort / Richtung /
      V: Sp (nach, auf, in. . .);       S: Sp (nach, auf, in. . .)
3. Die Expedition verschifft ihre Ausrüstung nach Indien. Im Hafen werden Truppen nach Übersee / Tiere für Zoos in Europa verschifft. Das Verschiffen / die Verschiffung des Regiments in die Heimat war lange geplant.

## wälzen / fortwälzen / wegwälzen – Fortwälzen / Wegwälzen

Der Mann (a) wälzt den Stein (b) an den Straßenrand (c). Er (a) wälzt den Stein (b) fort / weg. Das Fortwälzen / Wegwälzen der Steine (b) durch die Straßenbauer (a) nahm viel Zeit in Anspruch.

1. 'Kontakt zwischen Täter und Objekt zwingend', 'Täter hinter dem Objekt', 'Objekt beweglich', 'etwas Großes / Schweres um die eigene Achse drehend', 'mit viel Mühe / Kraft'
2. a  –  Täter / Mensch /
      V: Sn;                        S: Sp (durch)
   b  –  Objekt / Ding, zuweilen auch Lebewesen /
      V: Sa;                        S: Sg/Sp (von)
   c  –  Ort / Richtung /
      V: Sp (an, zu, in. . .);        S: Sp (an, zu, in. . .)
3. Die Forstarbeiter wälzen die Baumstämme an den Waldrand. Der Bildhauer wälzt den Granitquader zur Seite. Mit viel Mühe haben die Tierschützer die Kadaver fortgewälzt. Sie haben auch die anderen Tierleichen weggewälzt. Das Fortwälzen / Wegwälzen der durch den Sturm umgestürzten Bäume kann erst in der nächsten Woche erfolgen.

Anmerkung
–  Bei *fortwälzen / wegwälzen* und *Fortwälzen / Wegwälzen* gibt die erste Konstituente die allgemeine Richtung an. Die genaue Richtungsbezeichnung wird kaum realisiert.

## zerren / fortzerren / wegzerren – Wegzerren

Der Müller (a) zerrte den Sack (b) in seine Mühle (c). Die Siedler (a) zerrten gemeinsam die schweren Äste (b) fort / weg. Das Fortzerren / Wegzerren der jungen Frau (b) durch die Halbstarken (a) war beobachtet worden.

1. 'Kontakt zwischen Täter und Objekt zwingend', 'Täter vor dem Objekt', 'gewaltsam befördernd', 'z.T. gegen den Widerstand des Objekts', 'mit Kraftanstrengung'
2. a  –  Täter / Lebewesen /
      V: Sn;                        S: Sp (durch)

b  –  Objekt / Ding, Lebewesen /
    V: Sa;                              S: Sg/Sp (von)
c  –  Ort / Richtung /
    V: Sp (in, nach, auf. . .);         S: Sp (in, nach, auf. . .)

3. Der Fuchs zerrt seine Beute in seinen Bau. Die Gangster zerrten den jungen Mann zu ihrem Auto. Sie bemühten sich, das Hindernis / den störrischen Esel fortzuzerren / wegzuzerren. Das Wegzerren des vollbeladenen Wagens gelang nicht.

Anmerkung
– Bei *fortzerren* und *wegzerren* gibt die erste Konstituente die allgemeine Richtung an. Die genaue Richtungsbezeichnung wird meist nicht realisiert.

## ziehen / fortziehen / wegziehen – Wegziehen

Die Pferde (a) zogen den Heuwagen (b) in die Scheune (c). Die Pferde (a) zogen die Baumstämme (b) fort / weg. Das Wegziehen der gefällten Bäume (b) durch das Gespann (a) dauerte fast eine Woche.

1. 'Kontakt zwischen Täter und Objekt zwingend', 'Täter vor dem Objekt', 'mit Kraftanstrengung vorwärts bewegend', 'mit einem Medium bzw. mit der Hand'
2. a  –  Täter / Lebewesen, Ding (Fahrzeug) /
       V: Sn;                           S: Sp (durch)
   b  –  Objekt / Ding, Lebewesen /
       V: Sa;                           S: Sg/Sp (von)
   c  –  Ort / Richtung /
       V: Sp (in, zu, auf. . .);        S: Sp (in, zu, auf. . .)
3. Der Traktor zog die beiden Anhänger auf das Feld. Der Junge zog den Handwagen zum Bahnhof. Der Kran zog das umgestürzte Auto fort / weg. Das Wegziehen der umgestürzten Waggons durch den Spezialkran erwies sich als recht schwierig.

Anmerkung
– Bei *fortziehen* und *wegziehen* gibt die erste Konstituente die allgemeine Richtung an. Die genaue Richtungsbezeichnung wird meist nicht realisiert.

# Feld des Besitzwechsels

Bei der Skizzierung der wesentlichen Merkmale dieses Feldes und bei der Grobstrukturierung folgen wir Gansel 1992.

Zu diesem Feld gehören Wörter, die angeben, daß "etwas Gegenständliches von einem Handlungsträger zum anderen wechselt". "Besitzwechsel ist für die Zwecke der Untersuchung zu fassen als die Veränderung der ursprünglichen Verfügungsgewalt eines Individuums über einen Gegenstand oder eine Erscheinung durch ein anderes Individuum. Sie wird durch entsprechende Handlungen des Verfügungsberechtigten bzw. des Nicht-Verfügungsberechtigten unter Berücksichtigung bestimmter Bedingungen und Ziele ausgelöst." (Gansel 1992, 104)

Die Paraphrase könnte lauten: Jemand bewirkt, daß ein anderer über etwas verfügt bzw. nicht mehr verfügt. Die Wörter sind in der Regel dreiwertig, wobei wir vereinfachend vom Besitzer, vom Nichtbesitzer und vom Gegenstand sprechen. Gegliedert werden die Wörter danach, ob eine Handlung vom Besitzer (a) oder vom Nichtbesitzer (b) ausgeht. Der Täter ist folglich in dem einen Fall der Besitzer, in dem anderen Fall der Nichtbesitzer. Außerdem ergeben sich einige Randgruppen. Die Eingruppierung erfolgt nach den Simplizia. Ableitungen und Zusammensetzungen werden bei den Simplizia genannt, auch wenn sie sachlich in eine andere Gruppe gehören. Auf die Unterschiede wird in den Anmerkungen hingewiesen.

Es ergeben sich folgende (syntaktische) Grundstrukturen:

Verb
| *geben*: | Besitzer | – Verb | – Nichtbesitzer | – Gegenstand |
|---|---|---|---|---|
| | Sn | – V | – Sd | – Sa |
| *stehlen*: | Nichtbesitzer | – Verb | – Besitzer | – Gegenstand |
| | Sn | – V | – Sd | – Sa |

Adjektiv
| *erhältlich*: | Gegenstand | – Besitzer | – Adjektiv | |
|---|---|---|---|---|
| | Sn | – Sp (bei, von) | – A | |

Substantiv
| *Abgabe*: | Substantiv | – Gegenstand | – Nichtbesitzer | – Besitzer |
|---|---|---|---|---|
| | S | – Sg/Sp (von) | – Sp (an) | – Sp (durch) |
| *Diebstahl*: | Substantiv | – Gegenstand | – Nichtbesitzer | |
| | S | – Sg/Sp (von) | – Sp (durch) | |

# Übersicht über das Wortfeld

1. 'Aktivität des Besitzers'

1.1. 'ohne Berücksichtigung der Zeit'
*aushändigen – Aushändigen / Aushändigung; ausrüsten – Ausrüsten / Ausrüstung; geben / abgeben / übergeben / weggeben / zurückgeben – Abgabe / Rückgabe / Übergabe; liefern / anliefern / ausliefern / beliefern – lieferbar – Liefern / Lieferung / Anlieferung / Auslieferung / Belieferung; opfern – Opfern / Opferung; reichen / überreichen / weiterreichen – Überreichen / Überreichung; schicken / abschicken / zuschicken / zurückschicken – Zuschicken; senden / absenden / nachsenden / übersenden – Sendung / Nachsendung / Rücksendung / Übersendung; überlassen – Überlassung; überweisen – Überweisen / Überweisung; versorgen – Versorgen / Versorgung; zustellen – Zustellen / Zustellung*

1.2. 'zeitlich begrenzt'
*anvertrauen – (Anvertrauen); borgen[1] / ausborgen[1] / verborgen – Verborgen / Verborgerei; leihen[1] / ausleihen[1] / verleihen – Ausleihen[1] / Ausleihe / Verleihen / Verleih; vermieten / untervermieten – vermietbar – Vermieten / Vermietung; verpachten – Verpachten / Verpachtung*

1.3. 'zeitlich unbegrenzt'
*bescheren – Bescheren / Bescherung; schenken / beschenken / verschenken – Beschenken / Beschenkung / Verschenken; spenden / spendieren – Spenden; stiften – Stiften / Stiftung; übereignen – Übereignen / Übereignung; vererben – Vererben / Vererbung; verkaufen / weiterverkaufen – verkäuflich / unverkäuflich – Verkaufen / Verkauf / Verkäuflichkeit*

2. 'Aktivität des Nichtbesitzers'

2.1. 'zeitlich begrenzt'
*(sich) borgen[2] / ausborgen[2] / zusammenborgen – Borgen / Borgerei; (sich) leihen[2] / ausleihen[2] / entleihen – Ausleihen[2] / Fernleihe; mieten – Mieten; pachten – Pachtung / Pacht*

2.2. 'Eigentumsvergehen'
*abjagen – Abjagen; entwenden – Entwenden / Entwendung; klauen / beklauen / zusammenklauen – Klauen; (sich) nehmen / abnehmen / entgegennehmen / wegnehmen – Abnehmen / Abnahme / Entgegennehmen / Entgegennahme; rauben / ausrauben / berauben – Rauben / Raub / Beraubung; stehlen / bestehlen – Stehlen / Bestehlen / Diebstahl*

2.3. 'geringe Aktivität des Nichtbesitzers'
*bekommen / wiederbekommen / zurückbekommen – Wiederbekommen / Zurückbekommen; empfangen – Empfangen / Empfang; erhalten / zurückerhalten – erhältlich – Erhalt; kriegen / wiederkriegen / zurückkriegen*

2.4. 'Wiedergutmachung', 'auch Wiederherstellung ursprünglicher Besitzverhältnisse'
   *ersetzen – Ersetzen / Ersetzung; vergüten – Vergütung*

3.  'wechselseitiger Besitzwechsel'
   *tauschen – Tauschen / Tausch / Tauscherei*

# Beschreibung der Wörter

## abjagen – Abjagen

Die Verfolger (a) jagten dem Räuber (b) die Beute (c) schnell wieder ab. Das
Abjagen der Beute (c) durch die Verfolger (a) war das Ergebnis eines durch-
dachten Vorgehens.

1. 'Aktivität des Nichtbesitzers', 'nach einem Eigentumsvergehen', 'nach ziemlich langem Bemühen', 'fast gewaltlos', 'wieder nehmen'
2. a  – Nichtbesitzer / Mensch /
        V: Sn;                        S: Sp (durch)
   b  – Besitzer / Mensch /
        V: Sd;                        S: nicht realisiert
   c  – Objekt / Ding (häufig wertvoll) /
        V: Sa;                        S: Sg
3. Die Jungen jagten dem Dieb das Gestohlene / die Münzen wieder ab. Beim Abjagen
   des geraubten Gutes zeigte sich der Hilfssheriff sehr mutig.

Anmerkung
– Das Abjagen stellt in der Regel kein Eigentumsvergehen dar. Ihm geht in den meisten Fällen ein
  Eigentumsvergehen voraus.
– Das Substantiv *Abjagen* kommt selten vor. Der Aktant des Besitzers kann nicht realisiert werden.

## anvertrauen – (Anvertrauen)

Frau Müller (a) vertraute ihrer Nachbarin (b) den Wohnungsschlüssel (c) an,
bevor sie in Urlaub fuhr.

1. 'Aktivität des Besitzers', 'zeitlich begrenzt oder nicht begrenzt', 'von Vertrauen
   getragen', 'emotionale Sicherheit', 'geben'
2. a  – Besitzer / Mensch / Sn
   b  – Nichtbesitzer / Mensch / Sd
   c  – Objekt / Ding (häufig materiell oder ideell wertvoll) / Sa
3. Ich habe dem Nachbarn mein Auto geliehen und vertraue es ihm gern an. Der
   Geschäftsinhaber vertraut der Angestellten die Tageseinnahmen, die sie zur Bank
   bringen soll, an. Der Kommissar vertraut seinem Mitarbeiter seine Dienstwaffe an.

Anmerkung
– Das Substantiv *Anvertrauen* ist sprachlich möglich, wird aber nicht genutzt.

## aushändigen – Aushändigen / Aushändigung

Der Postbote (a) händigt dem Empfänger (b) den Einschreibebrief (c) aus.
Das Aushändigen / die Aushändigung der Zeugnisse (c) an die Abiturienten
(b) durch den Direktor (a) erfolgt am Freitag um 10 Uhr.

1. 'Aktivität des Besitzers', 'ohne Berücksichtigung der Zeit', 'in geringer Entfernung',
   'mit der Hand', 'dem Berechtigten geben'
2. a – Besitzer / Mensch /
      V: Sn;                          S: Sp (durch)
   b – Nichtbesitzer / Mensch (Empfangsberechtigter) /
      V: Sd;                          S: Sp (an)
   c – Objekt / Ding (mit der Hand zu übergeben) /
      V: Sa;                          S: Sg/Sp (von)
3. Der Beamte / Kassierer händigt dem Kunden das Geld aus. Er händigt ihm die
   Vollmacht aus. Das Aushändigen / die Aushändigung der Pässe erfolgt am Mitt-
   woch. Die Bankkunden warten auf die Aushändigung der Wertpapiere.

Anmerkung
– Vor allem beim Substantiv ergeben sich Nichtbesitzer und Besitzer – wenn nicht realisiert – meist
  aus der Situation:
      Die Aushändigung der Antragsformulare (*an die Bürger*: Nichtbesitzer) erfolgt im Einwoh-
      nermeldeamt (*durch den Beamten*: Besitzer) jeweils montags.

## ausrüsten – Ausrüsten / Ausrüstung

Die Firma (a) rüstete die Schule (b) mit modernen Rechnern (c) aus. Das
Ausrüsten / die Ausrüstung der Polizei (b) mit Schnellfeuerwaffen (c) durch
das Land (a) ist dringend erforderlich.

1. 'Aktivität des Besitzers', 'zeitlich unbegrenzt', 'mit Notwendigem versehen', 'zu
   einem bestimmten Zweck', 'vollständig', 'geben'
2. a – Besitzer / Mensch, Institution /
      V: Sn;                          S: Sp (durch)
   b – Nichtbesitzer / Mensch, Institution /
      V: Sa;                          S: Sg/Sp (von)
   c – Objekt / Ding /
      V: Sp (mit);                    S: Sp (mit)
3. Die Kommune rüstet den Jugendklub mit Unterhaltungselektronik aus. Sie rüstet
   das Krankenhaus mit den neuesten Geräten aus. Alle Seeleute sind mit Ölzeug
   ausgerüstet. Der Konzern bemüht sich, gerade diesen Betrieb mit Spezialmaschinen
   auszurüsten. Die Ausrüstung der Landwirtschaft mit Qualitätsmaschinen ist ein
   unbedingtes Erfordernis.

# bekommen / wiederbekommen / zurückbekommen – Wiederbekommen / Zurückbekommen

Der Junge (a) bekommt das Buch (c) von seinem Freund (b) (wieder) / (zurück). Das Wiederbekommen / das Zurückbekommen der Bücher (c) von den Studenten (b) ist manchmal recht kompliziert.

1. 'Aktivität des Nichtbesitzers', 'geringe Aktivität', 'abhängig von der Aktivität des Besitzers'
2. a – Nichtbesitzer / Mensch, Institution /
      V: Sn;                                S: nicht realisiert
   b – Besitzer / Mensch, Institution /
      V: Sp (von)                           S: Sp (von)
   c – Objekt / Ding /
      V: Sa;                                S: Sg/Sp (von)
3. Der Jubilar bekommt eine Urkunde von seinem Verein. Die Siedler bekommen ihre gestohlenen Wertgegenstände von der Polizei wieder, da die Diebe ermittelt worden sind. Klaus bekommt das Fahrrad von seinem Freund zurück. Das Wiederbekommen / das Zurückbekommen gestohlener Autos ist bei der Vielzahl der Diebstähle fast unmöglich.

# bescheren – Bescheren / Bescherung

Der Weihnachtsmann (a) beschert den Kindern (b) Spielsachen (c). Das Bescheren / die Bescherung der Kinder (b) mit Spielsachen (c) durch den Weihnachtsmann (a) ist immer aufregend.

1. 'Aktivität des Besitzers', 'zeitlich unbegrenzt', 'ohne Gegenleistung', 'am Weihnachtsabend', 'meist in der Familie', 'geben'
2. a – Besitzer / Mensch /
      V: Sn;                                S: Sp (durch)
   b – Nichtbesitzer / Mensch (Kind) /
      V: Sd bzw. Sa;                        S: Sg/Sp (von)
   c – Objekt / Ding (geeignet zum Freudebereiten) /
      V: Sa bzw. Sp (mit)                   S: Sp (mit)
3. Der verkleidete Vater bescherte der Kinderschar Bücher, Spielsachen und Sportgeräte. Der Weihnachtsmann bescherte die Notleidenden mit wärmender Kleidung. Er beschert die Waisenkinder mit Näschereien. Die Bescherung der Kinder war von den Eltern sorgfältig vorbereitet worden.

Anmerkung
Für *bescheren* gibt es zwei syntaktische Konstruktionen ohne semantischen Unterschied.
– Wenn b = Sd ist, dann ist c = Sa:
    Der Weihnachtsmann beschert *den Kindern Nüsse und Äpfel.*
– Wenn b = Sa ist, dann ist c = Sp (mit):
    Der Weihnachtsmann bescherte *die Kinder mit Nüssen und Äpfeln.*

## borgen¹ / ausborgen¹ / verborgen – Verborgen / Verborgerei

Frau Müller (a) borgt der Nachbarin (b) die Kaffeemaschine (c) (aus). Das
Auto (c) verborge ich (a) nicht gern an andere (b). Das Verborgen von Neuerscheinungen (c) an Aspiranten (b) durch den Professor (a) wird als selbstverständlich angesehen. Die ewige Verborgerei von Büchern (c) an die Nachbarn (b) durch den gutmütigen Vater (a) erregte den Unwillen der Kinder.

1. 'Aktivität des Besitzers', 'zeitlich begrenzt', 'mit dem Versprechen auf Rückgabe',
   'geben'
2. a – Besitzer / Mensch /
      V: Sn;                           S: Sp (durch)
   b – Nichtbesitzer / Mensch /
      V: **borgen / ausborgen**: Sd     S: Sp (an)
         **verborgen**: Sp (an);
   c – Objekt / Ding /
      V: Sa;                           S: Sg/Sp (von)
3. Der Hausmeister borgt dem Mieter das benötigte Werkzeug (aus). Der Junge ver-
   borgt sein neues Fahrrad an seine Freundin. Das Verborgen wertvoller Gegenstände will gut überlegt sein. Die Verborgerei von Gegenständen des täglichen Bedarfs
   führt meist zu Unstimmigkeiten.

Anmerkung
– Mit *borgen / ausborgen* wird vielfach das Einzelgeschehen, mit *verborgen* das generelle Geschehen
  bezeichnet. Daher wird bei *verborgen* die Bezeichnung des Empfängers selten realisiert.
– Mit *Verborgerei* bezeichnet man häufig abwertend lediglich das Geschehen, daher werden sowohl die
  Empfängerbezeichnung als auch die Täterbezeichnung selten realisiert.

## (sich) borgen² / ausborgen² / zusammenborgen – Borgen / Borgerei

Das Mädchen (a) borgt sich von ihrer Freundin (b) einen Kugelschreiber (c)
(aus). Klaus (a) borgt sich von Verwandten (b) das Geld (c) für das neue
Auto zusammen. Das dauernde Borgen von Geld (c) bei den Nachbarn (b)
durch die Hausbewohnerin (a) wurde allmählich als lästig empfunden. Diese
ständige Borgerei meines Freundes (a) bei allen Bekannten (b) bedrückt
mich sehr.

1. 'Aktivität des Nichtbesitzers', 'zeitlich begrenzt', 'mit dem Versprechen auf Rückgabe', 'auf den Bekanntenkreis bezogen', 'nehmen'
2. a – Nichtbesitzer / Mensch /
      V: Sn;                           S: Sp (durch)/Sg
   b – Besitzer / Mensch /
      V: Sp (von, bei);                S: Sp (von, bei)
   c – Objekt / Ding /
      V: Sa;                           S: Sg bzw. nicht realisiert
3. Die junge Frau borgt sich bei ihrer Nachbarin häufig Gewürze. Sie borgt sich die
   Miete bei ihren Bekannten zusammen. Die ewige Borgerei meines Mannes bei sei-

nen Freunden muß endlich aufhören. Durch das häufige Borgen von Geld bei den Nachbarn verlor er bald die Übersicht über seine finanziellen Verhältnisse.

**Anmerkung**
- Zwischen *(sich) borgen* und *(sich) ausborgen* besteht kaum ein semantischer Unterschied.
- *Borgerei* verfügt über ein pejoratives Sem.
- Bei den Substantiven *Borgen* und *Borgerei* sind zwei syntaktische Konstruktionen möglich:
  Konstruktion mit drei Aktanten: Sg (Objekt) – Sp (bei) (Besitzer) – Sp (durch) (Nichtbesitzer)
  die Borgerei *von Geld bei den Nachbarn durch die junge Frau*
  Konstruktion mit zwei Aktanten: Sg (Nichtbesitzer) – Sp (bei) (Besitzer)
  die Borgerei *der jungen Frau bei den Nachbarn.*
  Bei der zweiten Konstruktion geht es um den Prozeß des Borgens generell.

## empfangen – Empfangen / Empfang

Der Arbeitnehmer (a) empfängt seinen Lohn (b) vom Arbeitgeber (c). Das Empfangen / der Empfang der Unterstützung (c) durch den Arbeitslosen (a) ist an bestimmte Bedingungen geknüpft.

1. 'Aktivität des Nichtbesitzers', 'geringe Aktivität', 'meist in geringer Entfernung und mit der Hand', 'nehmen'
2. a  –  Nichtbesitzer / Mensch, Institution /
      V: Sn;                          S: Sp (durch)
   b  –  Besitzer / Mensch, Institution /
      V: Sp (von);                    S: nicht realisiert
   c  –  Objekt / Ding /
      V: Sa;                          S: Sg/Sp (von)
3. Die Verkaufsstelle empfängt frisches Gemüse vom Erzeuger. Der Jubilar empfängt vom Verein ein Ticket für einen Flug nach Oslo. Der Empfang der Gasmasken durch die Soldaten erfolgt nach Aufruf.

## entwenden – Entwenden / Entwendung

Der Dieb (a) entwendete der Rentnerin (b) die Geldbörse (c). Das Entwenden der Geldbörse (c) durch den Dieb (a) wurde nicht bemerkt. Die Entwendung der Geldbörse (c) wurde erst später bemerkt.

1. 'Aktivität des Nichtbesitzers', 'Eigentumsvergehen', 'fast gewaltlos', 'häufig mit den Händen', 'nehmen' /gehoben/
2. a  –  Nichtbesitzer / Mensch /
      V: Sn;                          S: Sp (durch)
   b  –  Besitzer / Mensch /
      V: Sd;                          S: nicht realisiert
   c  –  Objekt / Ding /
      V: Sa:                          S: Sg/Sp (von)
3. Der Kriminelle entwendet dem Passanten die Tasche mit allen Papieren. Der Jugendliche entwendet dem Ausländer die Brieftasche. Der Kassierer hat einen größeren Geldbetrag aus der Kasse der Bank entwendet. Das Entwenden von Autos durch Jugendliche hat sehr zugenommen.

- Bei *entwenden* kann statt des Besitzers auch eine Ortsbezeichnung stehen:
  Der Drogenabhängige entwendet Schmuck *aus dem Tresor* seiner Eltern.
- Das Substantiv *Entwendung* wird selten gebraucht.

## erhalten / zurückerhalten – erhältlich – Erhalt

Mein Nachbar (a) hat von einem Freund (b) endlich Post (c) erhalten. Nach Wochen erhält er (a) die entliehenen Kassetten (c) von seinem Bruder (b) zurück. Die CDs (c) sind beim Produzenten (b) erhältlich. Man muß den Erhalt eines Einschreibebriefes (c) schriftlich bestätigen.

1. 'Aktivität des Nichtbesitzers', 'geringe Aktivität', 'meist mittels eines Mediums', 'oft Postsendung', 'nehmen'
2. a – Nichtbesitzer / Mensch, Institution /
   V: Sn;               A: nicht realisiert;     S: Sp (durch)
   b – Besitzer / Mensch, Institution /
   V: Sp (von, bei);    A: Sp (bei, von);        S: nicht realisiert
   c – Objekt / Ding (oft durch Medium befördert) /
   V: Sa;               A: Sn;                   S: Sg/Sp (von)
3. Der Rentner erhält von der Rentenstelle eine Bestätigung der Rentenerhöhung. Erst nach Wochen erhält er die Bücher von seinem Studienkollegen zurück. Diese Ausgabe ist beim Verlag erhältlich. Nach Erhalt der Sendung besteht ein Rückgaberecht von zwei Wochen.

Anmerkung
- Das Adjektiv *erhältlich* bezeichnet einen Zustand. Sprachlich realisiert wird meist nur die Bezeichnung des Objektes, gelegentlich auch die des Besitzers, niemals die des Nichtbesitzers.
- Bei *Erhalt* wird in der Regel die Bezeichnung des Objektes realisiert, selten die des Nichtbesitzers, niemals die des Besitzers.

## ersetzen – Ersetzen / Ersetzung

Die Versicherung (a) ersetzt dem Autobesitzer (b) den Zeitwert des Unfallwagens (c). Das Ersetzen / die Ersetzung des entstandenen Schadens (c) durch den Unfallverursacher (a) ließ auf sich warten.

1. 'Aktivität des Nichtbesitzers', 'bezogen auf den Besitzer', 'Ersatz / Ausgleich leisten für entstanden Schaden / einen (wertvollen) Gegenstand', 'geben'
2. a – Nichtbesitzer / Mensch, Institution /
   V: Sn;               S: Sp (durch)
   b – Besitzer / Mensch, Institution /
   V: Sd;               S: nicht realisiert
   c – Objekt / Ding /
   V: Sa;               S: Sg/Sp (von)
3. Der Vater ersetzt dem Nachbarn die durch seinen Sohn eingeschlagene Fensterscheibe. Der Spediteur muß dem Gemüsehändler den durch die verdorbenen Früchte entstandenen Schaden ersetzen. Das Ersetzen / die Ersetzung der Reisekosten durch die Universität erfolgte anstandslos.

**Anmerkung**
- Das Objekt wird häufig durch ein Abstraktum, das sich auf einen Gegenstand bezieht, sprachlich realisiert:
  Er ersetzt ihm *den Wert des Ringes / den Verlust des Fahrrades / den entstandenen Schaden*.
- Beim Substantiv *Ersetzung* wird die Bezeichnung des Besitzers nicht realisiert.

## geben / abgeben / übergeben / weggeben / zurückgeben – Abgabe / Rückgabe / Übergabe

Der Gast (a) gibt dem Ober (b) ein Trinkgeld (c). Der Vertreter (a) gibt bei dem potentiellen Kunden (b) seine Visitenkarte (c) ab. Der Untersuchungsrichter (a) übergibt dem Gericht (b) die Akten (c). Das Mädchen (a) gibt ihre Puppe (c) weg. Der Schuldner (a) gibt dem Gläubiger (b) das geliehene Geld (c) zurück. Die Abgabe des Gepäcks (c) am Schalter (b) durch die Reisenden (a) ist nur bis 21 Uhr möglich. Die Rückgabe der Fundgegenstände (c) an die Besitzer (b) durch das Fundbüro (a) erfolgt nach 10 Tagen. Die Übergabe der Wohnungsschlüssel (c) an die neuen Mieter (b) durch den Vermieter (a) erfolgt morgen.

1. 'Aktivität des Besitzers', 'ohne Berücksichtigung der Zeit', 'meist in geringer Entfernung', 'meist mit der Hand' /neutral, selten offiziell/
2. a  – Besitzer / Mensch, Institution /
     V: Sn;            S: Sp (durch)
   b  – Nichtbesitzer / Mensch, Institution /
     V: **geben / übergeben / zurückgeben**: Sd/Sp (an) S: Sp (an)
     **abgeben**: Sd/Sp (an, bei, in)
     **weggeben**: nicht realisiert;
   c  – Objekt / Ding (meist mit der Hand zu überreichen) /
     V: Sa;            S: Sg/Sp (von)
3. Die Verkäuferin gibt dem Kunden die bezahlte Ware. Sie gibt den Schülern die Aufsatzhefte. Die Gäste geben die Mäntel an der Garderobe ab. Die Gratulanten übergeben dem Jubilar ihre Geschenke. Die Familie gibt die Möbel jetzt weg. Der Leser gibt die Bücher in der Bibliothek zurück. Die Abgabe der Stimmzettel wird registriert. Die Rückgabe des Autos bereitete keine Schwierigkeiten. Die Übergabe des Hauses ist für morgen vorgesehen.

**Anmerkung**
- Die Bedeutung der zusammengesetzten Verben bzw. der Substantive ergibt sich aus der Semantik der ersten Konstituente.
- Die Merkmale 'meist in geringer Entfernung' und 'meist mit der Hand' werden in bestimmten Situationen modifiziert:
  Der Kunde gibt dem Kassierer Geld.
  Der Schuldner gibt das geliehene Geld zurück.
  Die Rückgabe des Hauses an die Erben wurde notariell bestätigt.
- Bei *weggeben* wird die Bezeichnung des Nichtbesitzers in der Regel sprachlich nicht realisiert:
  Die Großeltern geben einen Teil ihrer Bücher weg.
- Bei *abgeben* wird die Bezeichnung des Nichtbesitzers unterschiedlich realisiert:
  Weist der Nichtbesitzer das Merkmal 'Dauer' auf, dann erfolgt die sprachliche Realisierung durch Sd bzw. Sp (an):

Der Bauer hat seinen Hof *seinem Sohn/an seinen Sohn* abgegeben. (= übereignet)
Weist der Nichtbesitzer das Merkmal 'zeitweilig' auf, dann erfolgt die sprachliche Realisierung durch
Sp (an, bei, in. . .):
Der Besucher hat den Mantel *beim Buttler* abgegeben. (= deponiert)

## klauen / beklauen / zusammenklauen – Klauen

Der Junge (a) klaut seinem Freund (b) den Walkman (c). Er (a) beklaut
sogar den eigenen Vater (b). Er (a) klaut Uhren (c) zusammen. Der Klauen
von Fahrrädern (c) durch Jugendliche (a) hat in letzter Zeit zugenommen.

1. 'Aktivität des Nichtbesitzers', 'Eigentumsvergehen', 'ohne große Gewalt', 'zuweilen
   heimlich', 'nehmen' /salopp/
2. a  – Nichtbesitzer / Mensch /
         V: Sn;                          S: Sp (durch)
    b  – Besitzer / Mensch /
         V: **klauen**: Sd/Sp (von)       S: nicht realisiert
         **beklauen**: Sa
         **zusammenklauen**: nicht realisiert;
    c  – Objekt / Ding /
         V: **klauen / zusammenklauen**: Sa S: Sg/Sp (von)
         **beklauen**: nicht realisiert;
3. Der Ganove klaut dem Wirt das Motorrad. Der Strichjunge klaut dem Freier die
   Brieftasche. Er klaut ihr auf dem Markt die Geldbörse aus der Handtasche. Der
   Untermieter beklaut den Vermieter. Er klaut seinen Lebensunterhalt zusammen.
   Das Klauen von Obst und Gemüse auf dem Wochenmarkt ist schon zur Gewohn-
   heit geworden.

Anmerkung
– Bei *beklauen* wird die Bezeichnung des Objekts, bei *zusammenklauen* und *Klauen* die des Besitzers
  nicht realisiert.
– Bei *klauen* und *beklauen* gibt es unterschiedliche Konstruktionen bei der Bezeichnung des Besitzers:
  Er klaut *ihm* die Uhr.
  Er beklaut *ihn.*

## kriegen / wiederkriegen / zurückkriegen

Das Mädchen (a) kriegt von ihrer Freundin (b) einen langen Brief (c). Der
Junge (a) kriegt von seinem Freund (b) die Skier (c) wieder / zurück.

1. 'Aktivität des Nichtbesitzers', 'geringe Aktivität', 'nehmen' /salopp/
2. a  – Nichtbesitzer / Mensch / Sn
    b  – Besitzer / Mensch / Sp (von)
    c  – Objekt / Ding / Sa
3. Der Student kriegt von seinem Freund Geld. Der Vermieter kriegt von den neuen
   Mietern eine Vorauszahlung. Der Fan kriegt von seinem Kumpel das Trikot wieder / zurück.

Anmerkung
– Die Bildung des Substantivs *Kriegen* ist möglich, es wird aber nicht gebraucht.

## leihen¹ / ausleihen¹ / verleihen – Ausleihen¹ / Ausleihe / Verleihen / Verleih

Der Junge (a) leiht seinem Freund (b) sein Fahrrad (c). Der Kaufmann (a) leiht seinem Geschäftsfreund (b) kurzfristig einen größeren Geldbetrag (c) aus. Unser Nachbar (a) verleiht an Touristen (b) Ruderboote (c). Die Ausleihe der Bücher (c) an jugendliche Leser (b) durch die Bibliothekarin (a) erfolgt nachmittags in der Schloßbibliothek. Der Verleih von Ruderbooten (c) an Touristen (b) durch den Besitzer (a) ist relativ preiswert.

1. 'Aktivität des Besitzers', 'zeitlich begrenzt', 'mit der Zusicherung auf Rückgabe', 'oft gegen eine Gebühr', 'geben'
2. a – Besitzer / Mensch, Institution /
      V: Sn;                                    S: Sp (durch)
   b – Nichtbesitzer / Mensch /
      V: **leihen / ausleihen**: Sd            S: Sp (an)
      **verleihen**: Sp (an);
   c – Objekt / Ding /
      V: Sa;                                    S: Sg/Sp (von)
3. Klaus leiht seinem Freund sein Taschenmesser. Er leiht dem Gartennachbarn die Säge. Der Wissenschaftler leiht seinem Kollegen die Neuerscheinung aus. Der Fahrradhändler verleiht den Urlaubern Fahrräder. Die Ausleihe von Büchern durch die Bibliothekarin findet heute nicht statt. Der Verleih von Fahrrädern an Kinder ist heute kostenlos.

### Anmerkung
– Die Wörter *verleihen / Verleihen / Verleih* beziehen sich auf ständiges, häufig gewerbsmäßiges Handeln:
   Die Werkstatt verleiht Malerwerkzeug.
   Der Verleih von Ruderbooten und Kanus muß genehmigt sein.
– Bei der Bezeichnung des Nichtbesitzers gibt es unterschiedliche Konstruktionen:
   Martin leiht *dem Kollegen* das Buch (aus).
   Martin verleiht das Buch *an den Kollegen*.

## (sich) leihen² / ausleihen² / entleihen – Ausleihen² / Fernleihe

Die Mieterin (a) leiht sich vom Hausmeister (b) einen Handwagen (c) (aus). Der Student (a) entleiht von der Bibliothek (b) Bücher (c). Das Ausleihen der Bücher (c) von der Bibliothek (b) durch die Leser (a) erfolgt täglich in den Abendstunden. Das Ausleihen von Büchern über die Fernleihe funktioniert gut.

1. 'Aktivität des Nichtbesitzers', 'zeitlich begrenzt', 'mit der Zusicherung der Rückgabe', 'auch öffentlich', 'nehmen'
2. a – Nichtbesitzer / Mensch /
      V: Sn;                                    S: Sp (durch)

b  –  Besitzer / Mensch, Institution /
     V: Sp (von, bei, in);            S: Sp (von, bei, in)
c  –  Objekt / Ding /
     V: Sa;                           S: Sg/Sp (von)
3. Der Mann leiht von Bekannten Geld. Er leiht sich auf dem Bahnhof ein Fahrrad
   aus. Junge Leute entleihen gern in Videotheken Videos. Das Ausleihen von Werkzeug zur Renovierung der Wohnung hilft Geld sparen.

Anmerkung
–  Leihen ist ein neutrales Verb, ausleihen und vor allem entleihen finden sich im offiziellen Bereich:
   Die Mutter leiht sich bei der Nachbarin Brot.
   Der Mann leiht sich in der Werkstatt ein Auto aus.
   Er entleiht ein Zelt.
–  Das Substantiv Fernleihe wird nicht als Prozeßbezeichnung mit Aktanten gebraucht, sondern gibt
   lediglich eine Art des Leihens im Sinne einer Institution an:
   Ich bestelle des Buch über die Fernleihe.

## liefern / anliefern / ausliefern / beliefern – lieferbar – Liefern / Lieferung / Anlieferung / Auslieferung / Belieferung

Der Bauer (a) liefert den Kunden (b) die Kartoffeln (c). Der Betrieb (a)
liefert die Waren (c) pünktlich an. Die Druckerei (a) liefert die Druckerzeugnisse (c) rechtzeitig an den Einzelhandel (b) aus. Dieser Betrieb (a) beliefert
viele Warenhäuser (b) mit Trikotagen (c). Tomaten (c) sind jetzt lieferbar.
Die Lieferung / das Liefern der Kartoffeln (c) an die Geschäfte (b) durch den
Großhandel (a) ist manchmal problematisch. Die Anlieferung der Kartoffeln
(c) durch den Fuhrunternehmer (a) geriet ins Stocken. Die Auslieferung der
Druckerzeugnisse (c) an den Einzelhandel (b) durch die Druckerei (a) erfolgt
in regelmäßigen Abständen. Die Belieferung der Geschäfte (b) mit frischem
Fleisch (c) durch das Fuhrunternehmen (a) klappt fast immer.

1. 'Aktivität des Besitzers', 'ohne Berücksichtigung der Zeit', 'bestellte Waren zu einer
   bestimmten Person / an einen bestimmten Ort bringen', 'geben'
2. a  –  Besitzer / Mensch, Institution /
        V: Sn;                      A: nicht realisiert;       S: Sp (durch)
   b  –  Nichtbesitzer / Mensch, Institution /
        V: **liefern**: Sd/Sp (an)   A: nicht realisiert;       S: **Liefern / Lieferung /**
           **ausliefern**: Sp (an)                                 **Auslieferung**: Sp (an)
           **beliefern**: Sa                                       **Belieferung**: Sg
           **anliefern**: nicht realisiert;                        **Anlieferung**: nicht
                                                                   realisiert
   c  –  Objekt / Ding /
        V: **liefern / anliefern /**   A: Sn;                     S: **Liefern / Lieferung /**
           **ausliefern**: Sa                                      **Anlieferung / Auslie-**
                                                                   **ferung**: Sg/Sp (von)
           **beliefern**: Sp (mit);                                **Belieferung**: Sp (mit)
3. Der Verlag liefert dem Buchhändler / an den Buchhändler die bestellten Bücher.
   Der Erzeuger liefert das Gemüse bis 8 Uhr (in der Verkaufsstelle) an. Schon früh

liefert die Backwarenfabrik die Brötchen an die Geschäfte aus. Die Großküche beliefert die Schulen mit warmem Essen. Die Lieferung der Jeans / von Jeans an die Boutique verzögert sich um eine Woche. Die Anlieferung der Waren kann in der Fußgängerzone nur bis 9 Uhr erfolgen. Die Auslieferung der Pakete an die Postkunden geschieht in den Vormittagsstunden. Die Belieferung der Imbißstände mit Bockwurst bereitet neuerdings Schwierigkeiten.

Anmerkung
– Bei *ausliefern / Auslieferung* wird der Ausgangspunkt, bei *anliefern / Anlieferung* der Endpunkt hervorgehoben. Deshalb wird bei *anliefern / Anlieferung* die Bezeichnung des Nichtbesitzers nicht realisiert; gelegentlich erfolgt eine Ortsangabe.
– Das Adjektiv *lieferbar* bezeichnet die Möglichkeit, daß etwas geliefert werden kann. Daher wird meist nur die Bezeichnung der Ware realisiert.
– Bei den Verben und Substantiven gibt es unterschiedliche Konstruktionen bei der Bezeichnung des Nichtbesitzers und des Objektes. Wir verweisen auf die Angaben oben und bringen gegenüberstellende Beispiele:
    Der Betrieb liefert *dem Kunden / an den Kunden* die Waren.
    Der Betrieb hat *die bestellte Ware an den Kunden* ausgeliefert.
    Der Betrieb beliefert *den Kunden mit der bestellten Ware.*
    Die Lieferung *der Ware an den Kunden durch den Betrieb* ...
    Die Auslieferung *der Ware an den Kunden durch den Betrieb* ...
    Die Belieferung *des Kunden mit der Ware durch den Betrieb* ...

## mieten – Mieten

Die Familie (a) mietet beim Hausbesitzer (b) eine größere Wohnung (c). Das Mieten einer größeren Wohnung (c) vom / beim Hausbesitzer (b) durch die Familie (a) stieß plötzlich auf unvorhergesehene Schwierigkeiten.

1. 'Aktivität des Nichtbesitzers', 'zeitlich begrenzt', 'meist auf eine Wohnung bezogen', 'mit vertraglicher Regelung', 'in Gebrauch nehmen'
2. a  – Nichtbesitzer / Mensch /
        V: Sn;                          S: Sp (durch)
   b  – Besitzer / Mensch /
        V: Sp (von, bei);               S: Sp (von, bei)
   c  – Objekt / Ding (meist Wohnung) /
        V: Sa;                          S: Sg/Sp (von)
3. Der Wohnungssuchende mietet beim Hausverwalter ein Zimmer. Er mietet im Autohaus ein Auto. Das Mieten von Autos durch Touristen ist heute weitverbreitet.

## (sich) nehmen / abnehmen / entgegennehmen / wegnehmen – Abnehmen / Abnahme / Entgegennehmen / Entgegennahme

Die Söldner (a) nahmen den Bauern (b) die letzte Kuh (c). Sie (a) nahmen sich von den Bauern (b), was sie wollten (c). Der Sohn (a) nimmt der Mutter (b) die schwere Tasche (c) ab. Der Sieger (a) nimmt vom Präsidenten (b) die Siegerschleife (c) entgegen. Der Vater (a) nimmt der kleinen Tochter (b) die Streichhölzer (c) weg. Das Abnehmen / die Abnahme des Restpostens (c) durch die Firma (a) war vorher vereinbart worden. Das Entgegennehmen /

die Entgegennahme der Auszeichnung (c) vom Präsidenten (b) durch den Preisträger (a) ist für Sonntag vorgesehen.

1. 'Aktivität des Nichtbesitzers', 'geringe Aktivität', 'Eigentumsvergehen (situationsbedingt) möglich', 'häufig mit der Hand'
2. a  –  Nichtbesitzer / Mensch /
          V: Sn;                          S: Sp (durch)
   b  –  Besitzer / Mensch /
          V: **nehmen / abnehmen / wegnehmen**: Sd S: Sp (von)
             **entgegennehmen**: Sp (von);
   c  –  Objekt / Ding (häufig mit der Hand zu befördern) /
          V: Sa;                          S: Sg/Sp (von)
3. Die Marodeure nahmen den Leuten die letzten Ersparnisse. Der hilfsbereite Student nahm der Professorin die schweren Bücher ab. Der Maskierte nahm dem Bankangestellten das ganze Geld ab / weg. Der Jubilar nahm von den Gratulanten Geschenke entgegen. Die Entgegennahme der Urkunden durch die Promovenden geschieht zweimal im Jahr. Der Drogist mußte sich zur Abnahme größerer Mengen Toilettenartikel verpflichten.

Anmerkung
– Bei *entgegennehmen* und *Entgegennehmen / Entgegennahme* ist die Aktivität des Nichtbesitzers sehr gering. Er ist lediglich der Empfänger.
– Bei *nehmen / abnehmen / wegnehmen* liegt – je nach der Situation – ein Eigentumsvergehen bzw. kein Eigentumsvergehen vor:
    Der Bandit nahm dem Reisenden mit vorgehaltener Pistole die Brieftasche mit dem Geld ab.
    (= Eigentumsvergehen)
    Der hilfsbereite Junge nahm der Rentnerin den Kohleneimer ab und trug ihn die Treppe hinauf.
    (= kein Eigentumsvergehen)
– Bei *Abnahme* und *Entgegennahme* wird die Bezeichnung des Nichtbesitzers selten realisiert.
– Bei *nehmen / abnehmen / wegnehmen* wird die Bezeichnung des Besitzers durch Sd, bei *entgegennehmen* durch Sp (von) realisiert.
– Die Verben *nehmen* und *sich nehmen* weisen hinsichtlich der Aktanten unterschiedliche Konstruktionen auf:
    Die Söldner nahmen *den Bauern die letzte Kuh.*
    Die Söldner nahmen sich *von den Bauern, was sie wollten.*

## opfern – Opfern / Opferung

Der Großvater (a) opfert seinem Enkel (b) 10 Mark (c). Das Opfern / die Opferung des vielen Geldes (c) für die Olympioniken (b) durch die Bevölkerung (a) trug reiche Früchte.

1. 'Aktivität des Besitzers', 'ohne Berücksichtigung der Zeit', 'persönlicher Verzicht', 'fällt nicht leicht', 'geben'
2. a  –  Besitzer / Mensch /
          V: Sn;                          S: Sp (durch)
   b  –  Nichtbesitzer / Mensch /
          V: Sd/Sp (für);                 S: Sp (für)
   c  –  Objekt / Ding (vielfach Geld) /
          V: Sa;                          S: Sg/Sp (von)
3. Der Vater opfert seine Briefmarkensammlung für die Ausbildung seines Sohnes. Die Spareinlagen für den Freikauf der Gefangenen zu opfern ist eine Selbstverständlichkeit. Das Opfern des ganzen Viehbestandes war unumgänglich.

**Anmerkung**
- Die Substantive *Opfern* und *Opferung* werden selten gebraucht.
- Meint die Bezeichnung des Nichtbesitzers einen Menschen, so steht das Substantiv im Dativ. Wird aber ein Prozeß mit Bezug auf eine Person gemeint, so erscheint eine präpositionale Wortgruppe: Der Vater opfert *seiner Tochter* seine gesamten Spareinlagen.
  Der Vater opfert seine gesamten Spareinlagen *für die Ausbildung seiner Tochter.*

## pachten – Pachtung / Pacht

Die Familie (a) pachtet von der Kommune (b) einen Garten (c). Die Pachtung / die Pacht des Gartens (c) von der Kommune (b) durch die Familie (a) wird vertraglich geregelt.

1. 'Aktivität des Nichtbesitzers', 'bezogen vor allem auf ein Grundstück', 'für einen begrenzten Zeitraum', 'mit vertraglicher Reglung', 'nehmen'
2. a – Nichtbesitzer / Mensch, Institution /
      V: Sn;　　　　　　　　　　　S: Sp (durch)
   b – Besitzer / Mensch, Institution /
      V: Sp (von);　　　　　　　　S: Sp (von)
   c – Objekt / Ding (meist Grundstück) /
      V: Sa;　　　　　　　　　　　S: Sg/Sp (von)
3. Der Bauer pachtet vom Gutsbesitzer 5 ha Land. Unser Nachbar hat von der Kirche ein Stück Land gepachtet. Die Pacht des Grundstückes / des Gartens ist bis zum Jahre 2000 befristet. Die Siedler streben eine Pacht ihrer Grundstücke für 20 Jahre an.

## rauben / ausrauben / berauben – Rauben / Raub / Beraubung

Die Bande (a) raubt dem Farmer (b) die Rinder (c). Die Gangster (a) raubten die Reisenden (b) aus. Sie (b) beraubten die Reisenden (b). Der Einbrecher (a) beraubte die Diva (b) ihres kostbaren Schmuckes (c). Der Raub der Kinder (c) wird hart bestraft. Die Beraubung der Rentnerin (b) durch die Jugendlichen (a) wird von allen verurteilt.

1. 'Aktivität des Nichtbesitzers', '(schweres) Eigentumsvergehen', 'unter Androhung bzw. unter Anwendung von Gewalt', 'nehmen'
2. a – Nichtbesitzer / Mensch /
      V: Sn;　　　　　　　　　　　S: Sp (durch)
   b – Besitzer / Mensch, Institution, Ding, Ort /
      V: **rauben**: Sd　　　　　　　S: **Rauben / Raub**: nicht realisiert
      **ausrauben / berauben**: Sa;　　**Beraubung**: Sg
   c – Objekt / Ding (zuweilen auch Mensch, Tier) /
      V: **rauben**: Sa　　　　　　　S: **Rauben / Raub**: Sg/Sp (von)
      **berauben** (gehoben): Sg　　　**Beraubung**: nicht realisiert
      **ausrauben**: nicht realisiert;
3. Die Gangster raubten dem Restaurantbesitzer das gesamte Geld. Sie raubten der Dame das kostbare Diadem. Die maskierten Männer raubten die Wohnung / den Tresor / die Anwesenden aus. Die Jugendlichen beraubten die Rentnerin ihrer ge-

samten Barschaft. Der Raub der wertvollen Gemälde in der Galerie wurde erst am nächsten Morgen entdeckt. Die Beraubung der Familie durch die Halbstarken erschreckte alle.

Anmerkung
- *Rauben* kann auf Besitzer und Objekt verweisen (= jemandem etwas rauben):
  Sie raubten *ihm die Briefmarkensammlung.*
  *Ausrauben* gibt an, daß dem Besitzer (fast) alles genommen worden ist (= jemanden / etwas ausrauben):
  Sie raubten *die Fahrgäste / das Auto* aus.
  *Berauben* bezieht sich auf die Person, der etwas genommen worden ist (= jemanden berauben):
  Sie beraubten *den Kassierer.*
- Bei *ausrauben* wird die Bezeichnung des Objekts nicht realisiert.
- Bei *berauben* ist in gehobener Stilschicht die Angabe des Objekts möglich:
  Sie beraubten den Juwelier *seiner kostbarsten Stücke.*
- Bei *Rauben* / *Raub* können Objekt und Nichtbesitzer, bei *Beraubung* dagegen Besitzer und Nichtbesitzer realisiert werden:
  Das Rauben / der Raub *der Juwelen durch die Einbrecher* . . .
  Die Beraubung *des Juweliers durch die Einbrecher* . . .

## reichen / überreichen / weiterreichen – Überreichen / Überreichung

Der Pfleger (a) reicht dem Kranken (b) ein Glas Wasser (c). Der Präsident (a) überreicht dem Sieger (b) den Pokal (c). Der Gast (a) reicht den Salat (c) dem Nebenmann / an den Nebenmann (b) weiter. Das Überreichen / die Überreichung der Zeugnisse (c) an die Abiturienten (b) durch den Direktor (a) erfolgt erst um 13 Uhr.

1. 'Aktivität des Besitzers', 'ohne Berücksichtigung der Zeit', 'in geringer Entfernung', 'mit der Hand', 'geben'
2. a – Besitzer / Mensch /
     V: Sn;                     S: Sp (durch)
   b – Nichtbesitzer / Mensch /
     V: **reichen**: Sd           S: Sp (an)
     **überreichen / weiterreichen**: Sd/Sp (an);
   c – Objekt / Ding (meist mit der Hand zu geben) /
     V: Sa;                   S: Sg/Sp (von)
3. Er reicht seinem Nachbarn den Mantel. Die Präsidentin überreicht dem Botschafter die Ernennungsurkunde. Sie reicht den Stab an die Nachfolgerin weiter. Die Überreichung der Wimpel an die Teilnehmer war eine feierliche Angelegenheit. Alle warteten auf das Überreichen / die Überreichung des 1. Preises an den Sieger.

## schenken / beschenken / verschenken – Beschenken / Beschenkung / Verschenken

Der Sohn (a) schenkt seiner Mutter (b) Blumen (c) zum Geburtstag. Der junge Mann (a) beschenkt seine Verlobte (b) mit Schmuck (c). Der Wohltäter (a) verschenkt Geld (c) an die Bedürftigen (b). Das Beschenken / die Beschenkung der Kinder (b) mit Spielsachen (c) durch die Königin (a) wurde von allen mit Spannung erwartet. Das Verschenken der Briefmarken (c) an den jungen Sammler (b) durch den Rentner (a) führte zum Streit mit dem Sohn.

1. 'Aktivität des Besitzers', 'zeitlich unbegrenzt', 'ohne Gegenleistung', 'mit dem Ziel des Freudebereitens', 'geben'
2. a – Besitzer / Mensch /
      V: Sn;                          S: Sp (durch)
   b – Nichtbesitzer / Mensch /
      V: **schenken:** Sd             S: **Beschenken:** Sg
         **beschenken:** Sa             **Verschenken:** Sp (an)
         **verschenken:** Sp (an);
   c – Objekt / Ding /
      V: **schenken / verschenken:** Sa    S: **Beschenken:** Sp (mit)
         **beschenken:** Sp (mit);         **Verschenken:** Sg
3. Der Bankier schenkt seiner Geliebten einen Brillantring. Der Unternehmer beschenkt seine Mitarbeiter mit kleinen Kostbarkeiten. Die Hausfrau verschenkt die noch guterhaltenen Kindersachen an eine kinderreiche Familie. Alle freuen sich auf das Beschenken der Heimbewohner zu Weihnachten. Das Verschenken nicht mehr benötigter, aber noch guterhaltener Kleidungsstücke sollte zur Selbstverständlichkeit werden.

Anmerkung
– Es gibt unterschiedliche Konstruktionen hinsichtlich der Bezeichnung des Nichtbesitzers und des Objekts:
   Der Vater schenkt *der Mutter Blumen.* (= Sd – Sa)
   Der Vater beschenkt *die Mutter mit Blumen.* (= Sa – Sp (mit))
   Der Vater verschenkt *die Biergläser an seine Kollegen.* (= Sp (an) – Sa)

# schicken / abschicken / zuschicken / zurückschicken – Zuschicken

Die Studentin (a) schickt ihrem Freund (b) ein Telegramm (c). Der Arzt (a) schickt einen eingeschriebenen Brief (c) ans Finanzamt (b) ab. Die Behörde (a) schickt dem Bürger (b) das Gerichtsurteil (c) zu. Der Empfänger (a) schickt dem Gericht (b) das Urteil (c) zurück. Das Zuschicken des Entscheides (c) an den Antragsteller (b) durch das Bauamt (a) verzögerte sich um mehr als einen Monat.

1. 'Aktivität des Besitzers', 'ohne Berücksichtigung der Zeit', 'mit Hilfe eines Mediums oder einer Person', 'geben'
2. a – Besitzer / Mensch, Institution /
      V: Sn;                          S: Sp (durch)
   b – Nichtbesitzer / Mensch, Institution /
      V: **schicken:** Sd/Sp (an)     S: Sp (an)
         **abschicken:** Sp (an)
         **zuschicken:** Sd
         **zurückschicken:** Sd/Sp (an);

c  –  Objekt / Ding /
    V: Sa;                                        S: Sg/Sp (von)
3. Die Hochschule schickt dem Bewerber die Unterlagen. Der Assistent schickt seinem Professor eine Ansichtskarte aus dem Urlaub. Der Abiturient schickt die Be-
werbung an die Universität ab. Das Reisebüro schickt dem Interessenten Prospekte
zu. Der Bewerber schickt der Kursleitung die Teilnahmeerklärung zurück. Das
Zuschicken der Antragsformulare an den Interessierten erfolgte umgehend.

Anmerkung
–  Bei den Verben gibt es unterschiedliche Konstruktionen hinsichtlich der Bezeichnung des Nichtbesitzers und des Objekts:
    Der Bürger schickt *der Behörde / an die Behörde einen Brief.* (= Sd/Sp (an) – Sa)
    Der Bürger hat *den Brief an die Behörde* abgeschickt. (= Sp (an) – Sa)
    Der Bürger hat *der Behörde einen Brief* zugeschickt. (= Sd/Sp (an) – Sa)
    Der Bürger hat *der Behörde den Brief* zurückgeschickt. (= Sd – Sa)
–  Bei *zuschicken* steht das Ziel, bei *abschicken* der Ausgangspunkt im Vordergrund. Daher wird bei
*zuschicken* die Bezeichnung des Nichtbesitzers realisiert, bei *abschicken* ist sie weniger wichtig:
    Die Firma schickt *dem Hausbesitzer* die Rechnung zu.
    Die Firma schickt die Rechnung *(an den Hausbesitzer)* ab.

## senden / absenden / nachsenden / übersenden – Sendung / Nachsendung / Rücksendung / Übersendung

Die Schüler (a) senden / übersenden ihrem Lehrer (b) Blumen (c) zu dessen
65. Geburtstag. Der Klempner (a) sendet die Rechnung (c) an den Kunden
(b) ab. Die Tochter (a) sendet ihren Eltern (b) die Post (c) nach. Die Sendung
der Bücher (c) an die Buchhandlung (b) durch den Verlag (a) ist umgehend
erfolgt. Die Nachsendung der Post (c) an die Urlauber (b) durch die Nachbarn (a) geriet ins Stocken. Die Möglichkeit der Rücksendung der Waren (c)
an das Versandhaus (b) durch den Kunden (a) war vertraglich zugesichert
worden. Die Übersendung der Baugenehmigung (c) an den Antragsteller (b)
durch das Bauamt (a) wird in ein paar Tagen erfolgen.

1. 'Aktivität des Besitzers', 'ohne Berücksichtigung der Zeit', 'mit Hilfe eines Mediums oder einer Person', 'geben'
2. a  –  Besitzer / Mensch, Institution /
      V: Sn;                                    S: Sp (durch)
   b  –  Nichtbesitzer / Mensch, Institution /
      V: **senden / übersenden**: Sd/Sp (an) S: Sg/Sp (an)
      **absenden**: Sp (an)
      **nachsenden**: Sd;
   c  –  Objekt / Ding (häufig postalisch zu befördern) /
      V: Sa;                                    S: Sg/Sp (von)
3. Der Kunde sendet / übersendet dem Geschäftsinhaber ein Schreiben. Der Mieter
sendet die Kündigung rechtzeitig an den Hausbesitzer ab. Dem ehemaligen Mieter
wird die Telefonrechnung vom Hausbesitzer nachgesandt. Die Sendung der bestellten Ware an den Kunden durch das Versandhaus erfolgte bereits am nächsten Tag.
Eine Nachsendung der Briefe erfolgt bei Wohnungswechsel nicht. Eine Rücksendung der Ware an die Firma ist bei Beanstandung innerhalb der angegebenen Frist
möglich.

Anmerkung
- Ebenso wie bei der Gruppe *schicken* ergeben sich bei den Verben dieser Gruppe unterschiedliche Konstruktionen bei der Bezeichnung des Nichtbesitzers und des Objekts:
  Die Mutter sendet *dem Sohn / an den Sohn ein Paket.* (= Sd/Sp (an) – Sa)
  Das Bauamt übersendet *dem Bürger / an den Bürger die Baugenehmigung.* (= Sd/Sp (an) – Sa)
  Die Mutter sendet *das Paket an den Sohn* ab. (= Sp (an) – Sa)
  Die Mutter sendet *dem Sohn die Post* nach. (= Sd – Sa)
- *Senden* und *übersenden* bzw. *Sendung* und *Übersendung* sind Synonyme. *Übersenden* bzw. *Übersendung* finden sich vorwiegend in der Sprache der Verwaltung.
- Bei *absenden* steht der Ausgangspunkt im Vordergrund. Die Bezeichnung des Nichtbesitzer wird kaum realisiert.

## spenden / spendieren – Spenden

Das Unternehmen (a) spendet für die Erdbebenopfer (b) eine größere Summe (c). Der Gewinner (a) spendiert den Skatbrüdern (b) eine Runde (c). Das Spenden von Geld (c) für die Obdachlosen (b) durch die Reichen (a) löst das soziale Problem nicht.

1. 'Aktivität des Besitzers', 'zeitlich begrenzt', 'zu einem bestimmten Nutzen', 'geben'
2. a – Besitzer / Mensch, Institution /
       V: Sn;               S: Sp (durch)
   b – Nichtbesitzer / Mensch /
       V: Sp (für)/Sd;      S: Sp (für)
   c – Objekt / Ding /
       V: Sa;               S: Sg/Sp (von)
3. Das Land spendet für die vom Unglück Betroffenen Geld und Lebensmittel. Der Gläubige spendet der Jungfrau Maria eine Kerze. Der Gastwirt spendiert seinen Gästen eine Runde Schnaps. Die Organisation rief die Bevölkerung zum Spenden von Geld und Kleidung für die vom Erdbeben Betroffenen auf.

Anmerkung
- *Spendieren* gibt an, daß jemand für jemanden etwas großzügig bezahlt, meist in einer Gastwirtschaft:
  Der Gewinner beim Preisskat spendierte *den Mitspielern eine Runde Korn.*
- *Spenden* gibt an, daß jemand etwas für humanitäre Zwecke gibt:
  Sie spenden *Geld für die von der Seuche Betroffenen.*
- Statt des Dativs setzt sich bei der Bezeichnung des Nichtbesitzers immer mehr die Konstruktion mit *für* durch:
  Sie spenden *den Hinterbliebenen/für die Hinterbliebenen* Geld.

## stehlen / bestehlen – Stehlen / Bestehlen / Diebstahl

Ein Dieb (a) hat der Rentnerin (b) die Geldbörse (c) gestohlen. Ein Dieb (a) hat die Rentnerin (b) bestohlen. Das Stehlen / der Diebstahl der Geldbörse (c) durch den Dieb (a) wurde erst viel später bemerkt. Das Bestehlen der Rentnerin (b) durch den Vorbestraften (a) wurde geahndet.

1. 'Aktivität des Nichtbesitzers', 'Eigentumsvergehen', 'heimlich', 'widerrechtlich', 'ohne große Gewalt', 'nehmen'
2. a – Nichtbesitzer / Mensch /
       V: Sn;               S: Sp (durch)

b  –  Besitzer / Mensch /
    V: **stehlen**: Sd           S: **Bestehlen**: Sg
    **bestehlen**: Sa;       **Stehlen / Diebstahl**: nicht realisiert
c  –  Objekt / Ding (häufig wertvoll) /
    V: **stehlen**: Sa           S: **Bestehlen**: nicht realisiert
    **bestehlen**: nicht realisierbar;   **Stehlen / Diebstahl**: Sg/Sp (von)

3. Die Jugendlichen stahlen den Touristen Geld. Der Angeklagte hat dem Geschäftsmann Waren im Wert von über 10000 Mark gestohlen. Die Diebesbande bestahl mehrere Firmen / die Bungalowbesitzer. Das Stehlen / der Diebstahl von Autos durch organisierte Gruppen hat in den letzten Jahren merklich zugenommen. Das Bestehlen von Passanten in den Geschäften ist für die Geschäftsleitung unangenehm.

## stiften – Stiften / Stiftung

Die Familie (a) stiftet für den querschnittsgelähmten Jungen (b) 500 Mark (c). Manche Vereinigungen sind auf das Stiften / die Stiftung beträchtlicher finanzieller Mittel (c) an sie (b) durch Sponsoren (a) angewiesen.

1. 'Aktivität des Besitzers', 'zeitlich unbegrenzt', 'ohne Gegenwert', 'zu einem bestimmten Nutzen / zu wohltätigen Zwecken', 'geben'
2. a  –  Besitzer / Mensch, Institution /
    V: Sn;           S: Sp (durch)
  b  –  Nichtbesitzer / Mensch, Institution /
    V: Sp (für)/Sd;     S: Sp (für)
  c  –  Objekt / Ding (Sachwert, Geld) /
    V: Sa;          S: Sg/Sp (von)
3. Die Firma stiftet eine beträchtliche Summe für das Behindertenheim / dem Heim für Behinderte eine beträchtliche Summe. Der Verband stiftet Lebensmittel für die Armen. Der Vorstand stiftet ein Faß Bier für die Mitglieder. Mit Hilfe der Stiftung von Geld wird das Vorhaben des Vereins realisiert werden können.

Anmerkung
– *Stiften* hat einen weiten Bedeutungsumfang; es läßt sich auch für *spenden* und *spendieren* einsetzen:
  Das Unternehmen *stiftet* (= *spendet*) Geld für die Anghörigen der Opfer.
  Der Trainer *stiftet* (= *spendiert*) Sekt für die siegreiche Mannschaft.

## tauschen – Tauschen / Tausch / Tauscherei

Der Junge (a) tauscht mit seinem Freund (b) Briefmarken (c) gegen Bücher (d). Das Tauschen / der Tausch der Garagen (c+d) zwischen dem jetzigen Besitzer (a) und dem Käufer (b) geschieht nach Unterzeichnung der vertraglichen Vereinbarung. Die Tauscherei der Wimpel (c+d) zwischen den Jugendlichen (a+b) artet manchmal in Schlägerei aus.

1. 'Wechselseitiger Besitzwechsel', 'etwas geben und gleichzeitig etwas annehmen', 'beiderseitige Bereitschaft', 'etwa gleicher Wert'

2. a  –  Besitzer bzw. Nichtbesitzer / Mensch /
       V: Sn;                      S: Sp (zwischen)
   b  –  Nichtbesitzer bzw. Besitzer / Mensch /
       V: Sp (mit);             S: Sp (zwischen)
   c  –  Objekt / Ding /
       V: Sa;                     S: Sg/Sp (von)
   d  –  Objekt / Ding /
       V: Sp (gegen);          S: Sp (gegen)
3. Der Gartenfreund tauscht seinen Garten gegen einen anderen Garten mit seinem Freund. Das Mädchen tauscht Münzen mit der Klassenfreundin. Der Tausch der Gärten zwischen den Gartenbesitzern ist nun perfekt. Die sonntägliche Tauscherei der Abzeichen zwischen den Fans ist zu einer Plage geworden.

Anmerkung
–  Die Bezeichnungen für Besitzer und Nichtbesitzer bzw. für die beiden Objekte können jeweils durch ein Substantiv im Plural ausgedrückt werden:
    *Die Nachbarn tauschten die Gärten.*
    *Der Tausch der Gärten zwischen den Nachbarn ist nun perfekt.*
–  Das Substantiv *Tauscherei* verfügt über ein pejoratives Sem.

## übereignen – Übereignen / Übereignung

Der Künstler (a) übereignet der Stadt (b) seine Sammlung (c). Das Übereignen / die Übereignung der Privatbibliothek (c) an das Museum (b) durch den bekannten Wissenschaftler (a) ist jetzt rechtskräftig.

1. 'Aktivität des Besitzers', 'zeitlich unbegrenzt', 'jemandem etwas als Eigentum übertragen', 'durch einen Vertrag besiegelt', 'geben' /zuweilen gehoben/
2. a  –  Besitzer / Mensch, Institution /
       V: Sn;                      S: Sp (durch)
   b  –  Nichtbesitzer / Mensch, Institution /
       V: Sd;                     S: Sp (an)
   c  –  Objekt / Ding (häufig wertvoll) /
       V: Sa;                     S: Sg/Sp (von)
3. Der Großvater übereignet dem Enkel den Bungalow. Der Bauer übereignet seinem Sohn den gesamten Grundbesitz. Die Übereignung der umfangreichen Bibliothek und der wertvollen Briefmarkensammlung an die geschiedene Frau durch den Wissenschaftler erregte bei den Kindern Unwillen. Das Übereignen / die Übereignung des Meißner Porzellans an die Kunstgalerie durch den Hotelbesitzer wurde allgemein begrüßt.

## überlassen – Überlassung

Der Unternehmer (a) überläßt dem Maler (b) für einen Monat sein Haus auf Sylt (c). Die Überlassung des Hauses (c) durch den Unternehmer (a) wurde von dem Maler als sehr günstig für seine Arbeit empfunden.

1. 'Aktivität des Besitzers', 'ohne Berücksichtigung der Zeit', 'Besitz zeitweise oder auf Dauer zur Nutzung zur Verfügung stellen', 'geben'

2. a  –  Besitzer / Mensch, Institution /
          V: Sn;                          S: Sp (durch)
   b  –  Nichtbesitzer / Mensch /
          V: Sd;                          S: nicht realisiert
   c  –  Objekt / Ding /
          V: Sa;                          S: Sg/Sp (von)
3. Die Kommune überläßt dem Antragsteller den Baugrund gegen Bezahlung. Der Hausbesitzer überläßt dem Mieter die Bodenkammer kostenlos. Die Überlassung des Holzes durch den Förster kam der Rentnerin sehr gelegen.

Anmerkung
–  Die Bezeichnung des Nichtbesitzers wird beim Substantiv nicht realisiert; sie ergibt sich aber aus dem Kontext bzw. aus der Situation:
   Der Antragsteller bittet um die Überlassung des Baugrundes durch die Kommune.

## überweisen – Überweisen / Überweisung

Der Mieter (a) überweist dem Verwalter (b) die Miete (c). Das Überweisen / die Überweisung des Rechnungsbetrages (c) an den Handwerker (b) durch den Kunden (a) ließ lange auf sich warten.

1. 'Aktivität des Besitzers', 'ohne Berücksichtigung der Zeit', 'Zusendung eines Geldbetrages', 'mit Hilfe eines Geldinstitutes / der Post', 'geben'
2. a  –  Besitzer / Mensch, Institution /
          V: Sn;                          S: Sp (durch)
   b  –  Nichtbesitzer / Mensch, Institution /
          V: Sd/Sp (an);                  S: Sp (an)
   c  –  Objekt / Ding (Geld) /
          V: Sa;                          S: Sg/Sp (von)
3. Die Rentenstelle überweist dem Antragsteller die fällige Rente. Die Mutter überweist dem Sohn 300 Mark. Die Überweisung der Miete für die Garage an den Besitzer muß bis zum 3. des Monats erfolgen. Der Student wartet dringend auf das Überweisen / die Überweisung der Unterstützung durch die Eltern.

## vererben – Vererben / Vererbung

Die Großmutter (a) vererbt der Enkelin (b) viel Geld (c). Die Vererbung des Hauses (c) an die Enkelin (b) durch die Großmutter (a) ist durch das Testament gesichert. Das Vererben des Grundstücks (c) an die Adoptivtochter (b) durch den senilen Greis (a) bereitete Schwierigkeiten.

1. 'Aktivität des Besitzers', 'zeitlich unbegrenzt', 'ohne Gegenleistung', 'Nutzungsrecht nach dem Tode des Besitzers', 'geben'
2. a  –  Besitzer / Mensch /
          V: Sn;                          S: Sp (durch)
   b  –  Nichtbesitzer / Mensch, Institution /
          V: Sd/Sp (an);                  S: Sp (an)

  c  –  Objekt / Ding (meist wertvoll) /
      V: Sa;                S: Sg/Sp (von)
3. Der Millionär vererbte sein gesamtes Vermögen seinem jüngsten Sohn. Die bekannte Schriftstellerin vererbte alles Geld an ein Waisenhaus. Vor dem Vererben des ganzen Besitzes sollte man einen Rechtsanwalt hinzuziehen.

**Anmerkung**
– Das Verb *vererben* kann umgangssprachlich bzw. scherzhaft den Besitzwechsel generell bezeichnen: Die Frau vererbte der Nachbarin die zu klein gewordenen Kleider ihrer Tochter. Er vererbte ihm sein altes Fahrrad.

## vergüten – Vergütung

Das Land (a) vergütet den Bauern (b) den Wildschaden (c). Die Vergütung von Wildschäden (c) durch das Land (a) ist gesetzlich geregelt.

1. 'Aktivität des Nichtbesitzers', 'Wiedergutmachung', 'auch Wiederherstellung ursprünglicher Besitzverhältnisse', 'nehmen'
2. a  –  Nichtbesitzer / Mensch, Institution /
      V: Sn;                S: Sp (durch)
   b  –  Besitzer / Mensch, Institution /
      V: Sd;                S: nicht realisiert
   c  –  Objekt / Ding /
      V: Sa;                S: Sg/Sp (von)
3. Die Handelskette vergütet dem Kunden die durch die Verzögerung entstandenen Kosten. Der Verkäufer vergütet ihm die Unkosten. Die Vergütung der schadhaften Ware erfolgt nur auf Antrag.

**Anmerkung**
– Bei *Vergütung* wird die Bezeichnung des Besitzers nicht realisiert.

## verkaufen / weiterverkaufen – verkäuflich / unverkäuflich – Verkaufen / Verkauf / Verkäuflichkeit

Der Busfahrer (a) hat sein Motorrad (c) an seinen Freund (b) verkauft / weiterverkauft. Dieses Haus (c) ist verkäuflich / unverkäuflich. Der Verkauf dieses Grundstücks (c) an den meistbietenden Bewerber (b) durch die Immobilienfirma (a) erfolgt in der nächsten Woche. Er erkundigte sich nach der Verkäuflichkeit des Hauses (c).

1. 'Aktivität des Besitzers', 'zeitlich unbegrenzt', 'mit Gegenleistung (Geldbetrag)', 'geben'
2. a  –  Besitzer / Mensch, Institution /
      V: Sn;           A: nicht realisiert;     S: Sp (durch)
   b  –  Nichtbesitzer / Mensch, Institution /
      V: Sd/Sp (an);     A: nicht realisiert;     S: Sp (an)
   c  –  Objekt / Ding (auch Tier, selten auch Mensch) /
      V: Sa;           A: Sn;           S: Sg/Sp (von)

3. Die Verkäuferin verkauft den Kindern Kuchen und Eis. Die Sklavenjäger haben Sklaven an die Plantagenbesitzer verkauft. Der Mann auf dem Markt verkauft die meisten Waren nur weiter. Die im Schaufenster ausgestellten Waren sind verkäuflich. Der Verkauf / das Verkaufen von Alkohol an Kinder ist verboten. Die Verkäuflichkeit der Waren ist auf einem Schild angezeigt.

Anmerkung
– Die Adjektive *verkäuflich* / *unverkäuflich* und das Substantiv *Verkäuflichkeit* bezeichnen lediglich die Möglichkeit bzw. Nichtmöglichkeit des Besitzwechsels. Die Bezeichnungen für den Besitzer und den Nichtbesitzer sind so allgemein, daß sie nicht realisiert werden.
– *Ausverkaufen* und *Ausverkauf* bezeichnen nicht den Prozeß des Besitzwechsels, sondern den Zustand, daß etwas nicht mehr vorhanden ist. Das Verb kommt deshalb fast nur im Partizip II vor und ist einwertig:
  *Diese Ware* ist ausverkauft.

## vermieten / untervermieten – vermietbar – Vermieten / Vermietung

Der Hausbesitzer (a) vermietet dem Wohnungssuchenden (b) eine Zwei-Zimmer-Wohnung (c). Der Mieter (a) kann dieses Zimmer (c) an eine Studentin (b) untervermieten. Diese Wohnung (c) ist nur an eine Familie (b) ohne Kinder vermietbar. Das Vermieten / die Vermietung von Ferienwohnungen (c) an Urlauber (b) durch zahlreiche Hausbesitzer (a) belebte den Tourismus in dieser Gegend.

1. 'Aktivität des Besitzers', 'zeitlich begrenzt', 'gegen Entgelt (Miete)', 'besonders Wohnraum', 'geben'
2. a – Besitzer / Mensch, Institution /
      V: Sn;                    A: nicht realisiert;        S: Sp (durch)
   b – Nichtbesitzer / Mensch, Institution /
      V: Sd;                    A: Sp (an);                 S: Sp (an)
   c – Objekt / Ding (besonders Wohnraum) /
      V: Sa;                    A: Sn;                      S: Sg/ Sp (von)
3. Die Genossenschaft vermietet Wohnungen an Wohnungssuchende. Der Autohändler vermietet Autos an Touristen. Die Garage ist ab März vermietbar. Das Vermieten / die Vermietung von Wohnungen an Familien bedarf der Schriftform.

Anmerkung
– Bei *vermietbar* wird die Bezeichnung des Besitzers nie, die des Nichtbesitzers selten (bei besonderen Bedingungen) realisiert.
– Bei *untervermieten* wird die Bezeichnung des Nichtbesitzers kaum realisiert.

## verpachten – Verpachten / Verpachtung

Der Gutsbesitzer (a) verpachtet dem Bauern (b) die Wiese (c). Das Verpachten / die Verpachtung des Gartens (c) an den Bewerber (b) durch die Gemeinde (a) wurde vom Gemeinderat bestätigt.

1. 'Aktivität des Besitzers', 'zeitlich begrenzt', 'gegen Entgelt (Pacht)', 'besonders Grund und Boden', 'geben'

2. a – Besitzer / Mensch, Institution /
    V: Sn;                   S: Sp (durch)
   b – Nichtbesitzer / Mensch, Institution /
    V: Sd/Sp (an);         S: Sp (an)
   c – Objekt / Ding (besonders Grund und Boden) /
    V: Sa;                   S: Sg/Sp (von)
3. Der Kleingartenverband verpachtet Gärten an Interessierte. Der Restaurantbesitzer verpachtet ein Lokal an den Bewerber. Das Verpachten / die Verpachtung des Grundstückes an den Bauern durch die Erbengemeinschaft verzögerte sich.

## versorgen – Versorgen / Versorgung

Die Dorfbäckerei (a) versorgt die Bevölkerung (b) mit frischen Brötchen (c). Das Versorgen der vom Schnee eingeschlossenen Dörfer (c) mit Lebensmitteln (b) durch die Hilfskräfte (a) funktioniert reibungslos. Die Versorgung der Stadt (b) mit Trinkwasser (c) durch das Wasserwerk (a) bereitet in diesem Jahr große Probleme.

1. 'Aktivität des Besitzers', 'ohne Berücksichtigung der Zeit', 'auf Benötigtes, häufig auf Lebensnotwendiges bezogen', 'geben'
2. a – Besitzer / Mensch, Institution /
    V: Sn;                   S: Sp (durch)
   b – Nichtbesitzer / Mensch, Institution /
    V: Sa;                   S: Sg/Sp (von)
   c – Objekt / Ding (häufig Lebensnotwendiges) /
    V: Sp (mit);          S: Sp (mit)
3. Die Mutter versorgt die kranke Tochter mit ihrer Lieblingsspeise. Er versorgt den Freund mit Neuerscheinungen. Die Enkelin versorgt die bettlägerige Großmutter mit Lebensmitteln. Die Versorgung der Opfer der Erdbebenkatastrophe mit Lebensmitteln und Decken ist gesichert.

## zustellen – Zustellen / Zustellung

Der Rechtsanwalt (a) stellt dem Klienten (b) die Rechnung (c) zu. Das Zustellen des Urteils (c) an den Beklagten (b) durch das Gericht (a) erfolgt auf dem Postweg. Die Zustellung der Werbesendungen (c) an die Bevölkerung (b) durch die Post (a) verärgert viele.

1. 'Aktivität des Besitzers', 'ohne Berücksichtigung der Zeit', 'meist mit Hilfe eines Mediums / einer Person', 'oft amtlich', 'geben'
2. a – Besitzer / Mensch, Institution /
    V: Sn;                   S: Sp (durch)
   b – Nichtbesitzer / Mensch /
    V: Sd;                   S: Sp (an)
   c – Objekt / Ding (meist Postsendung) /
    V: Sa;                   S: Sg/Sp (von)

3. Der Postbote stellt der Studentin einen Eilbrief zu. Der Kurier stellt dem Kunden die bestellte Ware zu. Die Zustellung der Post erfolgt in der Regel vormittags. Die Zustellung der beim Versandhaus bestellten Waren erfolgt innerhalb weniger Tage.

Anmerkung
– Die Bezeichnung des Nichtbesitzers wird bei *Zustellen / Zustellung* selten realisiert, sie ergibt sich meist aus dem Kontext bzw. der Situation.
– Man kann bei *zustellen* auch von zwei Sememen sprechen:
   (1) 'jemandem etwas mittels Medium zuschicken'
       *Die Firma stellt dem Kunden die bestellte Ware zu.*
   (2) 'jemandem etwas (im Auftrag des Besitzers) persönlich bringen':
       *Der Postbote stellt eingeschriebene Briefe nur gegen Unterschrift zu.*

# Feld des Produzierens

Unter Produzieren wird das Herstellen materieller Dinge durch Menschen (zuweilen ersetzbar durch Maschinen bzw. Automaten) verstanden. Die Wörter dieses Wortfeldes – vor allem Verben und Substantive – bezeichnen einen Prozeß. Gelegentlich werden auch Wörter angeführt, die eine Bearbeitung angeben, die zur Herstellung eines Gegenstandes unbedingt erforderlich ist (z.B. Bretter *hobeln*, Gold für einen Ring *schmelzen*). Eine besondere Gruppe bilden jene Wörter, die die Herstellung von Nahrungsmitteln benennen. Wörter, die speziell die Herstellung künstlerischer Erzeugnisse bezeichnen, bleiben unberücksichtigt.

Gegliedert werden die Wörter nach dem Resultat des Produzierens. Wir unterscheiden Resultate unterschiedlichen Aggregatzustandes sowie Resultate festen und flüssigen Aggregatzustandes. Wörter zur Bezeichnung der Herstellung flüssiger Resultate sind selten.

Die Wörter dieses Feldes sind in der Regel zweiwertig (Täter – Resultat); es kommen aber auch dreiwertige Wörter (Täter – Resultat – Ausgangsmaterial) vor. Obwohl für jede Art der Produktion ein Instrument benötigt wird, fassen wir die Instrumentbezeichnung nicht als Aktanten auf, werden sie aber gelegentlich in den Beispielen verdeutlichen.

Es ergeben sich folgende (syntaktische) Grundstrukturen:

Verb
| | | | |
|---|---|---|---|
| (1) | Täter | – Prozeß | – Resultat |
| | Sn | – V | – Sa |
| (2) | Täter | – Prozeß | – Ausgangsmaterial – Resultat |
| | Sn | – V | – Sp (aus)      – Sa |

Substantiv
| | | | |
|---|---|---|---|
| | Substantiv | – Resultat | – Täter |
| | S | – Sg/Sp (von) | – Sp (durch) |

Erscheint als Täter / Produzierender eine Instrumentbezeichnung, dann ist die Stelle des Instruments blockiert:

Der Arbeiter preßt *mit einer hydraulischen Presse* Karosserieteile.
Aber: *Die hydraulische Presse* preßt Karosserieteile.

# Übersicht über das Wortfeld

1. 'Resultate verschiedenen Aggregatzustandes'
   *erzeugen – Erzeugen / Erzeugung; herstellen – Herstellen / Herstellung; fabrizieren – Fabrikation; produzieren – Produzieren / Produktion*

2. 'Resultate festen Aggregatzustandes'

2.1. 'feste Erzeugnisse aus unterschiedlichem Material'
   *anfertigen / fertigen – Anfertigen / Anfertigung / Fertigung; bauen[1] / aufbauen / erbauen[1] / fertigbauen / weiterbauen / zusammenbauen – Bau[1] / Bauen / Bauerei / Aufbau; montieren – Montieren / Montage*

2.2. 'feste Erzeugnisse aus Holz bzw. Metall'
   *drehen – Drehen; gießen – Gießen; hobeln – Hobeln; sägen – Sägen; schmieden – Schmieden; schneiden – Schneiden; schnitzen – Schnitzen*

2.3. 'feste Erzeugnisse aus Stein bzw. steinähnlichem Material'
   *bauen[2] / erbauen[2] – neuerbaut – Bau[2] / Erbauung; errichten – Errichten / Errichtung; hochziehen – Hochziehen; mauern / hochmauern – Mauern / Mauerung / Mauerei*

2.4 'feste Erzeugnisse aus Stoff bzw. stoffähnlichem Material'
   *häkeln – Häkeln / Häkelei; nähen – Nähen; schneidern – Schneidern; stricken – Stricken / Strickerei*

3. 'Resultate flüssigen Aggregatzustandes'
   *schmelzen – Schmelzen*

4. 'Herstellen bzw. Zubereiten von Nahrungsmitteln'
   *backen / überbacken – Backen / Überbacken; braten / aufbraten – Braten; dünsten – Dünsten; garen – Garen; grillen – Grillen; kochen / ankochen / hartkochen / weichkochen – Kochen / Kocherei; pökeln / einpökeln – Pökeln / Einpökeln; räuchern / anräuchern / durchräuchern – Räuchern / Räucherei; rösten / anrösten – Rösten; schmoren / anschmoren – Schmoren; zubereiten – Zubereiten / Zubereitung*

# Beschreibung der Wörter

## anfertigen / fertigen – Anfertigen / Anfertigung / Fertigung

Der Tischler (a) fertigt ein Fenster (b) an. Dieser Betrieb (a) fertigt Autoersatzteile (b). Die Anfertigung des komplizierten Gerätes (b) durch den Mechaniker (a) dauert zwei Tage. Die Fertigung der Karosserien (b) durch den Großbetrieb (a) konnte wesentlich verbilligt werden.

1. 'Herstellen fester Erzeugnisse', 'aus unterschiedlichem Material', 'häufig berufsmäßig', 'in Handarbeit bzw. maschinell'
2. a – Täter / Mensch /
   V: Sn;                              S: Sp (durch)
   b – Resultat / Ding /
   V: Sa;                              S: Sg/Sp (von)
3. Der Schneider fertigt Anzüge nach Maß an. Der Maler hat ein Porträt von dem bekannten Schriftsteller angefertigt. Das Unternehmen fertigt Kleinwagen. Der Betrieb hat sich auf die Anfertigung moderner Damen- und Herrenoberbekleidung spezialisiert. Die Zeit für die Fertigung einer ganzen Reihe von Produkten wurde in diesem Betrieb beträchtlich verkürzt.

Anmerkung
– Bei *anfertigen* und *Anfertigung* sind sowohl handwerkliche als auch industrielle Produktion möglich:
  *Der Großbetrieb / der Handwerksmeister* fertigt Schulranzen an.
– Bei industrieller, massenweiser Produktion werden meist *fertigen* bzw. *Fertigung* gebraucht:
  *Dieses Werk* fertigt seit 50 Jahren Personenkraftwagen und Motorräder.

## backen / überbacken – Backen / Überbacken

Die Mutter (a) bäckt Plätzchen (b). Die Köchin (a) überbäckt den Blumenkohl (b) mit Eiertunke. Das Backen eines Rührkuchens (b) durch eine tüchtige Hausfrau (b) dauert nicht lange. Das Überbacken des Blumenkohls (b) durch die Köchin (a) diente der Geschmacksverbesserung.

1. 'Herstellen von Nahrung', 'mit Hilfe von Hitze', 'in der Pfanne bzw. im Backofen', 'aus unfertiger Speise'
2. a – Täter / Mensch /
   V: Sn;                              S: Sp (durch)
   b – Resultat / Ding (Nahrung, mit Kruste versehen) /
   V: Sa;                              S: Sg/Sp (von)
3. Die Oma bäckt Eierkuchen für die Enkel. Der Koch überbäckt den Toast mit Käse. Er überbäckt die Makkaroni mit gekochtem Schinken. Das Überbacken des Auflaufs mit weißer Sauce gelingt nicht immer.

Anmerkung
– Bei *backen* geht es um die Herstellung einer Speise, wobei die Speise insgesamt von der Hitze beeinflußt wird. Bei *überbacken* wird eine Nahrung mit Zutaten überdeckt und nur kurze Zeit einem bestimmten Hitzegrad (in einem Backgerät) ausgesetzt.
– Hinsichtlich der Valenz könnte man bei *überbacken / Überbacken* auch von dreiwertigen Wörtern sprechen:
  Die Mutter überbäckt den Auflauf *mit Käse.*
  Das Überbacken des Auflaufs *mit Käse* durch die Mutter . . .

# bauen¹ / aufbauen / erbauen¹ / fertigbauen / weiterbauen / zusammenbauen – Bau¹ / Bauen / Bauerei / Aufbau

Der Betrieb (a) baut / erbaut im Gewerbegebiet drei große Hallen (b). Der Auftragnehmer (a) baut die bestellten Flugzeuge (b) bis zum vereinbarten Termin auf / fertig / zusammen. Der Bau / der Aufbau des Gerüstes (b) durch den Gerüstbau (a) wird planmäßig abgeschlossen. Die lange Bauerei an den Wohnblocks (b) geht den Anwohnern langsam auf die Nerven.

1. 'Herstellen fester Erzeugnisse', 'aus unterschiedlichem Material', 'durch festes, nach Plan erfolgendes Zusammenfügen einzelner Teile', 'auf Dauer'
2. a – Täter / Mensch, Institution /
      V: Sn;                              S: Sp (durch)
   b – Resultat / Ding /
      V: Sa/Sp (an);                      S: Sg/Sp (von)/Sp (an)
3. Der Mechaniker baut ein Radio / baut an einem Radio. Sie bauen den Fernseher weiter / fertig / zusammen. Der Aufbau des zerstörten Hauses durch die Stadt freut alle Bürger. Der Bau vieler neuer Wohnhäuser konnte mit Hilfe des Landes und des Bundes von der Kommune realisiert werden. Die Bauerei der kleinen Brücke dauert nun schon zwei Jahre.

Anmerkung
- *Bauen* ist das neutrale Verb, *erbauen* und *fertigbauen* weisen auf den Abschluß hin.
- *Aufbauen* und *Aufbau* können sowohl das Bauen allgemein bezeichnen als auch angeben, daß etwas von neuem gebaut wird.
- *Bau* drückt den abgeschlossenen Prozeß des Herstellens, *Bauen* nur den Prozeß aus. *Bauerei* verfügt über ein pejoratives Sem, das sich auf die Zeit, die Art oder die Begleitumstände des Bauens bezieht.
- Bei *bauen* weist die Konstruktion mit Sa auf die zielgerichtete Tätigkeit hin, die mit Sp (an) gibt an, daß der Täter mit der Produktion (noch) beschäftigt ist.

# bauen² / erbauen² – neuerbaut – Bau² / Erbauung

Die Bau-Union (a) baut / erbaut diese Wohnsiedlung (b). Diese Siedlung (b) ist von der Stadt (a) neuerbaut. Der Bau des Eigenheims (b) durch den Bauherrn (a) verzögert sich um zwei Monate. Die Erbauung der Kirche (b) erfolgte im Jahre 1635.

1. 'Herstellen fester Erzeugnisse', 'aus Stein oder steinähnlichem Material', 'durch Zusammenfügen einzelner Teile', 'auf Dauer'
2. a – Täter / Mensch, Institution /
      V: Sn;                    A: Sp (von, durch);    S: Sp (durch)
   b – Resultat / Ding (häufig Gebäude) /
      V: Sa;                    A: Sn;                 S: Sg/Sp (von)
3. Der Autohausbesitzer baut / erbaut Garagen an der Hauptstraße. Die Stadt baut dort Sozialwohnungen. Dieses Wohnviertel ist neuerbaut. Der Bau des mehrstöckigen Warenhauses kommt zügig voran. Die Erbauung des Universitätskomplexes dauert mindestens drei Jahre.

– Bei *bauen* und *Bau* ist ein zweiter Aktant Sp (an) denkbar, bei *erbauen* und *Erbauung* nicht:
  Schon lange baut man *an dem neuen Bahnhof*. Man will *den neuen Bahnhof* in zwei Jahren
  erbauen.
  Der Bau *an dem neuen Bahnhof* verläuft planmäßig. Die Erbauung *des neuen Bahnhofs* verläuft
  planmäßig.

## braten / aufbraten – Braten

Die Großmutter (a) brät zum Fest eine Ente (b). Die Tante (a) brät die
Nudeln (b) vom Vortage auf. Die Jungen sahen erwartungsvoll beim Braten
der Würstchen (b) durch den Gastgeber (a) zu.

1. 'Herstellen von Nahrung', 'aus unfertigen Speisen', 'meist in zerlassenem Fett',
   'meist in einer Pfanne', 'braun und gar werden'
2. a – Täter / Mensch /
      V: Sn;                              S: Sp (durch)
   b – Resultat / Ding (Nahrung) /
      V: Sa;                              S: Sg/Sp (von)
3. Die Köchin brät dicke Schnitzel / Fische / Kartoffeln. Die Kartoffelpuffer wurden
   schnell aufgebraten. Auf dem Markt werden Rostbratwürste gebraten. Das Braten
   von Steaks und Kartoffeln am Lagerfeuer macht allen Spaß.

Anmerkung
– *Braten* bezeichnet generell das Herstellen von Speisen in zerlassenem Fett in einer Pfanne. *Aufbraten*
  setzt voraus, daß die Speise bereits zubereitet war, nun erkaltet ist und wieder erhitzt (gebraten)
  werden muß:
  Die Mutter brät drei Schnitzel.
  Die Mutter brät die restlichen Schnitzel vom Vortage auf.
– Bei einigen Verwendungsweisen wird auch das Ergebnis des Bratens (die Farbe bzw. der Zustand der
  Speise) angegeben. Man könnte hier auch von einem dreiwertigen Semem sprechen:
  Sie brät den Fisch *braun*. Sie brät die Ente *knusprig*.

## drehen – Drehen

Der Automat (a) dreht Schrauben (b) aus Metall (c). Das Drehen der Zi-
garren (b) aus Tabakblättern (c) durch den Zigarrenmacher (a) geschieht mit
hoher Präzision.

1. 'Herstellen fester Erzeugnisse', 'vor allem aus Holz und Metall', 'durch kreisende
   Bewegung des Materials', 'meist berufsmäßig'
2. a – Täter / Mensch, Institution, Maschine /
      V: Sn;                              S: Sp (durch)
   b – Resultat / Ding (meist aus Holz bzw. Metall) /
      V: Sa;                              S: Sg/Sp (von)
   c – Ausgangsmaterial / Ding (meist Holz bzw. Metall) /
      V: Sp (aus);                        S: Sp (aus)
3. Der Arbeiter dreht Spezialschrauben. Der Automat dreht Wellen. Der Betrieb
   dreht Leuchter. Das Drehen des Stuhlbeines aus Holz geht schnell vonstatten, das
   Drehen von Schrauben aus Metall dauert länger.

## dünsten – Dünsten

Die Küchenhilfe (a) dünstet Blumenkohl (b). Das Dünsten des Gemüses (b)
durch die Küchenhilfe (a) dauert nicht lange.

1. 'Herstellen von Nahrung', 'mit Hilfe von Dampf gar machen', 'in geschlossenem
   Topf mit wenig Wasser oder Fett', 'bei geringer Hitze', 'dämpfen'
2. a  –  Täter / Mensch /
            V: Sn;                              S: Sp (durch)
    b  –  Resultat / Ding (Nahrung – meist Gemüse, Fisch) /
            V: Sa;                              S: Sg/Sp (von)
3. Der Gastwirt dünstet Gemüse / Pilze / Fischfilet. Beim Dünsten des Gemüses /
   Kohls werden Vitamine erhalten. Das Dünsten des Fleisches darf nicht länger als
   20 Minuten dauern.

## errichten – Errichten / Errichtung

Die Stadt (a) errichtet ihrem großen Sohn ein Denkmal (b). Das Errichten /
die Errichtung von Triumphbögen (b) durch den Senat (a) war im antiken
Rom üblich.

1. 'Herstellen fester Erzeugnisse', 'vor allem aus Stein oder steinähnlichem Material',
   'auf den Abschluß gerichtet' /gehoben/
2. a  –  Täter / Mensch, Institution /
            V: Sn;                              S: Sp (durch)
    b  –  Resultat / Ding (Bauwerk) /
            V: Sa;                              S: Sg/Sp (von)
3. Der Staat errichtete einen Prunkbau. Die Errichtung des Denkmals / der Säule
   erfolgte anläßlich des 100. Geburtstages des Schriftstellers.

Anmerkung
– Mit errichten / Errichten / Errichtung in der Bedeutung 'Herstellen von festen Erzeugnissen' ist immer
  das Bauen von größeren, meist bedeutungsvollen Gebäuden oder Denkmalen gemeint:
        Sie errichteten einen Palast / ein Denkmal / ein Mausoleum.
  Ausgeschlossen sind "profanere" Resultate:
        Sie errichteten eine Gartenlaube / einen Geräteschuppen.
– Das Verb errichten kann auch angeben, daß etwas zusammengebaut bzw. aus Teilen aufgestellt wird.
  Dann sind auch andere Resultatsbezeichnungen möglich:
        Die Menschen errichteten Barrikaden / Zelte / einen Scheiterhaufen.

## erzeugen – Erzeugen / Erzeugung

Die Bauern (a) dieser Gegend erzeugen vor allem Gemüse (b). Das Erzeugen / die Erzeugung der notwendigen Energie (b) durch traditionelle Kraft-
werke (a) wird in letzter Zeit immer problematischer.

1. 'Herstellen von Resultaten verschiedenen Aggregatzustandes', 'vorwiegend industriemäßig', 'besonders Rohstoffe und landwirtschaftliche Produkte'

2. a  –  Täter / Mensch, Institution /
       V: Sn;                  S: Sp (durch)
   b  –  Resultat / Ding (Rohstoff, landwirtschaftliches Produkt) /
       V: Sa;                  S: Sg/Sp (von)
3. Das Werk erzeugt Gummi / Stahl / Mineralwasser. Der Bauer erzeugt Schweine-
fleisch / Weizen. Die Erzeugung von Eiern und Hähnchen wird zunehmend industriemäßig betrieben. Die Modernisierung der Erzeugung von Zellstoff und Plasten
geht gut vonstatten.

Anmerkung
–  Veraltend kann *erzeugen / Erzeugen / Erzeugung* auch auf Menschen bezogen gebraucht werden:
   Sie erzeugen *Babys / Nachwuchs.*
   Das Erzeugen *von Kindern* wurde gewünscht.

## fabrizieren – Fabrikation

Diese Fabrik (a) fabriziert Karnevalsartikel (b). Die Fabrikation elektroni-
scher Geräte (b) durch den Konzern (a) wurde jetzt eingestellt.

1. 'Herstellen von Erzeugnissen verschiedenen Aggregatzustandes', 'vor allem von
   Bedarfsgütern', 'fabrikmäßig'
2. a  –  Täter / Mensch, Institution /
       V: Sn;                  S: Sp (durch)
   b  –  Resultat / Ding /
       V: Sa;                  S: Sg/Sp (von)
3. Dieser Arbeiter fabriziert viel Ausschuß / keine Qualitätsprodukte. Die Fabrikation
   von Textilien und bestimmten chemischen Produkten muß schnellstens wieder aufgenommen werden. Die Fabrikation moderner und sparsamer Autos läuft auf
   Hochtouren.

Anmerkung
–  Das Verb *fabrizieren* in der Bedeutung 'Herstellen von Dingen' ist veraltet. Es wird häufig abwertend
   bzw. scherzhaft gebraucht:
   Der Betrieb ist dafür bekannt, daß er nur minderwertige Waren fabriziert.
   Das schmeckt gut. Da hast du etwas Köstliches fabriziert.
–  Das Substantiv *Fabrikation* dagegen ist neutral und unterstreicht die industriemäßige Herstellung der
   Produkte:
   In dem neuen Werk ist die moderne Fabrikation von Fernsehern angelaufen.

## garen – Garen

Die Mutter (a) gart das Gemüse (b). Das Garen des Fleisches (b) durch die
Mutter (b) lockte die interessierte Tochter in die Küche.

1. 'Herstellen von Nahrung', 'mit Hilfe von Hitze', 'Art der Speisenzubereitung',
   'weich machen und dadurch zum Essen geeignet' /Fachsprache/
2. a  –  Täter / Mensch /
       V: Sn;                  S: Sp (durch)
   b  –  Resultat / Ding (Nahrung) /
       V: Sa;                  S: Sg/Sp (von)

3. Die Hausfrau / die Köchin gart das Fleisch / das Gemüse auf dem Herd. Die gefrorenen Lebensmittel werden sofort gegart. Das Garen des Fleisches / des Fisches erfordert Zeit.

## gießen – Gießen

Der Glockengießer (a) gießt eine kleine Glocke (b) aus einer neuen Legierung (c). Das Gießen von Glocken (b) aus Metall (c) durch die Glockengießer (a) ist selten geworden.

1. 'Herstellen fester Erzeugnisse', 'aus Metall, Beton, Gips oder Wachs', 'flüssige Masse in eine Form bringen'
2. a  –  Täter / Mensch, Institution /
        V: Sn;                              S: Sp (durch)
   b  –  Resultat / Ding (Metall, Beton, Gips, Wachs) /
        V: Sa;                              S: Sg/Sp (von)
   c  –  Ausgangsmaterial / Ding (Metall, Beton, Gips, Wachs) /
        V: Sp (aus);                        S: Sp (aus)
3. Der Künstler gießt kleine Figuren aus Zinn. Vor Weihnachten gießt der Bastler Kerzen und herrliche Figuren aus Wachs. Der Privatbetrieb gießt das in Auftrag gegebene Denkmal. Die Zuschauer verfolgen mit großem Interesse das Gießen von Leuchtern aus Bronze durch den Kunsthandwerker.

## grillen – Grillen

Der Hausherr (a) grillt zum Abendbrot Steaks (b). Das Grillen der Würstchen (b) durch die Kinder (a) selbst war der Höhepunkt der Geburtstagsfeier.

1. 'Herstellen von Nahrung', 'meist Fleisch, Fisch oder Geflügel', 'mit Hilfe eines Gerätes (Grill)', 'bei großer Hitze'
2. a  –  Täter / Mensch /
        V: Sn;                              S: Sp (durch)
   b  –  Resultat / Ding (Fleisch, Fisch, Geflügel) /
        V: Sa;                              S: Sg/Sp (von)
3. Die Küchenhilfe grillt junge Hähnchen / eben gefangene Barsche / Fleischstücke. Sie grillen Würstchen. Die Partygesellschaft sah dem Hausherrn beim Grillen der Filetstücke interessiert zu.

## häkeln – Häkeln / Häkelei

Die Rentnerin (a) häkelt ein Tuch (b). Das Häkeln von Mützen (b) durch junge Mädchen (a) ist jetzt Mode. Die ständige Häkelei von Deckchen (b) durch seine Frau (a) ging dem Mann allmählich auf die Nerven.

1. 'Herstellen fester Erzeugnisse', 'aus Fasern oder faserähnlichem Material', 'Fäden mit einer Nadel zu Maschen verschlingen', 'ein Gewebe schaffen'
2. a  –  Täter / Mensch (vorwiegend Frauen) /
       V: Sn;                              S: Sp (durch)
   b  –  Resultat / Ding (Gewebe) /
       V: Sa;                              S: Sg/Sp (von)
3. Die junge Mutter häkelt eine Ausfahrgarnitur für ihr Baby. Das Mädchen häkelt zwei Topflappen für die Großmutter. Das Häkeln von Deckchen macht ihr Freude. Manche Mädchen befassen sich mit dem Häkeln großer Umschlagtücher.

Anmerkung
– Das Substantiv *Häkelei* besitzt ein pejoratives Sem.


# herstellen – Herstellen / Herstellung

Die Fabrik (a) stellt Landmaschinen (b) her. Das Herstellen / die Herstellung von flüssigem Sauerstoff (b) durch den Chemiebetrieb (a) ist äußerst wichtig.

1. 'Produzieren von Erzeugnissen unterschiedlichen Aggregatzustandes, 'aus unterschiedlichem Material', 'industriell oder von Hand'
2. a  –  Täter / Mensch, Institution /
       V: Sn;                              S: Sp (durch)
   b  –  Resultat / Ding /
       V: Sa;                              S: Sg/Sp (von)
3. Die Brauerei stellt nur Schwarzbier her. Der Kunsttischler stellt einen mit Mosaik verzierten Schreibtisch her. Diese Bäckerei stellt Backwaren unterschiedlicher Art her. Das neue Werk beginnt im nächsten Monat mit dem Herstellen von Modeschmuck. Die Herstellung des alten Maschinentyps durch den traditionsreichen Handwerksbetrieb wird im nächsten Jahr eingestellt.


# hobeln – Hobeln

Der Tischlergeselle (a) hobelt Bretter (b). Das Hobeln von Brettern (b) durch den Meister (a) wird vom Lehrling aufmerksam verfolgt.

1. 'Herstellen fester Erzeugnisse', 'vorwiegend aus Holz, aber auch aus Metall', 'durch Abheben von Materialteilen (Späne)', 'mit Hilfe eines Instruments (Hobel, Maschine)'
2. a  –  Täter / Mensch, Maschine /
       V: Sn;                              S: Sp (durch)
   b  –  Resultat / Ding (Holz, Metall) /
       V: Sa;                              S: Sg/Sp (von)
3. Der Zimmermann hobelt Deckenbalken. Die Hobelmaschine hobelt Fensterbretter. Jeder Lehrling muß das Hobeln feiner Leisten lernen. Das Hobeln von Türblättern ist nicht leicht.

Anmerkung
- Oft ist nicht deutlich zu unterscheiden, ob es sich um das Herstellen eines Produktes oder um das Bearbeiten eines Gegenstandes (möglicherweise das Ausgangsmaterial) handelt:
  Er hobelt *Leisten*. (= Resultat)
  Er hobelt *grobe Balken*. (= Ausgangsmaterial)
- Statt Sa kann auch Sp (an) erscheinen. Dann wird ausgedrückt, daß der Täter noch mit etwas beschäftigt ist:
  Er hobelt *an Fensterbrettern*.

## hochziehen – Hochziehen

Die Maurer (a) ziehen schon die Außenwände (b) hoch. Das Hochziehen der Wände (b) durch die Maurer (a) ging zügig voran.

1. 'Herstellen fester Erzeugnisse', 'meist aus Stein oder steinähnlichem Material', 'Mauern aufrichten' /Fachsprache/
2. a – Täter / Mensch /
      V: Sn;                          S: Sp (durch)
   b – Resultat / Ding (meist aus Stein) /
      V: Sa;                          S: Sg/Sp (durch)
3. Die Auszubildenden zogen die Wand in ausgezeichneter Qualität hoch. Das Hochziehen des Schornsteins durch die Spezialisten erregte das Interesse der Anwohner. Das Hochziehen der Zuschauertribüne erfolgte termingerecht.

## kochen / ankochen / hartkochen / weichkochen – Kochen / Kocherei

Die Großmutter (a) kocht eine schmackhafte Suppe (b). Die Mutter (a) kocht das Gemüse (b) nur an. Die Tochter (a) hat die Frühstückseier (b) hartgekocht / weichgekocht. Das Kochen von Plaumenmus (b) durch die Bäuerin (a) zog sich in die Länge. Die tägliche Kocherei des Essens (b) stört manche Leute.

1. 'Herstellen von Nahrung', 'rohe, unfertige Nahrungsmittel zum Essen zubereiten', 'mit Hilfe von Instrumenten (Topf und Ofen / Feuer)', 'in reichlich Flüssigkeit auf Siedetemperatur erhitzen'
2. a – Täter / Mensch, Institution /
      V: Sn;                          S: Sp (durch)
   b – Resultat / Ding (Nahrung) /
      V: Sa;                          S: Sg/Sp (von)
3. Der Gourmet kocht das Fleisch auf kleiner Flamme. Sie kocht die Eier weich / hart. Heute kocht die Mutter das Suppenfleisch nur an. Im Schnellkochtopf dauert das Kochen der Kartoffeln und des Fleisches nicht lange. Diese ewige Kocherei seiner Frau an den Feiertagen regt ihn auf.

– Mit *ankochen* wird ausgedrückt, daß Nahrungsmittel nur kurze Zeit gekocht werden. Das Kochen
  wird zu einem späteren Zeitpunkt fortgesetzt und beendet.
– *Kocherei* besitzt ein abwertendes Sem, durch das ein gewisser Überdruß zum Ausdruck kommt.

## mauern / hochmauern – Mauern / Mauerung / Mauerei

Die Lehrlinge (a) mauern eine Wand (b). Die Arbeiter (a) mauerten den
Pfeiler (b) schnell hoch. Das Mauern des Rundbogens (b) durch die erfahrenen Arbeiter (a) ging schnell vonstatten. Wegen der Mauerung des Keller-
gewölbes (b) durch die Spezialisten (a) gab es Schwierigkeiten beim termin-
gerechten Abschluß der Sanierungsarbeiten. Die ewig lange Mauerei der
Garagen (b) durch die Hilfskräfte (a) führte zu Verärgerungen.

1. 'Herstellen fester Erzeugnisse', 'aus Stein oder Mörtel', 'Gebäude oder Gebäude-
   teil', 'manuell'
2. a – Täter / Mensch /
       V: Sn;                       S: Sp (durch)
     b – Resultat / Ding (Mauer, Gebäude) /
       V: Sa;                       S: Sg/Sp (von)
3. Die Facharbeiter mauern einen Schornstein / einen Rundbogen. Er hat die Trenn-
   wand in kurzer Zeit hochgemauert. Dem Auszubildenden war vor dem Mauern der
   Hausecke / des komplizierten Verbandes der Außenwand etwas bange. Die wochenlange Mauerei der Außenwände für den Bungalow störte die Gartennachbarn
   sehr.

– *Hochmauern* drückt zum einen die Richtung aus, weist zum anderen auf einen gewissen Abschluß hin.
– *Mauerei* besitzt ein pejoratives Sem und ist Ausdruck eines Unwillens.

## montieren – Montieren / Montage

Die Frauen (a) am Fließband montieren Fernsehgeräte (b) aus vielen Einzelteilen (c). Das Montieren / die Montage der neuen Möbel (b) durch den
Fachmann (a) erfolgt bei Anlieferung der Ware.

1. 'Herstellen fester Erzeugnisse', 'meist technische Anlagen', 'vorwiegend aus Metall',
   'aus vorgefertigten Einzelteilen', 'zusammenfügen'
2. a – Täter / Mensch /
       V: Sn;                       S: Sp (durch)
     b – Resultat / Ding (technische Anlage) /
       V: Sa;                       S: Sg/Sp (von)
     c – Ausgangsmaterial / Ding (vorgefertigte Teile) /
       V: Sp (aus);                 S: Sp (aus)
3. Die Bauarbeiter montieren die neue Fabrikhalle aus Fertigteilen. Die Montage der
   Autobahnbrücke / der Computer erfordert höchste Präzision.

## nähen – Nähen

Die Schneiderin (a) näht ein Hochzeitskleid (b). Das Nähen der Bettwäsche
(b) durch die Näherinnen (a) geschieht fast automatisch.

1. 'Herstellen fester Erzeugnisse', 'aus Stoff oder stoffähnlichem Material', 'vorwiegend Kleidung', 'Stoffteile mit Nadel und Faden fest verbinden'
2. a  –  Täter / Mensch, Institution /
         V: Sn;                          S: Sp (durch)
   b  –  Resultat / Ding (Kleidung) /
         V: Sa;                          S: Sg/Sp (von)
3. Die Mutter näht der Tochter eine Bluse. Das Mädchen näht sich einen Rock. Die
   Fabrik näht vorwiegend Arbeitsbekleidung. Das Nähen dieses festlichen Modells
   erfordert viel Zeit und Geschick. Bei der Handwerksmeisterin lernen die Auszubildenden das Nähen von hochmodernen Kleidern, auch das Nähen von Falten-
   röcken.

Anmerkung
– Zuweilen kann als zweiter Aktant Sp (an) aufteten. Dadurch wird ausgedrückt, daß der Täter noch
  mit dem Nähen bestimmter Erzeugnisse beschäftigt ist:
  Sie näht *an einem Kostüm* für die kühlere Jahreszeit.

## pökeln / einpökeln – Pökeln / Einpökeln

Der Fleischer (a) pökelt Rinderzungen und Schweinezungen (b) getrennt
(ein). Das Pökeln / Einpökeln von Schweinebrust (b) durch den Meister (a)
wird vom Lehrling aufmerksam verfolgt.

1. 'Zubereiten von Nahrung', 'meist Fleisch', 'Einlegen in Salzlake', 'haltbar machen'
2. a  –  Täter / Mensch /
         V: Sn;                          S: Sp (durch)
   b  –  Resultat / Ding (Fleisch) /
         V: Sa;                          S: Sg/Sp (von)
3. Der Metzger pökelt Spitzbein / Schweinefleich (ein). Der Angler pökelt Fisch (ein).
   Das richtige Pökeln / Einpökeln des Fleisches will gelernt sein.

Anmerkung
– Zwischen *pökeln* und *einpökeln* besteht kein semantischer Unterschied.
– Die Wörter dieser Gruppe bezeichnen im Grunde nicht das Herstellen von Nahrung, sondern eine
  spezielle Art der Zubereitung, durch die jedoch die Qualität der jeweiligen Nahrung wesentlich
  verändert bzw. verbessert wird.

## produzieren – Produzieren / Produktion

Dieser Betrieb (a) produziert Fahrräder (b). Die Produktion von Osterhasen
(b) durch die Markenfirma (a) konnte nicht vergrößert werden.

1. 'Herstellen von Erzeugnissen verschiedenen Aggregatzustandes', 'aus unterschiedlichem Material', 'in größerer Stückzahl', 'industriemäßig'

2. a  –  Täter / Mensch, Institution /
        V: Sn;                           S: Sp (durch)
    b  –  Resultat / Ding (in größerer Stückzahl) /
        V: Sa;                           S: Sg/Sp (von)
3. Die Konservenfabrik produziert Obst- und Gemüsekonserven. Der Pharmakonzern produziert ein neues Medikament. Die Produktion von Wein durch die Weinkelterei konnte in diesem Jahr nicht gesteigert werden. Das Werk nimmt die Produktion der CDs im nächsten Monat auf.

## räuchern / anräuchern / durchräuchern – Räuchern / Räucherei

Der Fischer (a) räuchert Aale (b). Der Fleischer (a) räuchert das Fleisch (b)
nur kurz an. Der Bauer (a) räuchert die Würste (b) gut durch, damit sie
lange haltbar sind. Das Räuchern der Heringe (b) durch die Fischer (a)
erfolgt bereits auf dem Fangschiff. Diese ewige Räucherei der Fische (b)
durch den Hobbyfischer (a) führte zu Beschwerden aus der Gartenanlage.

1. 'Zubereiten von Nahrung', 'mit einem Hilfsmittel (spezieller Raum)', 'unter Einsatz
   von Rauch', 'haltbar machen'
2. a  –  Täter / Mensch /
        V: Sn;                           S: Sp (durch)
    b  –  Resultat / Ding (Fleisch, Wurst, Fisch)
        V: Sa;                           S: Sg/Sp (von)
3. Der Angler räuchert Barsche / Forellen. Der Fleischer räuchert Speck und Schinken. Es ist wichtig, die Wurst gut durchzuräuchern, um ihre Haltbarkeit zu erhöhen. Das Räuchern der Fische gleich nach dem Fang macht den Kindern Spaß.
Das Räuchern des Fleisches und der Wurst erfolgt noch am gleichen Tag.

### Anmerkung
–  *Räucherei* als Prozeß verfügt über ein pejoratives Sem, mitbedingt auch durch den bei diesem Prozeß
   entstehenden und als Belästigung empfundenen Rauch:
        Mit dieser Räucherei verpesten sie die ganze Luft.
–  *Räucherei* kann aber auch den Raum bzw. den Betrieb bezeichnen, in dem Fleisch, Wurst oder Fisch
   geräuchert wird:
        Er holt sich frischgeräucherten Aal aus der Räucherei.

## rösten / anrösten – Rösten

Der Vater (a) röstet eßbare Kastanien (b). Er (a) röstet das Fleisch (b) auf
dem Rost nur an. Das Rösten der Brotscheiben (b) durch den Vater (a) ist
schon Brauch geworden.

1. 'Zubereiten von Nahrung', 'mit Hilfe eines Instruments (Rost, Pfanne, Grill)',
   'ohne Zusatz von Fett oder Wasser', 'starkes Erhitzen', 'braun und knusprig machen'
2. a  –  Täter / Mensch /
        V: Sn;                           S: Sp (durch)
    b  –  Resultat / Ding (Nahrung) /
        V: Sa;                           S: Sg/Sp (von)

3. Der Gastgeber röstet Würstchen und Steaks für seine Gäste. Die Hausfrau röstet Kaffee in der Pfanne. Der Junge röstet Plötzen für seine Freunde. Beim Rösten des Weißbrotes im Ofen entstand ein brenzlicher Geruch.

## sägen – Sägen

Der Tischler (a) sägt Leisten (b). Das Sägen von Brettern (b) durch das Sägewerk (a) verursacht Lärm.

1. 'Herstellen bzw. Bearbeiten von festen Erzeugnissen', 'vorwiegend aus Holz', 'mit Hilfe eines Instruments (Säge)', 'Zerschneiden in kleinere Teile'
2. a – Täter / Mensch, Institution /
     V: Sn;                        S: Sp (durch)
   b – Resultat / Ding (vorwiegend aus Holz) /
     V: Sa;                        S: Sg/Sp (von)
3. Der Zimmermann sägt Bohlen / Bretter. Der Rentner sägt Brennholz. Das Sägen der Bretter / der Balken wird noch einige Tage dauern.

Anmerkung
Der zweite Aktant kann einerseits das Resultat des Sägens, andererseits das Material / den Ausgangsstoff bezeichnen:
    Der Betrieb sägt *Bretter / Schwellen / Leisten*. (= Resultat)
    Der Betrieb sägt *Baumstämme*. (= Material)

## schmelzen – Schmelzen

Der Juwelier (a) schmilzt Gold (b) für einen Ring. Das Schmelzen des Silbers (b) für einen Armreif durch den Fachmann (a) wird von Kindern gern beobachtet.

1. 'Verarbeiten fester Stoffe', 'mit Hilfe eines Instruments (Tiegel)', 'Flüssigmachen durch Hitze', 'zum Herstellen anderer fester Stoffe'
2. a – Täter / Mensch /
     V: Sn;                        S: Sp (durch)
   b – Betroffenes Material / Ding (Metall) /
     V: Sa;                        S: Sg/Sp (von)
3. Der Juwelier schmilzt Edelmetall für Schmuckstücke. Im Stahlwerk werden Stoffe für technische Geräte geschmolzen. Das Schmelzen des Metalls durch den Facharbeiter / die Spezialwerkstatt braucht Zeit.

Anmerkung
– Hier wird ein Prozeß der Bearbeitung fester Stoffe genannt, der eine Voraussetzung für die Herstellung von Resultaten darstellt. Der zweite Aktant bezeichnet das Material; das Resultat wird häufig ebenfalls genannt. Man könnte auch einen dritten Aktanten annehmen, der das eigentliche Resultat bezeichnet:
    Der Juwelier schmilzt Gold *für eine Brosche*.

## schmieden – Schmieden

Der Kunstschmied (a) schmiedet ein Gartentor (b). Das Schmieden von Hufeisen (b) durch den Gesellen (a) ist eine Gewohnheitsarbeit.

1. 'Herstellen fester Erzeugnisse', 'aus Metall (meist Eisen)', 'stark erhitzt bzw. glühend mit dem Hammer bearbeiten', 'formen'
2. a – Täter / Mensch /
   V: Sn;               S: Sp (durch)
   b – Resultat / Ding (Metall) /
   V: Sa;               S: Sg/Sp (von)
3. Der Meister schmiedet Nägel / eine Kette / ein Gitter. Das Schmieden des Tores durch den Kunstschmied braucht viel Zeit. Das Schmieden von Laternen / Skulpturen erfordert Fingerspitzengefühl.

## schmoren / anschmoren – Schmoren

Die Hausfrau (a) schmort Weißkohl (b) (an). Das Schmoren des Kohls (b) durch die Mutter (a) ist in der ganzen Wohnung zu riechen.

1. 'Zubereiten von Nahrung', 'anbraten', 'Gefäß (Topf, Pfanne) zugedeckt lassen', 'mit wenig Flüssigkeit garen', 'bei kleiner Flamme'
2. a – Täter / Mensch /
   V: Sn;               S: Sp (durch)
   b – Resultat / Ding (Nahrung) /
   V: Sa;               S: Sg/Sp (von)
3. Der Hobbykoch schmort Fleisch / Gemüse. Das Schmoren des Bratens / von Speck verbessert den Geschmack.

## schneiden – Schneiden

Der Helfer (a) schnitt aus jungen Bäumen (c) eine Tragbare (b). Das Schneiden von Flöten (b) aus Rohr (c) durch den Jungen (a) wurde von dem kleinen Mädchen mit großen Augen verfolgt.

1. 'Herstellen von festen Erzeugnissen', 'mit Hilfe eines Instruments (Messer, Schere, Säge)', 'aus einem Rohstoff (Holz, Papier, Leder. . .)', 'Teile entfernen'
2. a – Täter / Mensch /
   V: Sn;               S: Sp (durch)
   b – Resultat / Ding (Holz, Papier, Leder. . .) /
   V: Sa;               S: Sg/Sp (von)
   c – Ausgangsmaterial / Ding (Rohstoff) /
   V: Sp (aus);         S: Sp (aus)
3. Die Arbeiter schneiden Bretter aus Baumstämmen. Das Mädchen schneidet Scherenschnitte aus farbigem Papier. Das Schneiden von Pfeifen aus Rohr macht den Kindern Spaß. Beim Schneiden von Scherenschnitten hat sich das Mädchen verletzt.

## schneidern – Schneidern

Die Mutter (a) schneidert ihrem Sohn einen Anzug (b). Das Schneidern eines modernen Kostüms (b) durch den Auszubildenden (a) gilt als Prüfung.

1. 'Herstellen fester Erzeugnisse', 'aus Stoff bzw. stoffähnlichem Material', 'besonders Kleidung', 'häufig nach Maß'
2. a – Täter / Mensch /
      V: Sn;                          S: Sp (durch)
   b – Resultat / Ding (Kleidung) /
      V: Sa;                          S: Sg/Sp (von)
3. Die gelernte Schneiderin schneidert Anzüge, Kostüme, Blusen und Hemden für den ganzen Ort. Das Schneidern der Theaterkostüme erfordert Sachkenntnis und großes Einfühlungsvermögen.

## schnitzen – Schnitzen

Der Großvater (a) schnitzt dem Enkel ein Borkenschiff (b). Das Schnitzen der Figur (b) durch den Jungen (a) erregte große Aufmerksamkeit.

1. 'Herstellen fester Erzeugnisse', 'mit Hilfe eines Instruments (Messer)', 'vorwiegend aus Holz', 'durch Abheben kleiner Stücke'
2. a – Täter / Mensch /
      V: Sn;                          S: Sp (durch)
   b – Resultat / Ding (vorwiegend aus Holz) /
      V: Sa;                          S: Sg/Sp (von)
3. Der Bildhauer schnitzt einen Engel / eine Rehgruppe. Das Schnitzen von Tieren durch den Holzschnitzer zog immer wieder Schaulustige an. Der Hirt ist durch das Schnitzen einfacher Flöten bekannt geworden.

Anmerkung
– Die Resultatsbezeichnung kann auch durch Sp (an) realisiert werden. Damit wird ausgedrückt, daß der Täter noch an dem Produkt arbeitet:
   Der Künstler schnitzt *an einer großen Weihnachtspyramide.*

## stricken – Stricken / Strickerei

Die Mutter (a) strickt der Tochter einen Pullover (b). Das Stricken eines Pullovers (b) durch eine Strickmaschine (a) dauert einen Tag.

1. 'Herstellen fester Erzeugnisse', 'aus Fasern oder faserähnlichem Material', 'mit Hilfe von Nadeln einen Faden zu Maschen vereinigen', 'manuell oder maschinell'
2. a – Täter / Mensch, Maschine /
      V: Sn;                          S: Sp (durch)
   b – Resultat / Ding (häufig Kleidung) /
      V: Sa;                          S: Sg/Sp (von)
3. Das Mädchen strickt der Großmuter einen Schal. Die Strickmaschine strickt Tücher. Die junge Mutter ist beim Stricken einer Kinderwagendecke.

Anmerkung
- Die Resultatsbezeichnung kann auch durch Sp (an) realisiert werden. Damit wird ausgedrückt, daß der Täter noch an dem Produkt arbeitet:
  Großmutter strickt *an einer Jacke*.

## zubereiten – Zubereiten / Zubereitung

Die Hausfrau (a) bereitet das Essen (b) zu. Beim Zubereiten des Festessens (b) durch die Köchin (a) geschah ein kleines Unglück. Die Zubereitung des Mittagessens (b) durch die Mutter (a) dauerte länger als erwartet.

1. 'Bearbeiten von Nahrung', 'Speisen zum Essen fertig machen', 'allgemein'
2. a – Täter / Mensch /
       V: Sn;              S: Sp (durch)
     b – Resultat / Ding (Nahrung) /
       V: Sa;             S: Sg/Sp (von)
3. Die Hausfrau bereitet den Karpfen / die Gans / den Heringssalat / das Abendessen zu. Beim Zubereiten des Frühstücks gibt sich der Vater immer besondere Mühe.

# Feld der Nahrungsaufnahme

Zu diesem Feld gehören sowohl Verben, Adjektive und Substantive, die die Nahrungsaufnahme des Täters, als auch jene, die die Nahrungsaufnahme des Empfängers bezeichnen. Damit ergibt sich eine Unterteilung in zweiwertige und einige einwertige Wörter einerseits und in dreiwertige Wörter andererseits.

Allen diesen Wörtern liegt zugrunde, daß ein Lebewesen (Mensch, Tier) Nahrung in fester oder flüssiger Form vollständig oder partiell zu sich nimmt. Die dreiwertigen Wörter weisen einen Täter auf, der die Nahrungsaufnahme initiiert. Die aufgenommene bzw. aufzunehmende Nahrung wird häufig nicht sprachlich explizit ausgewiesen.

Die Wörter dieses Feldes bilden folgende (syntaktische) Grundstrukturen:

Verb

| *frühstücken:* | Täter | – Verb | | |
| | Sn | – V | | |
| *essen:* | Täter | – Verb | – Objekt | |
| | Sn | – V | – Sa | |
| *füttern:* | Täter | – Verb | – Empfänger | – zu Verzehrendes |
| | Sn | – V | – Sa | – Sp (mit) |

Adjektiv

| *eßbar:* | Gegenstand | – Adjektiv | | |
| | Sn | – A | | |

Substantiv

| *Kauen:* | Substantiv | – Objekt | – Täter | |
| | S | – Sg | – Sp (durch) | |
| *Füttern:* | Substantiv | – Empfänger | – Objekt | – Täter |
| | S | – Sg | – Sp (mit) | – Sp (durch) |

# Übersicht über das Wortfeld

1.    'Aufnahme einer bestimmten Nahrung'

1.1.    'ohne Hinweis auf das Ende'

1.1.1.    'durch Menschen'
        *essen[1] – eßbar – Essen[1] / Esserei / Geesse / Gegesse; genießen – genießbar / ungenießbar – Genießen / Genuß / Genießbarkeit; trinken – trinkbar / trinkfertig – Trinken*

1.1.2.    'durch Tiere'
        *fressen[1] – Fressen[1]; saufen[1] – Saufen[1]*

1.2.    'mit Hinweis auf das Ende'
        *verspeisen – Verspeisen / Verspeisung; vertilgen – Vertilgen; verzehren / aufzehren – Verzehren / Verzehr*

1.3.    'unästhetisch', 'von Menschen'
        *fressen[2] – Fressen[2] / Fresserei / Gefresse; saufen[2] – Saufen[2] / Sauferei; schlingen / verschlingen – Verschlingen; schlürfen / ausschlürfen – Schlürfen*

1.4.    'in einer bestimmten Art und Weise'
        *kauen – Kauen; knabbern – Knabbern; löffeln – Löffeln; lutschen – Lutschen; saugen – Saugen*

1.5.    'Aufnahme von Teilen der Nahrung'
        *kosten / verkosten – Kosten / Verkosten / Verkostung; nippen – Nippen; probieren / durchprobieren – Probieren; schmecken / abschmecken – Abschmecken*

2.    'an einem bestimmten Ort'
        *essen[2] – Essen[2]*

3.    'zu einer bestimmten Tageszeit'
        *frühstücken*

4.    'jemanden mit Nahrung versorgen'

4.1.    'Menschen'
        *beköstigen / verköstigen – Beköstigung / Verköstigung; bewirten – Bewirten / Bewirtung; füttern[1] – Füttern[1] / Fütterung[1]; speisen – Speisen / Speisung; verpflegen – Verpflegen / Verpflegung*

4.2.    'Tiere'
        *füttern[2] – Füttern[2] / Fütterung[2]; tränken – Tränken; mästen – Mästen / Mast; nudeln – Nudeln*

# Beschreibung der Wörter

## beköstigen / verköstigen – Beköstigung / Verköstigung

Der Nachbar (a) beköstigte die Menschen (b), die ihm beim Hausbau halfen.
Der Bauer (a) verköstigte die Landarbeiter (b). Die Beköstigung / Verköstigung der Helfer (b) durch die Bundeswehr (a) war gewährleistet.

1. 'jemanden mit Nahrung versorgen', 'meist mehrere Personen', 'auf offizielle Beziehungen gegründet'
2. a  –  Täter / Mensch, Institution /
       V: Sn;                            S: Sp (durch)
   b  –  Empfänger / Mensch /
       V: Sa;                            S: Sg/Sp (von)
3. Diese Gaststätte beköstigt / verköstigt viele Reisegruppen / Bankangestellte. Die Mensa beköstigt täglich 2000 Studenten. Die Pfarrersfrau beköstigt zahlreiche Obdachlose. Die Beköstigung / Verköstigung der Saisonarbeiter / Wettkampfteilnehmer ist gesichert.

Anmerkung
– Bei *beköstigen* ist reflexiver Gebrauch möglich, aber nicht bei *verköstigen* :
  Die Urlauber beköstigten *sich* selbst.
– *Verköstigung* ist vor allem in Süddeutschland, in Österreich und in der Schweiz gebräuchlich.

## bewirten – Bewirten / Bewirtung

Die Gastgeber (a) bewirteten ihre Gäste (b) mit Kaffee und Kuchen (c). Das
Bewirten aller Kongreßteilnehmer (b) mit einem Glas Sekt (c) durch die
Veranstalter (a) wurde als sehr großzügig empfunden. Die Bewirtung der
Gratulanten (b) mit Appetithäppchen und Wein (c) durch die Gattin des
Jubilars (a) trug sehr zur Belebung der Stimmung bei.

1. 'jemanden mit Nahrung versorgen', 'Menschen', 'häufig festlicher Anlaß', 'Verhältnis Gastgeber – Gast'
2. a  –  Täter / Mensch /
       V: Sn;                            S: Sp (durch)
   b  –  Empfänger / Mensch /
       V: Sa;                            S: Sg/Sp (von)
   c  –  Objekt / Ding (Nahrung) /
       V: Sp (mit);                      S: Sp (mit)
3. Die Frau des Hauses bewirtete ihre Gäste mit einem köstlichen Rehbraten und einem guten Rotwein. Das Hochzeitspaar bewirtete alle Hochzeitsgäste sehr großzügig. Die Bewirtung der Eingeladenen durch den Gastgeber war wirklich nobel.

# essen¹ – eßbar – Essen¹ / Esserei / Geesse / Gegesse

Die ganze Familie (a) ißt gern Eintopf (b). Diese Pilze (b) sind eßbar, jene aber nicht. Das Essen des Spanferkels (b) durch die Geburtstagsgäste (a) bekam ein festliches Gepräge. Die Esserei der Hochzeitsgesellschaft (a) dauert nun schon über drei Stunden. Das Geesse / Gegesse im Stehen gefällt mir nicht.

1. 'Zusichnehmen fester Nahrung', 'durch Menschen', 'ohne Hinweis auf das Ende'
2. a – Täter / Mensch /
   V: Sn;                    A: Sp (für);            S: Sp (durch)
   b – Objekt / Ding (feste Nahrung) /
   V: Sa;                    A: Sn;                  S: Sg/Sp (von)
3. Das Mädchen ißt gern gemischtes Eis. Der Kraftfahrer ißt ein belegtes Brötchen. Diese Beeren sind wirklich eßbar. Diese Esserei ohne Messer und Gabel muß bald aufhören. Dein Geesse ist wirklich nicht mehr mit anzusehen!

Anmerkung
– Eßbar drückt aus, daß eine bestimmte Nahrung generell gegessen werden kann und keine gesundheitlichen Schäden zur Folge hat. Die Täterbezeichnung ergibt sich aus der Situation; sie wird im Text nicht realisiert.
– Die Substantive Esserei / Geesse / Gegesse weisen ein pejoratives Sem auf. Sie bezeichnen die unästhetische Art des Essens. Daher stehen sie häufig nur mit der Bezeichnung des Täters (allerdings im Genitiv) bzw. mit anderen Erläuterungen, aus denen sich letztlich die Art des Essens ergibt:
  Die Esserei der Kinder im Speisesaal war nicht mehr mit anzusehen.
  Das Geesse in der Imbißstube geht mir bald auf die Nerven.
  Das Gegesse im Zelt regte die Nachbarn auf.

# essen² – Essen²

Die Familie (a) ißt heute im Bahnhofshotel (b). Das Essen von Familien (a) in Restaurants (b) ist in den letzten Jahren sehr teuer geworden.

1. 'Nahrung zu sich nehmen', 'an einem bestimmten Ort'
2. a – Täter / Mensch /
   V: Sn;                    S: Sg/Sp (von)
   b – Lokal / Ort /
   V: Sp (in, an, bei. . .);   S: Sp (in, an, bei. . .)
3. Der Reisende ißt in der Mitropa. Die Kinder essen zu Hause. Mancher ißt in einer Imbißstube. Das Essen in einer Pizzeria ist angenehm. Ein festliches Essen in einer guten Gaststätte ist eine bleibende Erinnerung.

Anmerkung
– Logisch gesehen, weist auch das Substantiv zwei Aktanten auf. Der Täter wird aber kaum sprachlich realisiert.

# fressen¹ – Fressen¹

Pferde (a) fressen gern Hafer (b). Wir beobachten die Kaninchen beim Fressen der Mohrrüben (b).

1. 'Aufnahme einer bestimmten Nahrung', 'ohne Hinweis auf das Ende', 'durch Tiere'
2. a – Täter / Tier /
      V: Sn;                          S: Sp (durch)
   b – Objekt / Pflanze, Tier, Ding (feste Nahrung) /
      V: Sa;                          S: Sg/Sp (von)
3. Das Pferd frißt Heu. Katzen fressen gern Mäuse. Wir beobachten die Löwen beim Fressen ihrer Beute. Das Schwein schmatzt beim Fressen des Futters.

Anmerkung
– Das Verb *fressen* kann auch ausdrücken, daß Tiere etwas generell oder mit Vorliebe als Nahrung zu sich nehmen:
   Eichhörnchen fressen Nüsse.
– Das Substantiv *Fressen* kann auch die konkrete Nahrung bezeichnen:
   Der Vater stellt dem Hund den Napf mit dem Fressen hin.

# fressen² – Fressen² / Fresserei / Gefresse

Der Mann (a) frißt die belegten Brötchen (b) ohne Rücksicht auf andere. Die Fresserei der Halbstarken (a) ist abscheulich.

1. 'Aufnahme einer bestimmten Nahrung', 'von Menschen', 'unästhetisch', 'gierig', 'oft in großen Mengen'
2. a – Täter / Mensch /
      V: Sn;                          S: Sg
   b – Objekt / Pflanze, Tier, Ding (feste Nahrung) /
      V: Sa;                          S: nicht realisiert
3. Der Junge hat die ganze Schokolade gefressen. Er frißt den Fisch gleich mit den Fingern. Das Gefresse / die Fresserei der unerzogenen Kinder stört mich sehr.

Anmerkung
– Die Wörter dieser Gruppe besitzen ein pejoratives Sem und drücken speziell die (unästhetische) Art der Nahrungsaufnahme aus. Bei den Substantiven wird nur der Täter sprachlich realisiert. Gelegentlich fehlt auch dieser Aktant.

# frühstücken

Die Familie (a) frühstückt zeitig, da alle zur Arbeit müssen.

1. 'Nahrung zu sich nehmen', 'zu einer bestimmten Tageszeit', 'am Morgen (= 1. Frühstück) oder am Vormittag (= 2. Frühstück)'
2. a – Täter / Mensch / Sn
3. Sonntags frühstücken wir in aller Ruhe. Unsere Tochter frühstückt immer mit uns, auch wenn sie später aus dem Haus geht als wir.

**Anmerkung**
- Man könnte auch von einem zweiwertigen Verb sprechen, zu dem als zweiter Valenzpartner die Angabe des Ziels (das Zuverzehrende) gehört:
  Gewöhnlich frühstücken wir *Brot, Butter, Eier und Marmelade.*

## füttern¹ – Füttern¹ / Fütterung¹

Die Krankenschwester (a) füttert den kranken Säugling (b) mit Brei (c). Das Füttern der alten Frau (b) mit Suppe (c) durch die Pflegerin (a) dauert längere Zeit. Die Fütterung gebrechlicher Menschen (b) mit flüssiger Nahrung (c) durch Hilfsbereite (a) ist leider selten.

1. 'jemanden mit Nahrung versorgen', 'hilfsbedürftige Menschen', 'Nahrung in den Mund schieben', 'meist mit einem Löffel'
2. a – Täter / Mensch /
        V: Sn;                         S: Sp (durch)
   b – Empfänger / Mensch (hilfsbedürftig) /
        V: Sa;                         S: Sg/Sp (von)
   c – Objekt / Ding (flüssige, auch feste Nahrung) /
        V: Sp (mit);                   S: Sp (mit)
3. Die Tochter füttert ihre kranke Mutter mit einer kräftigenden Brühe. Im Pflegeheim müssen viele alte, gebrechliche Heimbewohner regelmäßig von den Schwestern gefüttert werden. Das Füttern der bettlägerigen Patienten übernehmen oft Lernschwestern.

## füttern² – Füttern² / Fütterung²

Die Bäuerin (a) füttert die Schweine (b) mit Kartoffeln (c). Beim Füttern der Delphine (b) mit Fischen (c) durch die Wärter (a) sahen viele Zoobesucher zu. Bei der täglichen Fütterung der Raubtiere (b) mit frischem Fleisch (c) durch die Wärter (a) fanden sich immer zahlreiche Schaulustige ein.

1. 'mit Nahrung versorgen', 'Tiere', 'Nahrung (Futter) hinschütten/-werfen/-legen'
2. a – Täter / Mensch /
        V: Sn;                         S: Sp (durch)
   b – Empfänger / Tier /
        V: Sa;                         S: Sg/Sp (von)
   c – Objekt / Ding (feste Nahrung, tierartspezifisch) /
        V: Sp (mit);                   S: Sp (mit)
3. Der Junge füttert seine Kaninchen regelmäßig mit frischem Klee und mit Möhren. Das Mädchen füttert ihren Wellensittich mit gesundem Vogelfutter. Das richtige Füttern der Ferkel durch den Züchter senkt die Verlustrate. Das Füttern der Tiere durch die Zoobesucher ist untersagt. Das Füttern / die Fütterung der Robben mit frischem Fisch muß verstärkt werden. Der Förster sorgt für die regelmäßige Fütterung des Wildes im Winter.

## genießen – genießbar / ungenießbar – Genießen / Genuß / Genießbarkeit

Der Mann (a) genießt den Tee (b) mit Rum. Diese zarte Suppe (b) ist auch für Magenkranke (a) genießbar. Der Knollenblätterpilz (b) ist für Mensch und Tier (a) ungenießbar. Das häufige Genießen von Alkohol (b) wirkt sich auf das Gewicht eines Menschen aus. Nach dem Genuß von Pilzen (b) bekam er Magenbeschwerden. Die Genießbarkeit von Fleisch- und Fischwaren (b) muß besonders im Sommer ständig überprüft werden.

1. 'Aufnahme einer bestimmten Nahrung', 'ohne Hinweis auf das Ende', 'durch Menschen', 'Freude an der Nahrungsaufnahme empfinden'
2. a – Täter / Mensch /
      V: Sn;                    A: Sp (für);            S: Sp (durch)
   b – Objekt / Ding (feste und flüssige Nahrung) /
      V: Sa;                    A: Sn;                  S: Sg/Sp (von)
3. Die Eltern genießen in aller Ruhe einen guten Wein / das festliche Essen. Diese Konserven / Feinfrostgerichte sind (noch) genießbar / (schon) ungenießbar. Der Genuß von Alkohol ist Kindern verboten. Die Genießbarkeit mancher bisher als ungenießbar angesehenen Pilzsorten ist erwiesen.

Anmerkung
– Das Adjektiv drückt aus, daß eine bestimmte Nahrung generell aufgenommen bzw. nicht aufgenommen werden kann. Die Täterbezeichnung ist unbestimmt bzw. ergibt sich aus der Situation. Sie wird im Satz nur unter bestimmten Bedingungen realisiert.
– Beim Substantiv *Genießbarkeit* (Gegenteil: *Ungenießbarkeit* ) als Entsprechung zum Adjektiv *genießbar* gilt das gleiche wie beim Adjektiv. Auch hier ergibt sich die Täterbezeichnung aus der Situation, wird also im Satz kaum realisiert.

## kauen – Kauen

Der Patient (a) muß die Nahrung (b) gründlich kauen. Das Kauen des zähen Fleisches (b) durch den Großvater (a) sah etwas seltsam aus.

1. 'Aufnahme einer bestimmten Nahrung', 'in einer bestimmten Art und Weise', 'feste Nahrung mit den Zähnen zerkleinern'
2. a – Täter / Mensch, Tier /
      V: Sn;                    S: Sp (durch)
   b – Objekt / Ding (feste Nahrung) /
      V: Sa;                    S: Sg/Sp (von)
3. Der Junge kaute genüßlich ein Stück Zuckerkuchen. Man soll jeden Bissen siebenmal kauen, bevor man ihn hinunterschluckt. Die Pferde kauen Hafer. Das Kauen des Kautabaks ist für manche Menschen beruhigend. Das Kauen des Strohs durch die Kühe war deutlich zu hören.

# knabbern – Knabbern

Die Gäste (a) knabberten mit großem Vergnügen Erdnüsse (b). Die Kinder (a) knabberten an Maiskolben (b). Das Knabbern der Nüsse (b) durch die Eichhörnchen (a) war possierlich anzusehen.

1. 'Aufnahme einer bestimmten Nahrung', 'in einer bestimmten Art und Weise', 'mit den Zähnen zerkleinern', 'in kleinen Stücken', 'wiederholt'
2. a – Täter / Mensch, Tier /
   V: Sn;                              S: Sp (durch)
   b – Objekt / Ding (harte Nahrung) /
   V: Sa / Sp (an);                    S: Sg/Sp (von), Sp (an)
3. Das Kind knabbert Möhren. Der Junge knabbert Zwieback. Der Besuch knabberte den ganzen Abend Erdnüsse und Salzstangen. Das Mädchen knabbert schon eine ganze Weile an dem Maiskolben. Sie haben ihren Gästen etwas zum Knabbern angeboten.

Anmerkung
– Beim Substantiv ergeben sich zwei unterschiedliche Konstruktionen:
  Wenn das Objekt als Sg erscheint, wird der Täter mit Sp (durch) angeschlossen:
  Das Knabbern *der Salzstangen durch die Kinder* . . .
  Wenn dagegen der Täter als Sg erscheint, dann wird das Objekt mit Sp (an) angeschlossen:
  Das Knabbern *der Kinder an den Salzstangen* . . .

# kosten / verkosten – Kosten / Verkosten / Verkostung

Der Vater (a) kostet den Wein / von dem Wein (b). Die Köchin (b) verkostet die Suppe (b). Das Kosten der Speisen (b) durch den Koch (a) vor dem Servieren ist eine Selbstverständlichkeit. Das Verkosten / die Verkostung des Weines (b) durch den Prüfer (a) ist eine wichtige Angelegenheit.

1. 'Aufnahme einer bestimmten Nahrung', 'Aufnahme von Teilen der Nahrung', 'Prüfen des Geschmacks / der Güte', 'zum Zwecke der Bewertung'
2. a – Täter / Mensch /
   V: Sn;                              S: Sp (durch)
   b – Objekt / Ding (feste und flüssige Nahrung) /
   V: Sa / Sp (von);                   S: Sg/Sp (von)
3. Die Hausfrau kostet die Suppe / die Sauce / den Braten (von der Suppe / von der Sauce / von dem Braten). Der Küchenchef verkostet die Gerichte. Er verkostet auch den Wein. Das heimliche Kosten der Speisen macht den Kindern Spaß. Das Verkosten / die Verkostung der Gerichte durch die Jury war der Höhepunkt des Wettbewerbs.

Anmerkung
– Generell können alle Wörter dieser Gruppe ein Probieren bezeichnen. Die Wörter *verkosten /*
  *Verkosten / Verkostung* geben vor allem ein Prüfen bestimmter flüssiger Nahrung (Wein, Bier, Sekt . . .,
  aber auch Sauce, Suppe, Brühe. . .) an:
  Der Koch kostet / verkostet *die Suppe.*
  Der Winzer verkostet *den Wein.*

- Bei der sprachlichen Realisierung des Objekts ergeben sich zwei Konstruktionen mit differenzierter Bedeutung:
  Wenn b = Sa, dann ist ein Probieren oder Prüfen gemeint:
    Der Besuch kostet *den Kuchen*.
  Wenn dagegen b = Sp (von), dann ist nur ein Probieren gemeint:
    Der Besuch kostet *von dem Kuchen*.

## löffeln – Löffeln

Die Soldaten (a) löffeln zum Mittag Erbsensuppe (b). Beim Löffeln der Suppe (b) durch die Kinder (a) gab es plötzlich ein großes Geschrei.

1. 'Aufnahme einer bestimmten Nahrung', 'in einer bestimmten Art und Weise', 'mit Hilfe eines Instruments (Löffel)'
2. a – Täter / Mensch /
      V: Sn;                          S: Sp (durch)
   b – Objekt / Ding (flüssige / breiige Nahrung) /
      V: Sa;                          S: Sg/Sp (von)
3. Die Hochzeitsgesellschaft löffelt die äußerst schmackhafte Hühnerbrühe mit großem Genuß. Die Kinder löffeln begeistert die Kartoffelsuppe. Das Löffeln der heißen Suppe bereitet den Kranken Unannehmlichkeiten.

## lutschen – Lutschen

Die Kinder (a) lutschen Bonbons (b). Das Lutschen von Bonbons (b) durch die Fluggäste (a) beim Starten und Landen war früher allgemein üblich.

1. 'Aufnahme einer bestimmten Nahrung', 'in einer bestimmten Art und Weise', 'mit Hilfe der Lippen und der Zunge', 'Zergehenlassen im Mund'
2. a – Täter / Mensch /
      V: Sn;                          S: Sp (durch)
   b – Objekt / Ding (feste, sich auflösende Nahrung) /
      V: Sa / Sp (an);                S: Sg/Sp (von)
3. Die Mädchen lutschen Drops / Schokolade (an den Drops / an der Schokolade). Den Kindern macht das Lutschen der Zuckerstangen / an den Zuckerstangen viel Spaß.

Anmerkung
Die Konstruktion mit Sp (an) kann angeben,
(1) daß nur Teile der Nahrung aufgenommen werden und der Prozeß noch andauert:
    Das Kind lutscht *an der Zuckerstange*.
(2) daß etwas in den Mund genommen wurde und daran gesaugt wird:
    Das Kind lutscht *am Daumen*.

## mästen – Mästen / Mast

Der Bauer (a) mästet jedes Jahr viele Gänse (b) mit Vollwertfutter (c). Das Mästen / die Mast von Schweinen (b) mit hochwertigem Futer (c) durch die Bauern (a) bringt kaum noch Gewinn.

1. 'jemanden mit Nahrung versorgen', 'Tiere', 'mit dem Ziel der Steigerung des Fleisch- bzw. Fettansatzes', 'zwangsweise'
2. a – Täter / Mensch, Institution /
   V: Sn;                     S: Sp (durch)
   b – Empfänger / Tier (Schlachtvieh) /
   V: Sa;                     S: Sg/Sp (von)
   c – Objekt / Ding (spezielle Nahrung) /
   V: Sp (mit);               S: Sp (mit)
3. Der landwirtschaftliche Großbetrieb mästet Schweine. Der Kleinbauer mästet Gänse mit Kleie. Das Mästen von Gänsen mit Kraftfutter hat sich bewährt. Dieser Betrieb hat sich auf das Mästen / auf die Mast von Jungbullen spezialisiert.

## nippen – Nippen

Der Gast (a) nippte nur am Wein (b). Das Nippen der Gäste (a) an den Speisen (b) hat die Gastgeber verstimmt.

1. 'Aufnahme einer bestimmten Nahrung', 'Aufnahme von Teilen der Nahrung', 'nur geringe Mengen', 'zum Prüfen oder aus Scheu', 'meist bei Getränken'
2. a – Täter / Mensch /
   V: Sn;                     S: Sg
   b – Objekt / Ding (meist flüssige Nahrung) /
   V: Sp (an, von);           S: Sp (an, von)
3. Die junge Frau nippte nur am Sekt / am Glas / am Eisbecher. Der Kraftfahrer nippte nur aus Höflichkeit am Sekt, dann stellte er das Glas wieder ab. Sie nippte nur am Braten und am Gemüse, dann legte sie das Besteck wieder hin. Das Nippen der Gäste an / von den köstlichen Speisen und vorzüglichen Weinen mußte beleidigend wirken.

Anmerkung
– Beim Substantiv wird der Täter als Sg realisiert. Das Objekt wird mit Sp (an, von) angeschlossen:
  Das Nippen *der Gäste an / von den Süßigkeiten* verwunderte sehr.

## nudeln – Nudeln

Die Bauersfrau (a) nudelt Gänse (b) mit Teigröllchen (c). Das Nudeln von Gänsen (b) mit Teigröllchen (c) durch die Bauern (a) ist heute verboten.

1. 'jemanden mit Nahrung versorgen', 'Tiere (Schlachtgeflügel)', 'mit aus Mehl etc. hergestellten Röllchen', 'gewaltsam in den Schlund stopfen', 'zum Zwecke der Steigerung des Fleisch- bzw. Fettansatzes' (heute verbotene Form der Geflügelmast)

2. a  –  Täter / Mensch /
      V: Sn;                        S: Sp (durch)
   b  –  Empfänger / Tier (Geflügel) /
      V: Sa;                        S: Sg/Sp (von)
   c  –  Objekt / Ding (feste Nahrung aus Mehlbrei) /
      V: Sp (mit);                 S: Sp (mit)
3. Die Bauersfrau nudelt heimlich ihre Gänse mit Teig. Das Nudeln von Gänsen und
Enten ist seit langem verboten. Trotzdem betreibt man noch auf manchem Bauern-
hof das Nudeln des Geflügels mit Schrot.

## probieren / durchprobieren – Probieren

Die Mutter (a) probiert den Salat (b). Der Gast (a) probiert die Weine (b)
durch. Das Probieren der jungen Weine (b) durch die Experten (a) wird
manchmal festlich umrahmt.

1. 'Aufnahme einer bestimmten Nahrung', 'in geringen Mengen', 'Prüfen des Geschmacks', 'zum Zwecke der Bewertung', 'unter Umständen zum Zwecke der Verbesserung'
2. a  –  Täter / Mensch /
      V: Sn;                        S: Sp (durch)
   b  –  Objekt / Ding /
      V: Sa / Sp (von);        S: Sg/Sp (von)
3. Die Ausstellungsbesucher probieren den Wein / ein Stück Käse / von den Früchten.
Die Geburtstagsgesellschaft probierte alle Kuchensorten durch. Nach dem Probieren der vielen Biersorten hatten alle Anwesenden einen kleinen Schwips.

Anmerkung
– Bei *probieren* kann das Objekt ein Einzelding oder eine Mehrzahl von Dingen angeben, bei *durch-
probieren* geht es immer um mehrere Sorten:
    Der Gast probierte *den Wein / alle Weinsorten.*
    Der Gast hat *alle Weinsorten* durchprobiert.

## saufen[1] – Saufen[1]

Die Kuh (a) säuft Wasser (b). Das Saufen von Milch (b) durch die Ferkel (a)
sieht niedlich aus.

1. 'Aufnahme einer bestimmten Nahrung', 'durch Tiere', 'flüssige Nahrung'
2. a  –  Täter / Tier /
      V: Sn;                        S: Sp (durch)
   b  –  Objekt / Ding (flüssige Nahrung) /
      V: Sa;                        S: Sg/Sp (von)
3. Kälber saufen Wasser / Milch. Die jungen Katzen saufen gern süße Milch. Das
Saufen der Molke durch die Schweine ist im ganzen Stall zu hören.

## saufen² – Saufen² / Sauferei

Unser Nachbar (a) säuft jeden Tag Bier und Schnaps (b). Das ständige Saufen des Vaters (a) hat die Atmosphäre in der Familie vergiftet. Die tägliche Sauferei der Jugendlichen (a) am Kiosk hat zu zahlreichen Beschwerden geführt.

1. 'Aufnahme einer bestimmten Nahrung', 'von Menschen', 'unästhetisch', 'in großen Mengen' /salopp/
2. a – Täter / Mensch /
      V: Sn;                          S: Sg
   b – Objekt / Ding (alkoholisches Getränk) /
      V: Sa;                          S: selten realisiert
3. Sein Onkel säuft nicht nur in der Kneipe Bier und Schnaps. Er säuft alles, was er bekommen kann. Nach Feierabend saufen sie in ihrem Stammlokal Bier. Wenn sie beim Saufen sind, nehmen sie keine Rücksicht auf die Nachbarn. Die abendliche Sauferei auf dem Bahnhof wurde abgestellt.

Anmerkung
– Die Wörter dieser Gruppe verfügen über ein pejoratives Sem.
– Mit *saufen* wird auch die Tatsache bezeichnet, daß jemand gewohnheitsmäßig große Mengen von Alkohol zu sich nimmt. In dieser Verwendung wird das Objekt nicht realisiert:
   Er säuft an jedem Wochenende.
– Mit den Substantiven *Saufen / Sauferei* wird angegeben, daß jemand (zu) viel Alkohol trinkt. Das Objekt wird dann selten realisiert:
   Das Saufen / die Sauferei des Mitarbeiters war nicht mehr zu ertragen.

## saugen – Saugen

Das Kind (a) saugt Milch (b) aus der Flasche (c). Das Saugen der Limonade (b) aus dem Glas (c) durch das Mädchen (a) wurde als etwas unschicklich angesehen.

1. 'Aufnahme einer bestimmten Nahrung', 'in einer bestimmten Art und Weise', 'unter Anspannung der Mundmuskeln', 'Flüssigkeit einziehend', 'aus einem Körper oder einem Gefäß'
2. a – Täter / Mensch, Säugetier /
      V: Sn;                          S: Sp (durch)
   b – Objekt / Ding (Flüssigkeit) /
      V: Sa;                          S: Sg/Sp (von)
   c – Ort / Ding (Körper, Gefäß) /
      V: Sp (aus) / Adv               S: Sp (aus) / Adv
3. Der Säugling saugt Milch aus der Brust der Mutter. Das Kälbchen saugt Milch aus dem Euter der Kuh. Der Eingeborene saugt Milch aus einer Kokusnuß. Das Mädchen saugt Juice mit einem Trinkröhrchen aus dem Würfel. Das Saugen der Milch aus der Flasche mußte des Äffchen erst lernen.

## schlingen / verschlingen – Verschlingen

Der Junge (a) schlang hungrig das Mittagessen (b). Der Hilfsarbeiter (a) verschlang im Nu eine große Portion belegter Brötchen (b). Das Verschlingen der großen Eisportion (b) durch den Jungen (a) überraschte die Umstehenden.

1. 'Aufnahme einer bestimmten Nahrung', 'von Menschen', 'unästhetisch', 'gierig', 'ohne richtig zu kauen'
2. a – Täter / Mensch /
       V: Sn;                                S: Sp (durch)
     b – Objekt / Ding (feste Nahrung) /
       V: Sa;                               S: Sg/Sp (von)
3. Die Ausgehungerten schlangen die Speisen, ohne auch nur einen Augenblick innezuhalten. Schling nicht so, sondern iß langsam! Die beiden Kinder verschlangen fast den ganzen Heidelbeerkuchen. Beim Verschlingen der Klöße mit Gänsebraten hatte er kaum eine Verschnaufpause eingelegt.

Anmerkung
– Das Verb *schlingen* bezeichnet lediglich die unästhetische, sehr schnelle Nahrungsaufnahme, während *verschlingen* noch auf den Abschluß hinweist:
    Die Kinder saßen am Tisch und schlangen.
    Die Kinder verschlangen den ganzen Kuchen.
    Beide Verben verfügen über ein pejoratives Sem.
– Bezogen auf Tiere bedeutet *verschlingen* 'etwas in großen Stücken bzw. in einem Stück hinunterschlucken':
    Die Hyäne verschlingt *ein großes Stück Fleisch nach dem anderen.*
    Die Kreuzotter verschlang *eine Maus.*

## schlürfen / ausschlürfen – Schlürfen

Die Kinder (a) schlürfen Brause (b). Der Penner (a) schlürfte sein Glas (b) aus und ging. Das Schlürfen der heißen Suppe (b) durch die Patienten (a) war unüberhörbar.

1. 'Aufnahme einer bestimmten Nahrung', 'von Menschen', 'unästhetisch', 'Einsaugen in den Mund', 'mit lautem Geräusch'
2. a – Täter / Mensch, Tier /
       V: Sn;                                S: Sp (durch)
     b – Objekt / Ding (Flüssigkeit) /
       V: Sa;                               S: Sg/Sp (von)
3. Trotz wiederholter Ermahnung durch die Mutter schlürfen die Kinder ihre Suppe und ihre Milch. Die Kühe / die Pferde schlürfen Wasser. Die Halbstarken schlürfen ihre Gläser aus. Der Lehrer ermahnte die Klasse wegen des dauernden Schlürfens der Limonade.

**Anmerkung**

- Mit *schlürfen* kann auch das zwar geräuschvolle, aber genußvolle Aufnehmen von flüssiger Nahrung in kleinen Schlucken bezeichnet werden. Dann kann das Verb nur auf Menschen bezogen werden. In bestimmten Kulturkreisen gehört das Schlürfen (z.B. von Tee) zu den Normalitäten; ein Nicht-Schlürfen wird als unhöflich empfunden. Dann entfällt auch das Sem 'unästhetisch'.

## schmecken / abschmecken – Abschmecken

Der Vater (a) schmeckt nur Salz und Pfeffer (b), kein anderes Gewürz. Die Köchin (a) schmeckt den Braten (b) ab. Das Abschmecken der von der Tochter allein gekochten Suppe (b) durch die Mutter (a) wurde nur wegen der zu erwartenden Gäste akzeptiert.

1. 'Aufnahme einer bestimmten Nahrung', 'Aufnahme von Teilen der Nahrung', 'zum Zwecke des Prüfens', 'um gegebenenfalls den Geschmack zu verbessern'
2. a – Täter / Mensch /
   V: Sn;                              S: Sp (durch)
   b – Objekt / Ding (feste und flüssige Nahrung) /
   V: Sa;                              S: Sg/Sp (von)
3. Man schmeckt das ranzige Fett im Kuchen. Der Koch schmeckt die Suppe / den Salat / das Gemüse ab. Das Abschmecken der Soße hat der Chefkoch heute dem Lehrling überlassen.

## speisen – Speisen / Speisung

Der Verein (a) speist täglich viele Obdachlose (b). Das kostenlose Speisen / die kostenlose Speisung von Bedürftigen (b) durch die Gastwirtschaft (a) wurde überall anerkannt.

1. 'jemanden mit Nahrung versorgen', 'bezogen auf Menschen', 'meist mehrere Menschen', 'oft Bedürftige' /gehoben/
2. a – Täter / Mensch, Institution /
   V: Sn;                              S: Sp (durch)
   b – Empfänger / Menschen (Bedürftige) /
   V: Sa;                              S: Sg/Sp (von)
3. Die Rehabilitationsklinik speist täglich außer den eigenen Patienten auch noch zahlreiche Obdachlose. Christus speiste die Armen. Das Speisen von Hungrigen ist ein Gebot christlicher Nächstenliebe. Die Speisung der Fünftausend wird im Evangelium des Matthäus erwähnt.

## tränken – Tränken

Die Bäuerin (a) tränkt die Ferkel (b) mit Milch (c). Das Tränken der Pferde (b) mit frischem Wasser (c) durch die Reiter (a) kann man täglich im Gestüt beobachten.

1. 'jemanden mit Nahrung versorgen', 'Tiere', 'flüssige Nahrung', 'mit Hilfe eines Instruments / Stoffes'
2. a  –  Täter / Mensch /
       V: Sn;                              S: Sp (durch)
   b  –  Empfänger / Tier (Säugetier) /
       V: Sa;                              S: Sg/Sp (von)
   c  –  Objekt / Ding (Flüssigkeit) /
       V: Sp (mit);                        S: Sp (mit)
3. Die Pflegerin tränkt die jungen Affen mit Milch / mit der Flasche. Das Mädchen sieht zu, wie der Vater die Pferde mit Wasser aus dem Brunnen tränkt. Das Tränken der jungen Katzen mit Milch macht der Pflegerin einige Mühe.

Anmerkung
– Gelegentlich wird das Instrument, mit dem die Flüssigkeit verabreicht wird, statt der Nahrung genannt:
     Die Pflegerin tränkt die Äffchen *mit der Flasche.*
Eigentlich handelt es sich hier um einen weiteren Aktanten.

## trinken – trinkbar / trinkfertig – Trinken

Die Geburtstagsgesellschaft (a) trinkt Tee (b). Dieses Bier (b) aus Lübz ist wirklich trinkbar. Der Cocktail (b) ist trinkfertig. Das Trinken von Alkohol (b) durch Jugendliche (a) sollte energischer bekämpft werden.

1. 'Aufnahme einer bestimmten Nahrung', 'ohne Hinweis auf das Ende', 'durch Menschen', 'Flüssigkeit'
2. a  –  Täter / Mensch /
       V: Sn;                    A: nicht realisiert;      S: Sp (durch)
   b  –  Objekt / Ding (flüssige Nahrung) /
       V: Sa;                    A: Sn;                    S: Sg/Sp (von)
3. Bei festlichen Anlässen trinkt man oft Champagner. Die Bauarbeiter trinken in der Regel Bier. Dieser selbsthergestellte Wein ist durchaus trinkbar. Die mit viel Mühe gekochte Brühe ist endlich trinkfertig. Das Trinken von Mineralwasser ist gesund. Kraftfahrern wird das Trinken von alkoholfreiem Bier empfohlen.

Anmerkung
– Das Adjektiv *trinkbar* drückt aus, daß eine bestimmte Flüssigkeit generell getrunken werden kann und daß sie gut zu genießen ist. Die Täterbezeichnung ergibt sich daher aus der Situation; sie wird im Satz kaum realisiert.
– Das Adjektiv *trinkfertig* drückt aus, daß die Herstellung einer bestimmten Flüssigkeit abgeschlossen ist und daß sie jetzt getrunken werden kann. Es wird nichts über die Qualität der Flüssigkeit ausgesagt. Bei der Herstellung des Getränkes handelt es sich meist um das Mischen mehrerer Flüssigkeiten bzw. einer Flüssigkeit mit mehreren Zutaten.

## verpflegen – Verpflegen / Verpflegung

Die Firma (a) verpflegt die Mitarbeiter (b) in einem nahegelegenen Restaurant. Das Verpflegen / die Verpflegung der Reisegruppe (b) durch das Restaurant (a) stieß auf nicht vorhersehbare Schwierigkeiten.

1. 'jemanden mit Nahrung versorgen', 'Menschen', 'über einen längeren Zeitraum'
2. a  –  Täter / Mensch, Institution /
      V: Sn;                S: Sp (durch)
   b  –  Empfänger / Mensch /
      V: Sa;               S: Sg/Sp (von)
3. Das Reisebüro verpflegt seine Urlauber in einer Berghütte / Pension. Das Verpflegen der Sportler durch die Organisatoren erfolgt problemlos. Für die Verpflegung der Soldaten im Katastrophengebiet war gesorgt.

Anmerkung
– Das Substantiv *Verpflegung* kann auch die konkrete Nahrung bezeichnen:
  Die Sportler können *ihre Verpflegung* an der Kantine in Empfang nehmen.

## verspeisen – Verspeisen / Verspeisung

Die Gäste (a) haben das vorzügliche kalte Büfett (b) bis auf den letzten Bissen verspeist. Das Verspeisen des Spanferkels (b) durch die Gäste (a) wurde mit einer Videokamera zur Freude aller festgehalten. Nach der Verspeisung all der Köstlichkeiten (b) durch die Geburtstagsgäste (a) räumte der Partyservice den Saal wieder auf.

1. 'Aufnahme einer bestimmten Nahrung', 'mit Hinweis auf das Ende', 'in (großen) Mengen', 'alles aufnehmen', 'mit Vergnügen' /gehoben/
2. a  –  Täter / Mensch /
      V: Sn;                S: Sp (durch)
   b  –  Objekt / Ding (in großer Menge) /
      V: Sa;               S: Sg/Sp (von)
3. Die Hochzeitsgesellschaft verspeiste fünf Rebhühner, einen Fasan, ein halbes Reh und fast ein ganzes Spanferkel. Der Besuch hat mit großem Appetit die Gans verspeist. Beim Verspeisen der Forellen durch die Familie konnte man eine Stecknadel zu Boden fallen hören, so still war es im Raum.

## vertilgen – Vertilgen

Der Junge (a) hat ein ganzes Hähnchen (b) allein vertilgt. Das Vertilgen von sechs Klößen (b) durch den Jungen (a) regte niemanden mehr auf.

1. 'Aufnahme einer bestimmten Nahrung', 'mit Hinweis auf das Ende', 'in großen Mengen', 'vollständig' /salopp/
2. a  –  Täter / Mensch, Tier /
      V: Sn;                S: Sp (durch)
   b  –  Objekt / Ding (feste Nahrung, selten Flüssigkeit) /
      V: Sa;               S: Sg/Sp (von)
3. Während der Abwesenheit der Eltern haben die Kinder alle Vorräte an Wurst und Fleisch restlos vertilgt. Der Maulwurf vertilgt täglich eine große Menge an Engerlingen. Das Vertilgen von Eis und Süßigkeiten macht den Kindern Spaß, führt aber oft zu Magenschmerzen.

**verzehren / aufzehren – Verzehren / Verzehr**

Die Schülerin (a) verzehrt ihr Frühstücksbrot (b) in der großen Pause. Die Polarforscher (a) hatten alle Vorräte (b) aufgezehrt. Das Verzehren überlagerter Produkte (b) durch Menschen (a) kann zu körperlichem Unbehagen führen. Der Verzehr von Alkohol (b) durch Jugendliche (a) sollte rigoros unterbunden werden.

1. 'Aufnahme einer bestimmten Nahrung', 'mit Hinweis auf das Ende', 'durch Menschen', 'vollständig', 'zuweilen in bestimmten Räumen (Gaststätte)'
2. a  –  Täter / Mensch /
          V: Sn;                            S: Sp (durch)
   b  –  Objekt / Ding (meist feste Nahrung) /
          V: Sa;                            S: Sg/Sp (von)
3. Am Sonntag hat die Familie eine Gans verzehrt. Die Einwohner der eingeschlossenen Stadt haben alle Vorräte aufgezehrt. Das Verzehren von Speiseeis durch Jugendliche hat allgemein zugenommen. Der Verzehr von Gerichten aus der Assiette ist zur Gewohnheit geworden.

Anmerkung
– Die Verben *verzehren* und *aufzehren* bezeichnen die vollständige Aufnahme der Nahrung. *Aufzehren* bezieht sich dabei immer auf mehrere Nahrungsmittel (oft auf eine Gesamtheit).
– Bei *Verzehren* steht das Prozessuale im Vordergrund (Konversion). *Verzehr* dagegen bezeichnet einen in sich geschlossenen Prozeß. Verzehren kann man feste Nahrungsmittel, beim Verzehr kann auch etwas getrunken werden.

# Feld der Reinigung

Zu diesem Feld gehören Verben, Adjektive und Substantive, die den Prozeß bzw. das Ergebnis des Reinigens bezeichnen. Unter Reinigen wird das Entfernen bzw. Aussondern von Schmutz oder anderen Schadstoffen (im weitesten Sinne) mit Hilfe unterschiedlicher Geräte (Reinigungsgeräte, Werkzeuge, Apparate, Maschinen) und oft unter Verwendung von Reinigungsmitteln (Wasser, Waschmittel, Kosmetika, Chemikalien) verstanden, wobei ein Zusammenwirken verschiedener Geräte und Reinigungsmittel möglich ist.

Die Verben dieses Feldes beziehen sich darauf, daß jemand oder etwas jemanden oder etwas von etwas befreit, wobei u.U. ein Hilfsmittel verwendet wird. Die Adjektive dieses Feldes bezeichnen die Beschaffenheit des Lebewesens oder des Gegenstandes hinsichtlich der Reinigung, wobei der Bezug zum Schadstoff ausgedrückt werden kann. Die Substantive dieses Feldes benennen den Vorgang und/oder den Zustand des Entfernens bzw. Aussonderns von Schmutz oder anderer Schadstoffe (im weitesten Sinne).

Die Mehrzahl der Verben, Adjektive und Substantive ist logisch dreiwertig, der dritte Aktant wird aber nur selten sprachlich realisiert, fast nie bei den Adjektiven und Substantiven. Er ergibt sich aus dem Kontext oder aus dem Weltwissen. Besonders hinzuweisen ist bei den Verben auf die vierwertigen Hyperonyme *reinigen, säubern* und *saubermachen* und auf die zweiwertigen Verben *ausschlacken, baden, duschen, entschlacken, jäten* und *staubsaugen.*

Einige Verben – und die von ihnen abgeleiteten Substantive – (z.B. *abbürsten, ablaugen, abseifen, ausklopfen, fegen, harken, staubsaugen*) lassen das Instrument erkennen, mit dem gereinigt wird (Gerät: *Bürste, Feger, Harke, Klopfer, Staubsauger* – Mittel: *Lauge, Seife*), andere (z.B. *abschminken, ausmisten, entkalken, entschlacken*) bezeichnen auch das zu Entfernende (*Schminke, Mist, Kalk, Schlacke*).

Die Verben dieses Feldes bilden folgende (syntaktische) Grundstrukturen:

(1) Minimalstruktur
    Täter – Verb  – Objekt
    Sn   – V   – Sa

(2) Expandierte Struktur
   a) Täter – Verb – Objekt – Instrument
      Sn   – V    – Sa    – Sp (mit)
   b) Täter – Verb – Objekt – Instrument – zu Entfernendes
      Sn   – V    – Sa    – Sp (mit) – Sp (von)

Die Struktur (2b) gilt nur für die hyperonymen Verben *reinigen, säubern* und *saubermachen.*
Ist das Instrument des Reinigens bzw. das zu Entfernende durch das Verb gekennzeichnet, dann bleibt die entsprechende Stelle der expandierten Struktur in der Regel unbesetzt:
   Er reinigt die Tür *mit Seife.*
   > Er *seift* die Tür *ab.*
   Er reinigt die Kaffeemaschiene *vom Kalk.*
   > Er *entkalkt* die Kaffeemaschine.

Nur unter bestimmten Bedingungen (z.B. zur besonderen Kennzeichnung) wird das im Verb bereits bezeichnete Instrument spezifiziert:
   Er reinigt die Tür *mit Seife.*
   > Er *seift* die Tür *ab.*
   > Er *seift* die Tür *mit Schmierseife ab.*

Bei einigen Verben kann das Instrument die erste Stelle besetzen, der Täter wird dann nicht genannt:
   Die Stadtreinigung kehrt die Straßen der Stadt *mit neuen Kehrmaschinen.*
   > *Die neuen Kehrmaschinen* kehren die Straßen der Stadt.

Diese Struktur findet sich immer beim Verb *entschlacken:*
   *Der Blutreinigungstee* entschlackt den Körper.

Erscheint das zu Entfernende als Sa, dann wird das zu Reinigende als Sp (von) angeschlossen. In diesem Fall liegt die Bedeutung 'Entfernen' vor:
   Er harkt *das Laub vom Gartenweg.*

Bei der Mehrzahl der Verben ist ein freier Dativ möglich:
   Der Sohn putzt *der Mutter* die Schuhe.
   Der Kellner entgrätet *dem Gast* den Karpfen.
Von allen Verben dieses Feldes können **Adjektive** mit dem Suffix -bar abgeleitet werden. In den einschlägigen Wörterbüchern ist aber nur *waschbar* verzeichnet. Deshalb wurde auch nur dieses Adjektiv in die Feldbeschreibung aufgenommen.

Die **Adjektive** dieses Feldes bilden folgende (syntaktische) Grundstrukturen:

(1) Minimalstruktur
   Objekt – Adjektiv
   Sn     – A

(2) Expandierte Struktur
    Objekt – Adjektiv – zu Entfernendes – Instrument / Täter
    Sn    – A       – Sp (von)        – Sp (durch)

Die Substantive dieses Feldes bilden folgende (syntaktische) Grundstrukturen:

(1) Minimalstruktur
    Substantiv – Objekt
    S          – Sg
(2) Expandierte Struktur
    a) Substantiv – Objekt – Instrument – Täter
       S          – Sg     – Sp (mit)   – Sp (durch)
    b) Substantiv – Objekt – Instrument – zu Entfernendes – Täter
       S          – Sg     – Sp (mit)   – Sp (von)        – Sp (durch)

# Übersicht über das Wortfeld

1.  allgemein
    *reinigen – rein / reinlich – Reinigen / Reinigung / Reinheit / Reinlichkeit;
    säubern / saubermachen / sauberhalten – sauber – Säubern / Säuberung /
    Sauberkeit / Saubermachen / Sauberhalten / Sauberhaltung*

2.  'Naßreinigung'

2.1. 'ohne Kennzeichnung des Mittels oder des Gerätes'
    *spülen / abspülen / ausspülen – Spülen / Spülung / Abspülen / Ausspülen /
    Ausspülung; waschen / abwaschen / aufwaschen / auswaschen – waschbar /
    waschecht – Waschen / Waschung / Wäsche / Wascherei / Abwaschen /
    Aufwaschen / Auswaschen; desinfizieren – Desinfizieren / Desinfektion;
    sterilisieren – steril – Sterilisieren / Sterilisation*

2.2. 'Kennzeichnung des Mittels'
    *ablaugen – Ablaugen; abseifen – Abseifen*

2.3. 'Kennzeichnung des Gerätes'
    *baden – Baden / Bad; duschen – Duschen / Dusche*

2.4. 'Kennzeichnung des zu Entfernenden'
    *entkalken – Entkalken; entkeimen – Entkeimen / Entkeimung; entschlakken – Entschlacken / Entschlackung*

3.  'Trockenreinigung'

3.1. 'ohne Kennzeichnung des Gerätes'
    *jäten – Jäten; putzen / abputzen / ausputzen – Putzen / Abputzen / Ausputzen; saugen / absaugen – Saugen / Absaugen*

3.2. 'Kennzeichnung des Gerätes'
    *fegen / abfegen / ausfegen – Fegen / Fege / Abfegen / Ausfegen; harken/rechen – Harken/Rechen; abbürsten / ausbürsten – Abbürsten / Aus-*

*bürsten; klopfen / ausklopfen – Klopfen / Ausklopfen; staubsaugen –
Staubsaugen*

3.3. 'Kennzeichnung des zu Entfernenden'

*entgräten – Entgräten; entkernen – Entkernen / Entkernung; entstauben /
abstauben – Entstauben / Entstaubung / Abstauben; ausmisten – Ausmisten; ausschlacken – Ausschlacken*

4.  'Naß- und Trockenreinigung'

4.1. 'ohne Kennzeichnung des Mittels oder des Gerätes'

*scheuern / ausscheuern – Scheuern / Ausscheuern; wischen / abwischen /
auswischen – Wischen / Abwischen / Auswischen; abreiben / ausreiben –
Abreiben / Ausreiben*

4.2. 'Kennzeichnung des Gerätes'

*schrubben / abschrubben / ausschrubben – Schrubben / Abschrubben / Aus-
schrubben*

4.3. 'Kennzeichnung des zu Entfernenden'

*abschminken – Abschminken;*


## Beschreibung der Wörter

### abbürsten / ausbürsten – Abbürsten / Ausbürsten

Die Mutter (a) bürstet den Rock (b) mit einer weichen Bürste (c) ab. Sie (a)
bürstet den völlig verstaubten Mantel (b) mit einer kräftigen Bürste (c) aus.
Das Abbürsten des Rockes (b) mit einer weichen Bürste (c) durch die Mutter
(a) dauerte nicht lange. Das Ausbürsten des völlig verstaubten Mantels (b)
mit einer kräftigen Bürste (c) durch die Mutter (a) nahm einige Zeit in Anspruch.

1. 'Vorgang des Entfernens von Schmutz', 'durch Menschen', 'unter Verwendung eines Gerätes', 'manuell', 'Trockenreinigung'
2.  a  –  Täter / Mensch /
           V: Sn;                           S: Sp (durch)
    b  –  Objekt / Gegenstand (Textilien, Polster, Kleidung) /
           V: Sa;                           S: Sg/Sp (von)
    c  –  Instrument / Gerät (Bürste) /
           V: Sp (mit);                     S: Sp (mit)
3. Der Student bürstet seine Schuhe / den Hut / die verstaubte Jacke / den Wandteppich ab. Die Frau bürstet die Decken / die Matratzen / den Anzug / den Läufer aus.
   Das Kind sah der Mutter beim Abbürsten / beim Ausbürsten des Wandteppichs zu.

**Anmerkung**

– *Abbürsten* bezeichnet das Entfernen von Schmutz von der Oberfläche eines Gegenstandes. *Ausbürsten* orientiert auf die Intensität und Vollständigkeit der Reinigung eines Gegenstandes.
– Ableitungen mit dem Suffix -ung sind möglich, es wurden aber keine Belege dafür gefunden.

## ablaugen – Ablaugen

Der Maler (a) laugt die dunkle Tür (b) mit einer verdünnten Lauge (c) ab. Das Ablaugen der dunklen Tür (b) mit der verdünnten Lauge (c) durch den Maler (a) dauerte länger als ursprünglich gedacht.

1. 'Vorgang des Entfernens von Störendem', 'durch Menschen', 'unter Verwendung eines Mittels', 'Bewirken einer chemischen Reaktion', 'Gegenstand vollständig mit der Flüssigkeit versehen', 'Naßreinigung' /Fachsprache/
2. a – Täter / Mensch /
      V: Sn;                          S: Sp (durch)
   b – Objekt / Gegenstand (aus Holz oder Metall) /
      V: Sa;                          S: Sg
   c – Instrument / Mittel (Lauge, Chemikalie) /
      V: Sp (mit);                    S: Sp (mit)
3. Der Bastler laugt den alten Schrank / die Holzverkleidung ab. Während des Ablaugens der alten, aber noch gut erhaltenen Möbel entwickelten sich ätzende Dämpfe.

## abreiben / ausreiben – Abreiben / Ausreiben

Der Junge (a) reibt das rostige Messer (b) mit Schmirgelpapier (c) ab. Der Kellner (a) reibt die Gläser (b) mit einem weichen Tuch (c) aus. Der Nachbar beobachtete interessiert das Abreiben des rostigen Messers (b) mit Schmirgelpapier (c) durch den Jungen (a). Das Ausreiben der Gläser (b) mit einem weichen Tuch (c) durch den Kellner (a) dauerte fast zwei Stunden.

1. 'Vorgang des Entfernens von Schmutz bzw. von Ablagerungen', 'unter Verwendung eines Gerätes', 'auf das Äußere des Gegenstandes bzw. das Innere des Hohlkörpers gerichtet', 'manuell', 'durch Menschen', 'Naß- und Trockenreinigung'
2. a – Täter / Mensch /
      V: Sn;                          S: Sp (durch)
   b – Objekt / Gegenstand /
      V: Sa;                          S: Sg/Sp (von)
   c – Instrument / Gerät (Tuch, Papier) /
      V: Sp (mit);                    S: Sp (mit)
3. Der Fensterputzer reibt die Scheiben mit dem Fensterleder ab. Sie reibt den Apfel / die Tischplatte ab. Die Hausfrau reibt die Keramiktöpfe feucht aus, bevor sie die Pilze sauer einlegt. Das Abreiben der Bestecke hatte der Jüngste übernommen. Er kam mit dem Ausreiben der Sektgläser nicht nach.

- Mit *abreiben / Abreiben* wird das Entfernen von Schmutz vom Äußeren des Gegenstandes bezeichnet, mit *ausreiben / Ausreiben* das Entfernen der Ablagerung aus einem Hohlkörper.
- Bei Sa = Körperteil liegt meist reflexiver Gebrauch vor:
  Er reibt *sich die Hände* mit einem Tuch ab.

## abschminken – Abschminken

Der Schauspieler (a) hat sein Gesicht (b) nach der Vorstellung mit einem hautfreundlichen Mittel (c) abgeschminkt. Das Abschminken des Gesichtes (b) mit einem hautfreundlichen Mittel (c) durch den Schauspieler (a) nahm nur wenig Zeit in Anspruch.

1. 'Vorgang des Entfernens des zuvor Aufgetragenen (Schminke, Farbe)', 'durch Menschen', 'unter Verwendung eines Gerätes bzw. mit Hilfe von Kosmetika', 'manuell', 'Naß-' und 'Trockenreinigung'
2. a – Täter / Mensch /
      V: Sn;                        S: Sp (durch)
   b – Objekt / Mensch, Körperteil (Gesicht, Lippen) /
      V: Sa, Reflexivpronomen;      S: Sg/Sp (von)
   c – Instrument / Mittel (Kosmetika), Gerät (Tuch, Watte) /
      V: Sp (mit);                  S: Sp (mit)
3. Vor dem Schlafengehen schminkt sich die junge Frau ab. Der Maskenbildner schminkt die Primaballerina ab. Sie schminkt sich das Gesicht / die Lippen ab. Nach dem Abschminken gab die Schauspielerin ein Interview. Das Abschminken der Künstlerin dauerte seine Zeit.

## abseifen – Abseifen

Die Hausfrau (a) seift die Tür (b) mit Schmierseife (c) ab. Beim Abseifen der Tür (b) mit Schmierseife (c) durch die Hausfrau (a) schaute der Enkelsohn interessiert zu.

1. 'Vorgang des Entfernens von Schmutz', 'durch Menschen', 'unter Verwendung von Wasser und Seife / Waschmittel und einem Gerät', 'manuell', 'Naßreinigung'
2. a – Täter /Mensch /
      V: Sn;                        S: Sp (durch)
   b – Objekt / Mensch, Säugetier, Gegenstand /
      V: Sa;                        S: Sg/Sp (von)
   c – Instrument / Mittel (Waschmittel) /
      V: Sp (mit);                  S: Sp (mit)
3. Die Tochter seift die verschmutzten Kacheln im Bad ab. Die Mutter seift das völlig verdreckte Kind in der Wanne ab. Er seift den Dackel / die Gartenstühle ab. Zum Abseifen der Keramikkrüge nahm er sich Zeit. Das Abseifen der Gartenmöbel dauerte länger als vorgesehen.

## abstauben / entstauben – Abstauben / Entstauben / Entstaubung

Der Bibliothekar (a) staubt die aus dem Magazin angelieferten Bücher (b) mit dem Handstaubsauger (c) ab. Der Blumenfreund (a) entstaubt die Zierpflanzen (b) mit dem Pinsel (c). Das Abstauben der Bücher (b) mit dem Handstaubsauger (c) durch den Bibliothekar (a) sollte schon längst erfolgt sein. Das Entstauben der Zierpflanzen (b) mit dem Pinsel (c) durch den Blumenfreund (a) erheiterte die Nachbarn. Die Entstaubung der Folianten (b) mit Pinsel und Tuch (c) durch den Bücherfreund (a) zog sich über mehrere Tage hin.

1. 'Vorgang des Entfernens der Ablagerung (Staub)', 'durch Menschen', 'unter Verwendung eines Gerätes', 'manuell', 'Trockenreinigung'
2. a – Täter / Mensch /
       V: Sn;                          S: Sp (durch)
   b – Objekt / Gegenstand /
       V: Sa;                          S: Sg/Sp (von)
   c – Instrument / Gerät (Apparatur, Pinsel, Tuch) /
       V: Sp (mit);                    S: Sp (mit)
3. Das Zimmermädchen staubt die Bilder mit einem Staubwedel ab. Sie staubt die Möbel / die Wohnung ab. Sie entstaubt die Bücher / die Nippes. Beim Abstauben der Möbel aus Omas Wohnung half die Enkelin eifrig mit. Für das Entstauben des Getreides / der Luft waren spezielle Apparaturen erforderlich.

## ausmisten – Ausmisten

Der Bauer (a) mistet den Rinderstall (b) mit der neuen Kleinraupe (c) aus. Das Ausmisten des Rinderstalles (b) mit der neuen Kleinraupe (c) durch den Bauern (a) erwies sich als recht kompliziert.

1. 'Vorgang des Entfernens von Unrat / Kot', 'durch Menschen', 'unter Verwendung eines Gerätes', 'manuell oder maschinell', 'Trockenreinigung'
2. a – Täter / Mensch /
       V: Sn;                          S: Sp (durch)
   b – Objekt / Raum (für Tiere), Tier (statt Raum) /
       V: Sa;                          S: Sg/Sp (von)
   c – Instrument / Gerät (Gabel, Schaufel, Raupe) /
       V: Sp (mit);                    S: Sp (mit)
3. Der Junge mistet den Kaninchenstall aus. Er hilft dem Vater beim Ausmisten der Schweine.

Anmerkung
– Im übertragenen Sinne werden *ausmisten* / *Ausmisten* umgangssprachlich (salopp) in der Bedeutung 'Nutzloses / Veraltetes / nicht mehr Benötigtes aussortieren und wegwerfen' verwendet:
   Jetzt, da er Zeit hatte, begann der Rentner seinen Keller auszumisten.
   Beim Ausmisten des Dachbodens fielen ihm längst vergessene alte Liebesbriefe in die Hände.

## ausschlacken – Ausschlacken

Der Heizer (a) schlackt die Kesselanlage (b) aus. Das Ausschlacken der
Kesselanlage (b) durch den Heizer (a) dauerte mehrere Stunden.

1. 'Vorgang des Entfernens der Verbrennungsrückstände', 'durch Menschen', 'unter
   Verwendung eines Gerätes', 'manuell' /Fachsprache, Technik/
2. a  – Täter / Mensch /
       V: Sn;                           S: Sp (durch)
   b  – Objekt / Gegenstand (technische Anlage) /
       V: Sa;                           S: Sg/Sp (von)
3. Die Stahlarbeiter schlacken den Schmelzofen aus. Beim Ausschlacken der alten
   Dampflokomotive durch Mitglieder des Lokomotivklubs floß viel Bier.

Anmerkung
– Das Instrument wird nicht bezeichnet.

## baden – Baden / Bad

Die junge Mutter (a) badet den Säugling (b) in handwarmem Wasser. Beim
Baden des Säuglings (b) durch die Mutter (a) schaute die ältere Tochter
interessiert zu. Das Bad des Säuglings (b) durch die Mutter (a) dient der
Körperpflege und der Gesunderhaltung.

1. 'Vorgang des Entfernens von Schmutz', 'durch Menschen', 'unter Verwendung von
   Wasser (und Reinigungsmitteln)', 'vollständiges Eintauchen des Körpers in das
   Wasser'
2. a  – Täter / Mensch /
       V: Sn;                           S: Sp (durch)
   b  – Objekt / Mensch, Tier (Säugetier), Körperteil /
       V: Sa, Reflexivpronomen;         S: Sg/Sp (von)
3. Der Pfleger badet den Kranken. Der Junge badet den kleinen Hund. Die junge
   Frau badet ihre Hände in lauwarmem Wasser. Sie badet sich täglich. Beim Baden
   der Kinder am Wochenende gab es oft Ärger. Das wöchentliche Bad der Kinder
   gehört zum festen Programm.

Anmerkung
– Für *sich baden* erscheint auch *ein Bad nehmen*:
    Sie *nimmt* noch schnell *ein Bad*, bevor sie sich zum Konzertbesuch schick anzieht.
– Mit *Bad* wird bezeichnet
    – die (größere) Wassermenge, die zur Reinigung und zur Erfrischung des Körpers dient:
        Er läßt sich *ein Bad* einlaufen.
    – der Vorgang des Badens:
        *Das Bad* hat sie richtig erfrischt.
    – der Ort, an dem gebadet wird (Raum in der Wohnung, Räumlichkeit in der Stadt, Gelände mit
        Bademöglichkeit):
        *Das Bad* ist renoviert worden.
    – der Ort, in dem es Heilquellen gibt (Kurort):
        Der Arzt hat dem Patienten eine Kur *in einem Bad* im Schwarzwald verschrieben.

## desinfizieren – Desinfizieren / Desinfektion

Der Pfleger (a) desinfiziert den Fußboden (b) mit Formaldehyd (c). Das Desinfizieren des Fußbodens (b) mit Formaldehyd (c) durch den Pfleger (a) bedingte die kurzzeitige Sperrung des Raumes. Wegen der Desinfektion des Fußbodens (b) mit Formaldehyd (c) durch den Pfleger (a) wurde der Raum kurzzeitig gesperrt.

1. 'Vorgang des Vernichtens von Krankheitserregern', 'unter Verwendung eines keimabtötenden Mittels', 'Naßreinigung'
2. a – Täter / Mensch /
   V: Sn;                        S: Sp (durch)
   b – Objekt / Gegenstand, Raum, Körperteil /
   V: Sa;                        S: Sg/Sp (von)
   c – Instrument / Mittel (Desinfektionsmittel) /
   V: Sp (mit);                  S: Sp (mit, mit Hilfe von)
3. Die Schwester desinfiziert das Thermometer mit Alkohol. Er desinfizierte die Zimmer / seine Hände. Das Desinfizieren der Betten dauerte mehrere Stunden. Durch die sofortige Desinfektion der Wunde durch den erfahrenen Helfer konnte eine Entzündung vermieden werden.

## duschen – Duschen / Dusche

Das Mädchen (a) duscht ihre jüngeren Geschwister (b), bevor sie sie ins Bett bringt. Das Duschen der jüngeren Geschwister (b) durch das Mädchen (a) war eine Selbstverständlichkeit. Die Dusche der jüngeren Geschwister (b) durch das Mädchen (a) vor dem Schlafengehen war selbstverständlich.

1. 'Vorgang des Entfernens von Schmutz', 'durch Menschen', 'unter Verwendung von Wasser (und Reinigungsmitteln)', 'mit Hilfe einer bestimmten sanitären Vorrichtung (Dusche)', 'Naßreinigung'
2. a – Täter / Mensch /
   V: Sn;                        S: Sp (durch)
   b – Objekt / Mensch, Säugetier, Wasservogel /
   V: Sa, Reflexivpronomen;      S: Sg/Sp (von)
3. Die Mutter duscht das Kind. Der Sportler duscht sich nach dem Wettkampf. Das Duschen am Abend war für sie mehr als nur eine Reinigung des Körpers. Nach dem Duschen / der Dusche ging er zu Bett. Ihre morgendliche Dusche entwickelte sich langsam zu einer rituellen Handlung.

Anmerkung
– Das Verb *duschen* bezeichnet auch das Instrument, mit dem gereinigt wird. Unter besonderen Bedingungen ist die Nennung des Instruments (des Mittels) möglich:
  Sie duschten die ölverschmierten Wasservögel *mit einer speziellen Flüssigkeit.*
– Mit *Dusche* wird sowohl die Vorrichtung zum Duschen als auch der Raum / die Kabine für das Duschen bezeichnet:
  Er stellte sich *unter die Dusche* und drehte das kalte Wasser auf.
  Er hatte die Seife *in der Dusche* liegengelassen.

## entgräten – Entgräten

Der Oberkellner (a) entgrätete dem Gast die Forelle (b) mit einem Fischbesteck (c). Der Gast beobachtete interessiert das Entgräten der Forelle (b)
mit dem Fischbesteck (c) durch den Oberkellner (a).

1. 'Vorgang des Entfernens des Ungenießbaren (Gräte)', 'durch Menschen', 'unter
   Verwendung eines Gerätes', 'manuell', 'Trockenreinigung'
2. a  –  Täter / Mensch /
         V: Sn;                          S: Sp (durch)
   b  –  Objekt / Lebewesen (Fisch in totem Zustand) /
         V: Sa;                          S: Sg/Sp (von)
   c  –  Instrument / Gerät (Fischbesteck) /
         V: Sp (mit);                    S: Sp (mit)
3. Die Mutter entgrätet den Karpfen. Beim Entgräten des Hechtes geriet er in Schwierigkeiten.

## entkalken – Entkalken

Die Haushaltshilfe (a) entkalkt die Waschmaschine (b) mit dem neuen Entkalker (c). Beim Entkalken der Waschmaschine (b) mit dem neuen Entkalker
(c) durch die Haushaltshilfe (a) traten Komplikationen auf.

1. 'Vorgang des Entfernens der Ablagerung (Kalk)', 'unter Verwendung eines Mittels',
   'Auslösen einer chemischen Reaktion', 'Naßreinigung'
2. a  –  Täter / Mensch, Institution /
         V: Sn;                          S: Sp (durch)
   b  –  Objekt / Gegenstand (Gerät, durch das Wasser fließt) /
         V: Sa;                          S: Sg/Sp (von)
   c  –  Instrument / Mittel (chemisches Mittel, das Kalk löst) /
         V: Sp (mit);                    S: Sp (mit)
3. Der Dienstleistungsbetrieb entkalkt das Rohrleitungssystem der Warmwasserauf-
   bereitungsanlage. Der Fachmann entkalkt den Einsatz des Wasserdurchlauferhit-
   zers. Das Entkalken der Kaffeemaschine machte mehr Mühe als gedacht.

## entkeimen – Entkeimen / Entkeimung

Der Biologe (a) entkeimt Wasser (b) mit Hilfe eines chemischen Mittels (c).
Das Entkeimen des Wassers (b) mit Hilfe chemischer Mittel (c) durch den
Biologen (a) erforderte große Sorgfalt. Die Entkeimung des Wassers (b) mit
Hilfe chemischer Mittel (c) durch den Biologen (a) wurde begrüßt.

1. 'Vorgang des Entfernens von Krankheitserregern / Fäulniserregern', 'unter Verwendung eines chemischen Mittels bzw. großer Hitze', 'Auslösen einer chemischen
   Reaktion', 'Naßreinigung' /Fachsprache/

2. a  –  Täter / Mensch, Institution /
       V: Sn;                          S: Sp (durch)
   b  –  Objekt / Gegenstand, Lebensmittel /
       V: Sa;                          S: Sg/Sp (von)
   c  –  Instrument / Mittel (keimtötend) /
       V: Sp (mit Hilfe von);          S: Sp (mit Hilfe von)
3. Die Schwester entkeimt das Meßglas. Der Forschungsreisende entkeimte das
   Trinkwasser mit Hilfe spezieller Tabletten. Das Entkeimen der Milch erfolgt in der
   Molkerei. Bei der Entkeimung der Lebensmittel sind neuere Verfahren angewendet
   worden.

## entkernen – Entkernen / Entkernung

Der Konditor (a) entkernt die Sauerkirschen (b) mit dem Kirschentkerner
(c). Beim Entkernen der Sauerkirschen (b) mit dem Kirschentkerner (c)
durch den Konditor (a) entstand viel Abfall. Bei der Entkernung der Sauerkirschen (b) mit dem Kirschentkerner (c) durch den Konditor (a) sah der
Junge aus dem Nachbarhaus gespannt zu.

1. 'Vorgang des Entfernens des Ungenießbaren (Kern)', 'durch Menschen', 'unter
   Verwendung eines Gerätes', 'manuell oder maschinell', 'Trockenreinigung'
2. a  –  Täter / Mensch, Institution /
       V: Sn;                          S: Sp (durch)
   b  –  Objekt / Gegenstand (Frucht) /
       V: Sa;                          S: Sg/Sp (von)
   c  –  Instrument / Gerät (Entkerner, Messer) /
       V: Sp (mit);                    S: Sp (mit)
3. Die Mutter entkernt die Pfirsiche mit einem Messer. Beim Entkernen der Pflaume
   stach sich das Kind in den Daumen. Die Entkernung der Kirschen hatte ein Ein-
   Mann-Betrieb übernommen.

## entschlacken – Entschlacken / Entschlackung

Der Blutreinigungstee (a) entschlackt den Körper (b). Beim Entschlacken
des Körpers (b) durch die neue Teesorte (a) war Vorsicht geboten. Die Entschlackung des Körpers (b) durch die Mixtur (a) erfolgte unter ärztlicher
Aufsicht.

1. 'Vorgang des Entfernens der Ablagerung (der nicht nutzbaren Stoffwechselproduk-
   te) aus dem Körper', 'biochemischer Prozeß', 'vom Menschen ausgelöst', 'Naßreinigung'
2. a  –  Instrument / Gegenstand (Tee, chemisches Produkt) /
       V: Sn;                          S: Sp (durch)
   b  –  Objekt / menschlicher Körper bzw. Teil des menschlichen Körpers /
       V: Sa;                          S: Sg/Sp (von)
3. Der Tee entschlackt das Blut. Zum Entschlacken des Organismus verschrieb ihm
   der Arzt ein neues Präparat. Zur Entschlackung seines Körpers hatte er sich in ein
   Sanatorium begeben.

- Im Unterschied zu allen anderen Wörtern dieses Feldes weisen *entschlacken, Entschlacken* und *Entschlackung* keinen Täter auf.
- In übertragener Bedeutung wird *entschlacken* auch auf gesellschaftliche Organisationsformen bezogen:
  Wir wollen das Hochschulrahmengesetz entschlacken. (= 'Überregelungen beseitigen')

## fegen / abfegen / ausfegen – Fegen / Fege / Abfegen / Ausfegen

Der Junge (a) fegt den Hof (b) mit dem Reisigbesen (c). Der Tischler (a) fegt die Hobelbank (b) mit dem Handbesen (c) ab. Die Bäuerin (a) fegt die Tenne (b) mit dem Kehrbesen (c) aus. Beim Fegen des Hofes (b) mit dem Reisigbesen (c) durch den Jungen (a) schauten die Nachbarskinder zu. Beim Abfegen der Hobelbank (b) mit dem Handbesen (c) durch den Tischler (a) entstand viel Staub. Das Ausfegen der Tenne (b) mit dem Kehrbesen (c) durch die Bäuerin (a) nahm nicht viel Zeit in Anspruch. Zweimal jährlich erfolgt in Erfurt die Fege des Flusses (b) mit speziellen Geräten (c) durch die Flußmeisterei (a).

1. 'Vorgang des Entfernens von Schmutz', 'durch Menschen', 'unter Verwendung eines Gerätes oder einer Maschine', 'Trockenreinigung'
2. a  – Täter / Mensch, Institution /
      V: Sn;                          S: Sp (durch)
   b  – Objekt / Fläche (gelegentlich Raum für Fläche) /
      V: Sa;                          S: Sg/Sp (von)
   c  – Instrument / Gerät (Besen), Maschine (Kehrmaschine) /
      V: Sp (mit);                    S: Sp (mit)
3. Die Rentnerin fegt einmal in der Woche die Treppe mit dem Handfeger. Mitarbeiter der Stadtreinigung fegen die Straßen im Neubaugebiet mit neuen Kehrmaschinen. Der Kellner fegt den Tisch mit einem Tischbesen ab. Die Saisonhilfe fegt den Saal vor dem Wischen aus. Beim Fegen der Straße beeilte er sich nicht sonderlich. Beim Abfegen des Teerdaches verletzte er sich. Er kam nicht zum Ausfegen des Wochenendhauses. Bei der Fege des Flusses fanden sich immer einige Schaulustige ein.

Anmerkung
- Dem vorwiegend im norddeutschen Raum verwendeten *fegen* entspricht das vorwiegend im süddeutschen Raum gebräuchliche *kehren*.
- In der Jägersprache bedeutet *fegen* = 'Befreien des Geweihs vom Bast durch Scheuern an Bäumen':
  Im Sommer fegen die Hirsche ihr Geweih.
- Das Substantiv *Fege* in der Bedeutung 'Reinigung' wurde bisher nur in Verbindung mit *Fluß* angetroffen (auch als Kompositum *Flußfege*). Ansonsten bezeichnet *Fege* ein Werkzeug zum Reinigen von Getreide.

## harken/rechen – Harken/Rechen

Der Gärtner (a) harkt den Gartenweg (b) mit dem Drahtbesen (c). Während des Harkens des Gartenweges (b) mit dem Drahtbesen (c) durch den Gärtner (a) begann es zu regnen.

1. 'Vorgang des Entfernens von Störendem (Laub, Gras u.ä.) von einer Gartenfläche (Beet, Rasen, Weg)', 'durch Menschen', 'unter Verwendung eines Gerätes', 'manuell', 'Trockenreinigung'
2. a – Täter / Mensch /
     V: Sn;                         S: Sp (durch)
   b – Objekt / Fläche (Garten, Wiese, Weg) /
     V: Sa;                         S: Sg /Sp (von)
   c – Instrument / Gerät (Harke/Rechen, Drahtbesen) /
     V: Sp (mit);                   S: Sp (mit)
3. Der Eigenheimbesitzer harkt den Rasen vor seinem Haus fast jeden Tag. Das tägliche Harken des Kiesweges störte die Nachbarn.

Anmerkung
– Dem vorwiegend im norddeutschen Sprachraum üblichen *harken* entspricht das vorwiegend im Süddeutschen gebräuchliche *rechen*.
– *Harke* und *Rechen* sind territoriale Dupletten. Sie bezeichnen ein Gerät zum Ausführen dieser Tätigkeit.

## jäten – Jäten

Der Kleingärtner (a) jätet das Gemüsebeet (b). Interessiert beobachteten die Kinder das Jäten des Gemüsebeetes (b) durch den Gärtner (a).

1. 'Vorgang des Entfernens von Unkraut', 'durch Menschen', 'mit der Hand oder mit einem Gerät (Hacke)', 'Trockenreinigung'
2. a – Täter / Mensch /
     V: Sn;                         S: Sp (durch)
   b – Objekt / Fläche (Beet) /
     V: Sa;                         S: Sg/Sp (von)
3. Der Blumenfreund jätet das Rosenbeet. Beim Jäten der Blumenrabatte half ihm sein Sohn.

## klopfen / ausklopfen – Klopfen / Ausklopfen

Der Vater (a) klopft den Läufer (b) mit dem Teppichklopfer (c). Der Urlauber (a) klopft die verstaubte Jacke (b) mit der Hand (c) aus. Das Klopfen des Läufers (b) mit dem Teppichklopfer (c) durch den Vater (a) erfolgte hinter dem Haus. Beim Ausklopfen der verstaubten Jacke (b) mit der Hand (c) durch den Urlauber (a) gab es eine Staubwolke.

1. 'Vorgang des Entfernens von trockenem Schmutz (Staub)', 'durch (leichtes) Schlagen', 'mit der Hand oder unter Verwendung eines Gerätes', 'manuell', 'Trockenreinigung'
2. a – Täter / Mensch /
     V: Sn;                         S: Sp (durch)
   b – Objekt / Gegenstand (Textilien, Polster, Pelz) /
     V: Sa;                         S: Sg/Sp (von)

c  – Instrument / Gerät (Klopfer), Körperteil (Hand) /
    V: Sp (mit);            S: Sp (mit)

3. Die Haushaltshilfe klopft die Wolldecke / die Kissen. Sie klopft den Mantel / die Matratzen aus. Zur Mittagszeit ist das Klopfen der Teppiche untersagt. Beim Ausklopfen der Polstermöbel gab es viel Staub.

**Anmerkung**
– Im Unterschied zu *klopfen* orientiert *ausklopfen* auf intensives und möglichst vollständiges Reinigen.

## putzen / abputzen / ausputzen – Putzen / Abputzen / Ausputzen

Der Junge (a) putzt seine Schuhe (b) mit einer weichen Bürste (c). Der Junge (a) putzt die Schuhe mit einem Lappen (c) ab. Der Ofensetzer (a) putzt den Kachelofen (b) mit einem speziellen Gerät (c) aus. Das Putzen der Schuhe (b) mit einer weichen Bürste (c) durch den Jungen (a) dauerte recht lange. Beim Abputzen der Schuhe (b) mit einem Lappen (c) durch den Jungen (a) gab es Ärger. Vor dem Ausputzen des Kachelofens (b) mit einem speziellen Gerät (c) durch den Ofensetzer (a) wurden die Polstermöbel abgedeckt.

1. 'Vorgang des Entfernens von Schmutz', 'durch reibende Bewegung', 'unter Verwendung eines Gerätes', 'manuell oder maschinell', 'Trockenreinigung'
2. a  – Täter / Mensch (bei *putzen* auch Institution und Tier möglich) /
    V: Sn;            S: Sp (durch)
   b  – Objekt / Gegenstand (bei *putzen* auch Säugetier und Körperteil, bei *abputzen* auch Körperteil möglich) /
    V: Sa;            S: Sg/Sp (von)
   c  – Instrument / Gerät /
    V: Sp (mit);            S: Sp (mit)
3. Der Fensterputzer putzt die Scheiben mit einem Lederlappen. Das Putzen der Fenster in dem neuen Bürohochhaus hat eine Firma übernommen. Putz dir die Schuhe am Abstreicher ab, bevor du ins Zimmer gehst! Beim Abputzen der Rüben mit dem Schaber verletzte er sich. Nach der Heizperiode putzt der Vater das lange Ofenrohr mit der Eule aus. Beim Ausputzen des Kachelofens brachen zwei Schamottesteine entzwei.

**Anmerkung**
– Die Wörter *putzen / Putzen* und *abputzen / Abputzen* bezeichnen das Entfernen des Schmutzes vom Äußeren des Gegenstandes, *ausputzen / Ausputzen* bezieht sich auf das Innere des Gegenstandes; *putzen* schließt auch die Bedeutung 'Glanz erzeugen' ein.
– Beim Verb *putzen* ergeben sich folgende Einschränkungen:
Ist der Täter = Tier, dann ist das Reflexivpronmen obligatorisch und Sa fakultativ:
   *Der Schwan putzt sich (sein Gefieder).*
Ist das Objekt = Körperteil/Nase, dann hat *putzen* die Bedeutung 'Nasenschleim entfernen' (= sich schneuzen):
   *Der Junge putzt (sich) die Nase.*
– Das Instrument / Gerät (Bürste, Tuch, Striegel) ist abhängig vom Objekt:
*Striegel* ist bei Objekt = Säugetier möglich, bei Objekt = Gegenstand (Schuhe, Scheibe, Gläser) bzw. Körperteil (Zähne) ausgeschlossen.
*Lappen, Tuch* ist in Verbindung mit Objekt = Gegenstand möglich, nicht aber in Verbindung mit Objekt = Körperteil (Zähne).

- In der Bedeutung 'Reinigung der Fußbekleidung bzw. eines Körperteils' wird *abputzen* meist reflexiv gebraucht:
  Er putzt *sich die Schuhe* mit einem Lappen ab / *die Hände* an einem Tuch ab.
- Die Wörter *ausputzen / Ausputzen* bezeichnen das Entfernen von Ablagerungen (meist Verbrennungsrückständen) aus dem Innern eines Gegenstandes. Als Instrument / Gerät erscheinen u.a. *Staubsauger, Besen, Eule.*
- Die Wendung *sich die Ohren ausputzen* hat die Bedeutung 'zuhören', 'aufmerksam sein':
  Du mußt dir mal die Ohren ausputzen, damit ich nicht alles wiederholen muß.

# reinigen – rein / reinlich – Reinigen / Reinigung / Reinheit / Reinlichkeit

Der Haushaltsgeräteservice (a) reinigt jährlich 5000 Boiler (b) mit Chemikalien (c) von den Kalkablagerungen (d). Durch den Haushaltsgeräteservice (a) / durch die Chemikalien (c) sind die Boiler (b) rein von Kalkablagerungen (d). Das Reinigen der Boiler (b) mit Chemikalien (c) von den Kalkablagerungen (d) durch den Haushaltsgeräteservice (a) nahm wenig Zeit in Anspruch. Der Journalist berichtete über die Reinigung der Boiler (b) mit Hilfe von Chemikalien (c) von den Kalkablagerungen (d) durch den Haushaltsgeräteservice (a).
Die Wohnung (b) ist reinlich. Die Reinlichkeit der Wohnung (b) überraschte niemanden. Die Umweltbehörde überwacht die Reinheit des Wassers (b).

1. 'Vorgang bzw. Ergebnis des Entfernens von Schmutz, Schadstoffen u.ä.', 'durch Menschen oder Tiere', 'unter Verwendung eines Körperteils, eines Gerätes oder eines Mittels'
2. a – Täter / Mensch, Institution, Tier /
   V: Sn;
   A: **rein**: Sp (durch), **reinlich**: nicht realisiert;
   S: **Reinigen, Reinigung**: Sp (durch), **Reinlichkeit**: nicht realisiert;
   b – Objekt / Gegenstand, Fläche, Raum, Körperteil /
   V: Sa, Reflexivpronomen;     A: Sn;          S: Sg/Sp (von)
   c – Instrument / Gerät, Mittel, Körperteil /
   V: Sp (mit);
   A: **rein**: Sp (durch), **reinlich**: nicht realisiert;
   S: **Reinigen, Reinigung**: Sp (mit, mit Hilfe von), **Reinlichkeit**: nicht realisiert
   d – Betroffenes / Gegenstand (Schmutz, Schadstoff u.ä.) /
   V: Sp (von);
   A: **rein**: Sp (von), **reinlich**: nicht realisiert;
   S: **Reinigen, Reinigung**: Sp (von), **Reinlichkeit**: nicht realisiert
3. Die Hausfrau reinigt die Wohnung vom Winterschmutz. Die Fabrik reinigt die Abwässer mit einer neuinstallierten Anlage. Die Amsel reinigt sich das Gefieder mit dem Schnabel. Die Tierschützer versuchen, das Gefieder der Wasservögel vom Öl zu reinigen. Erst nach Stunden ist die Wohnung rein vom Winterschmutz. Die Stadt war nicht sonderlich reinlich. Das Reinigen / die Reinigung der Straße mit Wasser vom Schmutz der Baufahrzeuge dauerte ziemlich lange. Die Reinlichkeit des Hauses erregte den Neid des Nachbarn. Die makellose Reinheit der Wäsche war der Stolz der jungen Ehefrau.

Anmerkung
- Bei *rein* kann entweder der Täter oder das Instrument als Bewirker des Zustandes sprachlich realisiert werden.
- *Reinheit* bezeichnet den durch das Reinigen erreichten Zustand, *reinlich* und *Reinlichkeit* außerdem noch die Intention / das Bestreben des Täters, alles frei von Schmutz usw. zu halten. Täter, Instrument und Betroffenes werden nicht realisiert.
- Landschaftlich kommt auch *reinemachen* als Synonym zu *reinigen* vor.

## säubern / saubermachen / sauberhalten – sauber – Säubern / Säuberung / Sauberkeit / Saubermachen / Sauberhalten / Sauberhaltung

Der Rentner (a) säubert sorgfältig seine Brille (b) mit einem Tuch (c) vom Straßenstaub (d). Das Zimmermädchen (a) hat jeden Tag die Badewanne (b) mit einem leichten Putzmittel (c) von Seifen- und Schmutzresten (d) saubergemacht. Die alte Frau (a) schafft es nicht mehr, das ganze Haus (b) sauberzuhalten. Durch den Rentner (a) / durch das Tuch (c) ist die Brille (b) sauber vom Straßenstaub (d). Das Säubern / die Säuberung der Brille (b) mit einem Tuch (c) vom Straßenstaub (d) durch den Rentner (a) erregte die Aufmerksamkeit der Passanten. Das Saubermachen der Wanne (b) mit einem leichten Putzmittel (c) von Seifen- und Schmutzresten (d) durch das Zimmermädchen (a) erfolgte jeden Tag. Das Sauberhalten / die Sauberhaltung des ganzen Hauses (b) durch die alte Frau (a) war nicht mehr gewährleistet. Die Sauberkeit der Stadt (b) erfreute die Besucher.

1. 'Vorgang bzw. Ergebnis des Entfernens von Schmutz, Schadstoffen u.ä.', 'durch Menschen oder Tiere', 'unter Verwendung eines Körperteils, eines Gerätes oder eines Mittels'

2. a  –  Täter / Mensch, Institution, Tier /
      V: Sn;                    A: Sp (durch);
      S: (außer **Sauberkeit**): Sp (durch), **Sauberkeit**: nicht realisiert
   b  –  Objekt / Mensch, Tier, Gegenstand, Fläche, Raum, Körperteil /
      V: Sa;                    A: Sn;                    S: Sg/Sp (von)
   c  –  Instrument / Gerät, Mittel, Körperteil /
      V: Sp (mit);              A: Sp (durch);
      S: **Säubern, Säuberung, Saubermachen**: Sp (mit), **Sauberkeit, Sauberhalten, Sauberhaltung**: nicht realisiert
   d  –  Betroffenes / Gegenstand (Schmutz, Schadstoffe u.ä.) /
      V: Sp (von);              A: Sp (von);
      S: **Säubern, Säuberung, Saubermachen**: Sp (von), **Sauberkeit, Sauberhalten, Sauberhaltung**: nicht realisiert

3. Der junge Mann säubert seinen Mantel mit einer Bürste vom Staub der Reise. Die Hausbewohner säubern Boden und Keller vom Unrat der letzten Jahre. Die junge Mutter macht ihr Baby sauber. Er macht sich die Nägel sauber. Der Student hält sein Zimmer sauber. Nach dem Regen sind die Fensterscheiben nicht mehr sauber. Das Säubern / die Säuberung des Schwimmbeckens dauerte länger als geplant. Die Sauberhaltung der Umwelt ist eine dringliche Forderung unserer Zeit. Er legte keinen Wert auf die Sauberkeit seiner Kleidung.

**Anmerkung**
- Bei *sauber* kann entweder der Täter oder das Instrument als Bewirker des Zustandes sprachlich realisiert werden.

## saugen / absaugen – Saugen / Absaugen

Zweimal im Jahr saugt die Hausfrau (a) die Polstermöbel (b) mit dem Staubsauger (c). Der Sohn (a) saugt den Teppich (b) mit dem neuen Staubsauger (c) ab. Beim Saugen / beim Absaugen des Teppichs (b) mit dem Staubsauger (c) durch den Sohn (a) gab es Ärger.

1. 'Vorgang des Entfernens von trockenem Schmutz (Staub)', 'durch Menschen', 'unter Verwendung eines Gerätes', 'lufteinziehender Vorgang', 'Trockenreinigung'
2. a – Täter / Mensch /
      V: Sn;                 S: Sp (durch)
   b – Objekt / Gegenstand (meist Teppich oder Polster), Raum /
      V: Sa;                 S: Sg/Sp (von)
   c – Instrument / Gerät (Staubsauger) /
      V: Sp (mit);            S: Sp (mit)
3. Das Au-pair-Mädchen saugt die Liege / den Läufer. Sie saugt das Zimmer. Sie saugt den Wandteppich / den Sessel ab. Er saugt die Bücher mit dem Handstaubsauger ab. Beim Saugen des Teppichs ging der Staubsauger kaputt. Sie nahm sich beim Absaugen der Polstermöbel viel Zeit.

**Anmerkung**
- Die Wörter *saugen / Saugen* und *absaugen / Absaugen* können weitgehend als Synonyme verwendet werden; *saugen* orientiert auf den Verlauf, *absaugen* auf den Abschluß der Tätigkeit.
- Mit staubsaugerartigen Großgeräten können Straßen, Plätze, Parks usw. gereinigt werden, d.h., Papier, trockener Schmutz, Laub usw. werden entfernt:
      Der Straßenkehrer saugt *den Gehweg* ab.
      Der Hilfsarbeiter saugt *den Rasen mit einem Laubsauger* ab.

## scheuern / ausscheuern – Scheuern / Ausscheuern

Die alte Frau (a) scheuert die Dielen (b) immer noch mit Sand (c). Der Camper (a) scheuert den Kessel (b) mit einer Drahtbürste (c) aus. Beim Scheuern der Dielen (b) mit Sand (c) durch die Oma (a) schaute die Enkelin interessiert zu. Das Ausscheuern des Kessels (b) mit einer Drahtbürste (c) durch den Camper (a) erregte Aufsehen.

1. 'Vorgang des Entfernens von (festsitzendem) Schmutz', 'durch Menschen', 'unter Verwendung eines Gerätes oder Mittels', 'intensives / kräftiges Reiben', 'Naß- und Trockenreinigung'
2. a – Täter / Mensch /
      V: Sn;                 S: Sp (durch)
   b – Objekt / Gegenstand /
      V: Sa;                 S: Sg/Sp (von)
   c – Instrument / Gerät (Bürste, Drahtschwamm), Mittel (Sand) /
      V: Sp (mit);            S: Sp (mit)

3. Der Vater scheuert das Wochenendhaus. Der Junge scheuert das rostige Messer mit Sand. Der Cowboy scheuert den Blechtopf mit Sand aus. Beim Scheuern des Schiffsdecks durch die Matrosen passierte das Mißgeschick. Zum Ausscheuern der Milchkannen war er nicht mehr gekommen.

Anmerkung
– Die Wörter scheuern / Scheuern beziehen sich auch auf eine Fläche bzw. auf den Raum statt der Fläche:
    Das Mädchen scheuert den Holzfußboden / die Kammer.
– Die Wörter ausscheuern / Ausscheuern beziehen sich in erster Linie auf einen Gegenstand mit offenem Hohlraum (Topf, Kanne, Kessel u.ä.).

## schrubben / abschrubben / ausschrubben – Schrubben / Abschrubben / Ausschrubben

Die Mutter (a) schrubbt den völlig verdreckten Jungen (b) in der Wanne mit einer Bürste (c). Der Rentner (a) schrubbt die Gartenbank (b) mit einer Drahtbürste (c) ab. Die Waschfrau (a) schrubbt den verschmutzten Zuber (b) mit einer Schmutzbürste (c) aus. Das Schrubben des verdreckten Jungen (b) mit einer Bürste (c) durch die Mutter (a) erheiterte die anderen Geschwister. Das Abschrubben der Gartenbank (b) mit einer Drahtbürste (c) durch den Rentner (a) dient der Vorbereitung zum Streichen. Das Ausschrubben des verschmutzten Zubers (b) mit einer Bürste (c) durch die Waschfrau (a) war seit langem überfällig.

1. 'Vorgang des Entfernens von festsitzendem Schmutz', 'durch Menschen', 'unter Verwendung eines Gerätes und gelegentlich eines Mittels', 'intensives, kräftiges Reiben', 'manuell', 'Naß- und Trockenreinigung' /umgangssprachlich/
2. a  –  Täter / Mensch /
        V: Sn;                          S: Sp (durch)
   b  –  Objekt / Lebewesen (Mensch, Säugetier), Gegenstand, Körperteil /
        V: Sa;                          S: Sg/Sp (von)
   c  –  Instrument / Gerät (Bürste, Schrubber), Mittel (Sand, Wasser) /
        V: Sp (mit);                    S: Sp (mit)
3. Die Bäuerin schrubbt die Dielen mit einem Schrubber. Der Junge schrubbt seinen verschmutzten Hund. Er schrubbt sich die ölverschmierten Hände in Seifenwasser. Der Hausmeister schrubbt die Fensterrahmen mit der Wurzelbürste ab. Der Gärtner schrubbt die Blechwanne aus. Beim Schrubben der Hände verletzte er sich. Nach dem Abschrubben der Marmorplatte trat die Maserung deutlich hervor. Beim Ausschrubben des Kessels entdeckte er die undichte Stelle.

Anmerkung
– Die Wörter ausschrubben / Ausschrubben können nur in bezug auf Gegenstände mit offenem Hohlraum ('Reinigen des Innenraums') verwendet werden.
– Bei Objekt = Körperteil liegt meist reflexiver Gebrauch vor:
    Nach der Schicht schrubbt sich der Bergmann die Hände und den Rücken.
– Neben der niederdeutschen Form schrubben gibt es die oberdeutsche Form schruppen mit gleicher Bedeutung.

## spülen / abspülen / ausspülen – Spülen / Spülung / Abspülen / Ausspülen / Ausspülung

Die Küchenhilfe (a) spült das Geschirr (b) in lauwarmem Wasser (c). Die Gastgeberin (a) spült das Obst (b) unter fließendem Wasser (c) sorgfältig ab, bevor sie es ihren Gästen anbietet. Der Junge (a) spült seine Tasse (b) unter der Wasserleitung (c) aus. Beim Spülen des Geschirrs (b) in lauwarmem Wasser (c) durch die Küchenhilfe (a) schaute das kleine Mädchen interessiert zu. Beim Abspülen des Obstes (b) unter fließendem Wasser (c) durch die Gastgeberin (a) ereignete sich ein kleines Mißgeschick. Beim Ausspülen der Tassen (b) unter der Wasserleitung (c) durch den Jungen (a) klingelte das Telefon. Die Spülung des Bohrloches (b) mit Wasser (c) durch die Arbeiter (a) ermöglichte die unbehinderte Fortsetzung des Bohrvorgangs. Die Ausspülung des Gehörganges (b) mit einer Flüssigkeit (c) durch den Arzt (a) verschaffte dem Patienten Erleichterung.

1. 'Vorgang des Entfernens von Störendem', 'unter Verwendung einer Flüssigkeit (meist Wasser)', 'durch Menschen', 'manuell', 'Naßreinigung'
2. a – Täter / Mensch /
      V: Sn;                          S: Sp (durch)
   b – Objekt / Gegenstand, Körperteil/Körperorgan /
      V: Sa;                          S: Sg/Sp (von)
   c – Instrument / Mittel (Flüssigkeit), Maschine /
      V: Sp (mit, in, unter);         S: Sp (mit, in, unter)
3. Das Mädchen spült ihren Pulli in handwarmem Wasser. Der Geschirrspüler spült die Teller und Gläser in einem gesonderten Spülvorgang. Die Kinder spülten ihr Geschirr selbst ab. Sie spülte die leere Milchflasche mit kaltem Wasser aus. Beim Spülen des Freizeithemdes bemerkte sie das Loch. Das Abspülen der Gummistiefel unter fließendem Wasser dauerte ihm zu lange. Beim Ausspülen des Mundes hatte sie stets Schmerzen. Eine mehrmalige Spülung der Kiefernhöhlen machte sich erforderlich.

Anmerkung
– Die Wörter *ausspülen / Ausspülen* sind begrenzt auf Gegenstände mit offenem Hohlraum ('Reinigen des Innenraums'), auf Körperorgane und auf *Wunde* ('Entfernen von Krankheitserregern'):
   Der Arzt spült *den Gehörgang / die Wunde* mit einer desinfizierenden Flüssigkeit aus.
– Die Wörter *ausspülen / Ausspülen* orientieren auf das Entfernen des Störenden im Hohlraum (durch Bewegen des Wassers im Hohlraum), *abspülen / Abspülen* auf das Entfernen des Störenden auf der Außenfläche durch Wasserdruck (und durch Reiben).
– Instrument = Maschine (Geschirrspüler, Spülautomat) ist begrenzt auf *spülen* und erscheint meist als Sn:
   Der Geschirrspüler spült auch *die Töpfe* makellos rein.
– Bei Gegenstand = Körperteil/Körperorgan liegt häufig reflexiver Gebrauch vor:
   Er spült *sich den Mund* (aus). Er spült *sich die Hände* ab.
– Mit *Spülung* wird auch die Vorrichtung zum Spülen (besonders beim Wasserklosett) bezeichnet:
   Der Klempner repariert *die Spülung* in der Toilette.

## staubsaugen – Staubsaugen

Am vergangenen Wochenende hat der Sohn (a) alle Teppiche und die Polstermöbel (b) staubgesaugt. Beim Staubsaugen der Teppiche und Polstermöbel (b) durch den Vater (a) durfte niemand in der Wohnung sein.

1. 'Vorgang des Entfernens von trockenem Schmutz (Staub)', 'unter Verwendung eines speziellen Gerätes (Staubsauger)', 'durch Menschen', 'Trockenreinigung'
2. a – Täter / Mensch /
   V: Sn;  S: Sp (durch)
   b – Objekt / Gegenstand (meist Teppich oder Polster), Raum /
   V: Sa;  S: Sg/Sp (von)
3. Vor dem Fest hat die Hausfrau in der ganzen Wohnung staubgesaugt. Das Staubsaugen im Wochenendhaus hatte die Tochter übernommen.

Anmerkung
– Obwohl ein Objekt möglich ist, wird es im Sprachgebrauch kaum realisiert. Dafür erscheint häufig eine Lokalangabe.

## sterilisieren – steril – Sterilisieren / Sterilisation

Die Krankenschwester (a) sterilisiert die Operationsinstrumente (b) in dem neuen Sterilisator (c). Das Sterilisieren der Operationsinstrumente (b) in dem neuen Sterilisator (c) durch die Schwester (a) nahm viel Zeit in Anspruch. Die Sterilisation der Operationsinstrumente (b) in dem Sterilisator (c) durch die junge Schwester (a) wurde von der Oberschwester überwacht. Die Operationsinstrumente (b) sind durch die Schwester (a) steril.

1. 'Vorgang bzw. Ergebnis des Vernichtens von Krankheitserregern', 'durch starkes Erhitzen', 'mit Hilfe spezieller Apparate bzw. durch spezielle Vorgänge' = *keimfrei machen / keimfrei sein / Keimfreimachen* /Fachsprache/
2. a – Täter / Mensch, Institution /
   V: Sn;  A: Sp (durch);  S: Sp (durch)
   b – Objekt / Gegenstand (medizinisches Gerät, Textilien, Lebensmittel) /
   V: Sa;  A: Sn;  S: Sg/Sp (von)
   c – Instrument / Gerät (Sterilisator), Mittel (Hitze) /
   V: Sp (mit, in, durch);  A: nicht realisiert;  S: Sp (in, durch)
3. Der Pfleger sterilisiert die Operationskittel. Lebensmittel werden zur Konservierung sterilisiert. Das Sterilisieren der medizinischen Geräte obliegt der OP-Schwester. Die Sterilisation von Verbandsstoff und Operationsinstrumenten ist eine unabdingbare Notwendigkeit. Die Sterilisation der Milch durch die Molkerei ermöglicht eine längere Haltbarkeit. Die Watte ist steril.

Anmerkung
– Bei *steril* wird das Instrument sprachlich nicht realisiert.
– Mit *sterilisieren / steril / Sterilisieren / Sterilisation* kann auch das Unfruchtbarmachen bzw. das Unfruchtbarsein von Menschen und Tieren bezeichnet werden.

## waschen / abwaschen / aufwaschen / auswaschen – waschbar / waschecht – Waschen / Abwaschen / Aufwaschen / Auswaschen / Waschung / Wäsche / Wascherei

Das Mädchen (a) wäscht die Bluse (b) mit der Hand (c). Die Mutter (a) wäscht das Geschirr (b) mit dem neuen Schwammtuch (c) ab. Der junge Mann (a) wäscht sein Polohemd (b) in lauwarmem Wasser (c) aus. Die Bluse (b) ist mit der Hand (c) waschbar. Dieser Stoff (b) ist waschecht. Das Waschen der Bettbezüge (b) mit dem Waschautomaten (c) durch die Hausfrau (a) erwies sich als kostengünstig. Beim Abwaschen des Geschirrs (b) mit dem Schwammtuch (c) durch die Mutter (a) sah die Tochter unbeteiligt zu. Das Auswaschen des Polohemdes (b) in lauwarmem Wasser (c) durch den jungen Mann (a) dauerte nur kurze Zeit. Die tägliche Waschung des ganzen Körpers (b) mit warmem Wasser und Seife (c) durch den alten Mann (a) wurde anfangs von den Nachbarn belächelt. Die tägliche Wäsche des ganzen Körpers (b) ist ein wesentlicher Bestandteil der Körperpflege. Die Wascherei der vielen Trikots (b) wurde der Frau mit der Zeit zuviel.

1. 'Vorgang des Entfernens von Schmutz durch Reiben', 'unter Verwendung von Wasser (und einem Waschmittel)', 'Naßreinigung'
2. a – Täter / Mensch, Institution /
   V: Sn;                    A: nicht realisiert;        S: Sp (durch)
   b – Objekt / Lebewesen, Körperteil, Gegenstand /
   V: Sa;                    A: Sn;                      S: Sg/Sp (von)
   c – Instrument / Gerät, Körperteil (Hand), Mittel (Flüssigkeit) /
   V: Sp (mit, in);          A: **waschbar:** Sp (mit)   S: Sp (mit, in)
                             **waschecht:** nicht realisiert;
3. Die Hausfrau wäscht die Bettbezüge und Laken mit dem neuen Waschvollautomaten. Der Waschstützpunkt wäscht die gesamte Wäsche der Klinik. Der Junge wäscht den kleinen Hund mit lauwarmem Wasser. Er wäscht die Stiefel mit einer Bürste ab. Der Maler wäscht den Pinsel in Verdünnung aus. Das Waschen des pflegebedürftigen Frau hatte die Nachbarin übernommen. Beim Abwaschen des Geschirrs zerbrach ein Kristallglas. Das Auswaschen der Wunde mit Wasserstoffperoxid hatte die Schwester übernommen. Die tägliche kalte Waschung des ganzen Körpers ist gesundheitlich förderlich. Der Junge sträubte sich gegen die tägliche Wäsche von Kopf bis Fuß. Hörte doch endlich diese viele Wascherei auf! Die Hose ist nicht waschbar, sie muß gereinigt werden. Dieses Marerial ist waschecht.

Anmerkung
– In bezug auf *Geschirr* sind *abwaschen* und *aufwaschen* synonym.
– Wenn bei *abwaschen / aufwaschen* das Objekt sprachlich nicht realisiert wird, dann ist immer *das Geschirr* zu ergänzen:
     Gudrun hat heute *abgewaschen / aufgewaschen.* = ... *das Geschirr abgewaschen / aufgewaschen.*
– Die Wörter *auswaschen / Auswaschen* bezeichnen das Entfernen des Störenden (Schmutz, Ablagerung) aus dem als Raum bzw. Körper verstandenen Gegenstand:
     *Er wäscht den Topf / das Tuch / den Pinsel / die Wunde aus.*
– Bei einwertigem Gebrauch hat *waschen* immer die Bedeutung 'Textilien waschen':
     *Die Mutter wäscht.* = ...*wäscht Hemden / Gardinen / Laken u.ä.*

- Objekt = Körperteil ist immer gebunden an reflexiven Gebrauch bzw. an einen freien Dativ:
  Er wäscht *sich die Hände / ihr den Rücken.*
- Die Adjektive *waschbar* und *waschecht* bezeichnen die generelle Möglichkeit des Waschens des textilen Materials ohne qualitätsmindernde Veränderungen.
- Unter *Waschung* wird auch eine kultische Handlung (= Reinigung im übertragenen Sinne) verstanden:
  *die Waschung der Inder im Ganges, die Fußwaschung der Jünger.*
- *Wascherei* benennt abwertend das häufig wiederkehrende, fortwährende Waschen.
- *Wäsche* bezeichnet auch das Waschen allgemein:
  *Wir hatten gestern Wäsche.* (= Waschtag)
  *Ich habe heute große Wäsche.* (= das Waschen großer Mengen von Haushaltstextilien)
  *Das kommt in die kleine Wäsche.* (= das Waschen einiger Kleidungsstücke)
  *Hast du deine Handtücher in die Wäsche gegeben?* (= zum Waschen)
  *Das Hemd ist in der Wäsche.* (= wird gewaschen)
  *Die Socken sind in der Wäsche eingelaufen.* (= beim Waschen kleiner geworden)

# wischen / abwischen / auswischen – Wischen / Abwischen / Auswischen

Das Mädchen (a) wischt die Treppe (b) mit dem neuen Scheuerlappen (c). Der Schüler (a) wischt die Tafel (b) mit einem viel zu feuchten Schwamm (c) ab. Die Bardame (a) wischt die Gläser (b) mit einem weißen Tuch (c) aus. Beim Wischen der Treppe (b) mit dem neuen Lappen (c) durch das Mädchen (a) gab es Ärger. Das Abwischen der Tafel (b) mit dem viel zu feuchten Schwamm (c) durch den Schüler (a) verursachte Wasserflecken auf dem Fußboden. Beim Auswischen der Sektgläser (b) mit dem weißen Tuch (c) durch die Bardame (a) gab es Scherben.

1. 'Vorgang des Entfernens von Schmutz / Ablagerungen', 'durch Menschen', 'unter Verwendung eines Gerätes', 'durch reibende Bewegungen auf einer Fläche', 'manuell', 'Naß- und Trockenreinigung'
2. a  –  Täter / Mensch, Institution /
        V: Sn;                          S: Sp (durch)
   b  –  Objekt / Gegenstand, Fläche (auch Raum statt Fläche), Körperteil /
        V: Sn;                          S: Sg/Sp (von)
   c  –  Instrument / Gerät (Tuch, Schwamm, Cleaner) /
        V: Sp (mit);                    S: Sp (mit)
3. Die Reinigungskraft wischt den Korridor jeden Tag. Sie wischt die Fensterscheibe mit einem trockenen Tuch ab. Sie wischt die Schüssel mit dem Wischtuch aus. Beim Wischen der Küche stieß das Mädchen aus Versehen den Eimer um. Beim Abwischen des Tisches mit einem feuchten Lappen entstanden Flecken. Das Auswischen der Gläser mit einem sauberen Tuch war für ihn zur Selbstverständlichkeit geworden.

Anmerkung
- *Auswischen* bezeichnet das Entfernen von Schmutz / Ablagerung aus einem offenen Hohlraum; *abwischen* bezeichnet das Entfernen von Schmutz vom Äußeren eines Gegenstandes; *wischen* bezeichnet das Entfernen von Schmutz von einer Fläche (auch Raum statt Fläche):
  *Er wischt den Topf aus / den Globus ab / den Fußboden, das Zimmer.*
- Objekt = Körperteil ist meist an reflexiven Gebrauch gebunden:
  *Er wischt sich die Hände ab / den Mund mit der Hand.*

– Umgangssprachlich ist bei *auswischen* auch Objekt = Raum (Raum statt Fläche) in der Bedeutung von *wischen* gebräuchlich:

Er *wischt das Zimmer* feucht *aus*. (= Er wischt das Zimmer.)

– Die Monosemierung hinsichtlich 'Naßreinigung' oder 'Trockenreinigung' ergibt sich aus dem Kontext:

*Hans wischt die Bücher mit einem weichen Tuch ab.* (Bücher = Trockenreinigung)

*Hans wischt den Küchentisch feucht ab.* (feucht = Naßreinigung)

*Hans wischt die Türklinke ab.* (Da es keinen sprachlichen Hinweis gibt, können beide Reinigungsarten gemeint sein.)

# Feld der Mitteilung (Sprachproduktion)

In diesem Feld werden Wörter – vor allem Verben und Substantive – zusammengefaßt, die eine sprachliche Übermittlung von Informationen bezeichnen. Dabei handelt es sich im wesentlichen um dreiwertige Wörter. Die auf Grund der Semantik der Wörter geforderten Argumente können als Agens, Adressat und Thema semantisch-funktionell charakterisiert werden (vgl. Gansel 1992, 135). Wir sprechen in diesem Feld vom Täter, vom Adressaten und vom Thema (Inhalt) der Mitteilung. Bei der Unterteilung des Feldes gehen wir weitestgehend von Gansel (1992, 132) aus, beziehen aber auch Feststellungen in Schreiber / Sommerfeldt / Starke (1990) ein.

Man könnte zunächst zwischen der Sprachproduktion und der Sprachrezeption unterscheiden. Die Sprachrezeption bleibt außerhalb unserer Betrachtungen. Eine erste Subklassifikation berücksichtigt folgendes Kriterium: Der Prozeß wird von einem Kommunikationspartner (Sprecher/Schreiber) gestaltet oder von beiden Partnern (Sprecher/Schreiber = S/S bzw. Hörer/Leser = H/L).

Es treten folgende (syntaktische) Grundstrukturen auf:

| Verb | | | | |
|---|---|---|---|---|
| *ausrichten* | Täter | – Verb | – Adressat | – Thema |
| | Sn | – V | – Sd | – Sa |
| Substantiv | | | | |
| *Befehl* | Substantiv | – Täter | – Adressat | – Thema |
| | S | – Sg | – Sp (an) | – Sp (zu) |

Die Bezeichnung des Adressaten wird bei Substantiven vielfach nicht realisiert. Zur Bezeichnung des Themas werden oft Nebensätze und Wortgruppen gewählt. (Vgl. Gansel 1992)

# Übersicht über das Feld

1.      'Perspektivierung S/S'

1.1     'Bekanntgabe von Fakten'

1.1.1.  'offiziell'
        *angeben – Angeben / Angabe; anzeigen – Anzeigen; ausrichten – Ausrichtung; befehlen – Befehl; bekanntgeben – bekannt – Bekanntgabe; bestellen – Bestellung; erklären – Erklärung; eröffnen – Eröffnung; melden – Meldung; offenbaren – Offenbarung; übermitteln – Übermittlung; verkünden – Verkündung*

1.1.2.  'nicht offiziell'
        *andeuten – Andeuten / Andeutung; ankündigen / ankünden – Ankündigen / Ankündigung; appellieren – Appell; auffordern – Aufforderung; avisieren; bedeuten; beichten – Beichten / Beichte; einflüstern – Einflüsterung; einreden; gestehen / eingestehen – Geständnis / Eingeständnis; hinterbringen – Hinterbringung; mitteilen – Mitteilung; prophezeien – Prophezeiung; sagen / ansagen / durchsagen / weitersagen; signalisieren – Signalisierung; unterrichten – gutunterrichtet / wohlunterrichtet – Unterrichten / Unterrichtung; veranlassen; voraussagen – Voraussage; zutragen*

1.2.    'Darstellen von Fakten'

1.2.1.  'sachbetont'
        *berichten / berichterstatten – Bericht / Berichterstattung; beschreiben – Beschreiben / Beschreibung*

1.2.2.  'erlebnisbetont'
        *erzählen / nacherzählen / weitererzählen – Erzählen / Erzählung; schildern – Schilderung*

2.      'Perspektivierung S/S – H/L'

2.1.    'Perspektivierung eines Kommunikationspartners'

2.1.1.  'Anregung zur Entscheidungsfindung'
        *empfehlen – Empfehlung; raten / abraten[1] / zuraten[1] – Rat; überreden – Überredung; unterbreiten – Unterbreitung; vorschlagen – Vorschlag; zureden – Zureden*

2.1.2.  'reagierend'
        *abraten[2] / zuraten[2] – Abraten / Zuraten; antworten / beantworten – beantwortet / unbeantwortet – Antwort / Beantwortung; befürworten – Befürwortung; entgegnen – Entgegnung; erwidern – Erwiderung; untersagen – Untersagen; verbieten – verboten – Verbot; versichern / zusichern – Versicherung / Zusicherung; zugestehen – Zugeständnis; zusagen – Zusage*

2.2.  'Perspektivierung beider Kommunikationspartner'

2.2.1. 'ein Ergebnis suchend'
       *beraten – Beratung; besprechen – Besprechung; diskutieren / ausdisku-*
       *tieren – diskutabel – Diskussion; konsultieren – Konsultation; verhan-*
       *deln – Verhandlung*

2.2.2. 'ein Ergebnis erreichend'
       *abmachen / ausmachen – Abmachung; absprechen – Absprache; überein-*
       *kommen – Übereinkommen / Übereinkunft; verabreden – Verabredung;*
       *vereinbaren – Vereinbarung*

# Beschreibung der Wörter

### abmachen / ausmachen – Abmachung

Der Kunde (a) macht mit dem Verkäufer (b) den Preis für die Ware (c) aus.
Die Abmachung des Vermieters (a) mit dem Mieter (b), daß die Kosten der
Schönheitsreparatur der Mieter zu zahlen hat (c), entspricht dem Gesetz.

1. 'Perspektivierung beider Kommunikationspartner', 'ein Ergebnis erreichend', 'eine
   Vereinbarung treffend', 'meist in mündlicher Form'
2. a – Täter / Mensch /
        V: Sn;                          S: Sg
   b – Adressat / Mensch /
        V: Sp (mit);                    S: Sp (mit)
   c – Thema / Geschehen /
        V: Sa/NS (daß, w)/Inf;          S: Sp (über)/NS (daß, w)/Inf
3. Der Seminarleiter hat mit den Studenten ausgemacht, daß das Seminar auf kom-
   menden Montag verlegt wird. Der Käufer hat mit dem Verkäufer abgemacht, wann
   das Haus dem neuen Eigentümer übergeben wird. Sie haben ausgemacht, während
   des Spieles drei Feldspieler und den Tormann auszuwechseln. Die Abmachung der
   Mieter über die gemeinsame Nutzung des Vorgartens wurde vom Hauswirt bestätigt.

Anmerkung
– Die Bezeichnungen für den Täter und den Adressaten können zusammengezogen werden:
   *Der Mieter* machte *mit dem Vermieter* ab / aus, . . .
      > *Mieter und Vermieter* machten aus, . . . = *Beide* machten aus, . . .
      > Die Abmachung *zwischen Mieter und Vermieter* . . .

### abraten² / zuraten² – Abraten / Zuraten

Der Lehrer (a) rät den Eltern (b) ab, den Sohn auf das Gymnasium zu
schicken (c). Er (a) rät ihm (b) zum Kauf des Autos (c) zu. Wir waren sehr
angetan vom Abraten / Zuraten des Rechtsanwalts (a), diesen Vertrag zu
unterschreiben (c).

1. 'Perspektivierung eines Kommunikationspartners', 'reagierend', 'verneinend bzw. zustimmend', 'unverbindlich'
2. a  –  Täter / Mensch /
   V: Sn;                          S: Sg
   b  –  Adressat / Mensch /
   V: Sd;                          S: nicht realisiert
   c  –  Thema / Geschehen /
   V: Sp (von, zu)/NS (daß)/Inf;   S: Sp (von, zu)/NS (daß)/Inf
3. Der Vater rät dem Jungen von dieser Unüberlegtheit ab. Der Manager rät dem Trainer ab, den bisher verletzten Spieler auf das Feld zu schicken. Er rät ihm zu, die Wohnung bald zu wechseln. Auf das Abraten / Zuraten des Architekten hin lehnten wir das Angebot ab / gingen wir auf das Angebot ein und kauften das Haus (nicht).

Anmerkung
– In der Substantivgruppe wird die Bezeichnung für den Adressaten nicht realisiert, sie ergibt sich aus dem Kontext bzw. der Situation.

## absprechen – Absprache

Der Kunde (a) sprach mit dem Verkäufer (b) den Termin der Lieferung (c) ab. Die Absprache des Zeitpunktes des Treffens (c) durch die beiden Teilnehmer (a+b) wurde eingehalten.

1. 'Perspektivierung beider Kommunikationspartner', 'ein Ergebnis erreichend', 'eine Vereinbarung treffend', 'in mündlicher Form'
2. a  –  Täter / Mensch /
   V: Sn;                          S: Sg bzw. Sp (durch)
   b  –  Adressat / Mensch /
   V: Sp (mit);                    S: Sp (mit)
   c  –  Thema / Geschehen /
   V: Sa/NS (daß, w);              S: Sp (über) bzw. Sg
3. Der Trainer sprach mit den Spielern ab, welche Taktik sie befolgen sollten. Wir warten alle auf die Absprache der Verantwortlichen über die nächsten Maßnahmen. Präzise Absprachen müssen genauestens eingehalten werden.

Anmerkung
– In der Substantivgruppe bedingen sich die Aktanten a und c wechselseitig in ihrer Struktur: Wenn a = Sg, dann ist c = Sp (über); wenn a = Sp (durch), dann ist c = Sg.
– Die Bezeichnungen für den Täter und den Adressaten können zusammengezogen werden:
  *Trainer x sprach mit Trainer y ab, . . . > Sie sprachen (miteinander) ab, . . .*
  *Die Absprache zwischen den Trainern, . . .*
– Bei *Absprache* sind zwei Konstruktionen möglich:
  Soll der Prozeßcharakter betont werden, herrscht die Konstruktion Sg (Thema) – Sp (durch) – Sp (mit) vor:
  *Die Absprache des Termins durch den Kunden mit dem Verkäufer . . .*
  Soll die Abgeschlossenheit betont werden, herrscht die Konstruktion Sg (Täter) – Sp (mit) – Sp (über) vor:
  *Die Absprache des Kunden mit dem Verkäufer über den Termin . . .*

## andeuten – Andeuten / Andeutung

Der Chef (a) deutete seiner Sekretärin (b) an, daß er demnächst Konkurs anmelden müsse (c). Das Andeuten der Tochter (a) ihren Eltern gegenüber (b), daß sie Jürgen am Sonntag gern zum Kaffee mitbringen möchte (c), löste unterschiedliche Reaktionen aus. Die Andeutung des Lehrers (a) gegenüber den Schülern (b), wie gut die Klassenarbeit ausgefallen sei (c), schuf freudige Erwartungen.

1. 'Perspektivierung S/S', 'Bekanntgabe von Fakten', 'nicht offiziell', 'durch einen (leisen) Hinweis etwas zu verstehen geben', 'unvollständige Information'
2. a – Täter / Mensch /
       V: Sn;                          S: Sg
   b – Adressat / Mensch /
       V: Sd;                          S: Sp (gegenüber)
   c – Thema / Geschehen /
       V: Sa/NS (daß, w)/Inf;          S: Sp (über)/NS (daß, w)/Inf
3. Der Pressesprecher deutete den Reportern an, wann der Staatsbesuch stattfindet / wie die Jahresbilanz ausfallen werde / wer sein Nachfolger werden könnte. Die Andeutung des Direktors gegenüber den Lehrern über die Bauvorhaben an der Schule wurde interessiert aufgenommen. Der Lehrer verwies auf die Andeutung des Direktors, daß die Schule ausgebaut werde.

Anmerkung
– Einen ähnlichen kommunikativen Effekt erhält man durch die Einfügung des Adverbs *andeutungsweise*:
   Der Direktor hat *andeutungsweise* davon gesprochen, . . .
   Der Trainer erklärte *andeutungsweise*, . . .

## angeben – Angeben / Angabe

Der Autofahrer (a) gab dem Polizisten (b) seinen Namen (c) an. Das Angeben der Mannschaftsaufstellung (c) der Presse gegenüber (b) durch den Trainer (a) erfolgte erst kurz vor Spielbeginn. Die Angabe des Unfallhergangs (c) der Polizei gegenüber (b) durch den Zeugen (a) war recht widersprüchlich.

1. 'Perspektivierung S/S', 'Bekanntgabe von Fakten', 'offiziell', 'zielgerichtet'
2. a – Täter / Mensch /
       V: Sn;                          S: Sp (durch)
   b – Adressat / Mensch, Institution /
       V: Sd;                          S: Sp (gegenüber)
   c – Thema / Konkretum, Abstraktum /
       V: Sa/NS (daß, w)/Inf;          S: NS (daß, w)/Inf
3. Der Zeuge gab dem Polizisten den Tathergang / den Unfallverursacher an. Der Schüler gab dem Lehrer die Zahl der Fehlenden an. Der Mann gab an, daß er zur Tatzeit nicht zu Hause gewesen sei / ihn nicht gesehen zu haben. Wir warten alle auf die Angabe der genauen Wahlergebnisse.

## ankündigen / ankünden – Ankündigen / Ankündigung

Der Lehrer (a) kündigte den Schülern (b) an, daß am nächsten Tag eine Klassenarbeit geschrieben werde (c). Das Ankündigen / die Ankündigung des Aufsichtsrates (a) gegenüber dem Betriebsrat (b), daß im nächsten Jahr viele Mitarbeiter zu entlassen seien (c), wurde überall mit Entrüstung aufgenommen.

1. 'Perspektivierung S/S', 'Bekanntgabe von Fakten', 'nicht offiziell', 'ein bevorstehendes Ereignis betreffend'
2. a – Täter / Mensch, Institution /
   V: Sn;                              S: Sg
   b – Adressat / Mensch, Institution /
   V: Sd;                              S: Sp (gegenüber)
   c – Thema / Geschehen /
   V: Sa/NS (daß, w)/Inf;              S: NS (daß, w)/Inf
3. Der Verlag kündigte den Lesern das Erscheinen eines Bestsellers an. Die Leitung kündigte an, daß die Umgehungsstraße bald gebaut werde / wer der Nachfolger des Bürgermeisters sei.

Anmerkung
– In der Substantivgruppe wird die Bezeichnung des Adressaten selten realisiert, sie ergibt sich aus dem Kontext bzw. aus der Situation.
– Das Verb ankünden ist ein Synonym zu ankündigen; es wird heute nur noch selten und dann nur in der gehobenen Stilschicht gebraucht.

## antworten / beantworten – beantwortet / unbeantwortet – Antwort / Beantwortung

Der Schüler (a) antwortete dem Lehrer (b), daß er die geforderte Jahreszahl nicht wisse (c). Der Firmenchef (a) beantwortete dem Personalrat (b) die dringenden Fragen (c). Diese Frage (c) war beantwortet / blieb unbeantwortet. Die Antwort des Gerichts (a) an den Antragsteller (b) auf die Beschwerde (c) ließ lange auf sich warten. Die Beantwortung des Antrags (c) durch das Finanzamt (a) wird zwei Monate beanspruchen.

1. 'Perspektivierung eines Kommunikationspartners', 'reagierend', 'mündlich oder schriftlich', 'Erwiderung auf eine Frage'
2. a – Täter / Mensch, Institution /
   V: Sn;                    A: nicht realisiert;     S: **Antwort**: Sg
                                                       **Beantwortung**: Sp
                                                       (durch)
   b – Adressat / Mensch, Institution /
   V: Sd;                    A: nicht realisiert;     S: Sp (an)
   c – Thema / **antworten / Antwort**: Geschehen; **beantworten / Beantwortung**: Abstraktum (Frage, Bitte, Antrag), Konkretum (Brief) /
   V: **antworten**: NS (daß)     A: Sn;             S: **Antwort**: NS (daß)
   **beantworten**: Sa;                               **Beantwortung**: Sg

3. Der Student antwortete dem Prüfenden, daß die Alliierten 1944 in Frankreich ge-
landet seien. Der Bürgermeister / der Präsidentschaftskandidat beantwortete den
Bürgern viele Fragen. Nur zwei Fragen waren beantwortet / blieben unbeantwortet.
Die Antwort des Trainers an die Spieler blieb unbefriedigend. Die Beantwortung
der Frage durch den Lehrer war sehr ausführlich.

Anmerkung
– Der dritte Valenzpartner bezeichnet bei *antworten* / *Antwort* den Inhalt, bei *beantworten* / *Beantwor-
tung* die Erscheinung, die die Erwiderung verursacht:
    Er antwortete, *daß er nicht komme.* / Die Antwort, *daß er nicht komme,* . . .
    Er beantwortete *die Fragen.* / Die Beantwortung *der Fragen* . . .
– Bei *antworten* könnte man von einem vierten Valenzpartner sprechen:
    Er antwortete ihm *auf die Frage, warum er nicht komme,* daß er keine Zeit habe.
– Bei den Adjektiven handelt es sich um Bezeichnungen von Zuständen, die eine Antwort bejahen
oder verneinen. Daher wird meist nur die verursachende Erscheinung benannt:
    *Diese Frage* war beantwortet / blieb unbeantwortet.
– Bei *Beantwortung* wird die Bezeichnung des Adressaten kaum realisiert; der Adressat ergibt sich aus
dem Kontext bzw. aus der Situation.

## anzeigen – Anzeigen

Der Hausbesitzer (a) zeigte der Polizei (b) einen Einbruch (c) an. Das Anzeigen von Fällen der Schweinepest (c) bei der Gesundheitsbehörde (b)
durch die Tierärzte (a) wurde vom Land angeordnet.

1. 'Perspektivierung S/S', 'Bekanntgabe von Fakten', 'offiziell', 'jemandem (oft einer
Behörde) etwas amtlich mitteilen'
2. a  –  Täter / Mensch /
          V: Sn;                                    S: Sp (durch)
   b  –  Adressat / Mensch, Institution /
          V: Sd;                                    S: Sp (bei)
   c  –  Thema / Geschehen /
          V: Sa/NS (daß, w);                        S: Sg/NS (daß, w)
3. Die glücklichen Eltern zeigen der Verwandtschaft die Geburt von Zwillingen an.
Die Partei zeigt der Bevölkerung auf Plakaten an, daß am nächsten Sonntag eine
Großveranstaltung stattfindet. Wir warten auf das Anzeigen weiterer Preissenkun-
gen in der Zeitung.

Anmerkung
– Das Substantiv *Anzeige* bezeichnet ein Konkretum:
    In der Zeitung stehen heute *viele Anzeigen.*
– Beim Substantiv *Anzeigen* wird die Bezeichnung des Adressaten kaum realisiert; sie ergibt sich aus
dem Kontext bzw. aus der Situation.

## appellieren – Appell

Der Verteidiger (a) appellierte an das Gericht (b), Milde walten zu lassen (c).
Der Appell der Regierung (a) an die Bevölkerung (b), möglichst zahlreich an
der Wahl teilzunehmen (c), wurde im wesentlichen befolgt.

1. 'Perspektivierung S/S', 'Bekanntgabe von Fakten', 'nicht offiziell', 'Menschen wachrufend / aufrufend'
2. a – Täter / Mensch, Institution /
     V: Sn;                          S: Sg
   b – Adressat / Mensch, Institution /
     V: Sd;                          S: Sp (an)
   c – Thema / Geschehen /
     V: Inf;                         S: Inf
3. Die Rennleitung appellierte an die Zuschauer, von der Spurtstrecke am Ziel zurückzutreten. Die Ärzte appellierten an die Bürger, Blut zu spenden. Der Appell der Weltöffentlichkeit an die Kriegführenden, den Waffenstillstand einzuhalten, wurde kaum befolgt.

## auffordern – Aufforderung

Die Polizei (a) forderte die Schaulustigen (b) auf, am Unfallort nicht stehenzubleiben (c). Der Aufforderung des Finanzamtes (a) an die Säumigen (b) zur pünktlichen Zahlung der Steuern (c) wurde jetzt besser nachgekommen.

1. 'Perspektivierung S/S', 'Bekanntgabe von Fakten', 'nicht offiziell', 'jemanden bitten, etwas zu tun'
2. a – Täter / Mensch, Institution /
     V: Sn;                          S: Sg
   b – Adressat / Mensch, Institution /
     V: Sd;                          S: Sp (an)
   c – Thema / Geschehen /
     V: Sp (zu)/Inf;                 S: Sp (zu)/Inf
3. Der Verkehrspolizist forderte den Autofahrer auf, den Unfall genauestens zu schildern / ihm die Autopapiere zu zeigen. Der Meister forderte den Lehrling auf, das Werkzeug zu holen. Der Aufforderung des Dirigenten an die Bläser, etwas schneller zu spielen, wurde sofort Folge geleistet.

## ausrichten – Ausrichtung

Der Junge (a) richtete der Mutter (b) aus, daß der Klassenlehrer zu einem Besuch komme werde (c). Die Ausrichtung der Grüße (c) von den in ihre Heimat zurückgekehrten Studenten (a) an den ehemaligen Dozenten (b) kam überraschend.

1. 'Perspektivierung S/S', 'Bekanntgabe von Fakten', 'offiziell', 'jemandem eine Mitteilung von einem Dritten überbringen'
2. a – Täter / Mensch /
     V: Sn;                          S: Sp (durch, von)
   b – Adressat / Mensch /
     V: Sd;                          S: Sp (an)
   c – Thema / Geschehen, Abstraktum /
     V: Sa/NS (daß, w);              S: Sg/NS (daß, w)

3. Der Mitschüler richtete dem kranken Freund Grüße der Klasse aus. Er richtete ihr eine Bestellung aus. Er richtete ihm aus, daß er morgen kommen solle / welche Bücher mitzubringen seien. Die Ausrichtung der Bestellung an die Bäckerei wurde notiert.

Anmerkung
– In dieser Bedeutung wird das Substantiv *Ausrichtung* heute kaum noch gebraucht. Es ist veraltet (papierdeutsch).

## avisieren

Die Firma (a) avisierte dem Kunden (b) die Ware (c).

1. 'Perspektivierung S/S', 'Bekanntgabe von Fakten', 'nicht offiziell', 'etwas ankündigen', 'in der Wirtschaft'
2. a  – Täter / Mensch, Institution / Sn
   b  – Adressat / Mensch, Institution / Sd
   c  – Thema / Ding, Lebewesen, Abstraktum / Sa
3. Die Versicherungsgesellschaft avisierte dem Versicherten die baldige Zahlung. Der Verkäufer avisierte dem Kunden die nächste Lieferung.

Anmerkung
– Das Verb *avisieren* in der Bedeutung 'jemanden benachrichtigen' ist veraltet.
– Das Substantiv *Aviso* in der Bedeutung 'Benachrichtigung, Ankündigung' ist in Österreich gebräuchlich.

## bedeuten

Der Abteilungsleiter (a) bedeutete dem Kunden (b), den Ausweis vorzuzeigen (c).

1. 'Perspektivierung S/S', 'Bekanntgabe von Fakten', 'nicht offiziell', 'jemandem etwas durch Gesten oder Worte zu verstehen geben'
2. a  – Täter / Mensch / Sn
   b  – Adressat / Mensch / Sd
   c  – Thema / Geschehen / NS (daß)/Inf
3. Der Lehrer bedeutete dem Schüler, daß er die Tafel abwischen solle. Der Polizist bedeutete dem Verkehrssünder, mit zur Wache zu kommen. Der Vater bedeutete seinem Sohn, endlich ins Bett zu gehen.

## befehlen – Befehl

Der Unteroffizier (a) befahl seinen Soldaten (b), die Gewehre zu reinigen (c). Der Befehl des Kommandeurs (a) an die Abteilung (b), in einer Stunde feldmarschmäßig anzutreten (c), wurde genauestens ausgeführt.

1. 'Perspektivierung S/S', 'Bekanntgabe von Fakten', 'offiziell', 'jemanden verpflichtend beauftragen, etwas zu tun'

2. a – Täter / Mensch, Institution /
    V: Sn;               S: Sg
  b – Adressat / Mensch, Institution /
    V: Sd;               S: Sp (an)
  c – Thema / Geschehen /
    V: Sa/NS (daß)/Inf;     S: Sp (zu)/NS (daß)/Inf
3. Der Tierarzt befahl den Landwirten die Tötung der kranken Tiere. Der Kommandeur befahl den Soldaten den Scheinangriff auf den Feind. Er befahl, daß der Panzer vorfahren solle / den Verbrecher zu verfolgen. Der Befehl des Kommandeurs an die Kompanie zur Erstürmung der Höhe wurde nicht von allen ausgeführt.

## befürworten – Befürwortung

Der Zugführer (a) befürwortet den Urlaubsantrag des Soldaten (c). Sie freuten sich über die Befürwortung des Antrags auf Beihilfe (c) durch den Amtsleiter (a).

1. 'Perspektivierung eines Kommunikationspartners', 'reagierend', 'etwas durch Fürsprache empfehlen'
2. a – Täter / Mensch, Institution /
    V: Sn;               S: Sp (durch)
  b – Adressat nicht realisiert
  c – Thema / Geschehen, Mensch /
    V: Sa;               S: Sg
3. Der Schulrat befürwortet die Einstellung des Lehrers. Der Minister befürwortete die Errichtung des geplanten Konzertsaales. Die Befürwortung der eingereichten Planungsunterlagen durch die Kommission entschied die Ausschreibung.

Anmerkung
– "Die Tatsache, daß sich das Verbsemem 'befürworten' einer Verbindung mit Sd verweigert (...), weist aber auf die Realisierung von nur zwei Aktanten hin. Der Adressat wird sicher häufiger durch ein pronominales Attribut syntaktisch-morphologisch realisiert:
  (101) Der Minister / das Land befürwortet den Antrag des Instituts / der Betriebe / ihre Vorhaben." (Gansel 1992, 156)
– Zuweilen steht der Name allein für eine Geschehensbezeichnung:
  Ich befürworte *Müller*. (= die Einstellung von Müller)

## beichten – Beichten / Beichte

Das Mädchen (a) beichtet der Mutter (b) die schlechte Note in der Klassenarbeit (c). Das Beichten der schlechten Note (c) durch das Mädchen (a) führte kurzzeitig zu Unruhe in der Familie. Die Beichte seines Enkels (a), daß er beim Nachbarn eine Fensterscheibe eingeschlagen habe (c), nahm der Großvater gelassen auf.

1. 'Perspektivierung S/S', 'Bekanntgabe von Fakten', 'nicht offiziell', 'Bekenntnis dessen, was jemanden bedrückt'

2. a – Täter / Mensch /
       V: Sn;                           S: Sg
   b – Adressat / Mensch /
       V: Sd;                           S: nicht realisiert
   c – Thema / Geschehen /
       V: Sa/NS (daß)/Inf;              S: NS (daß)/Inf

3. Der Schüler beichtete dem Lehrer, die Hausaufgaben vergessen zu haben. Die junge
   Frau beichtet dem Priester, daß sie gesündigt habe. Viele Katholiken gehen jeden
   Sonntag zum Beichten. Die Sozialarbeiterin hörte sich die verzweifelte Beichte des
   Kindes an.

Anmerkung
–  Die Bezeichnung des Adressaten wird beim Substantiv nicht realisiert; sie ergibt sich aus dem
   Kontext bzw. aus der Situation.
–  Mit *Beichten* wird lediglich das Geschehen bezeichnet, mit *Beichte* ein abgeschlossener Prozeß.

## bekanntgeben – bekannt – Bekanntgabe

Der Feldwebel (a) gab den Soldaten (b) den Marschbefehl (c) bekannt. Allen
Anwesenden (b) war die Anordnung des Bürgermeisters (c) bekannt. Die
Bekanntgabe der nächsten Termine für die Müllabfuhr (c) an die Bürger (b)
durch die Stadtverwaltung (a) erfolgt durch die Tageszeitung.

1. 'Perspektivierung S/S', 'Bekanntgabe von Fakten', 'offiziell', 'etwas öffentlich mitteilen', 'häufig durch die Presse'
2. a – Täter / Mensch, Institution /
       V: Sn;                    A: nicht realisiert;    S: Sp (durch)
   b – Adressat / Mensch, Institution /
       V: Sd;                    A: Sd;                  S: Sp (an)
   c – Thema / Geschehen, Ding, Lebewesen /
       V: Sa/NS (daß, w);        A: Sn;                  S: Sg/NS (daß, w)
3. Der Bürgermeister gab den Einwohnern bekannt, daß die Hauptstraße im nächsten
   Jahr eine neue Straßenbeleuchtung erhalte. Der Ortskommandant gab den Einwohnern bekannt, daß Ausgangssperre herrsche. Er gab den Angestellten / Vereins-
   mitgliedern das Ergebnis der Sammlung bekannt. Allen Mietern des Neubaublocks
   war die Hausordnung bekannt. Die Bekanntgabe der neuen Fahrpreise durch die
   Bahn-AG erfolgt im Dezember.

Anmerkung
–  Das Adjektiv *bekannt* gibt lediglich an, daß Informiertheit besteht, setzt also den Prozeß des Be-
   kanntgebens voraus. Bezeichnungen für den Täter werden kaum, für den Adressaten selten reali-
   siert:
       Der Termin für den Kartenverkauf ist *den Beteiligten* bekannt.
–  Neben den offiziellen Bezeichnungen gibt es u.a. saloppe Wörter wie *ausposaunen, austrompeten.*
–  Veraltet sind (u.a. aufgrund neuerer Technik) Wörter wie *ausklingeln, austrommeln.*

## beraten – Beratung

Der Direktor (a) berät mit den Abteilungsleitern (b) das neue Modell (c). Die Beratung des Kommandeurs (a) mit den Zugführern (b) über die Gestaltung der Übung (c) brachte interessante Ergebnisse.

1. 'Perspektivierung beider Kommunikationspartner', 'ein Ergebnis suchend', 'etwas gemeinsam besprechen'
2. a – Täter / Mensch, Institution /
   V: Sn;                              S: Sg
   b – Adressat / Mensch, Institution /
   V: Sp (mit);                        S: Sp (mit)
   c – Thema / Geschehen, Ding, Lebewesen /
   V: Sa/Sp (über)/NS (daß, w, ob); S: Sp (über)/NS (daß, w, ob)
3. Der Lehrer berät mit den Schülern, wie der Wandertag zu gestalten sei. Der Monteur berät mit dem Autobesitzer, wann das Auto durchgesehen werden sollte. Sie beraten mit interessierten Bürgern die Gesetzesvorlage / über die Gesetzesvorlage. Wir warten auf das Ergebnis der Beratung des Vorstandes über die Gestaltung des Messestandes.

Anmerkung
– Bei *Beratung* stehen zwei Konstruktionen zur Verfügung, die sich aber semantisch unterscheiden:
Bei Sg = Mensch handelt es sich um einen abgeschlossenen Prozeß; *Beratung* kann auch im Plural gebraucht werden:
    Die Beratung *des Direktors* mit den Bereichsleitern über . . .
Bei Sg = Ding, Geschehen handelt es sich um den Prozeß generell; *Beratung* kann nicht im Plural gebraucht werden:
    Die Beratung *der neuen Kollektion* durch die Fachleute . . .

## berichten / berichterstatten – Bericht / Berichterstattung

Der Arzt (a) berichtet dem Kriminalkommissar (b), wie und wann der Tod eingetreten ist (c). Der Offizier (a) erstattet dem Kommandeur (b) über den Verlauf der Übung (c) Bericht. Der Bericht des Zeugen (a) an den Verkehrspolizisten (b) über den Hergang des Unfalls (c) war sehr präzise. Die Berichterstattung der Journalisten (a) über die Olympischen Winterspiele (c) war umfassend.

1. 'Perspektivierung S/S', 'Darstellen von Fakten', 'sachbetont', 'jemandem offiziell etwas zur Kenntnis bringen'
2. a – Täter / Mensch, Institution /
   V: Sn;                              S: Sg
   b – Adressat / Mensch, Institution /
   V: Sd;                              S: Sp (an)
   c – Thema / Geschehen, Ding, Lebewesen /
   V: Sa/Sp (von, über)/NS (daß, w); S: Sp (von, über)/NS (daß, w)
3. Der Assistent berichtet dem Professor das Ergebnis der Untersuchungen. Die Enkelin berichtete dem Großvater von ihren Erfolgen im Sport. Der Filialleiter erstattet dem Bankdirektor über die Bankgeschäfte des letzten Monats Bericht. Der

Bericht des Vorstandes an die Aktionäre über das vergangene Geschäftsjahr wurde akzeptiert. Die Berichterstattung der Lokalreporter über die Versammlung der Kleingärtner war sehr lückenhaft.

Anmerkung
- *Bericht* bezeichnet einen abgeschlossenen Prozeß, der Plural ist möglich.
- *Berichten* – das selten gebraucht wird – bezeichnet einen allgemeinen Prozeß, der Plural ist nicht möglich. *Berichten* weist auch eine andere syntaktische Konstruktion auf:
  *Das Berichten der Untersuchungsergebnisse an den Vorstand durch die Kommission* . . .

## beschreiben – Beschreiben / Beschreibung

Der Meister (a) beschrieb den Lehrlingen (b) den Arbeitsvorgang (c). Das Beschreiben / die Beschreibung der Steppenlandschaft (c) durch den Schüler (a) begeisterte die anderen Schüler.

1. 'Perspektivierung S/S', 'Darstellen von Fakten', 'sachbetont', 'mündlich oder schriftlich', 'durch Nennen von Kennzeichen und Besonderheiten jemandem eine Vorstellung von etwas oder von jemandem vermitteln'
2. a – Täter / Mensch /
      V: Sn;                    S: Sp (durch)
   b – Adressat / Mensch /
      V: Sd;                    S: nicht realisiert
   c – Thema / Geschehen, Ding, Lebewesen /
      V: Sa/NS (w);             S: Sg/Sp (von)/NS (w)
3. Der Kriminalbeamte beschrieb dem Gericht den Hergang des Verbrechens. Der Reiseveranstalter beschrieb den Interessenten ausführlich den malerischen Urlaubsort. Er beschrieb ihnen, wie sie untergebracht werden und welche Veranstaltungen das Hotel den Gästen biete. Die Beschreibung der Küstenregion durch das Verkehrsbüro fanden alle informativ. Alle warten gespannt auf die Beschreibung, wie die Expedition unter solch schwierigen Bedingungen ihre Aufgabe erfüllen konnte.

Anmerkung
- Beim Substantiv *Beschreibung* wird die Bezeichnung des Adressaten nicht realisiert, sie ergibt sich aus dem Kontext bzw. aus der Situation.:
  Die Beschreibung der Lage des Baugrundstückes durch den Makler ließ den Kaufinteressierten hellhörig werden. (= Adressat ist der Kaufinteressierte.)

## besprechen – Besprechung

Der Direktor (a) bespricht mit den Lehrern (b) den Ablauf der Feier (c). Die Besprechung des Direktors (a) mit den Lehrern (b) über den Ablauf der Feier (c) dauerte nicht lange. Die Besprechung des Ablaufs der Feier (c) mit den Lehrern (b) durch den Direktor (a) erfolgt um 14 Uhr.

1. 'Perspektivierung beider Kommunikationspartner', 'ein Ergebnis suchend', 'eingehend mit jemandem über etwas diskutieren'
2. a – Täter / Mensch /
      V: Sn;                    S: Sg bzw. Sp (durch)

b – Adressat / Mensch (Gruppe) /
   V: Sp (mit);              S: Sp (mit)
c – Thema / Geschehen /
   V: Sa/NS (daß, w);        S: Sg/Sp (über)/NS (daß, w)

3. Der Arzt bespricht mit dem Patienten, welche Folgen seine Diagnose haben könnte. Die Besprechung des Bauleiters mit den Arbeitern über die Wärmedämmung des
Neubaus war instruktiv. Die Besprechung der militärischen Lage durch die Ar-
meeführung bewies den Ernst der Situation.

Anmerkung
– Bei der Substantivgruppe bedingen sich die Aktanten Täter und Thema wechselseitig:
  Wenn Sg = Täter (Mensch) ist, dann wird das Thema mit Sp (über) bzw. NS (daß, w) angeschlossen.
  Mit dieser Konstruktion wird ein abgeschlossener Prozeß bezeichnet; das Substantiv *Besprechung*
  kann auch im Plural gebraucht werden:
      Die Besprechung *des Bereichsleiters* mit seinen Mitarbeitern *über die Aufgaben im nächsten Jahr*
      . . .
  Wenn Sg = Thema (Geschehen) ist, dann wird der Täter (Mensch) mit Sp (durch) angeschlossen. Mit
  dieser Konstruktion wird das Geschehen schlechthin bezeichnet; der Plural von *Besprechung* ist nicht
  möglich:
      Die Besprechung *der Mängel bei der Bauausführung durch Verkäufer und Käufer* . . .
– Die Bezeichnungen für den Täter und für den Adressaten können zusammengezogen werden:
      Der Direktor bespricht mit den Abteilungsleitern . . .
      > *Direktor und Abteilungsleiter* besprechen . . . – *Sie* besprechen . . .
      Die Besprechung des Direktors mit den Abteilungsleitern . . .
      > Die Besprechung *zwischen Direktor und Abteilungsleitern* . . . – . . . *zwischen ihnen* . . .
      Die Besprechung *der Vertreter der beteiligten Firmen* . . .

## bestellen – Bestellung

Der Sparkassenleiter (a) bestellte dem Kunden (b), daß der Kreditantrag
genehmigt sei (c). Die Bestellung des Boten (a) an den Nachbarn (b), daß die
Ware morgen geliefert werde (c), kam etwas überraschend.

1. 'Perspektivierung S/S', 'Bekanntgabe von Fakten', 'offiziell', 'jemandem etwas von
   jemandem ausrichten'
2. a – Täter / Mensch /
      V: Sn;                 S: Sg
   b – Adressat / Mensch, Institution /
      V: Sd;                 S: Sp (an)
   c – Thema / Geschehen /
      V: Sa/NS (daß);        S: NS (daß)
3. Karin bestellte ihrer Freundin Grüße von einer ehemaligen Studentin. Der Vertreter bestellte dem Handwerksmeister, daß er die Ware mit Rabatt erhalten könne.
   Die Bestellung des Beauftragten, daß dem Gesuch stattgegeben werde, kam nicht
   überraschend.

Anmerkung
– Bei dem Substantiv ist eine weitere Konstruktion möglich: S + Sg (Thema) + Sp (an) (Adressat) + Sp
  (durch) (Täter):
      Die Bestellung *der Nachricht an den Posten durch den Melder* . . .

## diskutieren / ausdiskutieren – diskutabel – Diskussion

Der Beauftragte (a) diskutierte mit dem Abgesandten (b), wie der Konflikt beigelegt werden könne (c). Dieses Problem (c) wurde von den Beteiligten (a+b) ausdiskutiert. Dein Vorschlag (c) ist durchaus diskutabel. Die Diskussion des Vorstandes (a) mit den Delegierten (b) über das neue Parteiprogramm (c) dauerte mehrere Stunden.

1. 'Perspektivierung beider Kommunikationspartner', 'ein Ergebnis suchend', 'etwas mit jemandem in wechselseitiger Aussprache erörtern'
2. a – Täter / Mensch /
   V: Sn;                          A: nicht realisiert;        S: Sg
   b – Adressat, Partner / Mensch /
   V: Sp (mit);                    A: nicht realisiert;        S: Sp (mit)
   c – Thema / Geschehen, Ding, Lebewesen /
   V: Sa/Sp (über)/ NS (ob, w);    A: Sn;                      S: Sp (über)/NS (ob, w)
3. Die Bürger diskutierten mit ihrem Abgeordneten Möglichkeiten zur Verringerung der Arbeitslosigkeit. Die Schüler diskutierten mit dem Lehrer die Lösung des Problems. Sie diskutierten, wer als Bürgermeister kandidieren solle. Dieses Problem werden wir gemeinsam ausdiskutieren müssen. Das vorgelegte Projekt einer Umgehungsstraße ist diskutabel. Die Diskussion über die Pflegeversicherung zog sich sehr lange hin.

Anmerkung
– Das Adjektiv *diskutabel* bezeichnet nicht das Geschehen der Mitteilung, sondern den Fakt, daß über etwas gesprochen, "diskutiert" werden kann. Die Bezeichnungen für den Täter und den Adressaten werden deshalb kaum realisiert.
– Die Bezeichnungen für den Täter und den Adressaten können zusammengezogen werden:
  *Der Lehrer diskutierte mit den Schülern* . . .
    > *Lehrer und Schüler diskutierten* . . . – *Sie diskutierten* . . .
  *Die Diskussion der Lehrlinge mit dem Meister* . . .
    > *Die Diskussion zwischen Lehrlingen und Meister* . . . – . . . *zwischen ihnen* . . .
– Das Verb *ausdiskutieren* bezeichnet den Abschluß der Erörterung, letztlich die Klärung des Problems.

## einflüstern – Einflüsterung

Die Studentin (a) flüsterte ihrer Freundin (b) in der Klausur die Lösung der Aufgabe (c) ein. Die Einflüsterung der Nachbarin (a), daß ihr Mann sie betrüge (c), wollte sie nicht wahrhaben.

1. 'Perspektivierung S/S', 'Bekanntgabe von Fakten', 'nicht offiziell', 'jemandem etwas heimlich mitteilen' /oft abwertend/
2. a – Täter / Mensch /
   V: Sn;                          S: Sg
   b – Adressat / Mensch /
   V: Sd;                          S: nicht realisiert
   c – Thema / Geschehen /
   V: Sa/NS (daß, w);              S: NS (daß, w)

3. Der Mitarbeiter flüsterte dem Chef ein, daß ein Arbeiter den Betrieb betrüge. Sie flüsterte ihm den Verdacht ein, er werde entlassen. Wir verabscheuen Einflüsterungen, die andere Kollegen verunglimpfen / die Mitmenschen ohne Beweise lächerlich machen.

Anmerkung
– Beim Substantiv läßt sich die Bezeichnung des Adressaten nicht realisieren. Sie ergibt sich aus dem Kontext bzw. aus der Situation.

## einreden

Der Junge (a) redete dem Klassenkameraden (b) ein, daß sein Banknachbar ihn bestohlen habe (c).

1. 'Perspektivierung S/S', 'Bekanntgabe von Fakten', 'nicht offiziell', 'heimlich', 'jemandem immer wieder dasselbe (oft etwas Falsches) sagen, bis er es schließlich glaubt', 'jemanden zu etwas bewegen'
2. a – Täter / Mensch / Sn
   b – Adressat / Mensch / Sd
   c – Thema / Geschehen / Sa/NS (daß)/Inf
3. Der Verkäufer redete dem Kunden ein, das beste Auto vor sich zu haben. Wer hat euch denn diesen Unsinn eingeredet? Laßt euch bloß nicht so etwas einreden!

## empfehlen – Empfehlung

Der Wirt (a) empfahl seinen Gästen (b) den Putenbraten mit Klößen (c). Wir hörten die Empfehlung des Verkäufers (a) an die interessierten Kunden (b), diese preisgesenkten Artikel zu kaufen (c).

1. 'Perspektivierung eines Kommunikationspartners', 'Anregung zur Entscheidungsfindung', 'jemandem zu etwas raten', 'auf einen Zweck gerichtet'
2. a – Täter / Mensch, Institution /
       V: Sn;             S: Sg
   b – Adressat / Mensch /
       V: Sd;             S: Sp (an)
   c – Thema / Geschehen /
       V: Sa/NS (daß)/Inf;    S: NS (daß)/Inf
3. Der Kellner empfahl dem Stammgast den Rehbraten. Der Arzt empfahl dem Patienten, sich um eine Kur zu bemühen. Man empfahl ihm, sich auf das erste Gespräch gut vorzubereiten. Die Empfehlung des Arztes an den Patienten, sich längere Zeit zu schonen, wurde nicht befolgt.

## entgegnen – Entgegnung

Der Diskussionsredner (a) entgegnete dem Vorsitzenden (b), daß er mit dem vorgeschlagenen Beschluß nicht einverstanden sei (c). Die Entgegnung des Lehrers (a), daß er bezüglich der Organisation des Wandertages eine andere Meinung vertrete (c), wurde vom Direktor akzeptiert.

1. 'Perspektivierung eines Kommunikationspartners', 'reagierend', 'seine gegenteilige Meinung zu etwas äußern'
2. a  –  Täter / Mensch /
    V: Sn;                               S: Sg
    b  –  Adressat / Mensch /
    V: Sd;                               S: Sp (an) /selten/
    c  –  Thema / Geschehen /
    V: NS (daß, w, ob);                  S: NS (daß, w, ob)
3. Der Angeklagte entgegnete dem Richter, daß er den Mann nicht getötet habe. Der Sportler entgegnete dem Trainer, daß er eine andere Trainingsmethode bevorzuge. Er entgegnete ihm, wie er sich die Modernisierung vorstelle / ob nicht der erste Vorschlag der beste gewesen sei. Seine Entgegnung, daß er wegen dringender Verpflichtungen nicht mitfahren könne / den Fehler nicht bemerkt zu haben, wurde anerkannt.

Anmerkung
–  Beim Substantiv wird die Bezeichnung des Adressaten kaum realisiert; sie ergibt sich meist aus dem Kontext bzw. der Situation.

## erklären – Erklärung

Der junge Mann (a) erklärte seiner Freundin (b), daß er am Sonntag keine Zeit habe und nicht kommen könne (c). Die Erklärung des Vorstandes (a) an die Mitglieder (b), daß er für Neuwahlen sei (c), fand einhellige Zustimmung.

1. 'Perspektivierung S/S', 'Bekanntgabe von Fakten', 'offiziell', 'etwas verbal zum Ausdruck bringen'
2. a  –  Täter / Mensch, Institution /
    V: Sn;                               S: Sg
    b  –  Adressat / Mensch, Institution /
    V: Sd;                               S: Sp (an) /selten/
    c  –  Thema / Geschehen /
    V: Sa/NS (daß, w)/Inf;               S: NS (daß, w)/Inf
3. Der Ministerpräsident erklärte dem Präsidenten seinen Rücktritt. Der Jüngling erklärte dem Mädchen schüchtern seine Liebe. Der Trainer erklärte dem Präsidium, daß kaum noch Aussicht auf den Klassenerhalt bestehe. Die Erklärung des Botschafters an die Regierung, daß ein Kompromiß gefunden worden sei, rief Erstaunen hervor.

## eröffnen – Eröffnung

Der Gefängnisdirektor (a) eröffnet dem Gefangenen (b) die negative Beantwortung seines Gnadengesuchs (c). Die Eröffnung des Ministerpräsidenten
(a), die Regierung werde geschlossen zurücktreten (c), kam für alle überraschend.

1. 'Perspektivierung S/S', 'Bekanntgabe von Fakten', 'offiziell', 'jemandem etwas Un-
   erwartetes / Überraschendes mitteilen'
2. a – Täter / Mensch, Institution /
        V: Sn;                          S: Sg
   b – Adressat / Mensch, Institution /
        V: Sd;                          S: kaum realisiert
   c – Thema / Geschehen /
        V: Sa/NS (daß);                 S: Sp (über)/NS (daß)
3. Die Prüfungskommission eröffnete den Prüflingen, daß alle Bewerber bestanden
   haben. Der Gerichtsvollzieher eröffnete dem Betroffenen, daß das Auto beschlag-
   nahmt sei. Der Beamte eröffnete ihm die Entscheidung der Behörde. Über die
   Eröffnung des Untersuchungsrichters, daß er den Wohnort nicht zu verlassen habe,
   war er verärgert. Die Eröffnung des Arztes über die ernste Erkrankung des Patienten machte alle sehr betroffen.

Anmerkung
– Beim Substantiv *Eröffnung* wird die Bezeichnung des Adressaten kaum realisiert. Sie ergibt sich aus
  dem Kontext oder aus ganz bestimmten Situationen (z.B. Gericht, Polizei, Behörde u.ä.).

## erwidern – Erwiderung

Der Schüler (a) erwiderte dem Lehrer (b), daß er die Antwort nicht wisse (c).
Die Erwiderung des Angeklagten (a), er könne sich an nichts mehr erinnern
(c), rief den Unmut der Zuhörer hervor.

1. 'Perspektivierung eines Kommunikationspartners', 'reagierend', 'auf eine mündli-
   che oder schriftliche Frage oder Aussage in mündlicher oder schriftlicher Form
   eingehen', 'antworten'
2. a – Täter / Mensch /
        V: Sn;                          S: Sg
   b – Adressat / Mensch /
        V: Sd;                          S: Sp (an) /selten/
   c – Thema / Geschehen /
        V: NS (daß, w, ob);             S: NS (daß, w, ob)
3. Der Geselle erwiderte dem Meister, er werde das Möbelstück termingemäß fertig-
   stellen. Der Beamte erwiderte dem Bürger, daß dessen Antrag noch nicht bearbeitet
   sei. Die Erwiderung des Parlamentspräsidenten, die Abstimmung werde wiederholt,
   wurde von den Regierungsparteien begrüßt. Die Erwiderung des Redners auf die
   Frage eines Teilnehmers der Versammlung war eine Unverschämtheit.

**Anmerkung**
- Man könnte auch von einem vierten Aktanten – der Bezeichnung dessen, worauf erwidert wird – sprechen:
  Der Redner erwiderte dem Vorsitzenden *auf dessen Frage nach den Ursachen für ein solches Verhalten*, daß die Untersuchungen noch nicht abgeschlossen seien.
- Beim Substantiv *Erwiderung* wird die Bezeichnung des Adressaten kaum realisiert; sie ergibt sich aus dem Kontext bzw. der Situation.

## erzählen / nacherzählen / weitererzählen – Erzählen / Erzählung

Die Großmutter (a) erzählte ihrem Enkel (b) aus ihrem Leben (c). Die Schülerin (a) hat den englischen Text (c) in ihrer Muttersprache nacherzählt. Der Mitarbeiter (a) erzählt den Inhalt des Gespräches mit dem Leiter (c) seinem Freund (b) weiter. Das Erzählen einer Gute-Nacht-Geschichte (c) durch die Mutter (a) ist für das Mädchen schon zur Gewohnheit geworden. Der Erzählung des Bergsteigers (a), wie er und seine Kameraden den Gipfel bezwungen haben (c), lauschten die Zuhörer im Saal.

1. 'Perspektivierung S/S', 'Darstellen von Fakten', 'erlebnisbetont', 'ausführlich und unterhaltsam', 'mündlich oder schriftlich'
2. a – Täter / Mensch /
       V: Sn;                          S: **Erzählen**: Sp (durch)
                                           **Erzählung**: Sg
   b – Adressat / Mensch /
       V: **erzählen / weitererzählen**: Sd S: nicht realisiert
          **nacherzählen**: nicht realisiert;
   c – Thema / Geschehen /
       V: Sa/Sp (von, über)/NS (daß, w); S: **Erzählen**: Sg/NS (daß, w)
                                           **Erzählung**: Sp (von, über)/NS (daß, w)
3. Der Großvater erzählt dem Enkel ein Märchen. Der Enkel erzählte das Märchen nach. Der Weltreisende erzählte den Zuhörern, welche interessanten Menschen er unterwegs kennengelernt habe. Er erzählte von den Ferien. Der Sportler erzählt, daß er vor dem Wettkampf aufgeregt sei / wie er und den Gegner besiegt habe. Er empfand es nicht als Vertrauensbruch, daß er wesentliche Fakten der Besprechung dem Journalisten weitererzählt hatte. Die Erzählung des Touristen darüber, was er in Spanien erlebt habe, fesselte die Zuhörer.

**Anmerkung**
- Beim Verb *nacherzählen* und bei den Substantiven wird die Bezeichnung des Adressaten nicht realisiert. Sie ergibt sich aus dem Kontext bzw. der Situation.

## gestehen / eingestehen – Geständnis / Eingeständnis

Der Angeklagte (a) gestand dem Gericht (b) das Verbrechen (c) (ein). Das Geständnis / Eingeständnis des Jungen (a), das Fenster mutwillig eingeschlagen zu haben (c), versöhnte den Vater etwas.

1. 'Perspektivierung S/S', 'Bekanntgabe von Fakten', 'nicht offiziell', 'Schuld zuge-bend'
2. a – Täter / Mensch /
   V: Sn;                          S: Sg
   b – Adressat / Mensch, Institution /
   V: Sd;                          S: nicht realisiert
   c – Thema / Geschehen /
   V: Sa/NS (daß)/Inf;             S: NS (daß)/Inf
3. Der Bankräuber gestand dem Kriminalkommissar die Tat (ein). Er gestand (ein), daß er bei Rot über die Kreuzung gefahren sei / die Schokolade im Supermarkt gestohlen zu haben. Das Geständnis / Eingeständnis der Rowdys, die Bungalows mutwillig beschädigt zu haben, rief Empörung hervor. Das Geständnis der Mutter, bei verschiedenen Versandhäuser große Warenmengen bestellt zu haben, ohne sie bezahlen zu können, bedrückt die ganze Familie.

Anmerkung
– Bei den beiden semantisch weitgehend synonymen Substantiven wird die Bezeichnung des Adres-saten nicht realisiert; sie ergibt sich aus dem Kontext bzw. der Situation.

## hinterbringen – Hinterbringung

Der Mitarbeiter (a) hinterbrachte dem Direktor (b), daß abfällig über ihn geurteilt werde (c). Die Hinterbringung der Kritik (c) durch den Bereichs-leiter (a) überraschte den Chef sehr.

1. 'Perspektivierung S/S', 'Bekanntgabe von Fakten', 'nicht offiziell', 'heimlich', 'je-mandem etwas sagen, was dieser nicht erfahren sollte'
2. a – Täter / Mensch /
   V: Sn;                          S: Sp (durch)
   b – Adressat / Mensch, Institution /
   V: Sd;                          S: nicht realisiert
   c – Thema / Geschehen /
   V: Sa/NS (daß, w);              S: Sg/NS (daß, w)
3. Der Spion hinterbrachte dem Kommandeur, wann der Angriff beginnen werde / wie stark der Gegner sei. Der abgewiesene Verehrer hinterbrachte dem Ehemann, daß seine Frau ihn betrüge. Die Hinterbringung des geheimgehaltenen Vorgehens durch den Desserteur erfolgte kurz vor dem Angriff.

Anmerkung
– Beim Substantiv wird die Bezeichnung des Adressaten nicht realisiert; sie ergibt sich aus dem Kon-text bzw. aus der Situation.

## konsultieren – Konsultation

Der Professor (a) konsultierte die Studenten (b), wie sie den Stoff verarbeitet haben (c). Die Konsultation zwischen den USA und der Bundesrepublik Deutschland (a+b) über die Erweiterung der Handelsbeziehungen (c) wurde erfolgreich abgeschlossen.

1. 'Perspektivierung beider Kommunikationspartner', 'ein Ergebnis suchend', 'jemanden zu Rate ziehen'
2. a  –  Täter / Mensch, Institution /
       V: Sn;                              S: Sg
   b  –  Adressat / Mensch, Institution /
       V: Sa;                              S: Sp (mit)
   c  –  Thema / Geschehen, Ding, Lebewesen /
       V: Sp (wegen)/NS (w);               S: Sp (wegen, über)/NS (w)
3. Der Student konsultiert den Hochschullehrer wegen seines Diplomthemas. Der Versicherte konsultiert einen Gutachter, in welchem Zustand sich das Auto nach dem Diebstahl befindet. Die Konsultation des Botschafters mit dem Delegationsleiter, welche Paragraphen des Vertrages zu ändern seien, war sehr zeitraubend.

Anmerkung
–  Beim Substantiv können die Bezeichnungen der Kommunikationspartner zusammengezogen werden: Die Konsultation *zwischen den Vertretern beider Staaten* / *zwischen dem Firmenvertreter und dem Gutachter* . . .
–  *Konsultieren* / *Konsultation* wird häufig in der Bedeutung 'die Regierung eines anderen Staates zu Rate ziehen bzw. beraten' gebraucht.

## melden – Meldung

Die Späher (a) meldeten dem Kommandanten (b), daß die Indianer nahen (c). Die Meldung der Pressestelle (a) an die Medien (b) über die Krankheit des Staatsoberhauptes (c) erfüllte alle mit Betroffenheit.

1. 'Perspektivierung S/S', 'Bekanntgabe von Fakten', 'offiziell', 'häufig dienstlich', 'an den Zuständigen', 'meist an einen Vorgesetzten'
2. a  –  Täter / Mensch, Institution /
       V: Sn;                              S: Sg
   b  –  Adressat / Mensch, Institution /
       V: Sd;                              S: Sp (an)
   c  –  Thema / Geschehen /
       V: Sa/NS (daß, w);                  S: Sp (über)/NS (daß, w)
3. Die Nachrichtenagentur meldet, daß die Friedensverhandlungen kurz vor dem erfolgreichen Abschluß stehen. Die Meteorologen melden, daß in den nächsten Tagen mit Sturm zu rechnen sei. Die Meldung des Flugkapitäns an die Fluggäste, daß keine Gefahr mehr bestehe, wurde mit großer Erleichterung aufgenommen. Wir warten auf die Meldung des Rundfunks, ob sich der Stau auf der Autobahn aufgelöst habe.

## mitteilen – Mitteilung

Der Schriftsteller (a) teilte der Kursleitung (b) mit, daß er die Einladung zu einer Lesung gern annehme (c). Die Mitteilung der Polizei (a) an die Bevölkerung der Stadt (b), die Fenster wegen der Giftgefahr geschlossen zu halten und nach Möglichkeit in den Häusern zu bleiben (c), wurde nur zum Teil befolgt.

1. 'Perspektivierung S/S', 'Bekanntgabe von Fakten', 'nicht offiziell', 'jemanden über etwas in Kenntnis setzen'

2. a – Täter / Mensch, Institution /
       V: Sn;                       S: Sg
     b – Adressat / Mensch, Institution /
       V: Sd;                      S: Sp (an)
     c – Thema / Geschehen /
       V: Sa/NS (daß, w);        S: Sp (über)/NS (daß, w)

3. Der Sportler teilte dem Veranstalter mit, daß er an dem Wettkampf nicht teilnehmen könne. Der Wissenschaftler teilte der Presse mit, daß er über die Ergebnisse seiner Untersuchungen vorläufig nichts sagen werde. Die Mitteilung des Festkomitees, daß der Umzug aus finanziellen Gründen ausfallen müsse, stieß bei vielen auf Unverständnis. Die Bevölkerung ist an der Mitteilung des Ärzteteams über den Gesundheitszustand des Präsidenten sehr interessiert.

## offenbaren – Offenbarung

Der Angeklagte (a) offenbarte dem Richter (b), daß er einen Meineid geleistet habe (c). Die Offenbarung der Hirten (a) über die Geburt eines heiligen Kindes (c) in einem Stall erregte die Menschen.

1. 'Perspektivierung S/S', 'Bekanntgabe von Fakten', 'offiziell', 'jemandem etwas sagen, was bisher geheim / nicht bekannt war'

2. a – Täter / Mensch /
       V: Sn;                       S: Sg
     b – Adressat / Mensch, Institution /
       V: Sd;                      S: Sp (an) /selten/
     c – Thema / Geschehen /
       V: Sa/NS (daß, w)/Inf      S: Sp (über)/NS (daß, w)/Inf

3. Der inhaftierte Ehemann offenbarte seiner Frau, die Tat begangen zu haben. Der schüchterne junge Mann offenbarte der jungen Frau erst nach Monaten seine Liebe. Die Offenbarung des Wissenschaftlers, zu keinem brauchbaren Ergebnis gekommen zu sein, verstimmte die Sponsoren.

Anmerkung
– Beim Substantiv wird die Bezeichnung des Adressaten selten realisiert; sie ergibt sich aus dem Kontext bzw. aus der Situation.

## prophezeien – Prophezeiung

Die Wahrsagerin (a) prophezeite dem Kunden (b) große berufliche Erfolge (c). Die Prophezeiung des Lehrers (a), dieser Schüler werde das Abitur nicht schaffen (c), ging leider in Erfüllung.

1. 'Perspektivierung S/S', 'Bekanntgabe von Fakten', 'nicht offiziell', 'etwas in der Zukunft Liegendes auf Grund eigener Vermutung / Ahnung oder auf Grund der Kenntnis bestimmter Fakten voraussagen'

2. a  –  Täter / Mensch /
          V: Sn;                              S: Sg
   b  –  Adressat / Mensch /
          V: Sd;                              S: nicht realisiert
   c  –  Thema / Geschehen /
          V: Sa/NS (daß);                     S: NS (daß)
3. Der Meteorologe prophezeite den Fernsehzuschauern für die nächsten Tage Sonnenschein. Der Meinungsforscher prophezeite den Wahlsieg der linken Kräfte. Die
   Kartenlegerin prophezeite dem liebeskranken jungen Mann, daß seine Angebetete
   ihn bald erhören werde. Die Prophezeiungen mehrerer Institute, die konservative
   Partei werde die Wahl gewinnen, basierten auf gründlichen Recherchen.

Anmerkung
– Beim Substantiv wird die Bezeichnung des Adressaten nicht realisiert; sie ergibt sich aus dem Kontext bzw. aus der Situation.

## raten / abraten[1] / zuraten[1] – Rat

Der Rechtsanwalt (a) riet seinem Klienten (b), den Vergleich anzunehmen
(c). Die Eltern (a) raten dem Sohn (b) zu, das Haus zu kaufen (c). Sie (a)
rieten ihm (b) vom Kauf des Hauses (c) ab. Der Rat des Sachverständigen
(a) an den Kunden (b), das Grundstück nicht zu kaufen (c), erwies sich
letztlich als richtig.

1. 'Perspektivierung eines Kommunikationspartners', 'Anregung zur Entscheidungsfindung', 'jemandem sagen, was er tun soll'
2. a  –  Täter / Mensch /
          V: Sn;                              S: Sg
   b  –  Adressat / Mensch /
          V: Sd;                              S: S (an) /selten/
   c  –  Thema / Geschehen /
          V: **raten / zuraten**: Sp (zu)/NS (daß)/Inf S: Sp (zu)/NS (daß)/Inf
          **abraten**: Sp (von)/NS (daß)/Inf;
3. Der Versammlungsleiter riet den Delegierten, dem Beschlußentwurf zuzustimmen.
   Der Hausarzt hat dem Infarktgefährdeten zu einer längeren Kur geraten. Er rät
   dem Geschäftspartner zu, das Angebot anzunehmen. Das Reiseunternehmen rät
   dem Urlauber von der Reise zum Nordkap ab. Der Rat des Meisters an den Lehrling, die Arbeit nun endlich ernst zu nehmen, wirkte sich positiv aus. Der Rat des
   Vaters an den Sohn zum Abbruch des Studium wurde als Ausdruck von Egoismus
   und kleinkariertem Denken bewertet.

## sagen / ansagen / durchsagen / weitersagen

Der Maurer (a) sagte dem Polier (b), daß er die Arbeit beendet habe (c). Der
Bahnbeamte (a) sagte an, daß sich der Zug um 10 Minuten verspäten werde
(c). Die Rundfunksprecherin (a) sagte den Hörern (b) eine wichtige Nachricht (c) durch. Der Hausmeister (a) sagte die Information des Hausbesitzers
(c) an alle Hausbewohner (b) weiter.

1. 'Perspektivierung S/S', 'Bekanntgabe von Fakten', 'nicht offiziell', 'jemandem etwas mündlich mitteilen', 'jemandem mündlich eine Auskunft geben'
2. a  –  Täter / Mensch / Sn
   b  –  Adressat / Mensch / Sd
   c  –  Thema / Geschehen / Sa/NS (daß)
3. Der Rechtsanwalt sagt dem Klienten, daß der Prozeß so gut wie gewonnen sei. Der Hausbesitzer sagte dem Mieter, daß die Reparatur umgehend erledigt werde. Der Klassensprecher sagte an, daß die Schulzeitung in diesem Monat nicht erscheinen werde. Die Reiseinformation ließ den Fluggästen durchsagen, daß trotz des verspäteten Abfluges das vorgesehene Programm realisiert werde. Die Führerin sagt den Museumsbesuchern die Veränderungen der Museumsordnung weiter.

Anmerkung
– Beim Verb *ansagen* wird die Bezeichnung des Adressaten kaum realisiert. Da dieses Verb auf bestimmte Situationen und Bereiche beschränkt ist (u.a. auf den öffentlichen Dienst), ergibt sich die Bezeichnung des Adressaten leicht aus dem Kontext bzw. der Situation.

## schildern – Schilderung

Der Reporter (a) schildert den Rundfunkhörern (b) den Verlauf des Wettkampfes (c). Die Schilderung der Landung des Ballons (c) durch einen Ballonfahrer (a) war für die Zuhörer höchst interessant.

1. 'Perspektivierung S/S', 'Darstellen von Fakten', 'erlebnisbetont', 'etwas jemandem lebendig / miterlebbar und in anschaulichen Einzelheiten darstellen'
2. a  –  Täter / Mensch /
        V: Sn;                          S: Sg/Sp (durch)
   b  –  Adressat / Mensch /
        V: Sd;                          S: nicht realisiert
   c  –  Thema / Geschehen, Ding /
        V: Sa/NS (w);                   S: Sg/NS (w)
3. Der Reiseleiter schilderte den Touristen die Schönheiten der Insel. Der Buchautor schilderte seinen Lesern, wie er zu seinem Thema gekommen ist. Die Schilderung der abenteuerlichen Weltreise durch einen der zwei Weltumsegler dauerte fast zwei Stunden.

Anmerkung
– Beim Substantiv ist die Realisierung der Bezeichnung des Adressaten kaum möglich; sie ergibt sich aus dem Kontext bzw. der Situation.
– Beim Substantiv sind zwei unterschiedliche Konstruktionen möglich:
  Wenn Sg = Thema, dann wird der Täter mit Sp (durch) angeschlossen:
      *Die Schilderung der Erlebnisse in Afrika durch den Reisenden* . . .
  Wenn Sg = Täter, dann wird das Thema mit NS (w) angeschlossen:
      *Die Schilderung des Reisenden, was er in Afrika erlebt hat,* . . .

## signalisieren – Signalisierung

Die Sekretärin (a) signalisiert dem Mitarbeiter (b), daß er vom Chef für eine besondere Aufgabe vorgesehen sei (c). Die Signalisierung von weiteren Mieterhöhungen (c) durch die Presse (a) rief bei den Veranwortlichen Verärgerung hervor.

1. 'Perspektivierung S/S', 'Bekanntgabe von Fakten', 'nicht offiziell', 'jemandem etwas durch ein bestimmtes Zeichen / durch Andeutungen / durch Hinweise anzeigen / mitteilen'

2. a  –  Täter / Mensch /
        V: Sn;                          S: Sp (durch)
   b  –  Adressat / Mensch, Institution /
        V: Sd;                          S: nicht realisiert
   c  –  Thema / Geschehen /
        V: Sa/NS (daß);                 S: Sg/Sp (von)/NS (daß)

3. Der Lehrer signalisiert dem versetzungsgefährdeten Schüler, daß er versetzt werde. Der Verteidiger signalisiert dem Angeklagten, daß mit dem Einstellen des Verfahrens gegen ihn zu rechnen sei. Die Signalisierung der Besichtigungsmöglichkeit der noch gesperrten Höhlen durch die Direktion wurde von der Presse als Erfolg ihrer Bemühungen gewertet.

Anmerkung
–  Beim Substantiv wird die Bezeichnung des Adressaten nicht realisiert; sie ergibt sich aus dem Kontext bzw. aus der Situation.

## übereinkommen – Übereinkommen / Übereinkunft

Der Präsident (a) kam mit seinem ausländischen Gast (b) überein, die Zusammenarbeit zwischen ihren beiden Staaten auf allen Gebieten zu verstärken (c). Das geplante Übereinkommen Deutschlands (a) mit Polen (b) über die gemeinsame Grenze (c) kam zur Freude der Menschen in beiden Staaten endlich zustande. Die Übereinkunft der beiden Staaten (a+b) über einen Kulturaustausch (c) tritt am 1. Januar des nächsten Jahres in Kraft.

1. 'Perspektivierung beider Kommunikationspartner', 'ein Ergebnis erreichend', 'sich mit jemandem über etwas einigen', 'Einigung in bezug auf künftige Handlungen'

2. a  –  Täter / Mensch, Institution /
        V: Sn;                          S: Sg
   b  –  Adressat / Mensch, Institution /
        V: Sp (mit);                    S: Sp (mit)
   c  –  Thema / Geschehen /
        V: NS (daß, w)/Inf;             S: Sp (über)/NS (daß, w)/Inf

3. Der Firmenchef kam mit dem Personalrat überein, die Zahl der Entlassungen zu verringern. Die Landesregierung kam mit der Kommune überein, daß sich das Land finanziell am Bau der Wasseraufbereitungsanlage beteiligen wird. Die beiden Staaten gelangten zu einem Übereinkommen / zu einer Übereinkunft über die Einrichtung weiterer Konsulate in einigen Großstädten. Die Übereinkunft / das Über-

einkommen zwischen allen Parteien, die Steuern verläufig nicht zu erhöhen, fand
breite Zustimmung unter der Bevölkerung.

**Anmerkung**
- Die Substantive *Übereinkommen* und *Übereinkunft* sind weitgehend synonym.
- Die Bezeichnungen für den Täter und den Adressaten können zusammengezogen werden:
  *Deutschland* kam *mit Frankreich* überein, . . .
  > *Deutschland und Frankreich* kamen überein, . . . – *Die beiden Länder* kamen überein, . . .
  Die Übereinkunft *Deutschlands mit Frankreich* . . .
  > Die Übereinkunft *zwischen Deutschland und Frankreich* . . . – . . . *zwischen beiden Ländern* . . . – . . .
  *zwischen ihnen* . . .

## übermitteln – Übermittlung

Die Hochschule (a) übermittelte dem Jubilar (b) herzliche Glückwünsche (c).
Die Übermittlung der Information (c) an alle Beteiligten (b) durch den Tele-
fondienst (a) klappte vorzüglich.

1. 'Perspektivierung S/S', 'Bekanntgabe von Fakten', 'offiziell', 'jemandem eine Information zukommen lassen bzw. als Mittler überbringen'
2. a  –  Täter / Mensch, Institution /
         V: Sn;                          S: Sp (durch)
   b  –  Adressat / Mensch, Institution /
         V: Sd;                          S: Sp (an)
   c  –  Thema / Geschehen, Ding /
         V: Sa/NS (daß);                 S: Sg/NS (daß)
3. Die Sekretärin übermittelte dem Minister, daß die angekündigten Besucher einge-
   troffen seien. Der Finanzexperte übermittelte dem Banker eine wichtige Information. Die Übermittlung der Entscheidung / der Ablehnung an den Antragsteller
   durch das Ministerium erfolgte bereits in der vergangenen Woche.

**Anmerkung**
- Sollte der Täter als Mittler auftreten, könnte man von einem vierten Aktanten – Benennung der
  Herkunft – sprechen:
      Karin übermittelte der Jubilarin *von ihrer Mutter* herzliche Grüße.
- In der Substantivgruppe käme es in einem solchen Fall zu einer Überladung:
      Die Übermittlung der Grüße an die Jubilarin *von ihrer Mutter* durch Karin . . .

## überreden – Überredung

Die ehrgeizigen Eltern (a) überredeten ihren Sohn (b) zum Medizinstudium
(c). Die Überredung des Boxers (b) zur Teilnahme an den Schaukämpfen (c)
durch den Manager (a) wirkte sich äußerst negativ aus.

1. 'Perspektivierung eines Kommunikationspartners', 'Anregung zur Entscheidungsfindung', 'jemanden durch verbale Beeinflussung zu etwas veranlassen, was er ursprünglich nicht wollte'
2. a  –  Täter / Mensch /
         V: Sn;                          S: Sp (durch)
   b  –  Adressat / Mensch /
         V: Sa;                          S: Sg/Sp (von)

c  –  Thema / Geschehen /
     V: Sp (zu)/NS (daß)/Inf;     S: Sp (zu)/NS (daß)/Inf
3. Der aufdringliche Reporter überredete den bekannten Filmstar, ihm ein Interview
zu geben. Die Sozialarbeiterin überredete den Drogensüchtigen, sich einer Therapie
zu unterziehen. Die Frau überredete ihren Mann zum Kauf einer neuen Polster-
garnitur. Die Überredung von Gutgläubigen zum Erwerb eines Jahresabonnements
der Zeitschrift bringt dem Unternehmen hohe Gewinne. Die Verkäufer sollten Ab-
stand nehmen von einer Überredung der Kunden zum Kauf von Waren.

## unterbreiten – Unterbreitung

Der Vorsitzende (a) unterbreitete dem Sicherheitsrat (b) einen Beschlußentwurf (c). Die Unterbreitung von Problemen (c) an die Vollversammlung (b)
durch die Mitglieder der UNO (a) ist ein Recht, das in der Satzung festge-
schrieben ist.

1. 'Perspektivierung eines Kommunikationspartners', 'Anregung zur Entscheidungsfindung', 'jemandem etwas als Vorschlag mitteilen'
2. a  –  Täter / Mensch /
       V: Sn;                S: Sp (durch)
  b  –  Adressat / Mensch, Institution /
       V: Sd;                S: Sp (an)
  c  –  Thema / Geschehen /
       V: Sa;                S: Sg
3. Der Grundstückseigentümer unterbreitete dem Kaufinteressierten den Vorschlag,
den Preis in Raten zu zahlen. Der Vorsitzende unterbreitete den Plan, die Fisch-
bestände zu erhöhen. Die Unterbreitung der bisher noch ungelösten Probleme der
Kommune durch einige Ratsmitglieder ist Bestandteil fast jeder Ratssitzung.

Anmerkung
– Die Bezeichnung des Themas ist fast immer ein Abstraktum wie *Vorschlag, Frage, Plan* usw. Diese
Substantive sind im wesentlichen inhaltsarm, bedürfen also der inhaltlichen Anreicherung durch
Attribute:
    den Vorschlag *zur weiteren Mitarbeit* / das Problem, *wann die Brücke fertig ist* / seine Ansicht, *das
    Projekt werde zu teuer* usw.

## unterrichten – gutunterrichtet / wohlunterrichtet – Unterrichten / Unterrichtung

Der Sekretär (a) unterrichtet den Vorsitzenden (b) vom Ergebnis der Verhandlungen (c). Die Teilnehmer am Ärztekongreß (a) waren gutunterrichtet /
wohlunterrichtet. Das Unterrichten / die Unterrichtung des Patienten (b)
über die beabsichtigte Therapie (c) durch den Arzt (a) stieß auf starke Vorbehalte.

1. 'Perspektivierung S/S', 'Bekanntgabe von Fakten', 'nicht offiziell', 'jemanden nicht
nur informieren, sondern auch orientieren'

2. a – Täter / Mensch, Institution /
    V: Sn;            A: nicht realisiert;    S: Sp (durch)
  b – Adressat / Mensch, Institution /
    V: Sa;            A: Sn;            S: Sg
  c – Thema / Geschehen /
    V: Sp (über, von)/    A: nicht realisiert;    S: Sp (über, von)/NS
    NS (daß, w);                            (daß, w)
3. Der Werkstattleiter unterrichtete die Lehrlinge darüber, wie sie mit dem Werkzeug umzugehen haben. Er unterrichtete die Polizei über den genauen Hergang des Unfalls. Der Bereichsleiter war im allgemeinen stets gutunterrichtet / wohlunterrichtet in bezug auf die Vorgänge im Betrieb. Das Unterrichten / die Unterrichtung der betroffenen Mitarbeiter durch die Firmenleitung erfolgt in den nächsten Tagen.

Anmerkung
– Die Adjektive *gutunterrichtet / wohlunterrichtet* bezeichnen keinen Prozeß, sondern den Zustand des Unterrichtetseins. Die Bezeichnungen des Themas und des Täter werden kaum realisiert, sie ergeben sich aus dem Kontext bzw. aus der Situation.

## untersagen – Untersagen

Die Kinderschwester (a) hat dem kleinen Patienten (b) streng untersagt, das Bett zu verlassen (c). Das Untersagen der Hospitation (c) durch den Direktor (a) stieß auf großes Unverständnis bei der Hochschule.

1. 'Perspektivierung eines Kommunikationspartners', 'reagierend', 'häufig offiziell', 'jemandem etwas verbieten'
2. a – Täter / Mensch, Institution /
    V: Sn;            S: Sp (durch)
  b – Adressat / Mensch /
    V: Sd;            S: nicht realisiert
  c – Thema / Geschehen /
    V: Sa/NS (daß)/Inf;    S: Sg/NS (daß)/Inf
3. Der Bademeister untersagte den Kindern das Überschwimmen der Bojen. Der Polizist untersagte dem angetrunkenen Verkehrsteilnehmer, das Auto weiter zu benutzen. Laut amtlicher Verfügung war untersagt, daß dieses Nahrungsmittel weiter verkauft werden konnte. Das Untersagen des Rauchens durch den Arzt muß der Patient streng befolgen.

Anmerkung
– Beim Substantiv wird die Bezeichnung des Adressaten nicht realisiert; sie ergibt sich aus dem Kontext bzw. aus der Situation.

## verabreden – Verabredung

Der Professor (a) verabredete mit seinem Kollegen (b) den Zeitpunkt der Konferenz (c). Die genaue Verabredung des Ablaufs der Expedition (c) mit seinen Mitarbeitern (b) durch den Expeditionsleiter (a) war eine wesentliche Voraussetzung für den Erfolg des Unternehmens.

1. 'Perspektivierung beider Kommunikationspartner', 'ein Ergebnis erreichend', 'etwas mit jemandem gemeinsam festlegen'
2. a – Täter / Mensch, Institution /
   V: Sn;                           S: Sp (durch)
   b – Adressat / Mensch, Institution /
   V: Sp (mit);                     S: Sp (mit)
   c – Thema / Geschehen /
   V: Sa/NS (daß, w)/Inf;           S: Sg/NS (daß, w)/Inf
3. Der Trainer verabredete mit den Sportlern, wie der Wettkampf gestaltet werden könnte. Der Meister verabredete mit den Arbeitern, in welchen Schritten das neue Produkt hergestellt werden könnte. Die Verabredung der von beiden Seiten einzusetzenden Mittel war eine Voraussetzung für das Gelingen. Die Verabredung zur gemeinsamen Beratung der strittigen Punkte wurde von einem Partner kurzfristig aufgekündigt.

Anmerkung
- Beim Substantiv ist eine zweite syntaktische Konstruktion möglich:
  Die Verabredung *des jungen Mannes mit seiner Freundin, sich bald zu treffen.*
- Hierbei handelt es sich um einen abgeschlossenen Prozeß; der Plural ist möglich.

**veranlassen**

Die besorgte Frau (a) veranlaßt ihren Mann (b), endlich zum Arzt zu gehen (c).

1. 'Perspektivierung S/S', 'Bekanntgabe von Fakten', 'nicht offiziell', 'jemanden dazu bringen, etwas Bestimmtes zu tun'
2. a – Täter / Mensch / Sn
   b – Adressat / Mensch / Sa
   c – Thema / Geschehen / Sp (zu)/Inf
3. Die Platzanweiserin veranlaßte den Besucher, sich in eine andere Reihe zu setzen. Der Pförtner veranlaßte den Fremden, das Betriebsgelände zu verlassen. Der Maskierte veranlaßte den Geldboten zur Herausgabe des Geldes.

**verbieten – verboten – Verbot**

Der Therapeut (a) verbot dem Suchtkranken (b), weiter Drogen zu nehmen (c). Das Betreten dieses Privatgrundstückes (c) ist verboten. Allein mit dem Verbot des Rauchens (c) durch die Eltern (a) ist es nicht getan.

1. 'Perspektivierung eines Kommunikationspartners', 'reagierend', 'bestimmen, daß etwas nicht sein darf'
2. a – Täter / Mensch, Institution /
   V: Sn;              A: nicht realisiert;    S: Sp (durch)
   b – Adressat / Mensch /
   V: Sd;              A: Sp (für) /selten/;   S: nicht realisiert
   c – Thema / Geschehen, Ding /
   V: Sa/NS (daß)/Inf; A: Sn;                  S: Sg/NS (daß)/Inf

3. Die Hotelleitung verbot den Gästen den Umgang mit elektrischen Heizgeräten in den Zimmern. Der Arzt verbot dem Patienten, wie bisher viel zu rauchen. In diesem Lokal ist das Rauchen grundsätzlich verboten. Dieser Film ist für Jugendliche unter 16 Jahren verboten. Das Verbot der Einfuhr von Erdöl durch die Nachbarstaaten wurde oft übertreten.

Anmerkung
– Beim Adjektiv *verboten* wird die Bezeichnung des Täters nicht realisiert; sie ergibt sich aus dem Kontext bzw. aus der Situation.
– Beim Substantiv *Verbot* wird die Bezeichnung des Adressaten kaum realisiert; sie ergibt sich aus dem Kontext bzw. aus der Situation.

## vereinbaren – Vereinbarung

Der Käufer (a) vereinbart mit dem Verkäufer (b) den Termin der Übergabe des Bungalows (c). Die Vereinbarung der einen Partei (a) mit der anderen Partei (b), daß ab sofort die Waffen schweigen sollen (c), wurde weitgehend eingehalten.

1. 'Perspektivierung beider Kommunikationspartner', 'ein Ergebnis erreichend', 'in offizieller, meist schriftlicher Form', 'jemand beschließt mit jemandem, etwas Bestimmtes zu tun'
2. a – Täter / Mensch, Institution /
       V: Sn;                   S: Sg
   b – Adressat / Mensch, Institution /
       V: Sp (mit);             S: Sp (mit)
   c – Thema / Geschehen /
       V: Sa/NS (daß, w)/Inf;   S: Sp (über)/NS (daß, w)/Inf
3. Der Einkäufer vereinbart mit dem Zulieferbetrieb den Liefertermin der Waren. Der Makler vereinbart mit dem Käufer, wann das Haus übergeben werden soll. Die Vereinbarung Deutschlands mit Polen, daß noch mehr für die Erhaltung der Umwelt getan werden solle, haben die Bewohner der Grenzgebiete freudig begrüßt.

Anmerkung
– Die Bezeichnungen für den Täter und den Adressaten können zusammengezogen werden:
  *Der Verkäufer vereinbarte mit dem Käufer* . . .
  > *Verkäufer und Käufer vereinbarten* . . . – *Beide / Sie vereinbarten* . . .
  *Die Vereinbarung der einen Partei mit der anderen Partei* . . .
  > *Die Vereinbarung zwischen den Parteien / der Parteien / beider Parteien / zwischen ihnen / ihre Vereinbarung* . . .

## verhandeln – Verhandlung

Litauen (a) verhandelt mit Estland und Lettland (b) über ein Umweltabkommen (c). Die Verhandlungen der Gewerkschaftsvertreter (a) mit den Unternehmervertretern (b) über Tariferhöhungen (c) wurden ergebnislos abgebrochen.

1. 'Perspektivierung beider Kommunikationspartner', 'ein Ergebnis suchend', 'mit einem Entscheidungsbefugten (meist lange) über ein strittiges Problem sprechen mit dem Ziel der Einigung'

2. a  – Täter / Mensch, Institution /
        V: Sn;                             S: Sg
   b  – Adressat / Mensch, Institution /
        V: Sp (mit);                       S: Sp (mit)
   c  – Thema / Geschehen /
        V: Sp (über)/NS (daß, w, ob);  S: Sp (über)/NS (daß, w, ob)
3. Der Personalrat verhandelt mit der Firmenleitung über die Aufhebung der Kündigungen. Der Aufsichtsrat verhandelt mit den Aktionären, ob die geplanten Investitionen zum gegenwärtigen Zeitpunkt vorgenommen werden sollen. Die Verhandlungen der britischen Regierung mit der irischen Regierung über Nordirland kamen nur langsam voran.

Anmerkung
– Die Bezeichnungen des Täters und des Adressaten können zusammengezogen werden:
   *Die Gewerkschaft* verhandelt *mit dem Arbeitgeberverband* über . . .
   > *Gewerkschaft und Arbeitgeberverband* verhandeln über . . . – *Beide / Sie* verhandeln über . . .
   *Die Verhandlungen der Gewerkschaft mit dem Arbeitgeberverband* über . . .
   > *Die Verhandlungen zwischen Gewerkschaft und Arbeitgeberverband / der beiden Seiten / zwischen ihnen / ihre* Verhandlungen über . . .

## verkünden – Verkündung

Der Richter (a) verkündete den Anwesenden (b) das Urteil (c). Die Verkündung der Gewinnzahlen (c) durch den Lotteriebetrieb (a) wurde von den Spielern mit Spannung erwartet.

1. 'Perspektivierung S/S', 'Bekanntgabe von Fakten', 'offiziell', 'zuweilen feierlich', 'etwas öffentlich sagen'
2. a  – Täter / Mensch, Institution /
        V: Sn;                             S: Sp (durch) bzw. Sg
   b  – Adressat / Mensch /
        V: Sd;                             S: Sp (an) /selten/
   c  – Thema /Geschehen /
        V: Sa/NS (daß, w);                 S: Sg/NS (daß, w)
3. Der Präsident verkündete den Bürgern eine weitgehende Amnestie. Der vorsitzende Richter verkündete den Anwesenden, daß er den Saal werde räumen lassen, wenn die unangebrachten Zwischenrufe nicht unterbleiben. Die Verkündung des Waffenstillstandes durch beide Bürgerkriegsparteien wurde mit großer Erleichterung aufgenommen.

Anmerkung
– Beim Substantiv wird die Bezeichnung des Adressaten häufig nicht realisiert; sie ergibt sich aus dem Kontext bzw. aus der Situation.
– Die Wörter *verkündigen / Verkündigung* können als Synonyme zu *verkünden / Verkündung* gelten; sie bezeichnen ebenfalls ein (feierliches) Bekanntgeben von Fakten.

## versichern / zusichern – Versicherung / Zusicherung

Der Personalchef (a) versicherte dem Bewerber (b), daß er die Stelle erhalten werde (c). Der Personalchef (a) sicherte dem Bewerber (b) zu, ihm ungehend Bescheid zu geben (c). Die Versicherung des Kommissars (a), der Fall werde gründliche untersucht (c), beruhigte vorerst die Betroffenen. Die Zusicherung des Ministers (a) an die Bürger (b), es werde in absehbarer Zeit keine Steuererhöhungen geben (c), wurde mit Skepsis aufgenomen.

1. 'Perspektivierung eines Kommunikationspartners', 'reagierend', 'jemandem sagen, daß etwas ganz bestimmt so ist, wie man es sagt'
2. a – Täter / Mensch, Institution /
   V: Sn;                          S: Sg
   b – Adressat / Mensch /
   V: Sd;                          S: Sp (an) /selten/
   c – Thema / Geschehen /
   V: **versichern**: NS (daß)/Inf    S: NS (daß)/Inf
   **zusichern**: Sa/NS (daß)/Inf
3. Der Apotheker versicherte dem Kunden, daß das Medikament bekömmlich sei. Er versicherte ihm, die Ware geprüft zu haben. Der Handwerksmeister sicherte dem Auszubildenden die Stelle zu. Die Firma sicherte dem Käufer zu, die Ware innerhalb der Garantiezeit zurückgeben zu können. Die Versicherung / Zusicherung des Herstellers, die Hemden jederzeit umzutauschen, überzeugte die Kunden nicht.

Anmerkung
– Die Bezeichnung des Adressaten wird beim Substantiv kaum realisiert; sie ergibt sich aus dem Kontext bzw. aus der Situation.

## voraussagen – Voraussage

Der Wissenschaftler (a) sagte der Expedition (b) ein böses Ende (c) voraus. Die Voraussage des Trainers (a), daß das nächste Spiel sicher gewonnen werde (c), bestätigte sich.

1. 'Perspektivierung S/S', 'Bekanntgabe von Fakten', 'nicht offiziell', 'sagen, wie etwas in der Zukunft sein wird'
2. a – Täter / Mensch /
   V: Sn;                          S: Sg
   b – Adressat / Mensch /
   V: Sd;                          S: nicht realisiert
   c – Thema / Geschehen /
   V: Sa/NS (daß, w);              S: Sp (über)/NS (daß, w)
3. Die Kartenlegerin sagte dem jungen Mann eine große Zukunft voraus. Der Forscher sagte voraus, daß die Wirtschaft sich nur sehr langsam erholen werde. Die Voraussage der fünf Weisen über die wirtschaftliche Entwicklung im nächsten Jahr stimmt hoffnungsvoll.

Anmerkung
– Beim Substantiv wird die Bezeichnung des Adressaten nicht realisiert; sie ergibt sich aus dem Kontext bzw. aus der Situation.

## vorschlagen – Vorschlag

Der Makler (a) schlägt dem Interessenten (b) den baldigen Kauf des Grundstückes (c) vor. Der Vorschlag des Ausschusses (a) an das Parlament (b) für eine Neufassung des Gesetzentwurfs (c) wurde angenommen.

1. 'Perspektivierung eines Kommunikationspartners', 'Anregung zur Entscheidungsfindung', 'jemandem etwas als unverbindliche Empfehlung anbieten'
2. a  –  Täter / Mensch, Institution /
       V: Sn;                          S: Sg
   b  –  Adressat / Mensch, Institution /
       V: Sd;                          S: Sp (an) /selten/
   c  –  Thema / Geschehen /
       V: Sa/NS (daß, w)/Inf;          S: Sp (für, zu)/NS (daß, w)/Inf
3. Die Fraktion schlug dem Parlament vor, einen Ausschuß zur Untersuchung der Bestechungsaffäre einzusetzen. Er schlug ihm einen Vergleich vor. Der Vorschlag des Sicherheitsrates an die beteiligten Staaten, mit der Entsendung von UNO-Truppen in das gefährdete Land einverstanden zu sein, wurde nach langer Diskussion angenommen.

Anmerkung
– Beim Substantiv wird die Bezeichnung des Adressaten selten realisiert; sie ergibt sich aus dem Kontext bzw. aus der Situation.

## zugestehen – Zugeständnis

Das Gericht (a) gestand dem Angeklagten (b) Strafmilderung (c) zu. Das Zugeständnis des Gerichts (a) an den Angeklagten (b), er habe in Notwehr gehandelt (c), wirkte sich strafmildernd aus.

1. 'Perspektivierung eines Kommunikationspartners', 'reagierend', 'jemandem etwas geben oder erlauben, auf das er ein Recht hat'
2. a  –  Täter / Mensch, Institution /
       V: Sn;                          S: Sg
   b  –  Adressat / Mensch, Institution /
       V: Sd;                          S: Sp (an)
   c  –  Thema / Geschehen /
       V: Sa/NS (daß)/Inf;             S: NS (daß)/Inf
3. Nach dem Turnier gestand der Trainer der Mannschaft eine Woche Urlaub zu. Der Leiter gesteht dem Mitarbeiter zu, einige Untersuchungsergebnisse vorab zu veröffentlichen. Das Zugeständnis der Arbeitgeber an die Gewerkschaft, die Lohnerhöhung rückwirkend wirksam werden zu lassen, könnte zu Arbeitsplatzverlusten führen. Das Zugeständnis des Landtags, statt eines Urlaubstages einen Feiertag für die Pflegeversicherung zu streichen, war erst nach zähen Verhandlungen erzielt worden.

## zureden – Zureden

Die Friseuse (a) redete der älteren Dame (b) zu, ihr Haar nicht färben zu lassen (c). Trotz des eifrigen Zuredens des Versicherungsvertreters (a) zum Abschluß einer Lebensversicherung (c) blieb der Angesprochene bei seiner ablehnenden Haltung.

1. 'Perspektivierung eines Kommunikationspartners', 'Anregung zur Entscheidungs-findung', 'intensiv und meist lange mit jemandem sprechen, um ihn zu einer be-stimmten Handlung zu bewegen'
2. a  – Täter / Mensch /
       V: Sn;                              S: Sg
   b  – Adressat / Mensch /
       V: Sd;                              S: nicht realisiert
   c  – Thema / Geschehen /
       V: Sp (zu)/NS (daß)/Inf;            S: Sp (zu)/NS (daß)/Inf
3. Der Verteidiger redete dem Klienten zu, den vorgeschlagenen Vergleich zu akzep-tieren. Sie redete ihrem Mann zu, sich der neuen Herausforderung zu stellen. Erst auf das Zureden seiner Frau hin willigte er ein, die Leitung des Projekts zu über-nehmen.

Anmerkung
– Beim Substantiv wird die Bezeichnung des Adressaten nicht realisiert; sie ergibt sich aus dem Kon-text bzw. der Situation. Auch das Thema ist häufig dem Kontext bzw. der Situation zu entnehmen.

## zusagen – Zusage

Der Werkstattbesitzer (a) sagte dem sich bewerbenden Monteur (b) zu, daß er die Stelle bekommen werde (c). Die Zusage des Besitzers des Autohauses (a) an den Kunden (b), der Wagen werde bis Sonntag geliefert (c), wurde eingehalten.

1. 'Perspektivierung eines Kommunikationspartners', 'reagierend', 'oft auf Antrag', 'jemandem verbindlich mitteilen, das geschehen wird, was er will'
2. a  – Täter / Mensch, Institution /
       V: Sn;                              S: Sg
   b  – Adressat / Mensch /
       V: Sd;                              S: Sp (an)
   c  – Thema / Geschehen /
       V: Sa/NS (daß)/Inf;                 S: NS (daß)/Inf
3. Der Kommunalpolitiker sagte dem Antragsteller eine schnelle Bearbeitung des An-trags zu. Er sagte den Eltern zu, an der Aussprache über das Schicksal des Kin-dergartens teilzunehmen. Die Zusage der Nachbarin, sich während unseres Urlau-bes um die Oma zu kümmern, kam überraschend.

## zutragen

Der Sportler (a) hat der Trainerin (b) zugetragen, daß über sie im Verein
bösartige Gerüchte verbreitet werden (c).

1. 'Perspektivierung S/S', 'Bekanntgabe von Fakten', 'nicht offiziell', 'jemandem etwas, was er nicht wissen sollte, ohne Wissen anderer sagen / hinterbringen'
2. a  –  Täter / Mensch / Sn
   b  –  Adressat / Mensch / Sd
   c  –  Thema / Geschehen / Sa/NS (daß, w)
3. Der Kellner hat dem Wirt zugetragen, daß man einen Anschlag auf sein Lokal
   plane. Der schmeichlerische Schüler hat dem Lehrer zugetragen, was die Klasse
   vorhabe. Der Verräter hat dem Gegner Zeit und Ort des geplanten Angriffs zugetragen.

# Feld der Abhängigkeitsbeziehungen zwischen Menschen

Unter Abhängigkeit als einer zwischenmenschlichen Beziehung wird die einseitige oder wechselseitige Bezogenheit eines Menschen (einer Menschengruppe, einer Institution) auf einen anderen Menschen (eine andere Menschengruppe, eine andere Institution) hinsichtlich eines Bezugsmerkmales verstanden. Daraus folgt, daß die Wörter dieses Feldes dreiwertig sind: Sie geben an, daß sich jemand zu jemandem in bezug auf etwas im Abhängigkeitsverhältnis befindet. Das gilt für die Mehrzahl der Wörter dieses Feldes. Die Notwendigkeit der sprachlichen Realisierung des zweiten bzw. dritten Aktanten ergibt sich aus der semantischen Sättigung des Valenzträgers durch den Kontext. Die Bezeichnung für den dritten Aktanten wird selten realisiert, beim Substantiv fast nie.

Die Wörter dieses Feldes lassen sich in drei Gruppen unterteilen:

1) X dominiert gegenüber Y in bezug auf Z;
2) X und Y sind gleichwertig in bezug auf Z;
3) Y dominiert gegenüber X in bezug auf Z.

Es treten folgende (syntaktische) Grundstrukturen auf:

| Verb: | Merkmalsträger | – Verb | – Bezugspartner | – Bezugspunkt |
|---|---|---|---|---|
| | Sn | – V | – Sd/Sp (. . .) | – A/Sa/Sp (. . .)/Inf |
| Adjektiv: | Merkmalsträger | – Bezugspartner | – Bezugspunkt | – Adjektiv |
| | Sn | – Sd/Sp (von) | – A/Sp (. . .)/Inf | – A |
| Substantiv: | Substantiv | – Merkmalsträger | – Bezugspartner | – Bezugspunkt |
| | S | – Sg | – Sp (. . .) | – Sp (für, in bezug auf) |

# Übersicht über das Wortfeld

1. 'Überlegenheit'
   *überlegen – Überlegenheit; übertreffen*

2. 'Gleichheit'
   *ebenbürtig – Ebenbürtigkeit; gewachsen; gleichgestellt – Gleichstellung*

3. 'Abhängigkeit'

3.1. 'Abhängigkeit allgemein'
   *abhängen – abhängig – Abhängigkeit; angewiesen – Angewiesenheit*

3.2. 'Dankbarkeit'
   *danken¹ / sich bedanken – dankbar – Dankbarkeit / Dank; danken² / verdanken; verbunden – Verbundenheit; zugetan*

3.3. 'Bereitschaft'
   *hören – gehorsam – Gehorsam / Gehorsamkeit; treu – Treue; willfahren – willfährig – Willfährigkeit*

3.4. 'Zwang'
   *haften – haftbar – Haftung; schulden – schuldig – Schulden; verpflichtet – Verpflichtung*

3.5. 'Untertänigkeit'
   *sich ausliefern – ausgeliefert; sich ergeben – ergeben – Ergebenheit; sich fügen – fügsam / gefügig – Fügsamkeit / Gefügigkeit; hörig – Hörigkeit; untertänig / untertan – Untertänigkeit; verfallen*

# Beschreibung der Wörter

## abhängen – abhängig – Abhängigkeit

Trotz seiner 30 Jahre hängt der Sohn (a) noch immer finanziell (c) von seinen Eltern (b) ab. Er (a) ist noch immer von seinen Eltern (b) finanziell (c) abhängig. Die finanzielle (c) Abhängigkeit ihres Freundes (a) von seinen Eltern (b) belastete sie sehr.

1. 'Fehlende Selbständigkeit / Freiheit', 'materiell / geistig an jemanden gebunden', 'der Macht anderer ausgeliefert'

2. a  –  Merkmalsträger / Mensch, Institution /
            V: Sn;                 A: Sn;                S: Sg
      b  –  Bezugspartner / Mensch, Institution /
            V: Sp (von);        A: Sp (von);       S: Sp (von)
      c  –  Bezugspunkt / Merkmal /
            V: A/Sp (in bezug auf);    A: A/Sp (in bezug auf); S: A/Sp (in bezug auf)

3. Die Forschungsgruppe hängt materiell von Sponsoren ab. In bezug auf seine Entscheidungen hing der junge Wissenschaftler lange Zeit von seinem Betreuer ab. Die Kolonie war jahrzehntelang ökonomisch vom Mutterland abhängig. Die politische Abhängigkeit des besiegten Landes von der Siegermacht führte zu dessen wirtschaftlicher Ausbeutung. Erst sehr spät konnte er seine geistige Abhängigkeit von seinem Doktorvater überwinden.

## angewiesen – Angewiesenheit

Der junge Unternehmer (a) ist auf die Bank (b) finanziell (c) angewiesen. Die finanzielle (c) Angewiesenheit seines Sohnes (a) auf die Bank (b) bedrückte den alten Mann.

1. 'Stark eingeschränkte Entscheidungsmöglichkeit / geringe Handlungsmöglichkeit', 'materiell / geistig gebunden an jemanden', 'der Unterstützung durch einen anderen bedürftig'
2. a – Merkmalsträger / Mensch, Institution /
     A: Sn;                          S: Sg
   b – Bezugspartner / Mensch, Institution /
     A: Sp (auf);                    S: Sp (auf)
   c – Bezugspunkt / Merkmal /
     A: A/Sp (hinsichtlich);         S: A/Sp (hinsichtlich)
3. Der Kranke ist hinsichtlich der richtigen Dosierung der Medikamente auf den Arzt angewiesen. Der verunglückte Bergsteiger ist auf die Rettungsmannschaft angewiesen. Der Polarforscher war wochenlang auf sich selbst angewiesen. An die materielle Angewiesenheit auf ihre Eltern hat sie sich im Laufe der Jahre gewöhnt.

Anmerkung
– Häufig erscheint als zweiter Aktant ein Abstraktum mit Mensch als Genitivattribut:
    Die Behinderte ist *auf die Hilfe ihrer Nachbarin* angewiesen.
– Beim Substantiv wird der Merkmalsträger häufig durch ein Possessivpronomen ausgedrückt:
    Die materielle Angewiesenheit *der Tochter* auf die Eltern . . .
    > *Ihre* materielle Angewiesenheit auf die Eltern . . .
– Ansonsten ergibt sich die Bezeichnung des Merkmalsträgers aus dem Kontext bzw. aus der Situation.

## sich ausliefern – ausgeliefert

Der Desperado (a) lieferte sich am nächsten Morgen dem Sheriff (b) bedingungslos (c) aus. Der Süchtige (a) war dem Dealer (b) auf Gedeih und Verderb (c) ausgeliefert.

1. 'Aufgeben der selbständigen Entscheidung', 'Unterordnung unter die Macht eines anderen', 'Verzicht auf Eigenständigkeit'
2. a – Merkmalsträger / Mensch /
     V: Sn;                          S: Sn
   b – Bezugspartner / Mensch, Institution /
     V: Sd;                          S: Sd

c  –  Bezugspunkt / Merkmal /
      V: A/Sp (auf, unter. . .)/Inf;     S: A/Sp (auf, unter. . .)/Inf
3. Karl Moor lieferte sich freiwillig den Gerichten aus. Niemand hatte für möglich
   gehalten, daß sich der Anführer der Truppe den Verfolgern auf Gnade und Un-
   gnade ausliefern würde. Der Seeräuber wollte sich der Stadt nur unter bestimmten
   Bedingungen ausliefern. Ohne Hoffnung auf Verbesserung seiner Lage zu haben,
   war er seinen Kumpanen ausgeliefert.

Anmerkung
–  Beim Adjektiv erscheint gelegentlich als zweiter Aktant ein Abstraktum mit Mensch als Genitivat-
   tribut:
   Der Gefangene war *der Willkür seiner Bewacher* auf Gedeih und Verderb ausgeliefert.

## danken[1] / sich bedanken – dankbar – Dankbarkeit / Dank

Die Autoren (a) danken dem Gutachter (b) für die zahlreichen nützlichen
Hinweise (c). Die Autoren (a) bedanken sich bei dem Gutachter (b) für die
zahlreichen nützlichen Hinweise (c). Die Autoren (a) sind dem Gutachter (b)
für die zahlreichen nützlichen Hinweise (c) dankbar. Die Dankbarkeit des
Schülers (a) dem alten Lehrer gegenüber (b) für die großzügige Unterstützung (c) war allgemein erwartet worden. Der Dank des Schülers (a) an den
ehemaligen Lehrer (b) für die Hilfe damals (c) zeigte sich noch nach Jahren.

1. 'Gefühl und Ausdruck der moralischen Verpflichtung', 'freiwillige Unterordnung',
   'Sichtbarmachen der Abhängigkeit'
2. a  –  Merkmalsträger / Mensch, Institution/
         V: Sn;               A: Sn;             S: Sg
   b  –  Bezugspartner / Mensch, Institution /
         V: **danken**: Sd           A: Sd;             S: **Dankbarkeit**: Sp (gegen-
                                                                   über)
         **sich bedanken**: Sp (bei);                  **Dank**: Sp (an)
   c  –  Bezugspunkt / Merkmal /
         V: Sp (für);          A: Sp (für);        S: Sp (für)
3. Die Kinder dankten den Eltern nicht für die aufopferungsvolle Fürsorge. Die Angehörigen der Verunglückten bedanken sich bei den Suchtrupps für deren selbst-
   losen Einsatz. Die alte Frau war dem Mädchen für die Hilfe dankbar. Die Kommune war dem Sponsor für die Hilfe dankbar. Die Dankbarkeit der Häftlinge den
   Soldaten gegenüber für ihre Befreiung kannte keine Grenzen. Ihr Dank an den
   Vater für dessen vorbehaltlose Unterstützung kam etwas sehr spät.

Anmerkung
–  Beim Substantiv wird der Merkmalsträger häufig durch ein Possessivpronomen ausgedrückt:
   Die Dankbarkeit *der Häftlinge* den Soldaten gegenüber . . .
   > *Ihre* Dankbarkeit den Soldaten gegenüber . . .
   Der Dank *der Tochter* an den Vater . . .
   > *Ihr* Dank an den Vater . . .

# danken² / verdanken

Der verunglückte Bergsteiger (a) dankt / verdankt der Bergwacht (b) sein Leben / daß er noch lebt (c).

1. 'Starkes Gefühl der Verpflichtung', 'starke moralische Abhängigkeit nach (meist großer) Hilfeleistung'
2. a  –  Merkmalsträger / Mensch, Institution / Sn
   b  –  Bezugspartner / Mensch, Institution / Sd
   c  –  Bezugspunkt / Merkmal / Sa/NS (daß)
3. Der Patient dankt / verdankt dem Chirurgen, daß er wieder ohne Gehhilfe laufen kann. Die Tochter dankt / verdankt ihren Eltern ihre Lebenstüchtigkeit. Der Verlag verdankt dem beliebten und produktiven Schriftsteller den finanziellen Erfolg.

# ebenbürtig – Ebenbürtigkeit

Der Rennfahrer (a) ist seinem Rivalen (b) an Reaktionsschnelligkeit (c) ebenbürtig. Die Ebenbürtigkeit des Rennfahrers (a) seinem Rivalen gegenüber (b) in bezug auf die Reaktionsschnelligkeit (c) überraschte die Zuschauer.

1. 'mit gleichen Fähigkeiten ausgestattet', 'gleiche Leistung erbringend', 'von gleichem Wert'
2. a  –  Merkmalsträger / Mensch /
         A: Sn;                                  S: Sg
   b  –  Bezugspartner / Mensch /
         A: Sd;                                  S: Sp (gegenüber)
   c  –  Bezugspunkt / Merkmal /
         A: A/Sp (an, in, in bezug auf. . .); S: A/Sp (an, in, in bezug auf. . .)
3. Die neue Schülerin ist den Jungen in der Klasse in Mathematik ebenbürtig. Der Quizteilnehmer ist dem Quizmaster an Schlagfertigkeit ebenbürtig. Sie ist ihm geistig ebenbürtig. Ihre geistige Ebenbürtigkeit dem Vorgesetzten gegenüber blieb den anderen Mitarbeitern nicht lange verborgen.

Anmerkung
– Beim Substantiv wird der Merkmalsträger häufig durch ein Possessivpronomen ausgedrückt:
  Die Ebenbürtigkeit *der jungen Kollegin* dem Chef gegenüber . . .
  > *Ihre* Ebenbürtigkeit dem Chef gegenüber . . .
– Gelegentlich wird auch der Bezugspunkt als attributives Adjektiv realisiert:
  Ihre *geistige* Ebenbürtigkeit dem Chef gegenüber . . .

# sich ergeben – ergeben – Ergebenheit

Blind vor Liebe hat sich die junge Frau (a) dem willensstarken Mann (b) sexuell (c) ergeben. Sie (a) ist ihm (b) sexuell (c) ergeben. Die sexuelle (c) Ergebenheit der jungen Frau (a) dem willensstarken Mann gegenüber (b) war den anderen längst aufgefallen.

1. 'Bereitschaft zur bedingungslosen Unterordnung', 'weitgehendes Aufgeben der eigenen Identität', 'willenlose Fügsamkeit'
2. a  –  Merkmalsträger / Mensch /
      V: Sn;                     A: Sn;                    S: Sg
   b  –  Bezugspartner / Mensch, Institution /
      V: Sd;                     A: Sd;                    S: Sp (gegenüber)
   c  –  Bezugspunkt / Merkmal /
      V: A/Sp (in);              A: A/Sp (in);             S: A/Sp (in)
3. Der labile junge Mann hat sich dem Anführer der Bande in jeder Beziehung ergeben. Der alte Diener ist seinem Herrn in bezug auf Verschwiegenheit ergeben. Viele Kommunisten waren der Arbeiterpartei in bezug auf bedingungslose Disziplin ergeben. Der Informelle Mitarbeiter war dem Staatssicherheitsdienst in jeder Beziehung ergeben. Die Ergebenheit des jungen Mannes der attraktiven Frau gegenüber wurde von ihr und anderen schamlos ausgenutzt.

Anmerkung
– Beim Substantiv wird der Bezugspunkt gelegentlich durch ein attributives Adjektiv ausgedrückt:
  Die *sexuelle* Ergebenheit der jungen Frau ...
– Häufig wird die Bezeichnung des Bezugspunktes nicht realisiert; sie ergibt sich dann aus dem Kontext bzw. aus der Situation.
– In der Bedeutung 'haltlos', 'süchtig' erscheint als zweiter Aktant = Objekt (Suchtmittel) bzw. Abstraktum:
  Aus Kummer hat er sich *dem Alkohol* ergeben.
  *Einer Leidenschaft* ist er völlig ergeben: *dem Spiel.*

## sich fügen – fügsam / gefügig – Fügsamkeit / Gefügigkeit

Der junge Mann (a) fügte sich letztlich seinen Eltern (b) und heiratete die reiche Erbin. Er (a) ist seinen Eltern gegenüber (b) fügsam und tut, was sie sagen. Das Mädchen (a) ist dem jungen Mann (b) gefügig. Wegen der Fügsamkeit des neuen Schülers (a) dem Klassensprecher gegenüber (b) gab es recht unterschiedliche Meinungen. Über die Gefügigkeit der jungen Frau (a) ihrem brutalen Mann gegenüber (b) haben die Hausbewohner oft getuschelt.

1. 'Bereitschaft zur Unterordnung', 'weitgehendes Aufgeben des eigenen Willens', 'Überwinden von Aversionen'
2. a  –  Merkmalsträger / Mensch /
      V: Sn;                     A: Sn;                    S: Sg
   b  –  Bezugspartner / Mensch /
      V: Sd;                     A: **gefügig**: Sd        S: Sp (gegenüber)
                                 **fügsam**: Sp (gegenüber);
3. Die Tochter fügte sich widerspruchslos dem Wunsch ihres Vaters. Manche Kinder sind ihren Eltern gegenüber nicht fügsam. Der willensschwache Mann war seiner energischen Frau in jeder Beziehung gefügig. Der Schüler ist dem Lehrer gefügig. Die Eltern waren überrascht, als sie von der Fügsamkeit / Gefügigkeit ihres Sohnes seiner Frau gegenüber erfuhren.

Anmerkung
- Der Bezugspunkt wird kaum als dritter Aktant sprachlich realisiert. Er ergibt sich aus dem Kontext bzw. aus der Situation.
- Als Bezugspartner erscheint – besonders beim Verb – häufig ein Substantiv der Aufforderung + Genitiv (Mensch):
  Der Bankangestellte fügte sich *der Drohung des Verbrechers* und öffnete den Tresorraum.
- Beim Adjektiv *fügsam* erscheint als Merkmalsträger häufig die Bezeichnung für ein Kind.

## gewachsen

Andrea (a) ist ihrem Mitschüler Martin (b) in Informatik (c) gewachsen.

1. 'Gleichheit im Leistungsvermögen', 'Gleichwertigkeit', 'gleiche Fähigkeit wie Bezugspartner besitzend'
2. a – Merkmalsträger / Mensch, Institution / Sn
   b – Bezugspartner / Mensch, Institution / Sd
   c – Bezugspunkt / Merkmal / A/Sp (in)
3. Der junge Rechtsanwalt ist dem Staatsanwalt in der Beweisführung nicht gewachsen. Der Boxer ist seinem Gegner im Durchsetzungsvermögen gewachsen. Er ist ihm geistig / intellektuell gewachsen. Die Nationalmannschaft ist der Vertretung des Nachbarlandes spielerisch nicht gewachsen.

Anmerkung
- Das Adjektiv *gewachsen* wird nur prädikativ und häufig mit dem Negationswort *nicht* gebraucht.

## gleichgestellt – Gleichstellung

Die Arbeiter (a) sind den Angestellten / mit den Angestellten der Firma (b) finanziell (c) gleichgestellt. Die finanzielle (c) Gleichstellung der Arbeiter (a) mit den Angestellten der Firma (b) beeinflußte positiv das Betriebsklima.

1. 'Gleichheit in Rangstufe / Ordnungsstufe / gesellschaftlicher Position', 'Gleichwertigkeit', 'durch andere fixierte Gleichheit'
2. a – Merkmalsträger / Mensch /
      A: Sn;                           S: Sg
   b – Bezugspartner / Mensch /
      A: Sd/Sp (mit)                   S: Sp (mit)
   c – Bezugspunkt / Merkmal /
      A: A/Sp (in bezug auf);          S: A/Sp (in bezug auf)
3. Kein anderes Vokalwerk ist dem Bachschen Vokalwerk in bezug auf die Vielgestaltigkeit der musikalischen Formen und Themen gleichgestellt. In der Forschungsgruppe sind die Assistenten mit den Studenten finanziell gleichgestellt. Die Gleichstellung der Busfahrer der privaten Busunternehmen mit denen des öffentlichen Dienstes in bezug auf den Stundenlohn wird von der Gewerkschaft gefordert.

## haften – haftbar – Haftung

Der Kreditnehmer (a) haftet der Bank (b) für den Kredit (c). Er (a) ist der Bank (b) für den Kredit (c) haftbar. Die Haftung des Kreditnehmers (a) der Bank gegenüber (b) für den Kredit (c) wurde schriftlich festgelegt.

1. 'Verantwortlichkeit für übernommene Verpflichtung', 'Abhängigkeit im Rahmen der Verpflichtung', 'Notwendigkeit zur Einhaltung der Vereinbarung', 'angedrohte Repressalien bei Nichteinhaltung'
2. a – Merkmalsträger / Mensch, Institution /
    V: Sn;　　　　　　　　A: Sn;　　　　　　　S: Sg
   b – Bezugspartner / Mensch, Institution /
    V: Sd;　　　　　　　　A: Sd;　　　　　　　S: Sp (gegenüber)
   c – Bezugspunkt / Merkmal /
    V: Sp (für)/NS (daß);　A: Sp (für)/NS (daß);　S: Sp (für)/NS (daß)
3. Der Student haftet der Bibliothek für die abhandengekommenen Bücher. Der Fahrer haftet dem Unternehmer persönlich dafür, daß die Waren rechtzeitig beim Besteller eintreffen. Die Ärztin ist dem Versandhaus haftbar für die Bestellungen ihres Mannes. Die Haftung des Fahrers für etwaige Schäden war vertraglich festgelegt worden. Der Wirt übernimmt keine Haftung für die Garderobe der Gäste.

Anmerkung
– Beim Substantiv wird die Bezeichnung des Bezugspartners selten realisiert; sie ergibt sich aus dem Kontext bzw. aus der Situation.

## hören – gehorsam – Gehorsam / Gehorsamkeit

Die Tochter (a) hörte auf die Mutter (b) und befolgte ihren Rat. Die Tochter (a) ist der Mutter (b) gehorsam. Der Gehorsam der Kinder (a) ihren Eltern gegenüber (b) ist leider keine Selbstverständlichkeit. Die Gehorsamkeit der Tochter (a) ihrer Mutter gegenüber (b) wurde als Selbstverständlichkeit angesehen.

1. 'durch Zwang oder Einsicht erreichte Bereitschaft zur Unterordnung', 'Befolgen der vorgeschriebenen Verhaltensregeln'
2. a – Merkmalsträger / Mensch /
    V: Sn;　　　　　　　　A: Sn;　　　　　　　S: Sg
   b – Bezugspartner / Mensch, Institution /
    V: Sp (auf);　　　　　　A: Sd;　　　　　　　S: Sp (gegenüber)
3. Der Schüler hört auf den Lehrer. Der Skiläufer hörte nicht auf die Warnung der Bergwacht und wurde von einer Lawine verschüttet. Der Patient ist dem Arzt gehorsam. Der Gehorsam vieler Kinder ihren Eltern gegenüber läßt heutzutage viel zu wünschen übrig. Die geringe Gehorsamkeit vieler Schüler den Lehrern gegenüber beeinträchtigt wesentlich das Arbeitsklima in der Schule.

– Bei den Wörtern dieser Gruppe wird der Bezugspunkt sprachlich nicht realisiert.
– Beim Verb erscheint gelegentlich als zweiter Aktant ein Abstraktum mit einer Bezeichnung für ein menschliches Wesen als Genitivattribut:
  Der Student hörte nicht *auf den Rat seines Freundes* und brach sein Studium wegen eines recht zweifelhaften Angebots ab.

## hörig – Hörigkeit

Die junge Frau (a) ist dem Zuhälter (b) sexuell (c) hörig. Die sexuelle (c) Hörigkeit der jungen Frau (a) dem Zuhälter gegenüber (b) hatte zu diesem Verbrechen geführt.

1. 'durch (inneren) Zwang bedingte Bereitschaft zur bedingungslosen Unterordnung', 'Verzicht auf eigenen Willen', 'Bereitschaft zur Dienstleistung (jeder Art)'
2. a – Merkmalsträger / Mensch /
      A: Sn;                              S: Sg
   b – Bezugspartner / Mensch /
      A: Sd;                              S: Sp (gegenüber)
   c – Bezugspunkt / Merkmal /
      A: A/Sp (in bezug auf);             S: A/Sp (in bezug auf)
3. Der verliebte Mann war der attraktiven Frau sexuell hörig. Die Spießgesellen waren ihrem erfolgreichen Anführer in bezug auf rücksichtsloses Vorgehen hörig. In Künstlerkreisen wurde viel über die Hörigkeit des jungen Malers seinem Mäzen gegenüber gespottet. Daß die Piraten so große Beute machten und nicht zu fassen waren, hatte viel zu tun mit ihrer Hörigkeit dem Anführer gegenüber.

Anmerkung
– Die Bezeichnung des Bezugspunktes wird selten realisiert.
– In der Bedeutung 'unfrei', 'leibeigen', 'dem Feudalherren zu Leistungen verpflichtet' kommt *hörig* einwertig vor:
  Im Mittelalter gab es viele hörige *Bauern*.

## schulden – schuldig – Schulden (Pl.)

Der Spieler (a) schuldet seinem Freund (b) 10.000 Mark (c). Er (a) ist seinem Freund (b) 10.000 Mark (c) schuldig. Die Schulden des Spielers (a) bei seinem Freund (b) in Höhe von 10.000 Mark (c) konnten nach dem Lottogewinn sofort beglichen werden.

1. 'durch zu erbringende Leistung bedingte Abhängigkeit', 'moralische oder materielle Verpflichtung', 'Zwang zu angemessenem Verhalten'
2. a – Merkmalsträger / Mensch, Institution /
      V: Sn;                 A: Sn;                 S: Sg
   b – Bezugspartner / Mensch, Institution /
      V: Sd;                 A: Sd;                 S: Sp (bei)
   c – Bezugspunkt / Merkmal (häufig Geld) /
      V: Sa;                 A: Sa;                 S: Sp (in Höhe von)
3. Der Unternehmer schuldet der Bank eine größere Summe. Das Unternehmen schuldet der Stadt noch über fünf Millionen Mark. Die junge Frau ist ihrem Mann

keine Rechenschaft schuldig. Der Student ist seiner Wirtin noch die Miete schuldig. Die Schulden des Freizeitzentrums bei der Stadt in Höhe von einigen Millionen Mark sollen noch im laufenden Jahr eingetrieben werden. Die Schulden der Mieter bei der Wohnungsgesellschaft sind erheblich angestiegen

Anmerkung
– Das Substantiv *Schuldigkeit* in der Bedeutung 'Pflicht', 'Leistung' kommt meist in Verbindung mit *tun* vor:
    Der Diener hat *seine Schuldigkeit getan.*
    Der Schnaps hat *seine Schuldigkeit getan.*

## treu – Treue

Der Seemann (a) ist seiner Frau (b) treu. Die Treue des Seemanns (a) zu seiner Frau (b) wurde wiederholt auf die Probe gestellt.

1. 'Verbundenheit mit einem Menschen', 'Zuverlässigkeit und Beständigkeit', 'selbstauferlegte Abhängigkeit', 'innere Bereitschaft zur Unterordnung'
2. a – Merkmalsträger / Mensch /
      A: Sn;                    S: Sg
   b – Bezugspartner / Mensch /
      A: Sd;                    S: Sp (zu)
3. Nicht jeder Ehemann ist seiner Frau treu. Die Musketiere waren ihrem König treu. Die Treue der jungen Frau zu ihrem Freund wurde schändlich mißbraucht.

Anmerkung
– Der Bezugspunkt wird sprachlich nicht realisiert.
– Als zweiter Aktant ist auch ein Abstraktum möglich:
    Martin Luther blieb *seiner Überzeugung* immer treu.
    Die Treue des Revolutionärs *zu seiner Idee* wurde von vielen ehemaligen Mitstreitern belächelt.
– Als erster Aktant ist auch Tier/Säugetier möglich:
    *Der Hund* ist seinem Herrn treu.
    Die Treue *des Pferdes* zu seinem Herrn war sagenhaft.

## überlegen – Überlegenheit

Das Mädchen (a) ist dem Jungen (b) in Englisch (c) überlegen. Die Überlegenheit des Mädchens (a) dem Jungen gegenüber (b) in bezug auf Englisch (c) nahm ständig zu.

1. 'über größere Leistungsfähigkeit als ein anderer verfügen', 'konstant besser sein', 'hoher Grad des Herausragens'
2. a – Merkmalsträger / Mensch /
      A: Sn;                    S: Sg
   b – Bezugspartner / Mensch /
      A: Sd;                    S: Sp (gegenüber)
   c – Bezugspunkt / Merkmal /
      A: Sp (in, an . . .)/A;   S: Sp (in, an, in bezug auf . . .)
3. Der Student war dem jungen Assistenten im Kopfrechnen überlegen. Der Hobbybastler war dem Profi an Geschicklichkeit überlegen. Die Weitspringerin war ihren

Konkurrentinnen haushoch überlegen. Ihre Überlegenheit den anderen Läuferinnen gegenüber wurde auf den letzten Kilometern des Marathonlaufes ganz offensichtlich. Des Solisten Überlegenheit an Virtuosität dem Konzertmeister gegenüber wurde vom Publikum aufmerksam registriert.

**Anmerkung**

–  Die menschliche Leistungsfähigkeit kann auch in Beziehung gesetzt werden zu der eines Tieres oder zu der eines Gerätes bzw. es können Beziehungen zwischen Tieren und zwischen Geräten ausgedrückt werden:
   Der Gladiator war *dem Löwen* an Gewandtheit überlegen.
   *Der Computer* ist dem Schachspieler an Schnelligkeit im Kombinieren überlegen.
   *Die Antilope* war *der Hyäne* an Schnelligkeit überlegen.
   *Die modernen Apparate* sind *den alten* technisch weit überlegen.

## übertreffen

Karin (a) übertrifft ihre Klassenkameradinnen (b) an Fleiß (c).

1. 'eine Eigenschaft in höherem Maße besitzen als ein anderer', 'sich in einer Beziehung (deutlich) unterscheiden', 'bessere Leistung erbringen'
2. a  –  Merkmalsträger / Mensch / Sn
   b  –  Bezugspartner / Mensch / Sa
   c  –  Bezugspunkt / Merkmal / Sp (an, in, bei . . .)
3. Der Indianer übertraf den Scout an Ausdauer. Beim Fünfkampf übertraf er seine Konkurrenten nur im Weitsprung. Beim abschließenden Stechen übertraf sie die anderen Springreiter.

## untertan / untertänig – Untertänigkeit

Der Lehnsmann (a) war dem Lehnsherrn (b) untertan. Der Angestellte (a) war seinem Herrn (b) immer untertänig gewesen und hatte stets nach dessen Wünschen gehandelt. Die Untertänigkeit des Beamten (a) seinem Vorgesetzten gegenüber (b) war kaum noch zu ertragen.

1. 'vollständige (ökonomische, rechtliche) Unterwerfung', 'Verzicht auf eigene Entscheidungen', 'Aufgeben des eigenen Willens'
2. a  –  Merkmalsträger / Mensch /
      A: Sn;                        S: Sg
   b  –  Bezugspartner / Mensch /
      A: Sd;                        S: Sp (gegenüber)
3. Im Mittelalter war der Bauer dem Feudalherrn untertan. Wahrscheinlich war die junge Frau dem Fremden völlig verfallen, hörig, untertan. Sie war ihm untertänig. Die Untertänigkeit Dietrich Heßlings seinem Kaiser gegenüber war kaum noch zu übertreffen.

- Das Adjektiv *untertan* kommt meist nur noch in der Wendung *"sich etwas untertan machen"* vor:
  Der Mensch macht sich die Natur untertan.
- Ansonsten bezeichnet *untertan* gesellschaftliche Verhältnisse im Mittelalter.
- Die Wörter *untertänig* und *Untertänigkeit* weisen ein pejoratives Sem auf.

## verbunden – Verbundenheit

Der Doktorand (a) ist seinem Betreuer (b) für die zahlreichen helfenden Hinweise (c) sehr verbunden. Die Verbundenheit des Doktoranden (a) seinem Betreuer gegenüber (b) wegen der zahlreichen helfenden Hinweise (c) wurde von den anderen Mitarbeitern recht unterschiedlich bewertet.

1. 'aus Dankbarkeit resultierende Abhängigkeit', 'sich zu Gegenleistung verpflichtet fühlen', 'starker moralischer Zwang' /gehoben/
2. a – Merkmalsträger / Mensch /
   A: Sn;                          S: Sg
   b – Bezugspartner / Mensch /
   A: Sd;                          S: Sp (gegenüber)
   c – Bezugspunkt / Merkmal /
   A: Sp (für);                    S: Sp (wegen)
3. Die Genesende ist dem Arzt für die schnelle Hilfeleistung sehr verbunden. Ich bin Ihnen für diese Gefälligkeit äußerst verbunden. Wiederholt wurde über die Verbundenheit des jungen Dichters seinem Mäzen gegenüber gerätselt.

## verfallen

Der junge Mann (a) ist der attraktiven Tänzerin (b) verfallen.

1. 'völlige Abhängigkeit', 'bedingt durch Willensschwäche', 'weitgehend Aufgeben der eigenen Persönlichkeit'
2. a – Merkmalsträger / Mensch / Sn
   b – Bezugspartner / Mensch / Sd
3. Der alternde Studienrat war der bildhübschen, aber verlogenen Sängerin verfallen. Da er der anspruchsvollen Frau völlig verfallen war, geriet er immer mehr in Schwierigkeiten.

- Der Bezugspunkt wird sprachlich nicht realisiert.
- Häufig erscheint als zweiter Aktant = Objekt/Droge oder Abstraktum. In diesen Strukturen hat *verfallen* die Bedeutung 'süchtig':
  Er ist *dem Alkohol / dem Rauschgift / dem Spiel* verfallen.

## verpflichtet – Verpflichtung

Der Autor (a) ist dem Lektor (b) zu Dank (c) verpflichtet. Die Verpflichtung des Autors (a) dem Lektor gegenüber (b) zu Dank (c) schuf eine eigenartige Atmosphäre.

1. '(Moralischer) Zwang hinsichtlich zu erbringender Leistung', 'Schuldgefühl'
2. a – Merkmalsträger / Mensch /
      A: Sn;            S: Sg
   b – Bezugspartner / Mensch /
      A: Sd;            S: Sp (gegenüber)
   c – Bezugspunkt / Merkmal /
      A: Sp (zu)/Inf;      S: Sp (zu)/Inf
3. Der Sohn ist seinen Eltern zu Dank verpflichtet. Für seine zahlreichen Gefälligkeiten werde ich ihm stets verpflichtet bleiben. Der erfolgreiche Boxer ist seinem Trainer außerordentlich verpflichtet. Über die Verpflichtung der Kinder ihren Eltern gegenüber brauchte nicht weiter gesprochen zu werden.

**Anmerkung**
– Die Bezeichnung des Bezugspunktes wird kaum realisiert; sie ergibt sich aus dem Kontext bzw. aus der Situation.
– Das Adjektiv *verpflichtet* kommt häufig in der Verbindung *jemandem zu Dank verpflichtet sein* vor.
– Beim Adjektiv *verpflichtet* sind folgende Strukturen möglich:
     Sn – Kopula – Sd – Sp (...) – A
     Er ist ihm zu Dank verpflichtet.
     Sn – Kopula – Sd – A
     Er ist ihm verpflichtet.
     Sn – Kopula – Sp (...) – A
     Er ist zu Hilfeleistungen verpflichtet.
     Sn – Kopula – A – Inf
     Er ist verpflichtet zu helfen /, ihm zu helfen.

## willfahren – willfährig – Willfährigkeit

Der Höfling (a) willfahrte dem Grafen (b) in allen Dingen (c). Er (a) ist dem Grafen (b) in allen Dingen (c) willfährig. Die Willfährigkeit des Höflings (a) dem Grafen gegenüber (b) gab Anlaß zu vielfältigen hämischen Bemerkungen.

1. 'Bereitwilliges Unterordnen', 'dienstbereites Handeln', 'dem Wunsch / der Bitte des anderen eilfertig nachkommen' /gehoben, veraltend/
2. a – Merkmalsträger / Mensch /
      V: Sn;            A: Sn;            S: Sg
   b – Bezugspartner / Mensch /
      V: Sd;            A: Sd;            S: Sp (gegenüber)
   c – Bezugspunkt / Merkmal /
      V: Sp (in, unter ...);    A: Sp (in, unter ...);    S: nicht realisiert
3. Was seine Frau auch verlangte, er willfahrte ihr in jeder Beziehung / unter allen Umständen. Der alternde Liebhaber willfahrte seiner jungen Geliebten in allen Dingen. Er war ihr in allem willfährig. Seine Willfährigkeit dem Minister gegenüber brachte ihm nur Schmeichler als Freunde ein.

- Beim Substantiv wird die Bezeichnung des Bezugspunktes nicht realisiert; sie ergibt sich aus dem Kontext bzw. aus der Situation.

## zugetan

Julia (a) war Romeo (b) in wahrer Liebe zugetan.

1. '(Tiefe) Zuneigung empfinden', 'sich jemandem emotional verbunden fühlen', 'emotional bedingte Bereitschaft zur Unterordnung'
2. a – Merkmalsträger / Mensch / Sn
   b – Bezugspartner / Mensch / Sd
3. Der Junge war dem Mädchen herzlich zugetan. Die Gymnasiastin war ihrem sportlichen Klassenlehrer liebevoll zugetan.

Anmerkung
- Der Bezugspunkt wird nicht realisiert. Meist erscheint eine Modalangabe, um die Art des Zugetanseins zu kennzeichnen:
  Der Junge war dem Mädchen *herzlich* zugetan.

# Feld des emotionalen Bewegens

Zu diesem Feld gehören Wörter, die Sachverhalte bezeichnen, die bei einem Menschen positive bzw. negative Gefühle auslösen. "Das emotionale Bewegen ist zu verstehen als bewußtes Einwirken eines Menschen auf einen anderen mit dem Ziel, seine Gefühlslage qualitativ und/oder quantitativ zu verändern. Um dieses Ziel zu erreichen, verwendet der einwirkende Handlungsträger (HT I) unterschiedliche Mittel. . . . Deutlich wird . . ., daß die Semstruktur der Verben (und anderer Wortarten, d.V.) des emotionalen Bewegens Voraussetzungen für eine Veränderung der Gefühlslage widerspiegeln kann sowie die Ziel-Mittel-Relation, die den Prozeß des emotionalen Bewegens und die jeweilige beim HT II bewirkte positive oder negative Gefühlslage determiniert." (Gansel 1992, 167f.)

Es werden im wesentlichen zwei Prozesse perspektiviert:
– 'Gefühlszustand auslösend'
– 'über Gefühlszustand handlungsmotivierend'.

Die Wörter dieses Feldes verfügen im wesentlichen über drei Aktanten: Täter – Ziel/Objekt – Zweck/Mittel/Grund. Einige Wörter verfügen nur über zwei Aktanten, andere über vier Aktanten. Das hängt u.a. damit zusammen, daß die Semantik eines Aktanten bereits durch Kernseme ausgedrückt wird. Auffällig ist weiter, daß zu diesem Feld Adjektive gehören, die sich aus Partizipien entwickelt haben (u.a. *bezaubernd, bezaubert*). Sie behalten ihren aktivischen bzw. passivischen Charakter, was sich dann auf die Satzstruktur auswirkt.

Die Wörter dieses Feldes bilden folgende (syntaktische) Grundstrukturen:

| Verb | | | | |
|---|---|---|---|---|
| *ehren*: | Täter | – Prozeß | – Ziel | – Mittel |
| | Sn | – V | – Sa | – Sp (mit) |
| Substantiv | | | | |
| *Ehrung*: | Prozeß | – Ziel | – Täter | – Mittel |
| | S | – Sg | – Sp (durch) | – Sp (mit) |

# Übersicht über das Wortfeld

1.    'emotional positiv bei Handlungsträger II (HT II)'

1.1.   'Gefühlszustand auslösend'

1.1.1.  'Anlaß durch Handlungsträger II bedingt'
       *auszeichnen – Auszeichnen / Auszeichnung; ehren – Ehrung; loben –*
       *lobenswert – Loben; lohnen / belohnen – Belohnen / Belohnung; entlasten*
       *– Entlastung; erlösen – Erlösung; freisprechen / lossprechen – Frei-*
       *sprechen / Freispruch; nachsehen – nachsichtig – Nachsicht; vergeben –*
       *Vergebung; verzeihen – verzeihlich / unverzeihlich*

1.1.2.  'Anlaß nicht durch Handlungsträger II bedingt'
       *anlocken – Anlocken; aufheitern; aufmuntern – Aufmunterung; aufrei-*
       *zen – Aufreizung; begeistern – begeisternd / begeistert – Begeisterung;*
       *belustigen – belustigend – Belustigung; bezaubern – bezaubernd; erfreu-*
       *en – erfreut / erfreulich; erheitern – Erheiterung; erregen – erregend –*
       *Erregung; mitreißen – mitreißend*

1.2.   'über Gefühlszustand handlungsmotivierend'
       *anfeuern – Anfeuern; anstacheln; bewegen – bewegend / (tief)bewegt;*
       *ermuntern – Ermunterung; ermutigen – Ermutigung*

2.    'emotional negativ bei Handlungsträger II'

2.1.   'Gefühlszustand auslösend'
       *anöden; anpöbeln – Anpöbeln; anstänkern; behelligen – Behelligung; be-*
       *lästigen – Belästigung; beleidigen – beleidigend / beleidigt – Beleidigung;*
       *beschimpfen – Beschimpfen / Beschimpfung; betiteln; betrüben – betrüb-*
       *lich – Betrübnis; brüskieren – brüskierend – Brüskierung; kränken –*
       *kränkend / gekränkt – Kränkung / Gekränktheit; langweilen – langweilig*
       */ sterbenslangweilig / todlangweilig – Langeweile / Langweiligkeit;*
       *schmähen – Schmähen / Schmähung; vergrämen – vergrämt; verletzen –*
       *verletzbar – Verletzbarkeit; verwunden – verwundbar – Verwundbarkeit*

2.2.   'über Gefühlszustand handlungsmotivierend'
       *anmeckern – Anmeckern; kritisieren / herumkritisieren – Kritisieren /*
       *Kritik; mäkeln / bemäkeln / herummäkeln – mäkelig – Mäkeln / Mä-*
       *kelei; mißbilligen – Mißbilligung; nörgeln / herumnörgeln – nörgelig –*
       *Nörgeln / Nörgelei / Genörgel; rügen; tadeln – tadelnswert / tadelns-*
       *würdig – Tadeln / Tadelei; zerpflücken – Zerpflücken*

# Beschreibung der Wörter

## anfeuern – Anfeuern

Die Zuschauer (a) feuerten die Läufer (b) an, einen Zwischenspurt einzule-
gen (c). Das Anfeuern der Fußballmannschaft (b) zu mehr Tempo (c) durch
die Fans (a) wirkte sich sofort auf das Spiel aus.

1. 'Emotional positiv bei HT II', 'über Gefühlszustand handlungsmotivierend', 'zu
   höheren Leistungen veranlassen', 'durch Zuruf' (bes. beim Sport)
2. a – Täter / Mensch /
      V: Sn;                                  S: Sp (durch)
   b – Ziel / Mensch /
      V: Sa;                                  S: Sg/Sp (von)
   c – Zweck / Ereignis /
      V: Sp (zu)/Inf;                         S: Sp (zu)/Inf
3. Die Sportler feuerten ihren Kameraden an, den Gegner zu besiegen. Die Südkurve
   feuerte die Heimmannschaft zu mehr kämpferischem Spiel an. Das Anfeuern des
   beliebten Boxers durch die Zuschauer zeigte Wirkung.

### Anmerkung
– Zuweilen erstreckt sich *anfeuern* auch auf Tiere (z.B. Hunde, Pferde, Hähne):
  Die Zuschauer feuerten *die Hunde* beim Schlittenrennen an.

## anlocken – Anlocken

Der Geschäftsinhaber (a) lockte die Käufer (b) mit niedrigen Preisen (c) an.
Das Anlocken der Kunden (b) mit verbilligten Waren (c) durch den Händler
(a) ist eine beliebte Praxis.

1. 'Emotional positiv bei HT II', 'Gefühlszustand auslösend', 'Anlaß nicht durch HT
   II bedingt', 'HT I emotional negativ', 'jemanden durch etwas heranziehen'
2. a – Täter / Mensch, Institution /
      V: Sn;                                  S: Sp (durch)
   b – Ziel / Mensch /
      V: Sa;                                  S: Sg/Sp (von)
   c – Mittel / Ding, Ereignis /
      V: Sp (mit, durch)/NS (daß);            S: Sp (mit, durch)/NS (daß)
3. Der Besitzer des Reiterhofes lockte die Kinder damit an, daß er ihnen kostengün-
   stiges Reiten versprach. Sie lockten die Bürger mit bunten Plakaten an. Das Anlocken von Wählerinnen und Wählern durch großartige Versprechungen und kleine
   Geschenke ist ein beliebtes Manöver im Wahlkampf.

## anmeckern – Anmeckern

Die Schwiegermutter (a) meckerte ihre Schwiegertochter (b) wegen jeder Kleinigkeit an. Ständiges Anmeckern der Kinder (b) durch die Kindergärtnerin (a) ist wirkungslos.

1. 'Emotional negativ bei HT II', 'über Gefühlszustand handlungsmotivierend', 'häufig mündlich kritisieren' /salopp/
2. a  –  Täter / Mensch /
       V: Sn;                          S: Sp (durch)
   b  –  Ziel / Mensch /
       V: Sa;                          S: Sg/Sp (von)
3. Der Hausmeister meckerte die Mieter oft unberechtigt an. Er meckert die Lehrlinge in einem fort an. Das ständige Anmeckern der Verkäufer durch den Chef wirkt sich negativ auf das Betriebsklima aus.

Anmerkung
–  Die Bezeichnung des Mittels wird nicht realisiert. Sie ergibt sich aus der Kernsemantik.

## anöden

Der Politiker (a) ödete die Zuhörer (b) mit seinen stereotypen Aussagen (c) an.

1. 'Emotional negativ bei HT II', 'Gefühlszustand auslösend', 'nicht nur mit Sprache', 'langweilen'
2. a  –  Täter / Mensch / Sn
   b  –  Ziel / Mensch / Sa
   c  –  Mittel / Ereignis / Sp (mit, durch)/NS (daß)
3. Der Lehrer ödete die Schüler durch seinen langweiligen Unterricht an. Die Großmutter ödete die Enkelin dadurch an, daß sie jede Kleinigkeit kritisierte.

## anpöbeln – Anpöbeln

Die Jungen (a) pöbelten die Rentnerin (b) an. Das Anpöbeln von Passanten (b) durch Jugendliche (a) ist leider zur Gewohnheit geworden.

1. 'Emotional negativ bei HT II', 'Gefühlszustand auslösend', 'vorwiegend mit Sprache', 'jemanden mit ausfälligen Worten belästigen' /salopp/
2. a  –  Täter / Mensch /
       V: Sn;                          S: Sp (durch)
   b  –  Ziel / Mensch /
       V: Sa;                          S: Sg/Sp (von)
3. Die Fans / die Zuschauer pöbelten den Schiedsrichter an. Sie pöbelten die Demonstranten an. Junge Frauen werden oft von Assozialen angepöbelt. Die Gäste verbitten sich das Anpöbeln durch Betrunkene.

## anstacheln

Das Mädchen (a) stachelte ihren Freund (b) zu noch größeren sportlichen
Leistungen (c) an.

1. 'Emotional positiv bei HT II', 'über Gefühlszustand handlungsmotivierend', 'jemanden mit Worten oder Maßnahmen zu Handlungen treiben'
2. a – Täter / Mensch / Sn
   b – Ziel / Mensch / Sa
   c – Zweck / Ereignis / Sp (zu)/NS (daß)/Inf
3. Der Trainer stachelte den Sportler zu immer härterem Training an. Er stachelte den
   Rennfahrer dazu an, mit größerer Risikobereitschaft zu fahren. Der Zirkusdirektor
   stachelte den Artisten dazu an, daß er den Todessprung doch wagte.

## anstänkern

Der ewig nörgelnde Arbeiter (a) stänkerte seine Kollegen (b) an, so daß sie
nichts mehr mit ihm zu tun haben wollten.

1. 'Emotional negativ bei HT II', 'Gefühlszustand auslösend', 'vorwiegend mit Sprache', 'mit ausfälligen Worten', 'abstoßend wirken' /salopp/
2. a – Täter / Mensch / Sn
   b – Ziel / Mensch / Sa
3. Der Gefangene stänkerte seine Mitgefangenen häufig an. Ich lasse mich von dir
   nicht immer anstänkern.

## aufheitern

Der Clown (a) heiterte die Kinder (b) mit allerlei Späßen (c) auf.

1. 'Emotional positiv bei HT II', 'Gefühlszustand auslösend', 'Anlaß nicht durch HT
   II bedingt', 'zielgerichtet', 'HT I positiv', 'jemanden, der betrübt ist, froh stimmen'
2. a – Täter / Mensch / Sn
   b – Ziel / Mensch / Sa
   c – Mittel / Ereignis / Sp (mit)/NS (daß)
3. Die Schwester heiterte die deprimierte Patientin mit einer frohen Botschaft auf.
   Traurige können durch ihre Mitmenschen schon mit einem freundlichen Wort auf-
   geheitert werden. Er heiterte die ganze Stube dadurch auf, daß er Witze am laufenden Band erzählte.

## aufmuntern – Aufmunterung

Die Schwester (a) munterte den Kranken (b) durch ihre stets gute Laune (c)
auf. Die Aufmunterung der alten pflegebedürftigen Leute (b) durch freund-
liches Zureden (c) durch das Personal (a) ist sehr wichtig.

1. 'Emotional positiv bei HT II', 'Gefühlszustand auslösend', 'Anlaß nicht durch HT
   II bedingt', 'HT I positiv', 'jemanden, der traurig / deprimiert / schlecht gelaunt ist,
   wieder froh machen'
2. a  –  Täter / Mensch /
         V: Sn;                          S: Sp (durch)
   b  –  Ziel / Mensch /
         V: Sa;                          S: Sg
   c  –  Mittel / Ding, Erscheinung /
         V: Sp (durch)/NS (daß);         S: Sp (mit, durch)/NS (daß)
3. Der Chef munterte den behinderten Arbeiter durch eine materielle Anerkennung
   auf. Er munterte ihn mit einem lobenden Wort auf. Er munterte ihn dadurch auf,
   daß er etwas Interessantes aus der Zeitung vorlas. Jeder Mensch braucht in seiner
   Arbeit von Zeit zu Zeit eine Aufmunterung durch den Vorgesetzten.

## aufreizen – Aufreizung

Die Extremisten (a) reizten die Bevölkerung (b) mit Flugblättern (c) gegen
die Regierung (d) auf. Die Aufreizung der Bevölkerung (b) gegen die eigene
Regierung (d) durch die Widerstandskämpfer (a) zeigte Wirkung.

1. 'Emotional positiv bei HT II', 'Gefühlszustand auslösend', 'Anlaß nicht durch HT
   II bedingt', 'bewirken, daß jemand auf jemanden wütend wird und gegebenenfalls
   handelt'
2. a  –  Täter / Mensch, Institution /
         V: Sn;                          S: Sp (durch)
   b  –  Ziel / Mensch /
         V: Sa;                          S: Sg/Sp (von)
   c  –  Mittel / Ding, Ereignis /
         V: Sp (mit)/NS (daß);           S: Sp (mit)/NS (daß)
   d  –  Gegner / Mensch, Institution /
         V: Sp (gegen);                  S: Sp (gegen)
3. Die Fußballfans reizten die Zuschauer gegen die gegnerische Mannschaft auf. Man
   reizte die Bevölkerung durch ständige Berichte über die Grausamkeiten des Feindes
   auf. Wir haben die Aufreizung von Menschen gegen Asylanten miterlebt.

Anmerkung
–  Beim Substantiv werden fast nie alle Aktanten gleichzeitig sprachlich realisiert.

## auszeichnen – Auszeichnen / Auszeichnung

Der Direktor (a) zeichnete die Abiturientin (b) mit einer Buchprämie (c) aus.
Das Auszeichnen / die Auszeichnung der Preisträger (b) mit einer Urkunde
und einer Geldprämie (c) durch den König (a) wurde vom Fernsehen übertragen.

1. 'Emotional positiv bei HT II', 'Gefühlszustand auslösend', 'Anlaß durch HT II
   bedingt', 'positiv', 'als besonders gut anerkennen', 'Verleihen einer Ehrung'

2. a  –  Täter / Mensch, Institution /
       V: Sn;                          S: Sp (durch)
   b  –  Ziel / Mensch /
       V: Sa;                          S: Sg/Sp (von)
   c  –  Mittel / Ding (materiell, geistig) /
       V: Sp (mit)/NS (daß);           S: Sp (mit)/NS (daß)
3. Der Präsident zeichnete den verdienstvollen Bürger mit einem Orden aus. Der Leiter der Feuerwehr zeichnete den ältesten Feuerwehrmann mit einem Ehrengeschenk
   aus. Man zeichnete den Gewinner der Preisaufgabe dadurch aus, daß er die nächste
   Fernsehshow miterleben durfte. Viele waren zur Auszeichnung der verdienstvollen
   Bürgerinnen und Bürger der Stadt durch den Bürgermeister in den Festsaal des
   Rathauses gekommen.

## begeistern – begeisternd / begeistert – Begeisterung

Der Redner (a) begeisterte die Zuhörer (b) durch die Logik seiner Gedankenführung (c). Die Rede (a+c) war begeisternd für die Zuhörer (b). Die
Zuhörer (b) waren von der Logik der Gedankenführung (c) des Redners (a)
begeistert. Die Begeisterung der Zuschauer (b) von der meisterhaften Dar-
bietung (a+c) war überall zu spüren.

1. 'Emotional positiv bei HT II', 'Gefühlszustand auslösend', 'Anlaß nicht durch HT
   II bedingt', 'positiv', 'jemanden zu starker Freude / Bewunderung bewegen', 'das
   starke Gefühl auch zeigen'
2. a  –  Täter / Mensch /
       V: Sn;                  A: **begeisternd**: Sn    S: Sp (durch, von)
                                  **begeistert**: Sp (von);
   b  –  Ziel / Mensch /
       V: Sa;                  A: **begeisternd**: Sp (für) S: Sg
                                  **begeistert**: Sn;
   c  –  Mittel / Ding, Abstraktum /
       V: Sp (von, durch, mit); A: **begeisternd**: Sn    S: Sp (von)
                                  **begeistert**: Sp (von);
3. Der Rennfahrer begeisterte die Zuschauer mit seiner Fahrweise. Der Boxkampf
   war begeisternd für alle Fans. Die meisten Besucher der Ausstellung waren von den
   Bildern begeistert. Die Begeisterung der Fachleute von der neuen Operationsme-
   thode war echt. Die Begeisterung der Fachwelt durch die neuen Geräte ließ bald
   nach.

Anmerkung
–  Die Bezeichnungen für den Täter und das Mittel können zusammengezogen werden:
   *Die Argumente des Redners begeisterten ihn.*

## behelligen – Behelligung

Der neue Hausbesitzer (a) behelligte die Mieter (b) mit ständig neuen Be-
stimmungen (c). Die Behelligung der Passanten (b) durch Bettler (a) muß
endlich aufhören.

1. 'Emotional negativ bei HT II', 'Gefühlszustand auslösend', 'jemandem lästig fallen', 'nicht nur durch Sprache'
2. a  –  Täter / Mensch /
         V: Sn;                          S: Sp (durch)
   b  –  Ziel / Mensch /
         V: Sa;                          S: Sg/Sp (von)
   c  –  Mittel / Ereignis /
         V: Sp (mit, durch)/NS (daß);    S: Sp (mit, durch)/NS (daß)
3. Die Jungen behelligten die Mädchen dadurch, daß sie sich ihnen aufdrängten. Die
   Vertreter verschiedener Firmen behelligen die Geschäftsinhaber mit häufigen Be-
   suchen. Die Behelligung der Urlauber durch zu laute Musik führte zu massiven
   Beschwerden.

## belästigen – Belästigung

Der Hund (a) belästigte die Anwohner (b) durch ständiges Bellen in der
Nacht (c). Die Belästigung der Fahrgäste (b) durch randalierende Jugendliche (a) hat in der letzten Zeit zugenommen.

1. 'Emotional negativ bei HT II', 'Gefühlszustand auslösend', 'jemanden mit seinem
   Verhalten stören', 'nicht nur durch Sprache'
2. a  –  Täter / Mensch, Tier /
         V: Sn;                          S: Sp (durch)
   b  –  Ziel / Mensch /
         V: Sa;                          S: Sg/Sp (von)
   c  –  Mittel / Ding, Abstraktum /
         V: Sp (mit, durch)/NS (daß);    S: Sp (mit, durch)/NS (daß)
3. Die Nachbarin belästigte meine Frau mit indiskreten Fragen. Der Mitarbeiter belästigte den Chef mit ständigen Sonderwünschen. Der Verkäufer belästigt den Kunden dadurch, daß er ihm ständig Waren anpreist, die er nicht verlangt hat. Die
   Belästigung der Anwohner durch den Fluglärm war Gegenstand mehrerer Einga-
   ben.

## beleidigen – beleidigend / beleidigt – Beleidigung

Der Kellner (a) beleidigte den Gast (b) durch abfällige Bemerkungen (c).
Das Benehmen (c) des Mitarbeiters (a) war beleidigend für das ganze Team
(b). Der sensible junge Mann (b) ist wegen jeder Kleinigkeit (c) beleidigt. Die
Beleidigung des Beamten (b) durch den erzürnten Bürger (a) wegen des ab-
gelehnten Antrags (c) hatte ein gerichtliches Nachspiel.

1. 'Emotional negativ bei HT II', 'Gefühlszustand auslösend', 'die Gefühle oder Ehre eines Menschen durch Worte oder Taten verletzen / verletzt haben'
2. a  – Täter / Mensch /
      V: Sn;                          A: **beleidigend**: Sn     S: Sp (durch)
                                      **beleidigt**: Sp (von, durch);
   b  – Ziel / Mensch /
      V: Sa;                          A: **beleidigend**: Sp (für) S: Sg/Sp (von)
                                      **beleidigt**: Sn;
   c  – Mittel / Abstraktum /
      V: Sp (durch)/NS (daß);         A: **beleidigend**: Sn     S: Sp (durch, wegen)
                                      **beleidigt**: Sp (durch,  /NS (daß)
                                      wegen) /NS (daß);
3. Der Käufer beleidigte den Verkäufer durch seine Arroganz. Der Bereichsleiter beleidigte den Mitarbeiter dadurch, daß er ihn vor allen anderen bloßstellte. Sein Aussehen war beleidigend für die ganze Gesellschaft. Der Vater war beleidigt wegen der Sturheit des Sohnes. Die Beleidigung des Klägers durch den Angeklagten wurde vom Gericht geahndet.

Anmerkung
– Die Bezeichnungen für den Täter und das Mittel können zusammengezogen werden:
  *Die überhebliche Rede des Chefs* beleidigte die willigen Mitarbeiter.

## belustigen – belustigend – Belustigung

Der Spaßmacher (a) belustigte das Publikum (b) mit seinen Späßen (c). Die Späße des Clowns (c) waren für das Publikum (b) belustigend. Der Clown (a) war für das Publikum (b) mit seinen Späßen (c) belustigend. Die Belustigung der Kinder (b) mit Späßen (c) durch den Clown (a) wirkte ansteckend auf die Erwachsenen.

1. 'Emotional positiv bei HT II', 'Gefühlszustand auslösend', 'Anlaß nicht durch HT II bedingt', 'zielgerichtet', 'HT I positiv', 'jemanden zum Lachen bringen'
2. a  – Täter / Mensch /
      V: Sn;                          A: Sn/Sg;              S: Sp (durch)
   b  – Ziel / Mensch /
      V: Sa;                          A: Sp (für);           S: Sg/Sp (von)
   c  – Mittel / Ereignis /
      V: Sp (mit, durch)/NS (daß);    A: Sp (mit)/Sn;        S: Sp (mit,
                                                             durch)/NS (daß)
3. Der Komiker belustigte die Zuschauer mit amüsanten Erzählungen und derben Witzen. Er belustigte die Anwesenden dadurch, daß er ulkige Zeichnungen an die Wand sprühte. Seine Späße sind für jung und alt belustigend. Die Belustigung der Senioren durch den charmanten Erzähler wirkte noch lange nach.

Anmerkung
– Beim Adjektiv *belustigend* sind zwei Konstruktionen möglich:
  Wenn der Täter = Sn ist, dann kann das Mittel mit Sp (mit) angeschlossen werden:
  *Der Clown* ist *mit seinen Späßen* belustigend für die Kinder.
  Wenn das Mittel = Sn ist, dann kann der Täter mit Sg angeschlossen werden:
  *Die Späße des Clowns* sind für die Kinder belustigend.

## beschimpfen – Beschimpfen / Beschimpfung

Der Rowdy (a) beschimpfte den Polizisten (b). Das Beschimpfen des Jungen
(b) durch den Hausmeister (a) hörte man noch zwei Häuser weiter. Die
Beschimpfung des Verkäufers (b) durch den Kunden (a) hatte ein juristisches
Nachspiel.

1. 'Emotional negativ bei HT II', 'Gefühlszustand auslösend', 'jemanden mit Hilfe
   von Sprache kränken'
2. a  –  Täter / Mensch /
           V: Sn;                               S: Sp (durch)
   b  –  Ziel / Mensch /
           V: Sa;                               S: Sg
3. Der Trainer beschimpfte einen Spieler. Der junge Mann beschimpfte seinen besten
   Freund. Das Beschimpfen / die Beschimpfung der Gefangenen durch die Wachleute
   war stadtbekannt.

## betiteln

Der Unternehmer (a) betitelte seinen ärgsten Konkurrenten (b) als Schwind-
ler (c).

1. 'Emotional negativ bei HT II', 'Gefühlszustand auslösend', 'jemanden mit Worten
   kränken' /salopp/
2. a  –  Täter / Mensch / Sn
   b  –  Ziel / Mensch / Sa
   c  –  Inhalt / Mensch / Sp (mit, als)/NS (daß)
3. Der Schuldige betitelte den Detektiv als Schnüffler. Er betitelte den Nachbarn mit
   Blödian.

## betrüben – betrüblich – Betrübnis

Der Arzt (a) betrübte die Angehörigen des Patienten (b) mit seiner Diagnose
(c) sehr. Die Nachricht (c) war für die Angehörigen (b) äußerst betrüblich.
Die Betrübnis der jungen Frau (b) war durch die schlechte Nachricht ausgelöst worden.

1. 'Emotional negativ bei HT II', 'Gefühlszustand auslösend', 'jemanden traurig machen' /veraltend/
2. a  –  Täter / Mensch /
           V: Sn;                A: nicht realisiert;    A: nicht realisiert
   b  –  Ziel / Mensch /
           V: Sa;                A: Sp (für);            S: Sg
   c  –  Inhalt / Geschehen /
           V: Sp (mit, durch);   A: Sn;                  S: nicht realisiert

3. Der Lehrer betrübte die Klasse mit der Nachricht vom Tod eines Mitschülers. Der Tod des Mitschülers betrübte die ganze Klasse. Das Ergebnis des Spiels betrübt die ganze Mannschaft. Der Brief war sehr betrüblich für sie. Der Anblick der Ruinen der Stadt war mehr als betrüblich. Die Betrübnis der Mitarbeiter war groß.

Anmerkung
– Beim Verb *betrüben* sind zwei Konstruktionen möglich:
Wenn der Täter = Mensch ist, wird der Inhalt als Sp (mit) angeschlossen:
*Der Vater betrübte die Familie mit der Nachricht von seiner Entlassung.*
Wenn Sn = Inhalt ist, dann wird der Übermittler mit Sg angeschlossen; meist fehlt er:
*Die Nachricht des Vaters von seiner Entlassung betrübte die Familie.*
*Die schlimme Nachricht betrübte die Familie.*
– Bei *betrüblich* und *Betrübnis* handelt es sich um Zustandsangaben. Deshalb wird der Täter – und bei *Betrübnis* auch der Inhalt – nicht realisiert.
– Das Substantiv *Betrübnis* gehört der gehobenen Stilschicht an.


## bewegen – bewegend / (tief)bewegt

Die Nachricht vom plötzlichen Tod der Tante (a) bewegte die ganze Familie (b) sehr. Die Worte des Kollegen am Grabe (a) waren bewegend. Von der feierlichen Ansprache des Redners (a) waren alle (b) tiefbewegt.

1. 'Emotional positiv bei HT II', 'über Gefühlszustand handlungsmotivierend', 'jemanden innerlich ergreifen und zum intensiven Nachdenken bringen'
2. a – Täter / Geschehen /
    V: Sn;                   A: **bewegend**: Sn
                                     **(tief)bewegt**: Sp (durch, von)
   b – Ziel / Mensch /
    V: Sa;                  A: **bewegend**: nicht realisiert
                                     **(tief)bewegt**: Sn
3. Die Rede bewegte die Zuhörer sehr. Die Meldung über das schwere Erdbeben bewegte die Menschen in aller Welt. Die Laudatio des Dekans war bewegend. Die Nachricht vom Tod seines Freundes hat ihn tiefbewegt.


## bezaubern – bezaubernd

Die Schauspielerin (a) bezauberte die Zuschauer (b) mit ihrem Charme (c). Das Kinderballett (a) war mit seinem Programm (c) bezaubernd. Das Programm (c) des Kinderballetts (a) war bezaubernd.

1. 'Emotional positiv bei HT II', 'Gefühlszustand auslösend', 'Anlaß nicht durch HT II bedingt', 'zielgerichtet', 'HT I positiv', 'durch das Äußere bzw. das Verhalten jemanden entzücken und für sich einnehmen'
2. a – Täter / Mensch /
    V: Sn;                   A: Sn bzw. Sg
   b – Ziel / Mensch /
    V: Sa;                   A: nicht realisiert

c  –  Mittel / Ding, Erscheinung /
      V: Sp (mit, durch . . .);          A: Sp (mit, durch . . .) bzw. Sn

3. Die attraktiven Mannequins bezauberten die modeinteressierten Designer durch ihr
   Auftreten. Die Tänzerin bezauberte die Gäste durch ihren Charme. Die Sängerin
   war durch ihre Stimme und ihre Vortragskunst bezaubernd. Die Vortragskunst der
   Sängerin war bezaubernd. Die Kleider des Modeschöpfers aus Rom waren bezaubernd.

Anmerkung
–  Beim Verb und beim Adjektiv sind zwei Konstruktionen möglich:
   Wenn der Täter = Sn ist, wird das Mittel mit Sp (mit, durch . . .) angeschlossen:
   *Die Sängerin bezauberte die Anwesenden mit ihrer Stimme.*
   *Die Sängerin war mit ihrer Stimme bezaubernd.*
   Wenn das Mittel = Sn ist, kann der Täter mit Sg angeschlossen werden:
   *Die Stimme der Sängerin bezauberte die Anwesenden.*
   *Die Stimme der Sängerin war bezaubernd.*
–  Beim Adjektiv wird die Bezeichnung des Ziels nicht realisiert; sie ergibt sich aus dem Kontext bzw.
   aus der Situation.

## brüskieren – brüskierend – Brüskierung

Der Redner (a) brüskierte alle Anwesenden (b) durch seinen scharfen Ton
(c). Der Redner (a) war durch seinen scharfen Ton (c) für alle Anwesenden
(b) brüskierend. Die Brüskierung der Familie (b) durch den Nachbarn (a)
wurde von allen verurteilt.

1. 'Emotional negativ bei HT II', 'Gefühlszustand auslösend', 'jemanden durch Worte
   oder durch sein Benehmen vor den Kopf stoßen', 'unhöflich jemandem gegenüber
   sein'
2. a  –  Täter / Mensch, Institution /
         V: Sn;                    A: Sn;                    S: Sp (durch)
   b  –  Ziel / Mensch /
         V: Sa;                    A: Sp (für);              S: Sg
   c  –  Mittel / Ding, Erscheinung /
         V: Sp (mit, durch)/NS (daß);  A: Sp (durch);        S: nicht realisiert
3. Der Betrieb brüskierte den Kunden durch seine unfreundliche Absage. Er brüskierte ihn dadurch, daß er ihn bewußt übersah. Die schlampige Kleidung des Gastes
   war für die anderen Teilnehmer der Party brüskierend. Die Brüskierung der Mieter
   durch überhöhte Mietforderungen hatte ein ernstes Nachspiel.

Anmerkung
–  Beim Verb und beim Adjektiv kann das Mittel als Sn erscheinen. Dann wird der Täter als Sg ange-
   schlossen:
   *Der scharfe Ton des Redners brüskierte die Anwesenden.*
   *Der scharfe Ton des Redners war für die Anwesenden brüskierend.*

## ehren – Ehrung

Der Präsident (a) ehrte den Wissenschaftler (b) mit einem Preis (c). Die Ehrung der Weltmeister (b) mit der höchsten Auszeichnung des Verbandes (c) durch den Präsidenten des Verbandes (a) wurde in Ton und Bild dokumentiert.

1. 'Emotional positiv bei HT II', 'Gefühlszustand auslösend', 'Anlaß durch HT II bedingt', 'positiv', 'durch eine spezielle Handlung jemandem seine Wertschätzung erweisen'
2. a – Täter / Mensch, Institution /
     V: Sn;                          S: Sp (durch)
   b – Ziel / Mensch /
     V: Sa;                          S: Sg
   c – Mittel / Ding, Erscheinung /
     V: Sp (mit, durch)/NS (daß);    S: Sp (mit, durch)/NS (daß)
3. Die Stadt ehrte den hier geborenen Schriftsteller durch die Verleihung der Ehrenbürgerwürde. Der Bundeskanzler ehrt die Sieger der Olympischen Spiele dadurch, daß er sie zu einem Ball einlädt. Die Ehrung des Künstlers mit einer Sonderausstellung durch das Land wurde allgemein begrüßt.

## entlasten – Entlastung

Der Zeuge (a) entlastete den Angeklagten (b) vom Vorwurf des vorsätzlichen Mordes (c). Die Entlastung des Jugendlichen (b) vom Vorwurf, das Heim angesteckt zu haben (c), durch das Gericht (a) nahmen die Angehörigen erleichtert auf.

1. 'Emotional positiv bei HT II', 'Gefühlszustand auslösend', 'Anlaß durch HT II bedingt', 'jemanden durch eine Aussage oder durch Belege von einer Schuld befreien'
2. a – Täter / Mensch, Institution, Ding, Erscheinung /
     V: Sn;                          S: Sp (durch)
   b – Ziel / Mensch /
     V: Sa;                          S: Sg
   c – Grund / Ereignis /
     V: Sp (von);                    S: Sp (von)
3. Der Beamte entlastete den Geschäftsmann von dem Vorwurf, zu wenig Steuern gezahlt zu haben. Der aufgefundene Schriftverkehr entlastete den Apotheker von der Anklage, mit Drogen gehandelt zu haben. Der Brief entlastete sie vom Vorwurf des Ehebruchs. Die Entlastung des Unternehmers durch die Aussage des früheren Hauptbuchhalters führte zur Einstellung des Verfahrens.

## erfreuen – erfreut / erfreulich

Der Ehemann (a) erfreute seine Frau (b) mit einem riesigen Sommerblumenstrauß (c). Die Frau (b) war über den herrlichen Strauß (c) sehr erfreut. Die Nachricht über den Ausgang des Spieles (c) war für die Kleinstadt (b) erfreulich.

1. 'Emotional positiv bei HT II', 'Gefühlszustand auslösend', 'Anlaß nicht durch HT II bedingt', 'zielgerichtet', 'HT I positiv', 'jemandem Freude bereiten'
2. a  –  Täter / Mensch /
       V: Sn;                                A: nicht realisiert;
   b  –  Ziel / Mensch /
       V: Sa;                                A: **erfreut**: Sn
                                                **erfreulich**: Sp (für)
   c  –  Mittel / Ding, Ereignis /
       V: Sp (mit, durch)/NS (daß);          A: **erfreut**: Sp (über, von)/NS (daß)
                                                **erfreulich**: Sn
3. Die Eltern erfreuten den Jungen zum Geburtstag mit einer Eisenbahn. Der Junge erfreute seinen Freund dadurch, daß er ihm sein neues Motorrad borgte. Das Geburtstagskind war über das Geschenk sehr erfreut. Die neuen Videos waren sehr erfreulich für die Kinder.

Anmerkung
– Die Bezeichnung für das Mittel kann auch als Täterangabe fungieren und dessen Position einnehmen:
  *Die Blumen* erfreuten die junge Frau sehr.
– Die Bezeichnungen für den Täter und das Mittel können zusammengezogen werden:
  *Der Blumenstrauß des Vaters / sein Blumenstrauß* erfreute sie sehr.

## erheitern – Erheiterung

Der Großvater (a) erheiterte die Kindergeburtstagsgesellschaft (b) durch lustige Geschichten und Rätsel (c). Die Erheiterung der Kinder (b) mit lustigen Geschichten (c) durch den Großvater (a) wurde von den Eltern dankbar registriert.

1. 'Emotional positiv bei HT II', 'Gefühlszustand auslösend', 'Anlaß nicht durch HT II bedingt', 'zielgerichtet', 'HT I positiv', 'jemanden in fröhliche Stimmung versetzen'
2. a . Täter / Mensch, Ding, Erscheinung /
       V: Sn;                                S: Sp (durch)
   b  –  Ziel / Mensch /
       V: Sa;                                S: Sg
   c  –  Mittel / Ding, Erscheinung /
       V: Sp (mit, durch)/NS (daß);          S: Sp (mit, durch)/NS (daß)
3. Der Komiker erheiterte die Zuschauer durch Gesten und Grimassen. Die lustigen Bilder erheiterten die Kinder. Er erheiterte sie dadurch, daß er ihr schöne Bilder zeigte. Die Erheiterung der Kindergartenkinder durch den Clown kannte keine Grenzen. Eine Erheiterung der Patienten durch Witze und komische Geschichten kann zum Wohlbefinden beitragen.

Anmerkung
- Die Bezeichnung für das Mittel kann auch als Täterangabe fungieren und deren Position einnehmen:
  *Der Zeichentrickfilm* erheiterte die Kinder.
- Die Bezeichnungen für den Täter und das Mittel können zusammengezogen werden:
  *Die Späße / die Grimassen des Clowns* erheiterten die Zirkusbesucher.

## erlösen – Erlösung

Die Ehefrau (a) erlöste ihren Mann (b) aus der peinlichen Situation (c). Die Erlösung des Mannes (b) aus der peinlichen Situation (c) durch die Ehefrau (a) war nicht ohne Folgen geblieben.

1. 'Emotional positiv bei HT II', 'Gefühlszustand auslösend', 'Anlaß durch HT II bedingt', 'jemanden aus einer Notlage bzw. von einem Übel frei machen'
2. a – Täter / Mensch, Institution /
   V: Sn;                    S: Sp (durch)
   b – Ziel / Mensch, Institution /
   V: Sa;                    S: Sg
   c – Grund / Erscheinung, Ding, Lebewesen /
   V: Sp (aus, von);         S: Sp (aus, von)
3. Das Land erlöste die Kommune aus ihrer Finanznot durch einen finanziellen Zuschuß zum Bau des Freizeitzentrums. Der Chef erlöste den Buchhalter von seinen Sorgen um die Finanzbilanz. Der Junge erlöste seine Mutter von ihren Bedenken gegen seine Freundin. Der Arzt erlöste den Kranken von seinen starken Schmerzen. Der Kranke war froh über die Erlösung von seinen Schmerzen durch den Arzt. Der junge Mann freute sich über die Erlösung aus der unangenehmen Situation.

Anmerkung
- Unter bestimmten Umständen kann auch eine Erscheinung als Täter fungieren und dessen Position einnehmen:
  *Der Lottogewinn* erlöste ihn von seinen finanziellen Sorgen / aus seiner finanziellen Notlage.
  *Der Tod* erlöste ihn von seinen Leiden.

## ermuntern – Ermunterung

Der Mannschaftsarzt (a) ermunterte den jungen Sportler (b), an dem Wettkampf teilzunehmen (c). Die freundschaftliche Ermunterung des Studenten (b) durch seinen besten Freund (a), das Studium unbedingt fortzusetzen (c), hatte Erfolg.

1. 'Emotional positiv bei HT II', 'über Gefühlszustand handlungsmotivierend', 'jemandem durch Worte Mut machen und ihn zum Handeln veranlassen'
2. a – Täter / Mensch /
   V: Sn;                    S: Sp (durch)
   b – Ziel / Mensch /
   V: Sa;                    S: Sg
   c – Zweck / Ereignis /
   V: Sp (zu)/Inf;           S: Sp (zu)/Inf
3. Der Ausbilder ermunterte den Auszubildenden, den komplizierten Auftrag anzunehmen und sich der schwierigen Aufgabe zu stellen. Die Hausfrau ermunterte die

Gäste zum Essen / doch kräftig zuzulangen. Die Ermunterung der ängstlichen
Gymnasiastin zur Übernahme des Vortrages wirkte sich positiv auf ihre psychische
Verfassung aus. Die Ermunterung des Arbeiters, auf der Versammlung zu sprechen,
war von der Betriebsleitung als Affront gewertet worden.

## ermutigen – Ermutigung

Der Expeditionsleiter (a) ermutigte die junge Frau (b), an der Expedition
teilzunehmen (c). Die Ermutigung des Schülers (b) durch den Lehrer (a),
doch an dem Mathematik-Wettbewerb teilzunehmen (c), hatte Erfolg.

1. 'Emotional positiv bei HT II', 'über Gefühlszustand handlungsmotivierend', 'durch
   Worte o.ä. in jemandem das Selbstvertrauen stärken und ihn zum Handeln bewegen'
2. a  –  Täter / Mensch, Institution, Erscheinung /
        V: Sn;                          S: Sp (durch)
   b  –  Ziel / Mensch /
        V: Sa;                          S: Sg
   c  –  Zweck / Ereignis /
        V: Sp (zu)/Inf;                 S: Sp (zu)/Inf
3. Der Sportlehrer ermutigte den ängstlichen Jungen, den Sprung vom 10–Meter-
   Turm zu wagen. Der Banker ermutigte den Bankkunden zum Kauf von Wertpa-
   pieren. Der Erfolg beim Wettkampf ermutigte das Mädchen, das Training fortzusetzen. Die Ermutigung des Jungen durch die Klassenkameraden, mit über den
   See zu schwimmen, war der Beginn eines zielstrebigen Trainings.

Anmerkung
– Als Täter können auch Ergebnisse von Handlungen erscheinen:
   Der Erfolg beim Wettbewerb / das Ergebnis der Prüfung / der Ausgang des Wettkampfes / der
   Gewinn des Titels ermutigte . . .

## erregen – erregend – Erregung

Die hohen Mietforderungen des Hausbesitzers (a) erregten die Hausbewoh-
ner (b). Die offenen Worte des Politikers vor der Wahl (a) waren für die
Wähler (b) erregend. Die Erregung der Börsianer (b) durch die neuerlichen
Kursstürze (a) war beträchtlich.

1. 'Emotional positiv bei HT II', 'Gefühlszustand auslösend', 'Anlaß nicht durch HT
   II bedingt', 'zielgerichtet', 'heftige Gefühle in jemandem erwecken'
2. a  –  Täter / Mensch, Erscheinung /
        V: Sn;              A: Sn;              S: Sp (durch)
   b  –  Ziel / Mensch /
        V: Sa;              A: Sp (für);        S: Sg
3. Das unhöfliche Benehmen und die Trägheit des Kellners erregte die Gäste. Die
   attraktive Blondine erregte den jungen Mann. Der Bericht über die Expedition
   durch das Amazonasgebiet war sehr erregend. Die Erregung der Eigenheimbauer
   durch immer neue finanzielle Forderungen der Baufirma war zu verstehen.

**Anmerkung**
- Das Substantiv *Erregung* kann auch den Zustand bezeichnen, in dem sich jemand befindet, die Empörung, Wut, Entrüstung, Nervosität:
  *Die Erregung der Massen / der Fußballfans / des Unschuldigen* war grenzenlos.
- Hierher gehören auch die Wörter *erregbar* und *Erregbarkeit*; auch sie bezeichnen den Zustand, in dem sich jemand befindet:
  *Die junge Frau* ist leicht erregbar.
  Die Erregbarkeit *der Menschen* ist in solchen komplizierten Situationen gewaltig gestiegen.

## freisprechen / lossprechen – Freisprechen / Freispruch

Das Gericht (a) sprach den Angeklagten (b) von der Anklage des schweren Raubes (c) frei / los. Der Freispruch / das Freisprechen des Lokomotivführers (b) von der Anklage der fahrlässigen Tötung (c) durch das Gericht (a) wurde von den Anwesenden mit Befriedigung aufgenommen.

1. 'Emotional positiv bei HT II', 'Gefühlszustand auslösend', 'Anlaß durch HT II bedingt', 'entscheiden, daß der Angeklagte unschuldig ist bzw. daß ihm die Schuld nicht bewiesen werden kann'
2. a – Täter / Mensch, Institution (Gericht) /
   V: Sn;                     S: Sp (durch)
   b – Ziel / Mensch /
   V: Sa;                     S: Sg/Sp (von)
   c – Grund / Ereignis /
   V: Sp (von)/Inf;           S: Sp (von)/Inf
3. Der Richter sprach die Jugendlichen von der Anklage, im Asylantenheim Verwüstungen angerichtet zu haben, frei. Der Freispruch des Gewohnheitsverbrechers durch das Gericht schlug wie eine Bombe ein.

## kränken – kränkend / gekränkt – Kränkung / Gekränktheit

Der Abteilungsleiter (a) hat den Mitarbeiter (b) mit seinen Worten (c) sehr gekränkt. Seine Worte (a+c) waren für mich (b) kränkend. Der Maurer (b) war sehr gekränkt von der Kritik des Meisters (c+a). Die Kränkung des Mieters (b) durch den Hauswirt (a) war den anderen Hausbewohnern nicht verborgen geblieben. Die Gekränktheit des Taxifahrers (b) über die grundlosen Vorwürfe des Fahrgastes (c+a) ist verständlich.

1. 'Emotional negativ bei HT II', 'Gefühlszustand auslösend', 'jemanden in seinen Gefühlen durch Worte oder Handlungen verletzen'
2. a – Täter / Mensch /
   V: Sn;          A: **kränkend**: Sn        S: **Kränkung**: Sp (durch)
                   **gekränkt**: Sp           **Gekränktheit**: Sp (über)
                   (von, durch);
   b – Ziel / Mensch /
   V: Sa;          A: **kränkend**: Sp (für)   S: **Kränkung**: Sg
                   **gekränkt**: Sn;          **Gekränktheit**: Sg

c  –  Mittel / Ereignis /
      V: Sp (durch, mit)/      A: **kränkend**: Sn          S: **Kränkung**: Sp (durch, mit)
      NS (daß)                 **gekränkt**:                **Gekränktheit**: Sp (über)
                               Sp (von, durch);

3. Der Trainer kränkte die Spieler durch seine wenig durchdachte Einschätzung des
   Spiels. Er kränkte seinen Freund dadurch, daß er ihn nicht ins Vertrauen gezogen
   hatte. Die Ausführungen des Direktors waren für alle Mitarbeiter kränkend. Die
   Jubilarin war echt gekränkt durch das Fernbleiben ihrer engsten Freundin. Die
   Kränkung des Assistenten durch den Professor beruhte auf einem Mißverständnis.
   Die Gekränktheit des Kellners über die Bemerkungen des Gastes war nicht zu
   verstehen.

Anmerkung
– Das Mittel kann auch als Täter fungieren und dessen Platz besetzen:
  Die Anschuldigung des Diebstahls kränkte ihn sehr.
– Die Bezeichnungen für den Täter und das Mittel können zusammengezogen werden:
  Die Vorwürfe ihres Mannes / seine Vorwürfe kränkten sie sehr.
  Die Worte des Chefs waren für ihn kränkend.


## kritisieren / herumkritisieren – Kritisieren / Kritik


Der Chef (a) kritisierte den Mitarbeiter (b) wegen mangelnder Disziplin (c).
Er (a) kritisierte an dem Mitarbeiter (b) wegen der Verspätung (c) ständig
herum. Das Kritisieren / die Kritik der Spieler (b) durch den Trainer (a)
wegen der Schußschwäche (c) war mehr als berechtigt.

1. 'Emotional negativ bei HT II', 'über Gefühlszustand handlungsmotivierend', 'je-
   mandes Leistung/Verhalten bzw. eine Sache einschätzen/beurteilen'
2. a  –  Täter / Mensch, Institution /
         V: **kritisieren**: Sa            S: Sp (durch) bzw. Sg
         **herumkritisieren**: Sp (an);
   b  –  Ziel / Mensch, Institution /
         V: Sa;                            S: Sg bzw. Sp (an)
   c  –  Grund / Erscheinung /
         V: Sp (wegen)/NS (weil);         S: Sp (wegen)/NS (weil)
3. Die Zeitung / der Journalist kritisiert die Regierung wegen der Verschwendung von
   Steuergeldern. Der Versammlungsleiter kritisiert den Referenten, weil er die Re-
   dezeit trotz zahlreicher Hinweise wesentlich überschritten hat. Die Mutter kritisierte ständig an den Kindern herum. Die Kritik des Bürgermeisters durch die Abgeordneten wegen der schlechten Amtsführung war heftig. Die Kritik des Polizisten
   am Unfallverursacher wurde von den Umstehenden unterschiedlich bewertet.

Anmerkung
– Beim Substantiv Kritik ergeben sich zwei semantisch synonyme Konstruktionen:
  Wenn der Täter = Sg ist, dann wird das Ziel mit Sp (an) angeschlossen. Hier liegt eine aktivische
  Variante vor:
    Die Kritik des Polizisten am Unfallverursacher ist berechtigt.
    > Der Polizist kritisiert den Unfallverursacher.
  Wenn das Ziel = Sg ist, dann wird der Täter mit Sp (durch) angeschlossen. Hier liegt eine passivische
  Variante vor:

Die Kritik *des Bürgermeisters durch die Abgeordneten* ist lautstark.
> Der Bürgermeister wird von den Abgeordneten kritisiert.
– Das Verb *herumkritisieren* verfügt – im Unterschied zum Verb *kritisieren* – über ein Sem 'Wiederholung/Dauer'. Deshalb wird der dritte Aktant kaum realisiert.

## langweilen – langweilig / sterbenslangweilig / todlangweilig – Langeweile / Langweiligkeit

Der Redner (a) langweilt die Zuhörer (b). Der Vortrag (a) langweilt die Zuhörer (b). Der Vortrag (a) ist für die Studenten (b) langweilig / sterbenslangweilig / todlangweilig. Die Langeweile der Schüler (b) im Unterricht liegt an der schlechten Methode des Lehrers. Die Langweiligkeit des Redners / des Vortrags (a) veranlaßte viele Zuhörer, den Raum vorzeitig zu verlassen.

1. 'Emotional negativ bei HT II', 'Gefühlszustand auslösend', 'innerlich nicht berührt / nicht angesprochen sein', 'keine Bereitschaft zur (geistigen) Aktivität'
2. a  – Täter / Mensch, Ding, Erscheinung /
        V: Sn;           A: Sn;           S: **Langeweile**: nicht realisiert
                                                      **Langweiligkeit**: Sg
      b  – Ziel / Mensch /
        V: Sa;           A: Sp (für);    S: **Langeweile**: Sg
                                                      **Langweiligkeit**: nicht realisiert
3. Der Referent langweilte die Zuhörer mit seinen vielen Zahlen. Der neue Roman langweilt die Leser. Die so laut gepriesene Veranstaltung im Klub ist für alle langweilig. Der Vortragende ist langweilig. Die Langeweile der Abgeordneten im Bundestag war nicht zu übersehen. Die Langweiligkeit des Referenten / der Veranstaltung führte zu Unruhe im Saal.

Anmerkung
– Das Substantiv *Langeweile* weist auf den Zustand des Ziels (des Adressaten) hin, *Langweiligkeit* auf den des Täters (Mensch oder Ding/Erscheinung):
    Die Langeweile *der Studenten* wurde vom Professor nicht bemerkt.
    Die Langweiligkeit *des Dozenten / des Artikels / der Vorlesung* war bekannt.

## loben – lobenswert – Loben

Der Rektor (a) lobte den Wissenschaftler (b) wegen des bestätigten Patents (c). Der Wissenschaftler (b) ist wegen seines Fleißes (c) lobenswert. Das Loben der Kinder (b) wegen ihres Fleißes (c) durch den Lehrer (a) führt meist zu größerer Aktivität und Arbeitsbereitschaft.

1. 'Emotional positiv bei HT II', 'Gefühlszustand auslösend', 'Anlaß durch HT II bedingt', 'eine (gute) Leistung ausdrücklich hervorheben', 'verbale Würdigung'
2. a  – Täter / Mensch, Institution /
        V: Sn;                 A: nicht realisiert;      S: Sp (durch)
      b  – Ziel / Mensch /
        V: Sa;                 A: Sn bzw. Sg;        S: Sg
      c  – Grund / Ereignis /
        V: Sp (wegen)/NS (weil);    A: Sp (wegen) bzw. Sn; S: Sp (wegen)/NS
                                                                              (weil)

3. Der Trainer lobte den Sportler wegen seines Trainingsfleißes. Der Meister lobt den Gesellen, weil er den Auftrag schnell und in guter Qualität ausgeführt hat. Das Ministerium lobt das Forscherteam wegen der von ihnen erbrachten Spitzenleistungen. Der Student ist wegen seiner Einsatzbereitschaft lobenswert. Die Veranstaltung ist wegen ihres hohen Niveaus und ihrer Faßlichkeit lobenswert. Der Fleiß des Studenten ist lobenswert. Mit Loben erreicht man im allgemeinen mehr als mit ständigem Kritisieren.

Anmerkung
– Beim Adjektiv sind zwei Konstruktionen möglich:
Wenn Sn = Mensch, Ding bzw. Abstraktum ist, wird der Grund mit Sp (wegen) angeschlossen:
*Der Schüler ist wegen seiner vorbildlichen Jahresarbeit lobenswert.*
*Das Buch ist wegen seiner klaren Sprache lobenswert.*
*Die Veranstaltung ist wegen ihres hohen Niveaus lobenswert.*
Wenn Sn = Grund ist, wird das Ziel (Mensch) mit Sg angeschlossen:
*Der Fleiß des Schülers ist lobenswert.*

## lohnen / belohnen – Belohnen / Belohnung

Der König (a) lohnte dem Hofnarren (b) seine unermüdliche Treue (c). Der Sportverein (a) belohnte den eifrigen Platzwart (b) mit einem Geldgeschenk (c). Das Belohnen der Mitarbeiter (b) für ihre guten Leistungen (c) durch die Firma (a) trägt zur Verbesserung des Betriebsklimas bei. Die Belohnung des ehrlichen Finders (b) mit einem Geldbetrag (c) durch den Verlierer (a) ist eigentlich selbstverständlich.

1. 'Emotional positiv bei HT II', 'Gefühlszustand auslösend', 'Anlaß durch HT II bedingt', 'positiv', 'jemandem etwas vergelten'
2. a – Täter / Mensch, Institution /
      V: Sn;                          S: Sp (durch)
   b – Ziel / Mensch /
      V: **lohnen**: Sd               S: Sg/Sp (von)
      **belohnen**: Sa;
   c – Mittel, Grund / Ding, Erscheinung /
      V: **lohnen**: Sa/NS (daß)      S: Sp (mit)/NS (daß)
      **belohnen**: Sp (mit)/NS (daß);
3. Der Verunglückte lohnte seinem Retter die Mühe. Er belohnte die fleißigen Helfer mit einem größeren Geldbetrag. Der erfolgreiche Geschäftsmann belohnte seine Mitarbeiter zusätzlich damit, daß er ihnen eine Woche frei gab. Das ständige Belohnen der Kinder mit Geld für ihre Leistungen ist nicht gut.

Anmerkung
– Das Verb *lohnen* wird vorwiegend in der gehobenen Stilschicht gebraucht.

## mäkeln / bemäkeln / herummäkeln – mäkelig – Mäkeln / Mäkelei

Der Junge (a) mäkelt über das wenig abwechslungsreiche Essen (b). Die Gäste (a) bemäkeln die lieblos zubereitete Rohkost (b). Die Arbeiter (a) mäkeln am Kantinenessen (b) herum. Manche Studenten (a) sind mäk(e)lig. Das Mäkeln / die ewige Mäkelei der Fahrgäste (a) an den / über die vielen Verspätungen (b) ist nur bedingt zu unterstützen.

1. 'Emotional negativ bei HT II', 'über Gefühlszustand handlungsmotivierend', 'mit etwas unzufrieden sein und es sagen'
2. a – Täter / Mensch /
   V: Sn;                          A: Sn;                    S: Sg
   b – Ziel / Ding, Erscheinung /
   V: bemäkeln: Sa               A: nicht realisiert;     S: Sp (über)
   mäkeln, herummäkeln:
   Sp (über, an);
3. Der Unteroffizier mäkelt über die nicht ordentlich gereinigten Latrinen. Das Mädchen bemäkelt das häufig nur lauwarme Schulessen. Die Mutter mäkelt an allem herum. Viele verzogene Kinder sind mäk(e)lig. Wir mögen keine Mäkeleien / kein Mäkeln an / über Nichtigkeiten.

## mißbilligen – Mißbilligung

Die Mitarbeiter (a) mißbilligen das Vorgehen des Betriebsrates (b). Die Mißbilligung des Urteils des Amtsgerichts (b) durch die Berufungsinstanz (a) wurde erst gestern bekannt.

1. 'Emotional negativ bei HT II', 'über Gefühlszustand handlungsmotivierend', 'jemanden / etwas tadeln'
2. a – Täter / Mensch, Institution /
   V: Sn;                          S: Sp (durch)
   b – Ziel / Ding, Erscheinung /
   V: Sa;                          S: Sg
3. Die Eltern mißbilligen die frühe Heirat ihres Sohnes. Der Pfarrer mißbilligt das schlechte Ergebnis der Kollekte. Die Mißbilligung des Wahlergebnisses durch die Volksparteien war deutlich zu merken. Die Mißbilligung der Entscheidung des Schiedsrichters durch die Fans wurde in der Zeitung diskutiert.

## mitreißen – mitreißend

Der Redner (a) riß seine Zuhörer (b) durch seine Art des Vortrags (c) mit. Das Spiel der Weltmeistermannschaft (a+c) war mitreißend.

1. Emotional positiv bei HT II', 'Gefühlszustand auslösend', 'Anlaß nicht durch HT II bedingt', 'zielgerichtet', 'HT I positiv', 'bewirken, daß jemand die gleichen Gefühle hat wie man selbst und entsprechend reagiert', 'jemanden begeistern'

2. a  –  Täter / Mensch /
      V: Sn;                   A: nicht realisiert
   b  –  Ziel / Mensch /
      V: Sa;                   A: nicht realisiert
   c  –  Mittel / Ereignis /
      V: Sp (durch)/NS (daß);     A: Sn

3. Der Mittelstürmer riß seine Mannschaftskameraden durch seinen Einsatz mit. Er riß sie dadurch mit, daß er selbst ein Vorbild an Einsatzbereitschaft war. Der Leutnant riß die Kompanie durch seine Tapferkeit mit. Der Auftritt des neuen Parteivorsitzenden war mitreißend.

Anmerkung
– Beim Adjektiv werden die Bezeichnungen für den Täter und das Ziel nicht realisiert; sie ergeben sich aus dem Kontext (z.B Täter als Sg) bzw. aus der Situation.

## nachsehen – nachsichtig – Nachsicht

Die Großmutter (a) sah der Enkelin (b) viel (c) nach. Der alte Lehrer (a) war den Schülern gegenüber (b) oft zu nachsichtig. Die Nachsicht des Gerichts (a) gegenüber dem Angeklagten (b) war nicht zu verstehen.

1. 'Emotional positiv bei HT II', 'Gefühlszustand auslösend', 'Anlaß durch HT II bedingt', 'etwas Tadelnswertes dulden'
2. a  –  Täter / Mensch, Institution /
      V: Sn;                  A: Sn;              S: Sg
   b  –  Ziel / Mensch /
      V: Sd;                  A: Sp (gegenüber,    S: Sp (gegenüber,
                                      mit)                 mit)
   c  –  Bezugspunkt / Erscheinung /
      V: Sa;                  A: nicht realisiert;    S: nicht realisiert

3. Der Ladenbesitzer sah dem Jungen den Diebstahl nach. Sie sahen sich gegenseitig ihre Fehler nach. Die Prüfungskommission war den schwachen Studenten gegenüber nachsichtig. Gegenüber Verbrechern ist zuviel Nachsicht falsch.

Anmerkung
– Beim Adjektiv und beim Substantiv wird der dritte Aktant nicht realisiert; es handelt sich um eine Zustandsbezeichnung.

## nörgeln / herumnörgeln – nörgelig – Nörgeln / Nörgelei / Genörgel

Der verwöhnte Junge (a) nörgelt ständig am Essen (b). Der Lehrer (a) hat jeden Tag an einem bestimmten Schüler (b) herumgenörgelt. Mein Enkel (a) ist sehr nörgelig. Die ewige Nörgelei / das ewige Nörgeln / das ewige Genörgel der Arbeiter (a) am Kantinenessen (b) regt den Küchenchef auf.

1. 'Emotional negativ bei HT II', 'über Gefühlszustand handlungsmotivierend', 'ständig etwas an jemandem oder etwas auszusetzen haben' /pejorativ/

2. a  –  Täter / Mensch /
      V: Sn;               A: Sn;            S: Sg
   b  –  Ziel / Mensch, Ding, Erscheinung /
      V: Sp (an, über);     A: nicht realisiert;    S: Sp (an, über)
3. Die Kundin nörgelte über die Qualität der Ware. Der Mitarbeiter nörgelte an dem Essen in der Mensa herum. Vor allem die Offiziersanwärter waren sehr nörgelig. Das ständige Nörgeln / Genörgel des Meisters über Kleinigkeiten untergrub seine Autorität. Die ewige Nörgelei der Nachbarin an den Kindern im Haus trug ihr den Namen "Nörgelsuse" ein.

Anmerkung
– Das Adjektiv bezeichnet einen generellen Zustand; deshalb wird nur der Täter realisiert:
   Der Junge ist nörgelig.

## rügen

Der Polizist (a) rügte den Autofahrer (b) wegen seiner Fahrlässigkeit (c).

1. 'Emotional negativ bei HT II', 'über Gefühlszustand handlungsmotivierend', 'jemandem sagen, daß man sein Verhalten nicht billigen kann', 'jemanden tadeln'
2. a  –  Täter / Mensch, Institution / Sn
   b  –  Ziel / Mensch / Sa
   c  –  Bezugspunkt / Erscheinung / Sp (wegen)/NS (weil)
3. Der Direktor rügte den Lehrer wegen seines disziplinlosen Verhaltens. Der Lehrer rügte die Klasse, weil sie nicht wie versprochen am Sportfest teilgenommen hatte. Das Ministerium rügte den Direktor wegen der bewußten Überziehung des Finanzplanes.

## schmähen – Schmähen / Schmähung

Der Oppositionspolitiker (a) schmähte den Regierungschef (b) wegen seiner Inkonsequenz (c). Das Schmähen / die Schmähung des Regierungschefs (b) durch die Opposition (a) ließ sich der Fraktionsvorsitzende nicht länger gefallen.

1. 'Emotional negativ bei HT II', 'Gefühlszustand auslösend', 'mit Verachtung über jemanden sprechen', 'jemanden schlechtmachen' /gehoben/
2. a  –  Täter / Mensch /
      V: Sn;               S: Sp (durch)
   b  –  Ziel / Mensch /
      V: Sa;               S: Sg
   c  –  Bezugspunkt / Erscheinung /
      V: Sp (wegen)/NS (weil);    S: Sp (wegen)/NS (weil)
3. Einige Spieler schmähten den Trainer wegen seines diktatorischen Verhaltens. Er wurde geschmäht, weil er keine Einsatzbereitschaft zeigte. Das Schmähen seiner Mitarbeiter durch den Leiter des Nachbarbereichs hat er sich entschieden verbeten. Die Schmähung des Leiters wegen angeblicher Bestechlichkeit hatte ein gerichtliches Nachspiel.

## tadeln – tadelnswert / tadelnswürdig – Tadeln / Tadelei

Der Lektor (a) tadelt die Studentin (b) wegen ihrer ungenügenden Vorbereitung (c). Der Student (b) ist wegen seiner lückenhaften Ausarbeitung (c) tadelnswert / tadelnswürdig. Die lückenhafte Ausarbeitung des Studenten (c+b) ist tadelnswert / tadelnswürdig. Mit dem Tadeln von Mitarbeitern (b) wegen schlechter Arbeitsdisziplin (c) durch den Leiter (a) beginnt fast jede Dienstbesprechung. Die ständige Tadelei der Auszubildenden (b) durch den Lehrmeister (a) verschlechtert das Arbeitsklima.

1. 'Emotional negativ bei HT II', 'über Gefühlszustand handlungsmotivierend', 'jemandem deutlich sagen, daß er (grobe) Fehler gemacht hat', 'etwas ausdrücklich mißbilligen'

2. a – Täter / Mensch, Institution /
   V: Sn;                 A: nicht realisiert;      S: Sp (durch)
   b – Ziel / Mensch /
   V: Sa;                 A: Sn bzw. Sg;            S: Sg
   c – Bezugspunkt / Erscheinung /
   V: Sp (wegen)/NS (weil);   A: Sp (wegen)          S: Sp (wegen)/NS
                              bzw. Sn;               (weil)

3. Der Geschäftsinhaber tadelt den Verkäufer wegen seiner Unhöflichkeit. Der Trainer tadelt die Fußballspieler, weil sie seine Anweisungen nicht befolgt haben. Der Schüler ist wegen seiner Faulheit wirklich tadelnswert / tadelnswürdig. Der schlechte Hausaufsatz des sonst guten Schülers ist tadelnswert / tadelnswürdig. Das ständige Tadeln / die ständige Tadelei der Kinder wegen der Unordnung im Kinderzimmer bringt kaum echte Veränderung.

Anmerkung
– Beim Adjektiv sind zwei Konstruktionen möglich:
Wenn Sn = Mensch ist, dann wird der Bezugspunkt (Anlaß, Grund) mit Sp (wegen) angeschlossen:
   *Der Junge* ist *wegen seines rowdyhaften Verhaltens* tadelnswert.
Wenn Sn = Bezugspunkt (Anlaß, Grund) ist, dann wird die Bezeichnung für einen Menschen mit Sg angeschlossen:
   *Das rowdyhafte Verhalten des Jungen* ist tadelnswert.
– Bei den Substantiven ist noch eine andere Konstruktion möglich, die aber einen nichtzielgerichteten Prozeß bezeichnet. Hier wird nur die Täterbezeichnung realisiert:
   *Das Tadeln / die Tadelei des Direktors* war allgemein bekannt.
– Das Substantiv *Tadelei* verfügt über ein pejoratives Sem.

## vergeben – Vergebung

Der Vater (a) hat dem Sohn (b) die Lüge (c) vergeben. Die Vergebung der Sünden (c) durch Gott (a) ist ein wichtiges Element der christlichen Lehre.

1. 'Emotional positiv bei HT II', 'Gefühlszustand auslösend', 'Anlaß durch HT II bedingt', 'jemandem für eine Handlung, die einem geschadet hat, nicht gram sein', 'jemandem sein schlechtes Handeln verzeihen'

2. a – Täter / Mensch, Institution, Gott /
   V: Sn;                 S: Sp (durch)

b  –  Ziel / Mensch /
  V: Sd;       S: nicht realisiert
c  –  Bezugspunkt / Erscheinung /
  V: Sa;       S: Sg

3. Die Frau vergab ihrem Mann den Seitensprung. Die junge Frau vergab ihrer Freundin die unbedachten, aber kränkenden Worte. Gott vergibt den Menschen ihre Sünden. Die Vergebung der Kränkung veranlaßte den Sohn, ernsthaft über sich nachzudenken.

## vergrämen – vergrämt

Die Krankenschwester (a) vegrämt die Patienten (b) durch ihre unhöfliche Art (c). Die alten Menschen (b) waren infolge des Verhaltens der Krankenschwester (c+a) vergrämt.

1. 'Emotional negativ bei HT II', 'Gefühlszustand auslösend', 'jemanden ärgern'
2. a  –  Täter / Mensch /
  V: Sn;      A: nicht realisiert
 b  –  Ziel / Mensch /
  V: Sa;      A: Sn
 c  –  Bezugspunkt / Erscheinung /
  V: Sp (durch, wegen, infolge)/NS (weil); A: Sp (wegen, infolge)/NS (weil)
3. Durch seine unbedachte Äußerung hat der Politiker viele Wähler vergrämt. Die Großmutter war vergrämt wegen des Desinteresses ihrer Enkel / weil die Enkel sich nicht um sie kümmerten.

Anmerkung
– Die Bezeichnungen für den Täter und den Bezugspunkt (Anlaß, Grund) können zusammengezogen werden:
  *Der Verkäufer* vergrämte die Kunden *durch sein ruppiges Verhalten.*
  > *Das ruppige Verhalten des Verkäufers* vergrämte die Kunden.
– Ein Substantiv *Vergrämung* kann gebildet werden, kommt aber nicht vor.

## verletzen – verletzbar – Verletzbarkeit

Der Sohn (a) hat die Mutter (b) durch sein Verhalten ihr gegenüber (c) sehr verletzt. Die junge Frau (b) ist durch schmutzig Witze (c) leicht verletzbar. Die Verletzbarkeit auch scheinbar unempfindlicher Kollegen (b) durch unbedachte Äußerungen (c) / durch ihre Mitmenschen (a) sollte immer beachtet werden.

1. 'Emotional negativ bei HT II', 'Gefühlszustand auslösend', 'jemandem durch Worte oder durch sein Verhalten Kummer bereiten', 'jemanden kränken'
2. a  –  Täter / Mensch /
  V: Sn;    A: Sp (durch) /selten/; S: Sp (durch) /selten/
 b  –  Ziel / Mensch /
  V: Sa;    A: Sn;    S: Sg

c  –  Mittel / Erscheinung, Ereignis /
    V: Sp (durch)/NS (daß);        A: Sp (durch)/NS (daß); S: Sp (durch)
3. Der Angeklagte verletzte die Zeugin durch seine unflätigen Behauptungen. Der
   Student verletzte seine Freundin dadurch, daß er ihr mißtraute. Kranke Menschen
   sind durch Worte leichter verletzbar als gesunde. Die Verletzbarkeit mancher Ge-
   sprächsteilnehmer wird durch eine unsachgemäße Beweisführung noch gesteigert.

Anmerkung
–  Das Adjektiv *verletzbar* bezeichnet einen möglichen Zustand. Realisiert wird meist nur die Bezeichnung dessen, den etwas verletzen kann, gelegentlich die Bezeichnung des Mittels, nur unter bestimmten Umständen die Bezeichnung des Täters:
      Sie ist nur *durch ihn* verletzbar, sonst durch niemanden und nichts.
–  Beim Substantiv *Verletzbarkeit* ist entweder die Bezeichnung des Mittels oder die des Täters reali-
   sierbar, niemals beide gleichzeitig, es sei denn, die Bezeichnung des Täters erscheint als Genitivattribut:
      Die Verletzbarkeit *der Mutter durch den Sohn* war nie ein Thema für sie.
      Die Verletzbarkeit *der Mutter durch die ungerechtfertigten Vorwürfe* (*ihres Sohnes*) wurde jetzt erst
      allen bewußt.

## verwunden – verwundbar – Verwundbarkeit

Der Leiter der Talkshow (a) hat den Gesprächspartner (b) mit seinen un-
sachlichen Bemerkungen (c) verwundet. Mein Nachbar (b) ist durch
Schimpfworte (c) besonders leicht verwundbar. Die Verwundbarkeit eines
Menschen (b) durch einen anderen Menschen (a) / durch unbedachte Äußerungen (c) ist allgemein bekannt.

1. 'Emotional negativ bei HT II', 'Gefühlszustand auslösend', 'jemanden kränken'
2. a  –  Täter / Mensch, Erscheinung /
        V: Sn;                    A: nicht realisiert;        S: Sp (durch)
   b  –  Ziel / Mensch /
        V: Sa;                    A: Sn;                      S: Sg
   c  –  Mittel / Erscheinung, Ereignis /
        V: Sp (durch)/NS (daß);   A: Sp (durch)/NS (daß); S: Sp (durch)
3. Die Tochter verwundete ihre Eltern durch ihr egoistisches Verhalten sehr. Der junge
   Mann ist durch diskriminierende Bemerkungen leicht verwundbar. Eine mögliche
   Verwundbarkeit des Angeklagten muß das Gericht berücksichtigen.

Anmerkung
–  Durch das Adjektiv *verwundbar* wird ein Zustand angegeben; realisiert wird daher vor allem die
   Bezeichnung dessen, den etwas verwundet.
–  Beim Substantiv *Verwundbarkeit* sind – ebenso wie beim Substantiv *Verletzbarkeit* – zwei Konstruktio-
   nen möglich: die Realisierung des Täters oder des Mittels neben der des Ziels.
–  Die Wörter dieser Gruppe werden selten gebraucht.

## verzeihen – verzeihlich / unverzeihlich

Der Vater (a) verzeiht dem Sohn (b) die Unhöflichkeit den Gästen gegenüber
(c). Auf Grund der Hitze war seine Trägheit (c) verzeihlich. Das Verhalten
der Studentin (c) ist unverzeihlich.

1. 'Emotional positiv bei HT II', 'Gefühlszustand auslösend', 'Anlaß durch HT II
   bedingt', 'jemandem etwas nicht nachtragen bzw. nachtragen'
2. a  – Täter / Mensch /
       V: Sn;                    A: nicht realisiert
   b  – Ziel / Mensch /
       V: Sd;                    A: Attribut zu c (Sg/Pronomen)
   c  – Bezugspunkt / Ereignis, Erscheinung /
       V: Sa;                    A: Sn
3. Der Geschäftsmann verzieh seinem Partner die Unterschlagung der Geldsumme
   lange nicht. Der Mord an einem Säugling durch die Kindesmutter ist unverzeihlich.
   Verzeih mir, bitte, daß ich dich gekränkt habe.

Anmerkung
– Das Substantiv *Verzeihung* kommt kaum in einer vollständigen Substantivgruppe vor, sondern fast
  immer in elliptischer Form (meist in der Wendung *"jemanden um Verzeihung bitten"*):
  *Er bittet seinen Freund um Verzeihung.*

## zerpflücken – Zerpflücken

Der Kritiker (a) zerpflückte den Zeitschriftenartikel (b). Das Zerpflücken
von Theaterstücken (b) durch die Rezensenten (a) bewirkt manchmal eine
Verbesserung der Theaterarbeit.

1. 'Emotional negativ bei HT II', 'über Gefühlszustand handlungsmotivierend', 'etwas Punkt für Punkt widerlegen bzw. kritisieren'
2. a  – Täter / Mensch /
       V: Sn;                    S: Sp (durch)
   b  – Ziel / Ding, Erscheinung /
       V: Sa;                    S: Sg/Sp (von)
3. Der Lehrer zerpflückte den Aufsatz eines Schülers. Der Opponent zerpflückte die
   Argumente des Vorredners. Mancher Leser wartet schon auf das Zerpflücken des
   neuen Romans durch den bekannten Literaturkritiker.

# Feld der rationalen Einwirkung auf den Menschen

Zu diesem Feld gehören Wörter, die angeben, daß Menschen oder andere Erscheinungen auf Menschen einwirken. Wir haben es hier mit dem Sem 'Relation Mensch – Mensch, nicht primär mit Hilfe der Sprache, Sprache kann begleitend auftreten' zu tun.

Man kann die Wörter dieses Feldes zunächst danach gliedern, ob sie Erscheinungen bezeichnen, die die Entwicklung von Menschen im weiten Sinne fördern oder nicht. (Vgl. Gansel 1992, 102)

Bei der ersten Subklasse dienen folgende Seme der Differenzierung: 'Vorbereitung auf eine Tätigkeit/einen Beruf', 'mit einem Amt betrauen', 'ein Recht einräumen'. Bei der zweiten Subklasse erfolgt eine Klassifizierung nach den Semen 'in eine bestimmte Richtung drängen', 'etwas aufnötigen', 'Ungemach bereiten'.

Die Wörter dieses Feldes bilden folgende (syntaktische) Grundstrukturen:

1) Zweiwertige Wörter
Verb
*ausbilden*:   Täter        – Verb       – Betroffener
               Sn           – V          – Sa
Adjektiv
*ausgebildet*: Betroffener  – Adjektiv
               Sn           – A
Substantiv
*Ausbildung*:  Substantiv   – Betroffener – Täter
               S            – Sg          – Sp (durch)

2) Dreiwertige Wörter
Verb
*betrauen*:    Täter        – Verb        – Betroffener – Ziel
               Sn           – V           – Sa          – Sp (mit)
Substantiv
*Betrauung*:   Substantiv   – Betroffener – Ziel        – Täter
               S            – Sg          – Sp (mit)    – Sp (durch)

# Übersicht über das Wortfeld

1. 'Förderung der Entwicklung des Menschen'

1.1. 'Vorbereitung auf eine Tätigkeit / einen Beruf'

1.1.1. 'generell'
*anleiten – Anleitung; ausbilden – ausgebildet – Ausbilden / Ausbildung; befähigen – befähigt / hochbefähigt – Befähigung; beibringen; drillen – Drill; erziehen / verziehen – erziehbar / erzogen / unerzogen / verzogen – Erziehung; formen – Formung*

1.1.2. 'durch Unterweisung im weiten Sinn'
*dozieren; lehren / belehren – Belehrung; schulen – Schulung; unterrichten – Unterrichtung*

1.2. 'mit einem Amt / einer Aufgabe betrauen'
*beauftragen – Beauftragung; berufen / abberufen – Berufung / Abberufung; bestallen – Bestallung; bestellen; betrauen – Betrauung; designieren – designiert – Designation; einsetzen – Einsetzung; einweisen – Einweisung; ernennen – Ernennung*

1.3. 'ein Recht / ein Amt einräumen'
*autorisieren – Autorisierung; befugen – befugt / unbefugt – Befugnis; bevollmächtigen – Bevollmächtigung; ermächtigen – ermächtigt – Ermächtigung*

2. 'ohne Förderung der Entwicklung des Menschen'

2.1. 'in eine bestimmte Richtung drängen'
*bearbeiten – Bearbeitung; bevormunden – Bevormundung; diktieren / zudiktieren; drängen / drängeln / bedrängen – Drängen / Drängerei; erpressen – Erpressung; nötigen – Nötigung*

2.2. 'etwas aufnötigen'
*aufdrängen; aufnötigen; aufoktroyieren; aufzwingen – Aufzwingung*

2.3. 'Ungemach bereiten'
*drangsalieren – Drangsalierung; peinigen – Peinigung; plagen – vielgeplagt – Plagerei; quälen – Quälerei; schikanieren – schikanös; tyrannisieren – Tyrannisierung*

# Beschreibung der Wörter

## anleiten – Anleitung

Der Meister (a) leitet den Lehrling (b) in der Bedienung der neuen Maschine (c) an. Die Anleitung der Zeichner (b) im Umgang mit den neuen Geräten (c) durch den Architekten (a) erwies sich als sehr nützlich.

1. 'Förderung der Entwicklung des Menschen', 'Vorbereitung auf eine Tätigkeit', 'generell', 'im weiten Sinn unterweisen', 'auch durch das eigene Vorbild', 'nützliche Hinweise für etwas geben'
2. a  –  Täter / Mensch /
      V: Sn;                        S: Sp (durch)
   b  –  Betroffener / Mensch /
      V: Sa;                        S: Sg/Sp (von)
   c  –  Ziel / Geschehen /
      V: Sp (in, bei . . .)/Inf;    S: Sp (in, bei . . .)
3. Der Geschäftsinhaber leitet die neuen Verkäuferinnen im Umgang mit den elektronischen Kassen an. Er leitet die Kampfrichter an, auf Regelverstöße zu achten. Die Mutter leitet den Sohn an, den Rasen zu mähen. Die Anleitung der Ordner durch die Vereinsleitung war nicht ausreichend.

Anmerkung
–  Häufig wird der dritte Aktant nicht realisiert, da er sich aus der Semantik des Täters bzw. der des Betroffenen ergibt:
   Er leitet *die Verkäuferinnen* an. (= im Verkaufen)
   *Der Maler* leitet die Kinder an. (= im Malen)

## aufdrängen

Der Nachbar (a) drängt dem neuen Mieter (b) seine Gesellschaft (c) auf.

1. 'ohne Förderung der Entwicklung des Menschen', 'etwas aufnötigen', 'jemandem etwas zu geben versuchen, was er nicht mag'
2. a  –  Täter / Mensch / Sn
   b  –  Betroffener / Mensch, Institution / Sd
   c  –  Objekt / Tier, Ding, Erscheinung / Sa
3. Der Verkäufer drängte dem Kunden den Zweireiher auf. Der Zoohändler drängte dem Jungen einen Goldhamster auf. Der junge Mann drängte der Frau seine Begleitung auf. Er drängte den Passanten Werbeschriften auf.

## aufnötigen

Der Handelsvertreter (a) nötigte der jungen Frau (b) einen Staubsauger (c) auf.

1. 'ohne Förderung der Entwicklung des Menschen', 'jemanden mit Erfolg drängen, etwas anzunehmen, was er eigentlich nicht wollte'

2. a  –  Täter / Mensch / Sn
   b  –  Betroffener / Mensch, Institution / Sd
   c  –  Objekt / Tier, Ding, Erscheinung / Sa
3. Die Drücker nötigten der Rentnerin ein Zeitschriftenabonnement auf. Er nötigte
   dem Jungen den Kanarienvogel auf. Sie nötigte ihm noch ein Stück Kuchen auf. Er
   nötigte ihm seine Überzeugung auf.

## aufoktroyieren

Der Vorsitzende (a) oktroyierte den Mitgliedern (b) seine Meinung (c) auf.

1. 'ohne Förderung der Entwicklung des Menschen', 'jemandem etwas aufdrängen',
   'jemanden mit Gewalt dazu bringen, eine bestimmte Meinung / Anschauung anzunehmen'
2. a  –  Täter / Mensch, Institution / Sn
   b  –  Betroffener / Mensch, Institution / Sd
   c  –  Objekt / Erscheinung / Sa
3. Der Siegerstaat oktroyierte dem besiegten Land einen Schmachfrieden auf. Der
   Rechtsanwalt oktroyierte seinem Mandanten seine Auffassung vom Hergang des
   Verbrechens auf. Der Parteivorsitzende oktroyierte dem Vorstand seine Meinung
   auf.

## aufzwingen – Aufzwingung

Die Mutter (a) zwang ihrem Sohn (b) den neuen Anzug (c) auf. Die Aufzwingung einer Geschmacksrichtung (c) durch die Modeinstitute (a) dient
der Förderung des Umsatzes.

1. 'ohne Förderung der Entwicklung des Menschen', 'jemandem etwas aufdrängen',
   'jemanden (meist mit Gewalt) dazu bringen, etwas Unerwünschtes anzunehmen'
2. a  –  Täter / Mensch, Institution /
         V: Sn;                              S: Sp (durch)
   b  –  Betroffener / Mensch /
         V: Sd;                              S: kaum realisiert
   c  –  Objekt / Ding, Erscheinung /
         V: Sa;                              S: Sg/Sp (von)
3. Das Familienoberhaupt zwang der Tochter die Ehe mit einem reichen, aber nicht
   geliebten Mann auf. Das Oberhaupt der Religionsgemeinschaft zwang den Mitgliedern die festgelegte Lebensform auf. Der herrschsüchtige Mann zwang seiner
   jungen Frau seinen Willen auf.

## ausbilden – ausgebildet – Ausbilden / Ausbildung

Die Fakultät (a) bildet Ärzte (b) aus. Die Absolventen (b) sind durch die
Hochschule (a) vollständig ausgebildet. Die Ausbildung von Facharbeitern
(b) durch die Handwerksbetriebe (a) ist gesetzlich geregelt.

1. 'Förderung der Entwicklung des Menschen', 'Vorbereitung auf eine Tätigkeit / einen Beruf', 'generell', 'spezielle Vorbereitung auf eine berufliche Tätigkeit'
2. a – Täter / Mensch, Institution /
    V: Sn;      A: Sp (durch);      S: Sp (durch)
   b – Betroffener / Mensch /
    V: Sa;      A: Sn;      S: Sg/Sp (von)
3. Die Fachschule bildet Ingenieure aus. Der Tischler bildet zwei Lehrlinge aus. Diese Fahrschule bildet primär LKW-Fahrer aus. Diese Verkäufer sind gut ausgebildet. Die Ausbildung der Rekruten durch den Unteroffizier ist sehr hart.

**Anmerkung**
– Man könnte auch von drei Aktanten sprechen: Täter, Betroffener und Ziel:
   Diese Fabrik bildet Lehrlinge *zu Elektrofacharbeitern* aus.
– Meist ergibt sich die Bezeichnung für den Betroffenen aus dem Ziel der Unterweisung:
   Der Handwerksmeister bildet *Maler* aus. (= Menschen zu Malern)

## autorisieren – Autorisierung

Die Regierung (a) autorisierte den Botschafter (b), die Verhandlungen zu führen (c). Die Autorisierung des Botschafters (b) zum Führen der Verhandlungen (c) durch die Regierung (a) war kurzfristig erfolgt.

1. 'Förderung der Entwicklung des Menschen', 'ein Recht / ein Amt einräumen', 'jemanden mit einer Vollmacht ausstatten'
2. a – Täter / Mensch, Institution /
    V: Sn;      S: Sp (durch)
   b – Betroffener / Mensch /
    V: Sa;      S: Sg/Sp (von)
   c – Bezugspunkt / Erscheinung /
    V: Sp (zu)/Inf;      S: Sp (zu)/Inf
3. Der Betrieb autorisierte den Außenmitarbeiter zur Vertretung des Betriebes auf der Messe. Er autorisierte ihn zum Abschluß des Vertrages. Der Botschafter ist autorisiert, die Verhandlungen bis zum Vertragsabschluß zu führen. Die Autorisierung des Hausverwalters durch den Hausbesitzer, Entscheidungen im Sinne des Hausbesitzers zu treffen, vereinfachte vieles.

## bearbeiten – Bearbeitung

Der Referent (a) bearbeitete die Zuhörer (b), ihre Stimme bei der Wahl seiner Partei zu geben (c). Die Bearbeitung der Zuhörer (b) durch den Redner (a), die Stimmen bei der Wahl seiner Partei zu geben (c), hatte wenig Aussicht auf Erfolg.

1. 'ohne Förderung der Entwicklung des Menschen', 'in eine bestimmte Richtung drängen', 'auf jemanden einwirken / einreden'
2. a – Täter / Mensch, Institution /
    V: Sn;      S: Sp (durch)

  b – Betroffener / Mensch /  
     V: Sa;                     S: Sg/Sp (von)  
  c – Ziel / Geschehen /  
     V: Inf;                    S: Inf  
3. Die Firmenleitung bearbeitete die Mitarbeiter, sich nicht an dem Streik zu beteiligen. Der Manager bearbeitete den bekannten Trainer, seine Mannschaft zu trainieren. Vertreter des Klubs bearbeiteten den Stürmer, einen neuen Zwei-Jahres-Vertrag zu unterschreiben. Die Bearbeitung des Rennfahrers durch den Autohersteller, für ihn zu starten, hatte schließlich Erfolg.

## beauftragen – Beauftragung

Der Verlag (a) beauftragte den Übersetzer (b), die Anthologie ins Deutsche zu übertragen (c). Die Beauftragung des Staatssekretärs (b) mit der Wahrnehmung der Geschäfte des erkrankten Ministers (c) durch den Ministerpräsidenten (a) erfolgte zu Beginn der Kabinettssitzung.

1. 'Förderung der Entwicklung des Menschen', 'mit einem Amt betrauen', 'jemandem durch Bitte oder Befehl eine Aufgabe / Arbeit / Verpflichtung übertragen'
2. a – Täter / Mensch, Institution /  
     V: Sn;                   S: Sp (durch)  
  b – Betroffener / Mensch, Institution /  
     V: Sa;                   S: Sg/Sp (von)  
  c – Ziel / Geschehen /  
     V: Sp (mit)/Inf;           S: Sp (mit)/Inf  
3. Der Bereichsleiter beauftragte den Facharbeiter mit der Beseitigung der Mängel an der Anlage. Der Direktor beauftragte den Lehrer mit der Leitung der Klasse 11. Der Polizeipräsident beauftragte den Kommandeur der Polizeieinheit, die nicht genehmigte Demonstration mit allen Mitteln zu unterbinden. Die Beauftragung des Pflichtanwalts mit der Verteidigung des Angeklagten durch das Gericht erwies sich als richtig.

## befähigen – befähigt / hochbefähigt – Befähigung

Der Meister (a) befähigt die Auszubildenden (b) zu selbständiger Arbeit (c). Diese Absolventen (b) waren wirklich befähigt / waren hochbefähigt, selbständig und kreativ zu arbeiten (c). Die Befähigung der Studenten (b) zu selbständiger wissenschaftlicher Arbeit (c) durch die Hochschullehrer (a) ist eine vordringliche Aufgabe während des Studiums.

1. 'Förderung der Entwicklung des Menschen', 'Vorbereitung auf eine Tätigkeit / einen Beruf', 'generell', 'jemanden in die Lage versetzen, etwas (gut) zu tun'
2. a – Täter / Mensch, Institution /  
     V: Sn;            A: Sp (durch);      S: Sp (durch)  
  b – Betroffener / Mensch /  
     V: Sa;            A: Sn;           S: Sg/Sp (von)

  c  –  Ziel / Geschehen, Erscheinung /
      V: Sp (zu)/Inf;           A: Sp (zu)/Inf;         S: Sp (zu)/Inf

3. Der Nobelpreisträger befähigte den jungen Wissenschaftler zu Spitzenleistungen. Diese Fachhochschule befähigt ihre Studenten, leitende Positionen in der Wirtschaft einzunehmen. Der Trainer befähigte den Boxer, den Weltmeistertitel erfolgreich zu verteidigen. Die Absolventen der Elitehochschule waren hochbefähigt, Spitzenpositionen in Wirtschaft und Politik des Landes einzunehmen. Die Befähigung der Auszubildenden, mit schwierigen Situationen selbständig fertig zu werden, ist ein vordringliches Anliegen dieser Privatschule.

## befugen – befugt / unbefugt – Befugnis

Der Direktor (a) hatte seinen Stellvertreter (b) befugt, während seiner Abwesenheit die Verträge zu unterschreiben (c). Der Stellvertreter (b) war vom Direktor (a) zur Unterschriftsleistung (c) befugt. Der Stellvertreter (b) war unbefugt zur Unterschriftsleistung (c). Die Befugnis des Beamten (b), Verträge zu unterschreiben (c), wurde von dem Manager schamlos ausgenutzt.

1. 'Förderung der Entwicklung des Menschen', 'ein Recht / ein Amt einräumen', 'jemandem das Recht und die Macht geben, etwas Bestimmtes zu tun', 'offiziell'
2. a  –  Täter / Mensch, Institution /
      V: Sn:            A: Sp (durch, von);    S: Sp (durch)
  b  –  Betroffener / Mensch /
      V: Sa;             A: Sn;             S: Sg/Sp (von)
  c  –  Ziel / Geschehen, Erscheinung /
      V: Sp (zu)/Inf;          A: Sp (zu)/Inf;         S: Sp (zu)/Inf
3. Der Zweigstellenleiter befugte den Boten, die Gelder für die Rechnungen in Empfang zu nehmen. Der Vorstand befugte den Vorsitzenden zum Führen von Tarifgesprächen mit der Gewerkschaft. Der Stellvertreter war zur Entgegennahme der Urkunde befugt. Er ist unbefugt, mit uns Gespräche zu führen. Der Unternehmer erhielt durch den Verband die Befugnis, für alle zu sprechen.

## beibringen

Der Bademeister (a) brachte dem Jungen (b) das Schwimmen (c) bei.

1. 'Förderung der Entwicklung des Menschen', 'Vorbereitung auf eine Tätigkeit / einen Beruf', 'generell', 'jemanden etwas lehren' / umgangssprachlich/
2. a  –  Täter / Mensch / Sn
  b  –  Betroffener / Mensch / Sd
  c  –  Ziel / Geschehen, Erscheinung / Sa/NS (daß, w)
3. Der Malermeister brachte dem Jungen bei, wie man die richtige Farbe mischt. Der Vater brachte der Tochter das Radfahren bei. Ich konnte ihm nicht beibringen, daß man durch Ordnung Zeit spart.

## berufen / abberufen – Berufung / Abberufung

Der Minister (a) berief den anerkannten Wissenschaftler (b) zum Professor (c). Der Präsident (a) berief den Minister (b) von seinem Amt (c) ab. Die Berufung des Wissenschaftlers (b) zum Professor (c) durch den Minister (a) war allgemein erwartet worden. Die Abberufung des Staatssekretärs (b) von seiner Funktion (c) durch den Minister (a) war längst fällig.

1. 'Förderung der Entwicklung des Menschen', 'mit einem Amt betrauen', 'in ein hohes Amt einsetzen bzw. aus einem hohen Amt entfernen', 'offiziell'
2. a  – Täter / Mensch, Institution /
   V: Sn;               S: Sp (durch)
   b  – Betroffener / Mensch /
   V: Sa;               S: Sg/Sp (von)
   c  – Ziel / Funktionsbezeichnung /
   V: **berufen**: Sp (zu, als)    S: **Berufung**: Sp (zu, als)
   **abberufen**: Sp (von, aus);   **Abberufung**: Sp (von, aus)
3. Der Minister berief den Wissenschaftler zum Leiter der Forschungseinrichtung. Er berief ihn zum Lehrstuhlinhaber. Aus Altersgründen wurde der Botschafter aus dem diplomatischen Dienst abberufen. Die Berufung des Bewerbers zum Trainer des Bundesligisten erfolgt zu Saisonbeginn. Die Abberufung des alten Gymnasialdirektors war längst fällig.

## bestallen – Bestallung

Das Gericht (a) bestallte den Rechtsanwalt (b) zum Liquidator (c). Die Bestallung des Fachmanns (b) zum Gutachter (c) durch die Behörde (a) entsprach den Erwartungen aller.

1. 'Förderung der Entwicklung des Menschen', 'mit einem Amt betrauen', 'jemanden in ein höheres Amt einsetzen', 'offiziell' /Amtssprache/
2. a  – Täter / Mensch, Institution /
   V: Sn;               S: Sp (durch)
   b  – Betroffener / Mensch /
   V: Sa;               S: Sg
   c  – Ziel / Funktionsbezeichnung /
   V: Sp (zu);          S: Sp (zu)
3. Der Präsident des Klinikums bestallte den anerkannten Chirurgen zum Chefarzt des Krankenhauses. Der Anwalt wurde vom Gericht zum Vormund des Jugendlichen bestallt. Die Bestallung des jungen Beamten zum Sonderbeauftragten des Ministerpräsidenten durch den Landtag stieß auf heftige Kritik von seiten der Opposition.

## bestellen

Das Gericht (a) bestellte den Onkel (b) zum Vormund des Jungen (c).

1. 'Förderung der Entwicklung des Menschen', 'mit einem Amt betrauen', 'jemanden einsetzen / ernennen'
2. a  –  Täter / Mensch, Institution / Sn
   b  –  Betroffener / Mensch / Sa
   c  –  Ziel / Funktionsbezeichnung / Sp (zu, als)
3. Die Behörde bestellte den Arzt zum Gerichtsmediziner. Das Kabinett bestellte den bewährten Staatsmann als Schlichter / zum Gutachter.

## betrauen – Betrauung

Der Polizeipräsident (a) betraute den erfahrenen Kriminalkommissar (b) mit der Lösung des Mordfalles (c). Die Betrauung des Architekten (b) mit der Neugestaltung des sanierungsbedürftigen Stadtviertels (c) durch die Kommune (a) wurde allgemein begrüßt.

1. 'Förderung der Entwicklung des Menschen', 'jemandem eine Aufgabe übertragen, weil man ihn dafür als geeignet ansieht', 'offiziell'
2. a  –  Täter / Mensch, Institution/
          V: Sn;                          S: Sp (durch)
   b  –  Betroffener / Mensch /
          V: Sa;                          S: Sg/Sp (von)
   c  –  Inhalt / Geschehen, Erscheinung /
          V: Sp (mit)/Inf;                S: Sp (mit)/Inf
3. Der Präsident betraute den Fraktionsführer mit der Regierungsbildung. Der Vorstand betraute den jungen Banker mit der Leitung der Filiale. Der Institutsdirektor betraute das Team damit, den Bebauungsplan zu entwerfen. Die Betrauung des Politikers mit diesem verantwortungsvollen Amt fand nicht die Billigung der Bevölkerung.

## bevollmächtigen – Bevollmächtigung

Die Regierung (a) bevollmächtigte den Botschafter (b), den Vertrag zu unterschreiben (c). Die Bevollmächtigung des Rechtsanwalts (b) durch den Angeklagten (a), ihn beim Prozeß zu vertreten (c), erwies sich letztlich als richtig.

1. 'Förderung der Entwicklung des Menschen', 'ein Recht einräumen', 'das Recht / die Macht erteilen, im Namen des Auftraggebers zu handeln'
2. a  –  Täter / Mensch, Institution /
          V: Sn;                          S: Sp (durch)
   b  –  Betroffener / Mensch /
          V: Sd;                          S: Sg

c  –  Inhalt / Geschehen, Erscheinung /
     V: Sp (zu)/Inf;           S: Sp (zu)/Inf
3. Die Abgeordneten bevollmächtigten den Bürgermeister, mit der Partnerstadt den
Vertrag über die weitere Zusammenarbeit zu unterschreiben. Die gehbehinderte
Rentnerin bevollmächtigte ihre Nachbarin, die Rente auf der Bank abzuheben. Er
bevollmächtigte ihn zur Übergabe der Dokumente. Die Bevollmächtigung des Ver-
treters zur Abgabe einer Erklärung war unbedingt erforderlich.

## bevormunden – Bevormundung

Die Kinder (a) bevormundeten immer häufiger die Großmutter (b). Die Bevormundung der Senioren (b) durch das Pflegepersonal (a) gab zu Klagen
Anlaß.

1. 'ohne Förderung der Entwicklung des Menschen', 'in eine bestimmte Richtung
drängen', 'jemanden an der freien Entscheidung / am selbständigen Handeln hin-
dern'
2. a  –  Täter / Mensch, Institution /
       V: Sn;             S: Sp (durch)
   b  –  Betroffener / Mensch, Institution /
       V: Sa;             S: Sg/Sp (von)
3. Die Siegermächte bevormundeten die Regierung des besiegten Landes. Der Firmenchef bevormundete die Mitarbeiter. Die Eltern bevormunden immer noch ihren
bereits verheirateten Sohn. Die Bevormundung der Spieler durch Vorstand und
Trainer wirkte sich ungünstig auf die Spielmoral aus.

## designieren – designiert – Designation

Die Partei (a) designierte ihren Vorsitzenden (b) zum neuen Ministerpräsidenten (c). Der bekannte Politiker (b) ist designierter Regierungschef (c). Die
Designation des Dekans (b) zum nächsten Rektor (c) durch die Hochschullehrer (a) wurde allgemein begrüßt.

1. 'Förderung der Entwicklung des Menschen', 'mit einem Amt betrauen', 'jemanden
für ein (hohes) noch nicht besetztes Amt vorsehen / bestimmen' /gehoben/
2. a  –  Täter / Mensch, Institution /
       V: Sn;             A: Sp (von) /selten/;   S: Sp (durch)
   b  –  Betroffener / Mensch /
       V: Sa;             A: Sn;            S: Sg
   c  –  Ziel / Funktionsbezeichnung /
       V: Sp (zu, als, für);   A: Sp (zu, als, für);   S: Sp (zu, als, für)
3. Die Koalition designierte den bekannten Juristen zum Nachfolger des Präsidenten
des Verfassungsgerichtes. Dieser strenge Herr ist designierter Polizeipräsident unserer Stadt. Die Designation der neuen Regierungsmannschaft erfolgt auf dem
nächsten Parteitag.

**Anmerkung**
- Das Adjektiv *designiert* wird fast nur attributiv gebraucht; die Täterbezeichnung tritt selten auf.

## diktieren / zudiktieren

Das Sportgericht (a) diktierte dem renommierten Verein (b) eine hohe Strafe (c) (zu). Der Sieger (a) diktierte dem besiegten Volk (b) einen harten Frieden (c).

1. 'ohne Förderung der Entwicklung des Menschen', 'in eine bestimmte Richtung drängen', 'jemandem etwas mit Gewalt aufzwingen'
2. a – Täter / Mensch, Institution / Sn
   b – Betroffener / Mensch, Institution / Sd
   c – Inhalt / Erscheinung / Sa/NS (w)
3. Das Gericht diktierte dem Angeklagten drei Jahre Gefängnis zu. Der Kompaniechef diktierte dem Rekruten drei Tage geschärften Arrest (zu). Die Sieger diktierten den Besiegten ihre Bedingungen. Ich lasse mir von dir nicht mehr diktieren, wie ich mich zu verhalten habe.

## dozieren

Der Professor (a) doziert Jura (b).

1. 'Förderung der Entwicklung des Menschen', 'Vorbereitung auf eine Tätigkeit / auf einen Beruf', 'durch Unterweisung im weiten Sinne', 'an einer Hochschule lehren'
2. a – Täter / Mensch (Akademiker) / Sn
   b – Inhalt / Lehrgegenstand, Geschehen / Sa/Sp (über)/NS (w)
3. Der Dozent doziert Maschinenkunde. Der Gastprofessor doziert über Philosophie. Er doziert, wie man einen bestimmten chemischen Versuch gestaltet / wie man Ausgrabungen vornimmt.

## drängen / drängeln / bedrängen – Drängen / Drängerei

Der Meister (a) drängt die Arbeiter (b), schneller zu arbeiten (c). Das Kind (a) drängelt die Mutter (b), ihm wieder Eis zu kaufen (c). Der Schüler (a) bedrängte seinen Banknachbarn (b), ihn abschreiben zu lassen (c). Das Drängen / die Drängerei der Gläubiger (a) auf Zahlung (c) war sicher berechtigt.

1. 'ohne Förderung der Entwicklung des Menschen', 'in eine bestimmte Richtung bewegen', 'jemanden energisch zum Handeln veranlassen'
2. a – Täter / Mensch, Institution /
      V: Sn;            S: Sg
   b – Betroffener / Mensch /
      V: Sa;            S: Sp (bei) /selten/

c  –  Ziel / Geschehen /
   V: **drängen / drängeln**: Sp (zu)/Inf S: Sp (auf, nach)/Inf
   **bedrängen**: Inf;
3. Der Lehrer drängt die Schüler zur Abgabe der Hefte. Der Fahrer drängte die
   Fahrgäste zum schnellen Einsteigen. Der Fahrgast drängelt den Taxifahrer, schneller zu fahren. Der Staatsanwalt bedrängte den Angeklagten, die Schuld zuzugeben.
   Das Drängen des Bahnpersonals auf Einhaltung der Abfahrtszeiten wirkte sich
   positiv aus.

Anmerkung
–  Das Substantiv *Drängerei* weist ein pejoratives Sem auf.

## drillen – Drill

Der Unteroffizier (a) drillt die Soldaten (b) jeden Tag in zunehmendem Maße. Der Drill der Zöglinge (b) durch die Ausbilder (a) wurde immer härter.

1. 'Förderung der Entwicklung des Menschen', 'Vorbereitung auf eine Tätigkeit / einen Beruf', 'strenge / harte Ausbildung', 'hohe körperliche Anstrengung fordern'
2. a  –  Täter / Mensch (Ausbildender) /
      V: Sn;                          S: Sp (durch)
   b  –  Betroffener / Mensch (Auszubildender) /
      V: Sa;                          S: Sg/Sp (von)
3. Der Lehrer drillte die schwachen Schüler im Kopfrechnen. Der Trainer drillte die
   Läufer durch Krafttraining. Der Drill der Rekruten beim Nachexerzieren wurde
   allgemein gefürchtet.

## einsetzen – Einsetzung

Das Gericht (a) setzte den Rechtsanwalt (b) als Treuhänder (c) ein. Die
Einsetzung seiner Frau (b) als Alleinerbin (c) durch den Verstorbenen (a) rief
den Unwillen der übrigen Verwandten hervor.

1. 'Förderung der Entwicklung des Menschen', 'mit einem Amt / einer Aufgabe betrauen', 'bestimmen, daß jemand eine bestimmte Aufgabe übernimmt', 'jemanden
   ernennen'
2. a  –  Täter / Mensch, Institution /
      V: Sn;                          S: Sp (durch)
   b  –  Betroffener / Mensch /
      V: Sa;                          S: Sg/Sp (von)
   c  –  Ziel / Funktionsbezeichnung /
      V: Sp (als, zu);                S: Sp (als, zu)
3. Der König setzte den bewährten General als Statthalter ein. Der Kommandeur
   setzte den jungen Offizier als Verbindungsmann ein. Die Einsetzung des Mitarbeiters als Geschäftsführer rief Erstaunen hervor.

## einweisen – Einweisung

Der Meister (a) wies den neuen Mitarbeiter (b) in sein Aufgabengebiet (c)
ein. Die Einweisung der neuen Sekretärin (b) in ihren Tätigkeitsbereich (c)
durch die Chefsekretärin (a) wurde als Novum registriert.

1. 'Förderung der Entwicklung des Menschen', 'mit einem Amt / einer Aufgabe betrauen', 'jemandem ein Amt (feierlich) übergeben bzw. jemanden in seine künftige
   Arbeit einführen', 'erklären, was zu tun ist'
2. a  –  Täter / Mensch /
           V: Sn;                              S: Sp (durch)
   b  –  Betroffener / Mensch /
           V: Sa;                              S: Sg/Sp (von)
   c  –  Ziel / Geschehen /
           V: Sp (in)/NS (w);                  S: Sp (in)/NS (w)
3. Der Unteroffizier wies den Posten ein, welche Kontrollen er vorzunehmen hat. Der
   Bischof wies den Geistlichen feierlich in sein hohes Amt ein. Der Heimleiter über-
   nahm selbst die Einweisung der jungen Gäste in ihre Aufgaben. Nach der Ankunft
   im Hotel erfolgte die Einweisung durch den Empfangschef.

## ermächtigen – ermächtigt – Ermächtigung

Die Regierung (a) hat ihren Vertreter (b) ermächtigt, die Verhandlungen
fortzusetzen (c). Der Konsul (b) ist ermächtig zur Unterzeichnung des Vertrages (c). Die Ermächtigung des Maklers (b) zum Kauf des Hauses (c)
durch den Käufer (a) war die Voraussetzung für den Vertragsabschluß.

1. 'Förderung der Entwicklung des Menschen', 'ein Recht einräumen', 'jemandem die
   Befugnis / Vollmacht erteilen, etwas zu tun'
2. a  –  Täter / Mensch, Institution /
           V: Sn;                A: Sp (von, durch);   S: Sp (durch)
   b  –  Betroffener / Mensch /
           V: Sa;                A: Sn;                S: Sg
   c  –  Ziel / Geschehen /
           V: Sp (zu)/Inf;       A: Sp (zu)/Inf;       S: Sp (zu)/Inf
3. Der Geschäftsinhaber ermächtigte den Angestellten zum Quittieren des Empfangs
   der Waren. Der Kranke ermächtigte den Pfleger, die Geldsendung abzuholen. Die
   Posten waren vom Kommandeur ermächtigt, von der Schußwaffe Gebrauch zu
   machen. Der Kommissar bat um die Ermächtigung, jederzeit Kontrollen durch-
   führen zu dürfen.

## ernennen – Ernennung

Der General (a) ernannte den Major (b) zum Stadtkommandanten (c). Die
Ernennung des Grafen (b) zum Gouverneur (c) durch den Monarchen (a)
war nur noch eine Formsache.

1. 'Förderung der Entwicklung des Menschen', 'mit einem Amt betrauen', 'jemanden offiziell in ein Amt einsetzen bzw. jemandem einen Titel zur Ehrung verleihen'

2. a – Täter / Mensch, Institution /
       V: Sn;               S: Sp (durch)
   b – Betroffener / Mensch /
       V: Sa;               S: Sg
   c – Ziel / Funktionsbezeichnung /
       V: Sp (zu, als);      S: Sp (zu, als)

3. Der Kanzler ernannte den Mitarbeiter zum Sicherheitsbeauftragten der Hochschule. Der Diktator ernannte seinen Sohn als seinen Nachfolger / zu seinem Nachfolger. Das Stadtparlament ernannte den Dichter zum Ehrenbürger ihrer Stadt. Die Ernennung der Dezernenten durch den Oberbürgermeister ließ sehr lange auf sich warten.

## erpressen – Erpressung

Der Kidnapper (a) erpreßte von dem Millionär (b) die Zusicherung, keine Polizei einzuschalten (c). Die Erpressung bestimmter Aussagen (c) von dem Angeklagten (b) durch die Mafia (a) wurde nach langen Untersuchungen aufgedeckt.

1. 'ohne Förderung der Entwicklung des Menschen', 'jemanden in eine bestimmte Richtung drängen', 'von jemandem durch Gewalt oder Drohung etwas bekommen'

2. a – Täter / Mensch, Institution (Verbrecher) /
       V: Sn;               S: Sp (durch)
   b – Betroffener / Mensch /
       V: Sp (von);          S: Sp (von)
   c – Ziel / Ding, Geschehen /
       V: Sa/Inf;           S: Sg/Sp (von)

3. Das Siegerland erpreßte von dem geschlagenen Feind jährlich einen hohen Tribut. Der Privatdetektiv erpreßte von dem Verdächtigen die benötigte Auskunft. Das Syndikat erpreßte von den Geschäftsinhabern und Restaurantbesitzern hohe Schutzgelder. Die Erpressung von Geld und falschen Aussagen ist in diesen Kreisen ganz normal.

## erziehen / verziehen – erziehbar / erzogen / unerzogen / verzogen – Erziehung

Die Mutter (a) erzieht ihre Kinder (b) zu tüchtigen Menschen (c). Manche Mütter (a) verziehen ihre Kinder (b). Diese Jugendlichen (b) sind durch ihre Eltern (a) noch zu tüchtigen Menschen (c) erziehbar. Der Junge (b) ist gut erzogen, er weiß sich zu benehmen. Die Kinder unseres Nachbarn (b) sind wirklich unerzogen / verzogen. Die Erziehung der Jugend (b) zu aktiven Mitgestaltern der demokratischen Gesellschaft (c) durch das Elternhaus (a) hat Vorrang vor der durch die Schule.

1. 'Förderung der Entwicklung des Menschen', 'Vorbereitung auf eine Tätigkeit / einen Beruf', 'generell', 'jemanden (meist Kind) geistig und charakterlich formen'
2. a – Täter / Mensch, Institution /
   V: Sn;                         A: **erziehbar**: Sp (durch) S: Sp (durch)
                                  **erzogen / unerzogen /**
                                  **verzogen**: nicht realisiert;
   b – Betroffener / Mensch (meist Kind) /
   V: Sa;                         A: Sn;              S: Sg/Sp (von)
   c – Ziel / Erscheinung /
   V: Sp (zu)/ NS (daß)/Inf;      A: **erziehbar**: Sp (zu)   S: Sp (zu)
                                  **erzogen / unerzogen /**
                                  **verzogen**: nicht realisiert;
3. Die Kindergärtnerinnen erziehen auch die behinderten Kinder zu lebensfrohen Menschen. Der Vater erzieht seinen Sohn dazu, daß er sich im Leben durchsetzt / sich im Leben durchzusetzen. Manchmal wird behauptet, die jungen Menschen seien nur durch die Gesellschaft zu aktiven Mitgestaltern erziehbar. Oft scheinen die Kinder unerzogen oder verzogen, in Wirklichkeit haben sie sich nur eine "Schutzhaut" übergezogen. Jeder wünscht sich, daß seine Kinder gut erzogen sind. Die Erziehung der Kinder im Kindergarten oder in der Schule kann die Erziehung im Elterhaus nicht ersetzen.

Anmerkung
– Die Adjektive *erzogen / unerzogen / verzogen* bezeichnen den Zustand des Erzogenseins. Die Bezeichnungen des Täters und des Ziels werden nicht realisiert. Bei *erzogen* und *unerzogen* wird ein Zustand oft genauer charakterisiert.
– Das Adjektiv *erziehbar* bezeichnet die Möglichkeit des Erzogenwerdens.
– Der Täter kann auch durch eine Ortsangabe (z.B. *in der Schule, im Elternhaus* = *durch die Schule, durch das Elternhaus* ) bezeichnet werden.

## formen – Formung

Der Lehrer (a) hat besonders die schwererziehbaren Kinder (b) zu disziplinierten Menschen (c) geformt. Die Formung der jungen Menschen (b) zu geistig regen Bürgern (c) durch die Universität (a) gewinnt immer mehr an Bedeutung.

1. 'Förderung der Entwicklung des Menschen', 'Vorbereitung auf eine Tätigkeit / einen Beruf', 'generell', '(meist positiv) Einfluß auf die charakterliche Entwicklung / Veränderung eines Menschen nehmen'
2. a – Täter / Mensch, Erscheinung, Ding /
   V: Sn;                         S: Sp (durch)
   b – Betroffener / Mensch /
   V:Sa;                          S: Sg/Sp (von)
   c – Ziel / Erscheinung /
   V: Sp (zu);                    S: Sp (zu)
3. Die strenge Ausbildung formte die Jugendlichen zu leistungsstarken und disziplinierten Menschen. Das Leben formt die Menschen. Die schweren Jahre haben ihn zu einer starken Persönlichkeit geformt. Auch ein Buch kann einen jungen Menschen formen. Die Formung des Menschen ist in jedem Lebensalter wichtig, besonders natürlich in der Kindheit und Jugend. Schule und Universität haben einen beträchtlichen Anteil an der Formung junger Wissenschaftler.

## lehren / belehren – Belehrung

Die Lehrerin (a) lehrte die Mädchen und Jungen (b) das Häkeln (c). Der Meister (a) belehrte die Auszubildenden (b), wie man Dübel richtig einsetzt (c). Die Belehrung der neuen Stadtführer (b) über den Umgang mit den Gästen (c) durch den Vertreter des Verkehrsbüros (a) stand am Anfang der Schulung.

1. 'Förderung der Entwicklung des Menschen', 'Vorbereitung auf eine Tätigkeit / einen Beruf', 'generell', 'jemandem durch Unterricht / Information Kenntnisse vermitteln (und bei ihm Fähigkeiten entwickeln)'
2. a  –  Täter / Mensch /
   V: Sn;                    S: Sp (durch)
   b  –  Betroffener / Mensch /
   V: Sa;                    S: Sg/Sp (von)
   c  –  Ziel / Erscheinung /
   V: **lehren**: Sa          S: Sp (über)/NS (w)
   **belehren**: Sp (über)/NS (w);
3. Der Priester lehrte die Ministranten die genaue Abfolge ihrer Handreichungen. Der Polizist belehrte die Kraftfahrer über Neuerungen in der Straßenverkehrsordnung / wie man sich im Stau verhält. Die Belehrung der Diskothekordner durch den Veranstalter ist vorgeschrieben. Die Belehrung der Bürger, wie sie sich im Katastrophenfall zu verhalten haben, wird als nötig empfunden.

**Anmerkung**
– Beim Substantiv werden selten die Bezeichnungen für den Täter und für das Ziel gleichzeitig realisiert. Gewöhnlich wird nur der Sachverhalt verbalisiert, auf den besonders hingewiesen werden soll. Der andere Aktant ergibt sich meist aus dem Kontext bzw. aus der Situation.

## nötigen – Nötigung

Der Bandenchef (a) nötigte das neue Mitglied (b) zur Leistung der Unterschrift (c). Die Nötigung des Mieters (b) durch den neuen Hausbesitzer (a), die Garage abzureißen (c), war blanke Willkür.

1. 'ohne Förderung der Entwicklung des Menschen', 'in eine bestimmte Richtung drängen', 'jemanden mit Gewalt oder Gewaltandrohung dazu bringen, etwas zu tun, zu dulden oder zu unterlassen, was er nicht wollte'
2. a  –  Täter / Mensch, Institution /
   V: Sn;                    S: Sp (durch)
   b  –  Betroffener / Mensch /
   V: Sa;                    S: Sg/Sp (von)
   c  –  Ziel / Geschehen /
   V: Sp (zu)/Inf;           S: Sp (zu)/Inf
3. Der Gewaltverbrecher nötigte die Frau, ihm zu Willen zu sein. Der Bandit nötigte den Bankangestellten mit vorgehaltener Pistole zur Herausgabe des Geldes. Vor Gericht sagte er aus, daß er von dem Angeklagten zur Unterschrift unter den Vertrag genötigt worden war. Die Nötigung der jungen Frau zur Prostitution durch den Zuhälter wurde erst sehr spät bekannt.

## peinigen – Peinigung

Der verurteilte Gangster (a) peinigte die Mitgefangenen (b). Über die Peinigung der Häftlinge (b) durch den Aufseher (a) wurde Jahre später gerichtlich verhandelt.

1. 'ohne Förderung der Entwicklung des Menschen', 'Ungemach bereiten', 'jemandem körperliche oder seelische Schmerzen bereiten', ' jemanden quälen' /gehoben/
2. a – Täter / Mensch, Institution /
      V: Sn;                       S: Sp (durch)
   b – Betroffener / Mensch /
      V: Sa;                       S: Sg /Sp (von)
3. Die SS peinigte die Widerstandskämpfer. Der Staatsanwalt peinigte die angeklagte junge Frau mit Fragen nach ihrem Intimleben. Die Peinigung der schuldlos Inhaftierten durch den Staatssicherheitsdienst kam erst nach der Wende zur Sprache. Die Peinigung der weiblichen Zöglinge durch den Angestellten sollte von der Leitung vertuscht werden.

Anmerkung
– Man könnte einen dritten Aktanten – die Bezeichnung des Mittels – annehmen:
   Er peinigte sie *mit Fragen* / *indem er sie schlug*.

## plagen – vielgeplagt – Plagerei

Das altkluge Kind (a) plagt seine Eltern (b) mit seinen ständigen Fragen (c). Dieser Geschäftsmann (b) ist vielgeplagt. Die Plagerei der Eltern (b) durch die verzogenen Kinder (a) wurde allmählich den Mitbewohnern im Haus lästig.

1. 'ohne Förderung der Entwicklung des Menschen', 'Ungemach bereiten', 'jemanden stark belästigen'
2. a – Täter / Mensch /
      V: Sn;               A: nicht realisiert;     S: Sp (durch)
   b – Betroffener / Mensch /
      V: Sa;               A: Sn;              S: Sg
   c – Mittel / Geschehen, Erscheinung /
      V: Sp (mit)/NS (daß);   A: nicht realisiert;     S: Sp (mit) /selten/
3. Mancher Lehrer plagt seine Schüler mit sinnlosen Hausaufgaben. Die Zuhörer plagten den Referenten mit seinem Vortrag mit abwegigen, z.T. unsinnigen Fragen. Die ältliche Frau plagte den Kellner in der Pension dadurch, daß sie ständig neue Wünsche hatte. Dieser Autohändler ist vielgeplagt. Die Plagerei der Landarbeiter durch den Inspektor kannte kaum Grenzen.

Anmerkung
– Das Adjektiv *vielgeplagt* gibt den Zustand an. In der Regel wird nur die Bezeichnung für den Betroffenen realisiert.
– Beim Substantiv *Plagerei* wird die Bezeichnung für das Mittel selten realisiert.

## quälen – Quälerei

Die Kinder (a) quälten die Mutter (b), ihnen allen Eis zu kaufen (c). Die Quälerei des Lehrers (b) durch die Schüler (a), er möge ihnen leichtere Aufgaben stellen (c), wurde langsam lästig.

1. 'ohne Förderung der Entwicklung des Menschen', 'Ungemach bereiten', 'jemanden hartnäckig mit Bitten verfolgen und dadurch belästigen'
2. a – Täter / Mensch /
   V: Sn;                           S: Sp (durch)
   b – Betroffener / Mensch /
   V: Sa;                           S: Sg
   c – Inhalt / Geschehen /
   V: Sp (mit, um)/NS/Inf;          S: Sp (mit)/NS/Inf
3. Der Sohn quälte den Vater mit seinen ständig höheren Wünschen. Der junge Ehemann quälte seine attraktive Frau mit seiner krankhaften Eifersucht. Der Sohn quält seinen Vater seit Wochen, er solle ihm doch das Taschengeld erhöhen. Das Kind quälte seine Mutter so lange, bis sie ihm Bonbons kaufte. Die Enkelin quälte die Großmutter um Schokolade. Die ständigen Quälereien des Geschäftsinhabers durch die Kunden, die Preise zu senken, führten schließlich zum Erfolg.

## schikanieren – schikanös

Der Chef (a) schikanierte seine Sekretärin (b) mit ständig neuen Aufträgen (c). Der Chef (a) ist seiner Sekretärin gegenüber (b) schikanös.

1. 'ohne Förderung der Entwicklung des Menschen', 'Ungemach bereiten', 'jemanden mit unnötigen Aufgaben belasten', 'jemandem unnötige Schwierigkeiten machen', 'jemanden (psychisch) quälen'
2. a – Täter / Mensch, Institution, Erscheinung /
   V: Sn;                           A: Sn
   b – Betroffener / Mensch /
   V: Sa;                           A: Sp (gegenüber)
   c – Mittel / Erscheinung /
   V: Sp (mit, durch)/NS (daß);     A: nicht realisiert
3. Der Direktor schikaniert die Lehrer mit ständig neuen Aufträgen. Der Ausbilder war dafür bekannt, daß er die Neuen schikanierte. Der Spieß schikanierte die Rekruten bis aufs Blut. Sein Verhalten den Mitarbeiterinnen gegenüber ist mehr als schikanös. Das arrogante Auftreten des Referenten war schikanös.

Anmerkung
– Beim Verb *schikanieren* wird der dritte Aktant selten realisiert. Er ergibt sich aus dem Kontext bzw. aus der Situation.
– Beim Adjektiv *schikanös* werden die Bezeichnungen für den Täter und für das Mittel meist zusammengezogen, wobei das Mittel als Sn erscheint und der Täter als Pronomen oder Genitivattribut:
  *Das Auftreten des Chefs / sein Auftreten* ist schikanös.
  > *Der Chef* ist mit seinem Auftreten schikanös.

## schulen – Schulung

Der Dolmetscher (a) schult die Kursanten (b) im Übersetzen (c). Die Schulung der Mitarbeiter (b) im Gebrauch des Computers (c) durch den Informatiker (a) ist beendet.

1. 'Förderung der Entwicklung des Menschen', 'Vorbereitung auf eine Tätigkeit / einen Beruf', 'durch Unterweisung im weiten Sinn', 'auf einem bestimmten Gebiet Wissen vermitteln'
2. a – Täter / Mensch, Institution /
        V: Sn;                 S: Sp (durch)
     b – Betroffener / Mensch /
        V: Sa;                 S: Sg/Sp (von)
     c – Inhalt / Erscheinung, Geschehen /
        V: Sp (in)/NS;         S: Sp (in)
3. Der Innungsmeister schult die Facharbeiter in der Anwendung moderner Methoden. Der Sanitäter schult die Jugendlichen im Anlegen von Verbänden. Die Verkehrspolizei schult die Verkehrshelfer im Einweisen der Fahrzeuge. Die Schulung der Angestellten im Umgang mit den neuen Geräten findet immer sonnabends statt.

## tyrannisieren – Tyrannisierung

Das verwöhnte Kind (a) tyrannisiert seine Eltern (b) durch ständige Nörgelei (c). Die Tyrannisierung der Kriegsgefangenen (b) durch die Wachposten (a) / durch häufigen Essensentzug (c) wurde nie geahndet.

1. 'ohne Förderung der Entwicklung des Menschen', 'Ungemach bereiten', 'jemandem herrschsüchtig / rücksichtslos seinen Willen aufzwingen und ihn damit quälen'
2. a – Täter / Mensch, Institution /
        V: Sn;                 S: Sp (durch)
     b – Betroffener / Mensch /
        V: Sa;                 S: Sg/Sp (von)
     c – Mittel / Geschehen /
        V: Sp (durch, mit)/NS;    S: Sp (durch, mit)/NS
3. Das Baby tyrannisierte die junge Mutter durch sein zorniges Schreien jede Nacht. Der Kranke tyrannisierte die ganze Familie durch seine herrischen Forderungen. Er tyrannisierte den Rekruten, indem er ihn die Dielen des Zimmers mit der Zahnbürste putzen ließ. Die Tyrannisierung der Klasse durch den herrschsüchtigen Lehrer führte zu massiven Beschwerden. Die Tyrannisierung der Plantagenarbeiter durch wochenlange schwerste Arbeiten hatte Todesopfer zur Folge.

Anmerkung
– Beim Substantiv werden die Bezeichnungen für den Täter und für das Mittel selten in derselben Substantivgruppe verwendet.

# unterrichten – Unterrichtung

Der Referendar (a) unterrichtet die Schüler (b) in Französisch (c). Die Unterrichtung der Konfirmanden (b) in Religionsgeschichte (c) durch die Katechetin (a) wurde sehr positiv beurteilt.

1. 'Förderung der Entwicklung des Menschen', 'Vorbereitung auf eine Tätigkeit / einen Beruf', 'durch Unterweisung im weiten Sinn', 'jemandem Wissen und Können vermitteln'
2. a – Täter / Mensch /
       V: Sn;                          S: Sp (durch)
   b – Betroffener / Mensch /
       V: Sa;                          S: Sg/Sp (von)
   c – Inhalt / Erscheinung, Geschehen /
       V: Sp (in)/NS (w);              S: Sp (in)/NS (w)
3. Der Polizeikommissar unterrichtet die Anwärter in den Grundlagen der Schadensermittlung. Die erfahrene Köchin unterrichtet die Lehrmädchen darin, wie Rohkostsalate am besten zubereitet werden. Die Unterrichtung der Fahrschüler durch den Fahrlehrer dauerte länger als gedacht.

# Feld der Erlaubnis

Unter Erlaubnis wird das Einverständnis eines Menschen oder einer Institution mit einem Sachverhalt und die daraus folgende Berechtigung des Antragstellers zum Handeln verstanden. Dieses Einverständnis kann verbal oder nonverbal, mündlich oder schriftlich, offiziell oder nicht offiziell zum Ausdruck gebracht werden. Dem Geschehen geht eine Entscheidungsnotwendigkeit voraus, die zugunsten des Antragstellers ausgefallen ist.

Die Wörter dieses Feldes sind logisch dreiwertig: Jemand ist damit einverstanden, daß jemand anderes künftig etwas (Bestimmtes) tut, d.h., der Entscheidungsträger (E-Träger) berechtigt den Entscheidungsempfänger (E-Empfänger) zum Handeln im Sinne des Entscheidungsobjektes (E-Objekt).

Als Antonyme fungieren die Wörter des Feldes des Verbots. Das Feld der Erlaubnis tangiert stark das Feld der rationalen Einwirkung auf den Menschen und das Feld der Zustimmung.

Die Wörter dieses Feldes bilden in der Regel folgende (syntaktische) Grundstrukturen:

Verb
*berechtigen*:

| E-Träger | – Verb | – E-Empfänger | – E-Objekt |
| Sn | – V | – Sa | – Sp (zu)/Inf |

Adjektiv
*berechtigt*:

| E-Empfänger | – E-Träger | – E-Objekt | – Adjektiv |
| Sn | – Sp (durch) | – Sp (zu) | – A |

Substantiv
*Berechtigung*:

| Substantiv | – E-Empfänger | – E-Objekt | – E-Träger |
| S | – Sg | – Sp (zu) | – Sp (durch) |

## Übersicht über das Wortfeld

1. allgemein
   *erlauben – erlaubt – Erlaubnis*
2. 'von Amtes wegen'
   *bewilligen – Bewilligung; genehmigen – Genehmigung; stattgeben*
3. 'mit Wohlwollen'
   *gestatten – statthaft; gewähren – Gewährung; gönnen – Gunst*

4. 'trotz eigener Vorbehalte'
   *dulden – Duldung; nachsehen – nachsichtig – Nachsicht / Nachsichtigkeit;*
   *tolerieren – tolerant – Tolerierung; zulassen – zulässig – Zulassen*
5. 'zur eigenen Entscheidung'
   *anheimgeben; anheimstellen; freistellen*
6. 'mit Entscheidungsbefugnis'
   *berechtigen – berechtigt – Berechtigung*

# Beschreibung der Wörter

## anheimgeben

Der Verzweifelte (a) hat in der nahezu aussichtslosen Situation seinem alten Freund (b) die Entscheidung über sein Schicksal (c) anheimgegeben.

1. 'zur eigenen Entscheidung', 'völliges Vertrauen in die Entscheidung eines anderen', 'Aufgeben der eigenen Entscheidung', 'vollständige Unterordnung' /gehoben/
2. a – Entscheidungsträger / Mensch / Sn
   b – Entscheidungsempfänger / Mensch / Sd
   c – Entscheidungsobjekt / Geschehen / Sa
3. In seinem Abschiedsbrief stand, daß er sein Geschick dem Allmächtigen anheimgegeben habe. In ihrer Not hatte sie sich ihm anheimgegeben.

Anmerkung
– Die Substantivierung des Infinitivs ist möglich, aber nicht gebräuchlich.

## anheimstellen

Der Banker (a) stellt dem Bankkunden (b) den Kauf der Wertpapiere (c) anheim.

1. 'zur eigenen Entscheidung', 'Überlassen der Entscheidung', 'Zurückstellen der eigenen Aktivität', 'Akzeptanz der Entscheidung des anderen' /gehoben/
2. a – Entscheidungsträger / Mensch, Institution / Sn
   b – Entscheidungsempfänger / Mensch / Sd
   c – Entscheidungsobjekt / Geschehen / Sa, Inf
3. Die Eltern stellten ihrer Tochter anheim, ihr Studium im Ausland fortzusetzen. Das Unternehmen stellte den Mitarbeitern anheim, bei der schwierigen Auftragslage Kurzarbeit für alle oder einige Entlassungen zu akzeptieren.

Anmerkung
– Die Substantivierung des Infinitivs ist möglich, aber nicht gebräuchlich.

## berechtigen – berechtigt – Berechtigung

Der Vorgesetzte (a) berechtigte den Untergebenen (b) zur Führung der Abteilung (c) während seiner Abwesenheit. Der Untergebene (b) ist (durch den Vorgesetzten (a)) zur Führung der Abteilung (c) während seiner Abwesenheit berechtigt. Die Berechtigung des Untergebenen (b) zur Führung der Abteilung (c) durch den Vorgesetzten (a) löste unterschiedliche Reaktionen aus.

1. 'mit Entscheidungsbefugnis versehen', 'sich auf gültiges Recht berufen können', 'Anspruch auf etwas / Erlaubnis zu etwas haben'
2. a – Entscheidungsträger / Mensch, Rechtshandlung /
      V: Sn;                    A: Sp (durch);           S: Sp (durch)
   b – Entscheidungsempfänger / Mensch /
      V: Sa;                    A: Sn;                   S: Sg/Sp (von)
   c – Entscheidungsobjekt / Geschehen /
      V: Sp (zu)/Inf;           A: Sp (zu)/Inf;          S: Sp (zu)/Inf
3. Der Vater berechtigt seine Tochter, in seinem Namen mit dem Vertreter verbindlich zu verhandeln. Das Abitur berechtigt den jungen Menschen zum Studium an einer Universität oder Hochschule. Der Fahrschein berechtigt zur Benutzung aller öffentlichen Verkehrsmittel der Stadt. Die Hosteß ist berechtigt, in allen Kirchen und Museen der Stadt zu führen. Die Berechtigung zur Führung eines Kraftfahrzeuges wurde ihm aberkannt.

## bewilligen – Bewilligung

Erst nach Monaten bewilligte die Baubehörde (a) dem Bungalowbesitzer (b) den Erweiterungsbau (c). Die Bewilligung des Erweiterungsbaues (c) durch die Baubehörde (a) erfolgte erst nach Monaten.

1. 'Erlaubniserteilung', 'von Amtes wegen', 'nach Antragstellung', 'auf eine bestimmte Handlung bezogen', 'meist schriftlich' /Amtssprache/
2. a – Entscheidungsträger / Mensch, Institution /
      V: Sn;                    S: Sp (durch)
   b – Entscheidungsempfänger / Mensch, Institution /
      V: Sd;                    S: nicht realisiert
   c – Entscheidungsobjekt / Geschehen, Erscheinung /
      V: Sa;                    S: Sg/Sp (von)
3. Das Land bewilligte der Stadt die Mittel für den Straßenbau. Der Unternehmer bewilligte dem Vorarbeiter den Antrag auf Lohnerhöhung. Die Landesregierung bewilligte der Hochschule neue Stellen. Die Bewilligung des Ausbaus des Krankenhauses durch die Stadtverwaltung ließ lange auf sich warten.

Anmerkung
– Beim Substantiv kann der Entscheidungsempfänger nur durch eine attributive Ergänzung in Form einer Wortgruppe oder eines Relativsatzes sprachlich realisiert werden:
     Die Bewilligung des *vom Bungalowbesitzer beabsichtigten* Erweiterungsbaues …
     Die Bewilligung des Erweiterungsbaues, *den der Bungalowbesitzer vornehmen will*, …

## dulden – Duldung

Der Bereichsleiter (a) duldet bei den Mitarbeitern (b) Kritik an seinen Entscheidungen (c). Die Duldung von Kritik an seinen Entscheidungen (c) bei den Mitarbeitern (b) durch den Bereichsleiter (a) trug wesentlich zur Verbesserung der Arbeitsatmosphäre bei.

1. 'Einverständnis mit dem Verhalten des anderen', 'trotz eigener Vorbehalte'
2. a – Entscheidungsträger / Mensch, Institution /
       V: Sn;               S: Sp (durch)
   b – Entscheidungsempfänger / Mensch, Institution /
       V: Sp (bei, von);     S: Sp (bei, von)
   c – Entscheidungsobjekt / Geschehen /
       V: Sa/NS (daß);      S: Sg/Sp (von)
3. Der Betrieb duldet keine Überschreitung der Lagerfristen. Der Vater duldet bei seinem Sohn keine andere Meinung. Der Staat duldet jede andere Religion. Die Duldung einer anderen Meinung gewährleistet Gedankenfreiheit.

Anmerkung
– Das Verb *dulden* wird vorwiegend mit einer Negation verwendet.
– Die Angabe des Entscheidungsempfängers unterbleibt in den meisten Fällen.

## erlauben – erlaubt – Erlaubnis

Die Aufsicht im Lesesaal (a) erlaubt dem Studenten (b) die Mitnahme des Buches (c). Die kostenlose Benutzung der Bücherei (c) ist allen Schülern / für alle Schüler (b) erlaubt. Die Erlaubnis der Aufsicht (a) dem Studenten gegenüber (b) zur Mitnahme des Buches (c) erregte den Unwillen des Bibliotheksdirektors.

1. 'Einverständnis', 'Berechtigung zum Handeln im Sinne des Antrags'
2. a – Entscheidungsträger / Mensch, Institution /
       V: Sn;          A: nicht realisiert;     S: Sg
   b – Entscheidungsempfänger / Mensch, Institution /
       V: Sd;          A: Sd;            S: Sp (gegenüber)
   c – Entscheidungsobjekt / Geschehen /
       V: Sa/Inf;      A: Sn/Inf;     S: Sp (zu)
3. Die Mutter erlaubt ihrer Tochter, noch ein Eis zu essen. Der Direktor erlaubt dem Angestellten, früher nach Hause zu gehen. Die Hafenpolizei erlaubt dem Schiff nicht das Einlaufen in den Hafen. Dem Gefangenen ist erlaubt, mit seiner Frau zu sprechen. Rauchen ist erlaubt. Die Erlaubnis der Eltern zur geplanten Klassenfahrt erhielt der Klassenlehrer noch rechtzeitig.

Anmerkung
– Das Adjektiv *erlaubt* bezeichnet die Berechtigung, das Gewünschte zu tun. Die Bezeichnung des Entscheidungsempfängers wird selten, die des Entscheidungsträgers nie realisiert. Beide ergeben sich aus dem Kontext bzw. aus der Situation.

- Beim Substantiv *Erlaubnis* sind zwei Konstruktionen möglich:
  Die Erlaubnis *der Aufsicht* . . . *zur Mitnahme des Buches* . . .
  > Die Aufsicht erlaubt . . . die Mitnahme des Buches.
  Hierbei haben wir es mit der aktivischen Variante zu tun.
  Die Erlaubnis *der Mitnahme des Buches durch die Aufsicht* . . .
  > Die Mitnahme des Buches ist durch die Aufsicht erlaubt worden.
  Hierbei haben wir es mit der passivischen Variante zu tun.

## freistellen

Der Lehrer (a) hat den Schülern (b) die Teilnahme an der Klassenfahrt (c) freigestellt.

1. 'Erlaubniserteilung, 'zur eigenen Entscheidung', 'Wahl zwischen zwei oder mehr Möglichkeiten', 'Akzeptanz der Entscheidung des anderen'
2. a – Entscheidungsträger / Mensch / Sn
   b – Entscheidungsempfänger / Mensch / Sd
   c – Entscheidungsobjekt / Geschehen / Sa/Inf
3. Die Eltern haben ihrer erwachsenen Tochter freigestellt, mit ihnen in den Urlaub zu fahren. Der Professor hat dem Aspiranten die Wahl des Dissertationsthemas freigestellt.

Anmerkung
- In gleicher Bedeutung wird auch die Wendung *die Entscheidung überlassen* gebraucht:
  Die Eltern haben ihrer Tochter *die Entscheidung überlassen*, . . .

## genehmigen – Genehmigung

Die Krankenkasse (a) genehmigt dem Versicherten (b) den Kurantrag (c). Die Genehmigung des Kurantrags (c) durch die Krankenkasse (a) erfolgte nach kurzer Prüfung des Sachverhaltes.

1. 'Erlaubniserteilung', 'von Amtes wegen', 'nach Antragstellung', 'für eine bestimmte Handlung', 'durch eine Behörde oder eine ihr gleichgestellte Institution bzw. Person', 'offiziell', 'schriftlich'
2. a – Entscheidungsträger / Institution, Mensch /
       V: Sn;                      S: Sp (durch) bzw. Sg
   b – Entscheidungsempfänger / Mensch /
       V: Sd;                      S: nicht realisiert
   c – Entscheidungsobjekt / Geschehen, Formular statt Geschehen /
       V: Sa/NS (daß)/Inf;       S: Sg/Sp (von) bzw. Sp (zu)/NS (daß)/Inf
3. Die Universität genehmigte dem Wissenschaftler den Antrag auf unbezahlte Freistellung. Die Kommune genehmigte, daß die Umgehungsstraße gebaut wird. Der Offizier genehmigte dem Rekruten (den Antrag), zur Hochzeit seines Bruders nach Hause zu fahren. Das Finanzamt genehmigte den Freistellungsantrag. Die Genehmigung des Bauantrages durch das Bauamt verzögerte sich über Monate. Die Genehmigung des Bürgermeisters zur Eröffnung des Kindergartens war lange erwartet worden.

Anmerkung
- Beim Substantiv kann der Entscheidungsempfänger nur durch eine attributive Ergänzung (Wortgruppe, Pronomen, Relativsatz) sprachlich realisiert werden:
  Die Genehmigung des *vom Hausbesitzer eingereichten* Bauantrages durch das Bauamt . . ./ Die Genehmigung *seines* Bauantrages durch das Bauamt . . ./ Die Genehmigung des Bauantrages, *den der Hausbesitzer eingereicht hat*, durch das Bauamt . . .
- Beim Substantiv sind zwei Konstruktionen möglich:
  Wenn Sg = Entscheidungsträger ist, dann wird das Entscheidungsobjekt als Sp (zu) oder als Inf angeschlossen:
  Die Genehmigung *der Behörde* zur Herausgabe einer Zeitung / eine Zeitung herauszugeben . . .
  Wenn Sg = Entscheidungsobjekt ist, dann wird der Entscheidungsträger als Sp (durch) angeschlossen:
  Die Genehmigung *der Herausgabe einer Zeitung* durch die Behörde . . .
  Statt des reines Kasus kann auch Sp (zu) stehen.

## gestatten – statthaft

Der Geschäftsführer (a) gestattet der Verkäuferin (b), heute früher nach Hause zu gehen (c). Es ist nicht statthaft, früher nach Hause zu gehen (c).

1. 'Erlaubnis zum Handeln', 'mit Wohlwollen', 'Zurücksetzen der eigenen Person', 'förmlich' /gehoben/
2. a – Entscheidungsträger / Mensch /
      V: Sn;                          A: nicht realisiert
   b – Entscheidungsempfänger / Mensch /
      V: Sd;                          A: nicht realisiert
   c – Entscheidungsobjekt / Geschehen /
      V: Sa/Inf;                      A: Sn/Inf
3. Brünhild wollte Kriemhild nicht gestatten, vor ihr den Dom zu betreten. Der Leutnant gestattete seiner Verlobten nur ungern, mit ihrem früheren Freund zu tanzen. Der Beamte gestattete dem Journalisten nur einen kurzen Blick in die Akten. Gestatten Sie mir eine Frage? Es ist nicht statthaft, hier zu rauchen. In diesem Kreis ist ein solches Benehmen nicht statthaft.

Anmerkung
- Das Adjektiv *statthaft* bezeichnet einen Zustand. Deshalb werden die Bezeichnungen für den Entscheidungsträger und den Entscheidungsempfänger nicht realisiert; sie ergeben sich aus dem Kontext, der Situation oder dem Weltwissen.

## gewähren – Gewährung

Der Papst (a) gewährte Mutter Theresa (b) eine Privataudienz (c). Die Gewährung einer Privataudienz (c) für Mutter Theresa (b) durch den Papst (a) wurde als Selbstverständlichkeit angesehen.

1. 'Erlaubnis', 'mit Wohlwollen', 'auf die Inanspruchnahme einer Vergünstigung bezogen' / vorwiegend gehoben /
2. a – Entscheidungsträger / Mensch, Institution /
      V: Sn;                          S: Sp (durch)
   b – Entscheidungsempfänger / Mensch, Institution /
      V: Sd;                          S: Sp (für)

c  –  Entscheidungsobjekt / Geschehen /
    V: Sa;                        S: Sg/Sp (von)

3. Die Bank gewährt dem Bauunternehmen einen günstigen Kredit. Die hilfreiche Familie gewährte den Vertriebenen Obdach. Das Land Thüringen gewährt den politisch Verfolgten Asyl. Die Gewährung eines Vorschusses für den Arbeitnehmer wurde abgelehnt. Die Gewährung eines Zuschusses zu den Eigenleistungen durch den Betrieb ermöglichte die Fertigstellung des Eigenheimes.

Anmerkung
–  Beim Substantiv *Gewährung* werden selten die Bezeichnungen für den Entscheidungsträger und den Entscheidungsempfänger gleichzeitig gebraucht. Die Kommunikationssituation entscheidet über die explizite Realisierung.

## gönnen – Gunst

Nach dem anstrengenden Turnier gönnt der Trainer (a) seiner Mannschaft (b) ein Woche Urlaub (c). Die Gunst von einer Woche Urlaub (c) für die Mannschaft (b) durch den Trainer (a) wurde als psychologisch richtig eingeschätzt.

1. 'Erlaubnis', 'ein Entgegenkommen betreffend', 'mit Wohlwollen', 'ohne Rechtsanspruch', 'unter Zurückstecken der eigenen Erwartungen', 'auf den Vorteil eines anderen bedacht'

2. a  –  Entscheidungsträger / Mensch /
      V: Sn;                   S: Sp (durch)
   b  –  Entscheidungsempfänger / Mensch /
      V: Sd;                   S: Sp (für)
   c  –  Entscheidungsobjekt / Geschehen /
      V: Sa/NS (daß)/Inf;      S: Sg/Sp (von)/Inf

3. Der Forschungsgruppenleiter gönnt der jungen Mitarbeiterin die Teilnahme an dem renommierten Kongreß. Nach der aufreibenden Inventur gönnte der Geschäftsinhaber seinen Verkäuferinnen ein paar Tage Urlaub. Er gönnte ihr, daß sie sich in seinem Haus am See vergnügte / sich in seinem Haus am See zu vergnügen. Die Gunst des Handkusses ist weitgehend aus der Mode gekommen. Die Gunst, in Privataudienz empfangen zu werden, war ihm nicht gewährt worden. Erst nach langem Bemühen war ihm von der Behörde die Gunst gewährt worden, seinen Bruder noch einmal zu sehen.

## nachsehen – nachsichtig – Nachsicht / Nachsichtigkeit

Die Mutter (a) sieht ihrem Sohn (b) die Verfehlung (c) nach. Die Mutter (a) ist nachsichtig gegen ihren Sohn / ihrem Sohn gegenüber (b) in bezug auf die Verfehlung (c). Die Nachsicht / die Nachsichtigkeit der Mutter (a) gegen ihren Sohn / ihrem Sohn gegenüber (b) in bezug auf die Verfehlung (c) verwunderte die Nachbarn.

1. 'Nachträgliche Erlaubnis', 'trotz eigener Vorbehalte', 'Akzeptanz des Verhaltens anderer', 'Einschränken der eigenen Erwartung zugunsten des anderen'

2. a  –  Entscheidungsträger / Mensch /
      V: Sn;                    A: Sn;              S: Sg
   b  –  Entscheidungsempfänger / Mensch /
      V: Sd;                    A: Sp (gegen, gegen-   S: Sp (gegen, ge-
                                über, mit)              genüber)
   c  –  Entscheidungsobjekt / Geschehen /
      V: Sa/NS (daß)/Inf;       A: Sp (in bezug auf);  S: Sp (in bezug auf)
3. Die liebende Frau sah ihrem Mann immer wieder seine Affären nach. Der Lehrer
   sah seinen Schülern nach, daß sie ihm einen Streich gespielt hatten. Er sah ihr nach,
   ihn hintergangen zu haben. Der alternde Vater ist nachsichtig gegen seinen verzogenen Sohn. Sie ist ihm gegenüber nachsichtig in bezug auf seine Lebensführung.
   Die Nachsichtigkeit / die Nachsicht der Eltern gegenüber ihrer verwöhnten Tochter
   mußte früher oder später tragisch enden.

## stattgeben

Der Landtag (a) gibt dem Antrag der Opposition (b) statt und setzt einen
Untersuchungsausschuß ein.

1. 'Bewilligung einer Forderung', 'nach Drängen und Prüfen', 'von Amtes wegen'
   / Amtssprache /
2. a  –  Entscheidungsträger /Institution/ Sn
   b  –  Entscheidungsobjekt / Geschehen (Antrag im weiten Sinn) / Sd
3. Das Gericht gab der Klage statt und beraumte einen Verhandlungstermin an. Das
   Land gab dem Gesuch der notleidenden Kommune statt und stellte die beantragten
   Finanzmittel kurzfristig zur Verfügung.

## tolerieren – tolerant – Tolerierung

Der Besitzer der Waldgaststätte (a) toleriert bei seinem Sohn (b) den leichtfertigen Lebenswandel (c). Der Besitzer der Waldgaststätte (a) ist tolerant
seinem Sohn gegenüber (b) in bezug auf den leichtfertigen Lebenswandel (c).
Die Tolerierung des leichtfertigen Lebenswandels (c) bei seinem Sohn (b)
durch den Besitzer der Waldgaststätte (a) führte häufig zu Konflikten.

1. 'Duldung des Verhaltens des anderen', 'trotz eigener Vorbehalte', 'Geltenlassen anderer Ansichten / Gewohnheiten u.ä.', 'auf Ausgleich bedacht'
2. a  –  Entscheidungsträger / Mensch, Institution /
      V: Sn;                    A: Sn;              S: Sp (durch)
   b  –  Entscheidungsempfänger / Mensch /
      V: Sp (bei);              A: Sp (gegen, gegenüber); S: Sp (bei)
   c  –  Entscheidungsobjekt / Geschehen /
      V: Sa;                    A: Sp (in bezug auf);  S: Sg/Sp (von)
3. Das Land toleriert bei den Vertriebenen die andere Glaubenszugehörigkeit. Die
   Eltern tolerieren bei ihrer Tochter die Aktivitäten für die andere Partei. Der Professor ist tolerant den Assistenten gegenüber in bezug auf die Kleidung und das
   Verhalten. Die Tolerierung des ungebührlichen Verhaltens bei dem Mitarbeiter
   durch den Chef verwunderte die anderen.

## zulassen – zulässig – Zulassen

Der Platzwart (a) läßt zu, daß die Jugendlichen auf dem Sportplatz trainieren (b). Es ist nicht zulässig, daß die Jugendlichen hier trainieren (b). Das Zulassen des Trainings auf dem Sportplatz (b) durch den Platzwart (a) wurde dankbar anerkannt.

1. 'Erlaubniserteilung', 'trotz eigener Vorbehalte', 'Handlungsberechtigung für andere'
2. a – Entscheidungsträger / Mensch /
      V: Sn;                        A: nicht realisiert;        S: Sp (durch)
   b – Entscheidungsobjekt / Geschehen /
      V: Sa/NS (daß);               A: Sn/NS (daß)/Inf;        S: Sg/Sp (von)
3. Die Eltern lassen zu, daß ihre Tochter mit ihrem Freund in Urlaub fährt. Der Manager läßt das Training zu. Der Autor hat den Teilabdruck durch die Zeitung nicht zugelassen. Mein Vater läßt es nicht zu, daß du deinen Hund mitbringst. Es ist nicht zulässig, die Geschwindigkeit zu überschreiten. Es ist zulässig, daß sie ihn kurz sprechen. Das Zulassen von Boxkämpfen in der Pause durch den Direktor hatte böse Folgen.

Anmerkung
– Beim Adjektiv zulässig wird die Bezeichnung für den Entscheidungsträger nicht realisiert. Sie ergibt sich aus dem Kontext bzw. aus der Situation.
   Außerdem kommt das Adjektiv häufig in Wendungen wie es ist zulässig / es ist nicht zulässig vor.
– Das Substantiv Zulassung bezeichnet die amtliche Genehmigung für eine Tätigkeit.

# Feld der Gefühle

Gefühle drücken die subjektive Beziehung von Menschen zu anderen Menschen, zu Gegenständen und Erscheinungen der Umwelt, auch zu Anschauungen, Gedanken usw. aus.

Die Verben, Adjektive und Substantive, die zu diesem Feld gehören, lassen sich in fünf semantische Gruppen untergliedern: Freude, Trauer, Betroffenheit, Sorge und Ärger. In der Regel sind die Wörter dieses Feldes zweiwertig: Sie verlangen eine Bezeichnung für den Merkmalsträger und eine Bezeichnung für den Grund oder Auslöser des Gefühls.

Die Wörter dieses Feldes bilden folgende (syntaktische) Grundstrukturen:

| | | | |
|---|---|---|---|
| Verb | | | |
| *sich freuen*: | Merkmalsträger | – Verb | – Grund |
| | Sn | – V | – Sp (über) |
| Adjektiv | | | |
| *froh*: | Merkmalsträger | – Adjektiv | – Grund |
| | Sn | – A | – Sp (über) |
| Substantiv | | | |
| *Freude*: | Substantiv | – Merkmalsträger | – Grund |
| | S | – Sg | – Sp (über) |

## Übersicht über das Wortfeld

1. 'Freude', 'Hochstimmung'
   *sich begeistern – begeistert – Begeisterung; sich berauschen – berauscht – (Berauschung / Berauschtheit); besessen – Besessenheit; entzücken – entzückt – Entzücken / Entzückung; sich freuen / sich erfreuen – froh / erfreut – Freude; glücklich / glückselig – Glück / Glückseligkeit; überwältigt / überwältigend*

2. 'Trauer'
   *bekümmern – bekümmert – Kummer / (Bekümmernis); betrüben – betrübt – Trübsal; grämen / sich grämen – Gram; trauern – traurig – Trauer / Traurigkeit; unglücklich / todunglücklich*

3. 'Betroffenheit'
   *bestürzen – bestürzt – Bestürzung; betroffen – Betroffenheit; bewegen – bewegt – (Bewegung / Bewegtheit); ergreifen – ergriffen – Ergriffenheit; rühren – gerührt – Rührung*

4. 'Sorge'
   *bedenklich – Bedenken; sich fürchten / befürchten – Furcht / Befürchtung; sich sorgen – besorgt – Sorge / Besorgnis*

5. 'Ärger', 'Unwille'
   *ärgern / sich ärgern – ärgerlich / verärgert – Ärger / Verärgerung; sich entrüsten – entrüstet – Entrüstung; grimmig – Grimm; mißmutig – Mißmut; verdrießen – verdrießlich / verdrossen – Verdruß / Verdrießlichkeit; verstimmen – verstimmt – Verstimmung; wütend – Wut / Mordswut / Stinkwut; zürnen – zornig – Zorn*

# Beschreibung der Wörter

## ärgern / sich ärgern – ärgerlich / verärgert – Ärger / Verärgerung

Die schlechte Note (b) ärgert den Jungen (a). Der Junge (a) ärgert sich über die schlechte Note (b). Die schlechte Note (b) ist ärgerlich für den Jungen (a). Der Junge (a) ist ärgerlich / verärgert über die schlechte Note (b). Der Ärger / die Verärgerung des Jungen (a) über die schlechte Note (b) wirkte sich auf seine Umwelt aus.

1. 'Gefühl des Unwillens / der Unzufriedenheit', 'verursacht von verschiedenen Erscheinungen'

2. a – Merkmalsträger / Mensch /
   - V: **ärgern**: Sa            A: **ärgerlich**: Sn bzw. Sp (für) S: Sg
     **sich ärgern**: Sn;          **verärgert**: Sn;
   b – Grund / Konkretum, Abstraktum (negative Erscheinung) /
   - V: **ärgern**: Sn/            A: **ärgerlich**: Sp (über, auf)/ S: Sp (über)/
     NS (daß, w)/Inf             NS (daß, w)/Inf              NS (daß, w)/Inf
     **sich ärgern**: Sp (über)/    bzw. Sn/NS (daß,w)/Inf
     NS (daß, w)/Inf;             **verärgert**: Sp (über)/
                                  NS (daß, w)/Inf;

3. Die ewige Meckerei / die Besserwisserei meines Onkels ärgert die ganze Familie. Die lange Anfahrt / die häufigen Verspätungen ärgern alle Mitarbeiter. Wir ärgern uns über das schlechte Wetter / die miserable Organisation. Die ständigen Rückfragen sind ärgerlich für den Beamten in der Rentenstelle. Sie sind verärgert über die völlig verschmutzten Straßen. Der Ärger / die Verärgerung der Reisenden über die langen Wartezeiten war berechtigt. Die Reisenden machten ihrem Ärger / ihrer Verärgerung laut Luft.

Anmerkung
- Beim Adjektiv *ärgerlich* stehen zwei gleichberechtigte Konstruktionen zur Verfügung:
  Wenn a = Sn, dann b = Sp (über, auf)/NS (daß, w)/Inf:
  *Der Student ist ärgerlich über die nichtbestandene Prüfung / darüber, daß er die Prüfung nicht bestanden hat / die Prüfung nicht bestanden zu haben.*
  Wenn a = Sp (für), dann b = Sn/NS (daß, w)/Inf:
  *Die nichtbestandene Prüfung / Daß er die Prüfung nicht bestanden hat, / Die Prüfung nicht bestanden zu haben war ärgerlich für den Studenten.*
- Beim Adjektiv *ärgerlich* kommen die Präpositionen *über* und *auf* vor. Die häufigere Präposition ist *über*. Die Konstruktion mit *auf* bezieht sich vielfach auf Personen:
  *Er ist ärgerlich auf seinen Nachbarn.*
  *Er ist ärgerlich über / auf den Lärm.*

## bedenklich – Bedenken

Dieses Geschäft (b) ist für den Käufer (a) sehr bedenklich. Die Bedenken des Verteidigers (a) gegen den Vorschlag des Anklägers (b) waren vollauf berechtigt.

1. 'Gefühl der Sorge', 'Vorbehalt', 'Zweifel'
2. a – Merkmalsträger / Mensch /
      A: Sp (für);                         S: Sg
   b – Grund / Mensch, Abstraktum /
      A: Sn/NS (daß, ob)/Inf;              S: Sp (gegen)/NS (daß, ob)/Inf
3. Der Vorschlag der Firmenleitung ist bedenklich. Ob der Versuch gelingt, ist bedenklich. Wir verstehen die Bedenken des Arztes / des Schiedrichters durchaus. Die Bedenken, daß der Patient noch zu schwach ist / ob der Bergsteiger den Gipfel erreichen wird, wurden von vielen geteilt.

## sich begeistern – begeistert – Begeisterung

Mein Nachbar (a) begeistert sich an seinem neuen Auto (b). Mein Nachbar (a) ist begeistert von seinem neuen Auto (b). Die Begeisterung der Zuschauer (a) vom Spiel ihrer Mannschaft (b) wuchs von Minute zu Minute.

1. 'Gefühl der Freude', 'leidenschaftliche Zustimmung', 'von verschiedenen Ursachen hervorgerufen', 'sehr intensiv'
2. a – Merkmalsträger / Mensch /
      V: Sn;                        A: Sn;                      S: Sg
   b – Grund / Konkretum, Abstraktum /
      V: Sp (an, für)/              A: Sp (von)/                S: Sp (von, für)/
      NS (daß, w)/Inf;              NS (daß, w)/Inf;            NS (daß, w)/Inf
3. Die ganze Familie begeistert sich an klassischer Musik / für klassische Musik. Wir begeistern uns daran, wie das Spiel doch noch gewonnen wurde / das Spiel live miterleben zu können. Die Zuschauer waren begeistert von dem jungen Skispringer / davon, wie er die Skier führte. Die Begeisterung der Zuschauer für Volleyballturniere nimmt zu. Die Begeisterung der Anwesenden dafür, daß der Schiedrichter so konsequent leitete, war zu spüren.

- Beim Verb *sich begeistern* sind die Präpositonen *an* und *für* möglich:
  Die Präposition *an* wird gebraucht, wenn der Sachverhalt des Grundes zeitgleich mit der Gefühls-
  regung wirksam ist. Das Generelle der Gefühlsregung tritt zurück:
      Die Zuschauer begeistern sich *am schnellen Kombinationsspiel*. (= Sie sehen in diesem Moment
      das Kombinationsspiel.)
  Beim Gebrauch der Präposition *für* tritt die generelle Aussage über die Gefühlsregung in den Vor-
  dergrund:
      Alle Jungen unserer Klasse begeistern sich *für Fußball*. (= Die Begeisterung ist generell vor-
      handen, nicht zeitlich begrenzt.)
- Beim Substantiv *Begeisterung* sind die Präpositionen *von* und *für* möglich:
  Mit der Präposition *von* wird der (häufig einmalige, zeitgleich wirkende) Grund bezeichnet:
      Die Begeisterung der Zuhörer *von der Rede des Präsidenten* . . .
  Mit der Präposition *für* wird die Richtung des Gefühls generell bezeichnet:
      Die Begeisterung der Jugend *für Discos* . . .

## bekümmern – bekümmert – Kummer / (Bekümmernis)

Ihr Gesundheitszustand (b) bekümmert mich (a). Ich (a) bin bekümmert
über ihren Gesundheitszustand (b). Der Kummer der Familie (a) über den
Gesundheitszustand der Mutter (b) wuchs von Tag zu Tag.

1. 'Gefühl der Trauer', 'mit Kummer versehen', 'voll tiefer Sorge', 'besorgt'
2. a  –  Merkmalsträger / Mensch /
        V: Sa;                          A: Sn;                    S: Sg
   b  –  Grund / Konkretum, Abstraktum /
        V: Sn/NS (daß)/Inf;            A: Sp (über)/            S: Sp (über)/NS
                                        NS (daß)/Inf;            (daß)/Inf
3. Die Abwesenheit seines Freundes / Daß ihn sein Freund nicht besucht hatte, be-
   kümmerte ihn sehr. Die Klasse war bekümmert über die schwere Krankheit des
   beliebten Mitschülers / darüber, daß der Wandertag ausfiel. Der Kummer des Jungen über die nicht erreichte Versetzung hielt lange an. Der Kummer darüber, daß
   das Manuskript nicht angenommen worden war, beschäftigte ihn noch lange.

- Das Substantiv *Bekümmernis* drückt – im Gegensatz zum Substantiv *Kummer* – primär den Zustand
  aus:
      Tiefe Bekümmernis erfaßte ihn.
- Es wird selten gebraucht und tritt gewöhnlich ohne Aktanten auf.

## sich berauschen – berauscht – (Berauschung / Berauschtheit)

Die ganze Stadt (a) berauschte sich an dem Feuerwerk (b). Er (a) war ganz
berauscht von den Erfolgen der Mannschaft (b).

1. 'Gefühl der Hochstimmung', 'intensives Einwirkenlassen', 'durch besondere, selten
   auftretende Gründe hervorgerufen'
2. a  –  Merkmalsträger / Mensch /
        V: Sn;                          A: Sn

b  – Grund / ohne Selektionsbeschränkungen (positive Erscheinung) /
    V: Sp (an)/NS (daß, w);        A: Sp (von)/NS (daß, w)

3. Der junge Autor berauschte sich an der geplanten hohen Auflage seines ersten
   Romans / daran, daß die Gutachter das Buch so gelobt hatten. Die Besucher waren
   berauscht von der Farbenpracht und der Ausstattung der Blumenschau / davon,
   daß in dem Film mit solch herrlichen Lichteffekten gearbeitet worden war.

**Anmerkung**
– Die Substantive *Berauschung* und *Berauschtheit* werden in der Alltagssprache kaum gebraucht.

## besessen – Besessenheit

Der Junge (a) ist von dem Ehrgeiz besessen, immer der beste Schüler zu sein
(b). Die Besessenheit des Bergsteigers (a), alle hohen Gipfel zu erklettern (b),
war schon besorgniserregend.

1. 'Gefühl der Hochstimmung', 'von einer Leidenschaft erfüllt', 'äußerst intensiv',
   'beherrscht von einem Wunsch, einer Idee o.ä.'
2. a  – Merkmalsträger / Mensch /
        A: Sn;                           S: Sg
   b  – Grund / Ereignis, Eigenschaft /
        A: Sp (von)/NS (daß)/Inf;        S: Sp (von)/NS (daß)/Inf
3. Der Gelehrte ist von Wahrheitsliebe besessen. Er ist besessen davon, mit seiner
   Leistung ins Buch der Rekorde aufgenommen zu werden. Die Besessenheit des
   Sportlers, seinen dritten Olympiasieg zu erringen, wirkte sich auch auf seine Umgebung aus.

**Anmerkung**
– Zuweilen ergibt sich die Bezeichnung des Grundes aus der Bezeichnung des Merkmalsträgers:
  *Der Forscher* war besessen. (= . . . vom Drang zu forschen)
  *Der Musiker* war besessen. (= . . . von seiner Musik / vom Musik machen)

## bestürzen – bestürzt – Bestürzung

Die Nachricht von seinem Tod (b) hatte alle (a) bestürzt. Alle (a) waren
bestürzt über die Nachricht von seinem Tod (b). Die Bestürzung der Kollegen (a) über die Nachricht von seinem Tod (b) wich nur sehr langsam.

1. 'Gefühl der Betroffenheit', 'bezogen auf die Seele', 'nach Erhalt einer schlimmen
   Nachricht', 'verursacht durch ein außergewöhnliches / nicht erwartetes Ereignis',
   'sehr intensiv'
2. a  – Merkmalsträger / Mensch /
        V: Sa;                    A: Sn;                  S: Sg
   b  – Grund / Abstraktum /
        V: Sn/NS (daß);           A: Sp (über)/NS (daß);  S: Sp (über)/NS
                                                            (daß)
3. Die Nachricht von der Kündigung der meisten Arbeiter des Großbetriebes bestürz-
   te die ganze Stadt. Viele waren bestürzt über die Niederlage der Nationalmannschaft. Die Menschen waren bestürzt darüber, daß der Kapitän des Tankers so

fahrlässig gehandelt hatte. Alle sahen die Bestürzung der Familie über die Unglücksnachricht.

## betroffen – Betroffenheit

Die ganze Familie (a) war betroffen vom plötzlichen Tod der Tante (b). Über die Betroffenheit der Polizei (a) über die nicht gelungene Aufklärung des Schwerverbrechens (b) berichtete tagelang die Presse.

1. 'Starkes emotionales Bewegtsein', 'Gefühl der Bestürzung', 'unangenehm überrascht', 'plötzlich', 'unerwartet'
2. a – Merkmalsträger / Mensch /
   A: Sn;                          S: Sg
   b – Grund / (vorwiegend) Abstraktum /
   A: Sp (über, von)/NS (daß, w);   S: Sp (über)/NS (daß, w)
3. Ganz Japan war betroffen über die Schwere des Erdbebens in Kobe. Die Bevölkerung war betroffen, wie man die Folgen des Unglücks bagatellisierte. Die Spieler erlebten die Betroffenheit des Trainers über die Unfähigkeit des Präsidiums. Alle merkten die Betroffenheit der Mitarbeiter darüber, daß die Leitung der Firma die Finanzlage falsch eingeschätzt hatte.

Anmerkung
– Beim Gebrauch der Präposition *von* wird der eigentliche Grund stärker betont; es wird auf Vergangenes bzw. Gegenwärtiges verwiesen. Beim Gebrauch der Präposition *über* wird der zeitliche Bezug nicht deutlich:
   Er war betroffen *von* der Nachricht, das sein Freund plötzlich gestorben ist.
   Wir sind betroffen *über* die Kaltschnäuzigkeit des Verbrechers.

## betrüben – betrübt – Trübsal

Diese Nachricht (b) betrübt uns (a) sehr. Alle (a) waren betrübt über das Mißgeschick, das ihn ereilt hatte (b). Die Trübsal der Bauern dieser Gegend (a) über die lange Trockenheit und die schweren Ernteverluste (b) war verständlich.

1. 'Gefühl der Trauer', 'großer psychischer Schmerz', 'melancholische Stimmung', 'lange anhaltend'
2. a – Merkmalsträger / Mensch /
   V: Sa;                   A: Sn;              S: Sg
   b – Grund / Abstraktum /
   V: Sn/NS (daß)/Inf;      A: Sp (über)/NS     S: Sp (über)/NS
                            (daß)/Inf;          (daß)/Inf
3. Der Tod der jungen Frau seines Freundes betrübte ihn sehr. Die Klasse ist betrübt über die Versetzung des geliebten Klassenlehrers. Die Bewohner sind betrübt darüber, daß in ihrer Straße der Vandalismus zunimmt. Die Trübsal der Kindergärtnerinnen und der Eltern über die Schließung des Kindergartens war überall zu spüren.

## bewegen – bewegt – (Bewegung / Bewegtheit)

Die Trauerrede (b) hat alle Trauergäste (a) sehr bewegt. Die Trauergäste (a) waren von der Trauerrede (b) tief bewegt.

1. 'Gefühl der Betroffenheit', 'starke innerliche Ergriffenheit', 'zum intensiven Nachdenken anregend'
2. a – Merkmalsträger / Mensch /
   V: Sa;                    A: Sn
   b – Grund / Konkretum, Abstraktum /
   V: Sn/NS (daß, w);        A: Sp (von)/NS (daß, w)
3. Wie überzeugend der Forscher die Lösung des Problems erläuterte, bewegte alle Anwesenden. Die Worte am Grabe bewegten alle Trauernden. Alle waren bewegt von der Emotionalität der Darbietungen / der Festlichkeit der Veranstaltung.

Anmerkung
– Die Substantive *Bewegung* und *Bewegtheit* stehen in der Regel ohne Valenzpartner und bezeichnen einzig den emotionalen Zustand. Merkmalsträger bzw. Grund ergeben sich meist aus dem Kontext:
  Alle standen in tiefer Bewegung *am Grabe des Verunglückten*.
  Die Bewegtheit *der Trauergäste* war groß.

## sich entrüsten – entrüstet – Entrüstung

Die Mehrzahl der Dorfbewohner (a) entrüstete sich über die Kandidatenvorschläge für die Wahl des Bürgermeisters (b). Die Mieter (a) sind entrüstet über die drastische Mieterhöhung (b). Die Entrüstung der Zuschauer (a) über den unfairen Boxkampf (b) machte sich in Tumulten in der Boxhalle bemerkbar.

1. 'Gefühl des Unwillens', 'im sittlichen Bewußtsein beleidigt sein', 'Unwillen bekunden', 'hoher Grad'
2. a – Merkmalsträger / Mensch /
   V: Sn;                    A: Sn;                    S: Sg
   b – Grund / Konkretum, Abstraktum /
   V: Sp (über)/NS (daß);    A: Sp (über)/NS (daß);    S: Sp (über)/NS (daß)
3. Die Mieter entrüsteten sich über das Vorgehen des neuen Hauseigentümers / darüber, daß allen gekündigt worden war. Ich war entrüstet über diese Rede / den Wahlvorschlag / darüber, daß die Antwort so nichtssagend war. Die Entrüstung der Bevölkerung über die Korruption einiger Abgeordneter war berechtigt.

## entzücken – entzückt – Entzücken / Entzückung

Das Theaterstück (b) entzückte nicht nur die Kenner (a). Die Zuschauer (a) waren von der Neuinszenierung (b) entzückt. Das Entzücken der Kinder (a) über das lustige Puppenspiel (b) war riesig. Die Sektenmitglieder (a) befanden sich in einem Zustand der Entzückung.

1. 'Gefühl der Freude', 'außerordentlich', 'von verschiedenen Ursachen hervorgerufen'
2. a  –  Merkmalsträger / Mensch /
      V: Sa;                        A: Sn;                        S: Sg
   b  –  Grund / ohne Selektionsbeschränkungen (positive Erscheinung) /
      V: Sn/NS (daß, w)/Inf;        A: Sp (von)/                  S: Sp (über)/NS (daß,
                                    NS (daß, w)/Inf;              w)/Inf
3. Die Darbietungen der Musikschüler entzückten die Anwesenden. Die Besucher waren entzückt von den herrlich restaurierten Häusern. Sie sind entzückt davon, mit welcher Leichtigkeit der Hochspringer diese Höhe meisterte. Das Entzücken der Zuschauer darüber, wie großartig die Bühnendekoration und die Kostümierung der Schauspieler waren, machte sich in lautem Beifall bemerkbar.

Anmerkung
–  Beim Substantiv *Entzücken* nimmt man ein Sem des Prozesses wahr; das Substantiv kann die zwei Valenzpartner realisieren. Das Substantiv *Entzückung* gibt einen generellen Zustand an, bei dem es nicht auf den Merkmalsträger und den Grund ankommt:
    *Das Entzücken der Erwachsenen über die niedlichen Kinder war zu spüren.*
    Alle befanden sich in einem Zustand der Entzückung.

## ergreifen – ergriffen – Ergriffenheit

Der tragische Ausgang der Expedition (b) hat die Leser des Expeditionsberichtes (a) ergriffen. Besonders die jungen Leser (a) waren vom tragischen Ausgang der Expedition (b) ergriffen. Man konnte die Ergriffenheit der Zuschauer (a) über die bedrückenden Vorgänge auf der Bühne (b) deutlich sehen.

1. 'Gefühl der Betroffenheit', 'innerliche Erregung / Anteilnahme', 'starkes Mitgefühl'
2. a  –  Merkmalsträger / Mensch /
      V: Sa;                        A: Sn;                        S: Sg
   b  –  Grund / Konkretum, Abstraktum /
      V: Sn/NS (daß, w);            A: Sp (von)/                  S: Sp (über)/NS (daß,
                                    NS (daß, w);                  w)
3. Daß so viele Menschen bei dem Zugunglück ums Leben kamen, hat die Bevölkerung des ganzen Landes ergriffen. Ihn ergreift fremdes Leid immer sehr. Die Menschen waren von der zu Herzen gehenden Rede ergriffen. Die Ergriffenheit über das Schicksal der vom Hochwasser heimgesuchten Menschen war im ganzen Land zu spüren.

## sich freuen / sich erfreuen – froh / erfreut – Freude

Die Schülerin (a) freut sich über die gute Note (b). Die Eltern (a) erfreuen sich an den musikalischen Darbietungen ihrer Kinder (b). Die Schülerin (a) ist froh / erfreut über die gute Note (b). Die Freude der Schülerin (a) über die gute Note (b) ist groß.

1. 'Gefühl der Hochstimmung', 'innere Heiterkeit', 'Fröhlichkeit'
2. a – Merkmalsträger / Mensch /
    V: Sn;                              A: Sn;                    S: Sg
   b – Grund / ohne Selektionsbeschränkungen /
    V: **sich freuen**: Sp (über,      A: Sp (über)/            S: Sp (über, auf, an)/
       an)/NS (daß)/Inf                   NS (daß)/Inf;            NS (daß)/Inf
       **sich erfreuen**: Sp (an)/
       NS (daß)/Inf;
3. Der Verkäufer freut sich über das gute Verkaufsergebnis. Sie freut sich, daß sie so
   viel verkauft hat. Der Sportler ist froh / erfreut darüber, daß seine Mannschaft
   gewonnen hat. Die Freude des Jungen über die Geschenke / darüber, daß er so viele
   Geschenke bekommen hat / darüber, so viele Geschenke bekommen zu haben, war
   ihm anzusehen.

Anmerkung
– Die Präposition *auf* weist auf Zukünftiges, *über* auf Vergangenes und Gegenwärtiges und *an* auf
  Gegenwärtiges hin:
  Wir freuen uns *auf den morgen beginnenden Urlaub.*
  Wir freuen uns *über den vergangenen Urlaub / das schöne Wetter.*
  Wir freuen uns *an den frisch erblühten Schneeglöckchen.*
– Das Adjektiv *froh* bezeichnet die innere Heiterkeit; ein Grund wird genannt oder mitgedacht. Bei
  *fröhlich* handelt es sich um ein einwertiges Adjektiv, das primär die äußere Heiterkeit bezeichnet:
  Wir sind froh, *die schwere Arbeit geschafft zu haben.*
  Die ganze Hochzeitsgesellschaft *war bald sehr fröhlich.*
– Schon die Tatsache, daß das Verb *sich freuen* Verbindungen mit mehreren Präpositionen eingehen
  kann, weist darauf hin, daß der Kreis der Gründe, die mit *sich freuen* zu verbinden sind, größer ist als
  jener mit dem Verb *erfreuen.* Beim Verb *erfreuen* gibt es einen Bezug auf Gegenwärtiges, alltägliche
  Dinge sind aber ausgeschlossen:
  Ich erfreue mich *an den grünenden Wiesen / an dem Spiel der Kinder.*

# sich fürchten / befürchten – Furcht / Befürchtung

Die Firmenleitung (a) fürchtet sich vor dem Streik (b). Die Wetterstation (a)
befürchtet einen Sturm (b). Die Furcht des Arztes (a) vor einem Kollaps des
Patienten (b) war offensichtlich. Die Befürchtung des Arztes (a), der Patient
werde die Nacht nicht überleben (b), erwies sich als unbegründet.

1. 'Gefühl der Sorge', 'Angst, daß etwas Unangenehmes eintritt'
2. a – Merkmalsträger / Mensch, Institution /
    V: Sn;                                      S: Sg
   b – Grund / Mensch, Tier, Abstraktum /
    V: **sich fürchten**: Sp (vor)/NS (daß)/Inf   S: **Furcht**: Sp (um)/NS (daß)/Inf
       **befürchten**: Sa/NS (daß)/Inf;              **Befürchtung**: NS (daß)/Inf
3. Die Kinder fürchten sich vor der Strenge des Lehrers. Der Jungmatrose fürchtet
   sich vor dem angekündigten Orkan. Die Küstenbewohner befürchten, daß die Flut
   den Deich durchbrechen wird. Die Furcht der Eltern um das kranke Kind erwies
   sich letztlich als übertrieben. Die Befürchtung des Geschäftsinhabers, das Geschäft
   nicht halten zu können, hat sich leider bestätigt.

## glücklich / glückselig – Glück / Glückseligkeit

Die Großeltern (a) waren glücklich / glückselig über die Geburt des Enkels (b). Das Glück / die Glückseligkeit der Großeltern (a) über die Geburt des Enkels (b) war ihnen an den Augen abzulesen.

1. 'Gefühl der Freude', 'starke innere Befriedigung'
2. a – Merkmalsträger / Mensch /
      A: Sn;                S: Sg
   b – Grund / Konkretum, Abstraktum /
      A: Sp (über)/NS (daß)/Inf;   S: Sp (über)/NS (daß)/Inf
3. Der Lehrling ist glücklich / glückselig über den sehr guten Abschluß der Lehre. Der Klassenlehrer ist glücklich darüber, daß die ganze Klasse die Prüfung gut und besser bestanden hat. Das Glück / die Glückseligkeit der jungen Familie, endlich ins eigene Haus einziehen zu können, strahlte auch auf die Eltern aus. Die Glückseligkeit der jungen Mutter über das gesunde, stramme Kind übertrug sich auch auf die anderen Familienmitglieder.

Anmerkung
– Zwischen den Wortpaaren *glücklich / Glück* und *glückselig / Glückseligkeit* besteht ein Intensitätsunterschied. Die Wörter *glückselig* und *Glückseligkeit* bezeichnen die beträchtliche Intensität des Gefühls. Daraus ergibt sich, daß der Gebrauch dieser beiden Wörter eingeschränkt ist auf bedeutungsvolle Gründe:
    Das Mädchen war glückselig, als sie merkte, daß ihr Freund sie wirklich liebt.
    Der Abiturient war glückselig, daß er alle Prüfungen mit "sehr gut" bestanden hatte.

## grämen / sich grämen – Gram

Diese herrliche Gegend für immer verlassen zu müssen (b) grämte ihn (a) sehr. Der junge Banker (a) grämt sich über den Mißerfolg an der Börse (b). Der Gram des Sohnes (a) über den Tod seiner Mutter (b) hielt lange Zeit an.

1. 'Gefühl der Trauer', 'lang anhaltender Kummer', 'starke Betrübnis'
2. a – Merkmalsträger / Mensch /
      V: **grämen**: Sa         S: Sg
      **sich grämen**: Sn;
   b – Grund / Konkretum, Abstraktum /
      V: **grämen**: Sn/NS (daß)/Inf    S: Sp (um, über, wegen)/NS (daß, weil)/Inf
      **sich grämen**: Sp (um, über, wegen)/
      NS (daß, weil)/Inf;
3. Lange nichts von den Freunden gehört zu haben grämte das Mädchen sehr. Die Kinder grämten sich sehr über den frühen Tod ihrer Eltern / daß ihre Eltern so früh sterben mußten. Der Gram über diesen Schicksalsschlag hat ihr Haar über Nacht gebleicht. Sie waren erfüllt vom Gram darüber, ihren ganzen Besitz verloren zu haben / daß sie ihren ganzen Besitz verloren hatten.

# grimmig – Grimm

Der alte Mann (a) war grimmig über die Beleidigung durch den Nachbarn (b). Der Grimm der Leute (a) über die schlechte Versorgung (b) machte sich in Protesten und Tumulten bemerkbar.

1. 'Gefühl des Ärgers', 'Wut / Zorn', 'sehr intensiv'
2. a – Merkmalsträger / Mensch /
       A: Sn;             S: Sg
     b – Grund / Konkretum, Abstraktum /
       A: Sp (über)/NS (daß);    S: Sp (über)/NS (daß)
3. Der Hausbesitzer war grimmig über die Pfuscharbeit der Handwerker. Der Grimm des Mannes, um sein Vermögen betrogen worden zu sein, war zu verstehen. Der Grimm des Spielers, auf der Bank sitzen zu müssen, nahm immer mehr zu.

Anmerkung
– Beide Wörter sind gehoben; sie werden generell wenig gebraucht.
– Das Adjektiv *grimmig* bezeichnet auch den Zustand, ohne daß die Aktanten realisiert werden:
   Der Boxer blickte grimmig auf seinen Gegner.

# mißmutig – Mißmut

Die Schüler (a) waren mißmutig über die vielen Hausaufgaben (b). Der Mißmut der Käufer (a) über das geringe Warenangebot (b) war überall zu bemerken.

1. 'Gefühl des Ärgers', 'schlechte / gereizte Stimmung', 'mißgelaunt'
2. a – Merkmalsträger / Mensch /
       A: Sn;             S: Sg
     b – Grund / (vorwiegend ) Abstraktum /
       A: Sp (über)/NS (daß);    S: Sp (über)/NS (daß)
3. Die Hausbewohner waren mißmutig darüber, daß der Hausbesitzer die notwendigen Reparaturen am Haus nur zögernd ausführen ließ. Die Reisenden schauten mißmutig auf die Anzeigetafel. Keiner kannte die Ursache des Mißmutes der Taxifahrer. Bei den Zuschauern breitete sich Mißmut aus, als die Vorführung nach einer halben Stunde immer noch nicht begann.

Anmerkung
– Das Adjektiv *mißmutig* bezeichnet häufig lediglich eine Gemütsstimmung, die Bezeichnung des Grundes wird meist nicht realisiert. Das Adjektiv gibt vielfach die Stimmung an, die sich am Merkmalsträger zeigt:
   *ein mißmutiges Gesicht machen; mißmutig aussehen; mit einem mißmutigen Kopfschütteln.*
– Daraus folgt, daß das Adjektiv vorwiegend adverbial bzw. attributiv verwendet wird.

## rühren – gerührt – Rührung

Diese Aufführung (b) rührt die Zuschauer (a). Die Zuschauer (a) waren von dieser Aufführung (b) gerührt. Die Rührung des Preisträgers (a) über die Laudatio (b) war deutlich zu bemerken.

1. 'Gefühl der Betroffenheit', 'innerliches Bewegtsein', 'Ergriffenheit', 'Mitleid oder Sympathie empfinden'
2. a  –  Merkmalsträger / Mensch /
      V: Sa;                    A: Sn;                    S: Sg
   b  –  Grund / Konkretum, Abstraktum /
      V: Sn/NS (daß, w);        A: Sp (von)/            S: Sp (über)/NS (daß,
                                NS (daß, w);            w)
3. Der tiefe Schmerz der jungen Witwe rührte die Hausbewohner. Die Trauerrede rührte die Trauergäste. Die Zuhörer waren davon gerührt, mit welcher Leidenschaft der Vortragende die Folgen der Grundsatzentscheidung erläuterte / wie eindringlich der Gewerkschaftsvertreter um Solidarität mit den Streikenden warb. Alle spürten die Rührung des Redners über den schweren Verlust.

## sich sorgen – besorgt – Sorge / Besorgnis

Die Mutter (a) sorgt sich um ihre Tochter (b). Die Mutter (a) ist besorgt um ihre Tochter (b). Die Sorge / die Besorgnis der Mutter (a) um ihre Tochter (b) wurde von Tag zu Tag größer.

1. 'Gefühl der Angst', 'starke innere Beklemmung', 'bedrückende Gedanken'
2. a  –  Merkmalsträger / Mensch /
      V: Sn;                    A: Sn;                    S: Sg
   b  –  Grund / Abstraktum (selten Konkretum) /
      V, A, S: Sp (um, wegen)/NS (daß, weil)/ Inf
3. Die Eltern sorgten sich sehr um ihr krankes Kind. Sie sorgte sich darum, daß auch alle gleich bedacht werden. Die Lehrerin war besorgt um die schwächeren Schüler. Die Sorge der Eltern um die Zukunft ihres behinderten Kindes konnte durch nichts gemildert werden. Die Besorgnis der Rennleitung, der Fahrer könnte schwere Verletzungen bei dem Unfall erlitten haben, erwies sich als unbegründet. Wir teilen die Besorgnis, daß der Konsum von Drogen ein Unglück ist.

Anmerkung
–  Beim Substantiv *Besorgnis* ist auch die Präposition *über* möglich:
     Die Besorgnis der Messeleitung *über zu geringe Beteiligung* . . .

## trauern – traurig – Trauer / Traurigkeit

Die ganze Belegschaft (a) trauert um die Chefin (b). Die Mannschaft (a) ist traurig über das doch noch verlorene Spiel (b). Die Trauer der Bevölkerung (a) um den verstorbenen Präsidenten (b) kam in vielen Schreiben zum Ausdruck. Die Traurigkeit des Mannes (a) über die verlorenen Jahre (b) zeigte sich in vielen Bemerkungen.

1. 'Gefühl der Wehmut', 'tiefer, seelischer Schmerz', 'besonders um einen schweren Verlust'

2. a  –  Merkmalsträger / Mensch /
       V: Sn;                          A: Sn;                     S: Sg
   b  –  Grund / Konkretum, Abstraktum /
       V: Sp (um, über)/              A: Sp (über)/              S: Sp (um, über)/
       NS (daß)/Inf;                  NS (daß)/Inf;              NS (daß)/Inf

3. Sie trauerten um ihre Mutter. Die Vertriebenen trauerten über den Verlust ihres Besitzes. Sie trauerten darüber, daß sie fast nichts mitnehmen konnten. Das Mädchen war traurig darüber, das Geld verloren zu haben. Die Trauer über den Tod des engagierten Journalisten erfaßte das ganze Land. Die Trauer darüber, daß eine andere Stadt die Olympischen Spiele ausrichten wird, war nicht berechtigt. Über den mißlungenen Versuch herrschte allgemeine Traurigkeit.

Anmerkung
– Bei *trauern* und *Trauer* sind zwei Präpositionen möglich.
  Die Präposition *um* bezieht sich vielfach auf den Tod von Menschen. Bei der Präposition *über* wird mehr ein Kummer ausgedrückt; die Gründe sind vielfältiger als bei *um* :
      Sie trauerten *um den Vater / um die Gefallenen / um die Opfer der Katastrophe.*
      Die Trauer der Bevölkerung *über die schweren Unwetterschäden* . . .
– Das Verb *trauern* besitzt ein Sem 'seelischer Schmerz'.
– Das Substantiv *Trauer* besitzt ein Sem 'Prozeß', daher werden die Valenzpartner häufig realisiert. Das Substantiv *Traurigkeit* bezeichnet vor allem einen seelischen Zustand, daher werden die Aktanten nicht realisiert:
      Die Trauer *der Dorfbewohner um die acht Verunglückten* . . .
      Traurigkeit erfaßte alle.
– Alle Wörter dieser Gruppe können – zur Bezeichnung eines Zustandes – ohne Aktanten stehen:
      Sie trauerten lange. Alle waren traurig. Trauer / Traurigkeit beherrschte den ganzen Ort.

## überwältigt / überwältigend

Die Konzertbesucher (a) waren vom Spiel des Pianisten (b) überwältigt. Das Konzert (a) war überwältigend.

1. 'Gefühl der Freude', 'äußerst intensiv', 'verursacht durch unterschiedliche Erscheinungen'

2. a  –  Merkmalsträger / Mensch /
       **überwältigt:** Sn; **überwältigend:** Sn
   b  –  Grund / Abstraktum, Konkretum /
       **überwältigt:** Sp (von)/NS (daß, w); **überwältigend:** nicht realisiert

3. Die Kommission war überwältigt von den Leistungen des Prüflings / davon, mit welcher Schnelligkeit der Prüfling die Aufgaben erledigte. Der Sieg / die Rede / das Theaterstück war überwältigend.

## unglücklich / todunglücklich

Der Familienvater (a) ist unglücklich / todunglücklich über die Kündigung (b).

1. 'Gefühl der Trauer', 'betrübt / niedergeschlagen / deprimiert'
2. a – Merkmalsträger / Mensch / Sn
   b – Grund / Konkretum, Abstraktum / Sp (über)/NS (daß)/Inf
3. Die Mutter war unglücklich / todunglücklich über das schlechte Benehmen ihres
   Sohnes den Gästen gegenüber. Sie waren unglücklich über das Urteil des Gerichts.
   Sie waren darüber unglücklich, daß die Busfahrt abgesagt wurde / an der Fahrt
   nicht teilnehmen zu können.

Anmerkung
– Das Adjektiv *todunglücklich* drückt einen höheren Grad der Betrübnis aus:
  Sie ist todunglücklich, *den schweren Verkehrsunfall verursacht zu haben.*

## verdrießen – verdrießlich / verdrossen – Verdruß / Verdrießlichkeit

Deine ewige Nörgelei (b) verdrießt mich (a) sehr. Der langweilige Sonntag
mit seinen Eltern (b) ist verdrießlich für den Jungen (a). Der Junge (a) ist
verdrossen über den langweiligen Sonntag mit seinen Eltern (b). Der Verdruß / die Verdrießlichkeit der Gäste (a) über den unhöflichen Empfang (b)
war die ganze Zeit zu spüren.

1. 'Gefühl des Ärgers', 'Mißmut / Unzufriedenheit', 'intensiv'
2. a – Merkmalsträger / Mensch /
   V: Sa;                              A: **verdrießlich**: Sp (für) S: Sg
                                          **verdrossen**: Sn;
   b – Grund / Abstraktum /
   V: Sn/NS (daß)/Inf;                 A: **verdrießlich**: Sn/      S: Sp (über)/NS
                                          NS (daß)/Inf              (daß)/ Inf
                                          **verdrossen**: Sp (über)/
                                          NS (daß)/Inf;
3. Daß es nun schon mehrere Tage ununterbrochen regnet, verdrießt ihn. Der ständige
   Sturm ist verdrießlich für alle Segler. Die Spieler sind verdrossen über den schlechten Zustand des Platzes / darüber, daß das Spiel wegen der Ehrengäste verspätet
   begann. Der Verdruß über die Bürgermeisterwahl kam in vielen Gesprächen durch.
   Allein mit Verdruß ist dieser Kampagne nicht zu begegnen.

Anmerkung
– Bei *verdrießlich* und *Verdrießlichkeit* steht der generelle Zustand im Mittelpunkt. Die Aktanten werden
  selten realisiert:
  Eine Verdrießlichkeit beherrschte die Teilnehmer des Wettbewerbs.
– Bei *verdrossen* und *Verdruß* schwingt ein Sem 'Abschluß des Prozesses und Zustand danach' mit.
  Deshalb wird vor allem die Bezeichnung für den Grund realisiert; die Bezeichnung für den Merk-
  malsträger ergibt sich aus dem Kontext bzw. aus der Situation:
  Der Verdruß *über das Unvermögen des Trainers* nahm zu.

## verstimmen – verstimmt – Verstimmung

Deine unfreundlichen Bemerkungen (b) haben die Gäste (a) verstimmt. Die Gäste (a) waren über die unfreundlichen Bemerkungen des Hausherrn (b) verstimmt. Die Verstimmung der Gäste (a) über die unfreundlichen Bemerkungen des Hausherrn (b) hielt den ganzen Abend über an.

1. 'Gefühl des Ärgers', 'Beeinträchtigung / Verderben der guten Laune'
2. a – Merkmalsträger / Mensch /
     V: Sa;                   A: Sn;                   S: Sg
   b – Grund / Abstraktum (negative Erscheinung) /
     V: Sn/NS (daß, w);       A: Sp (über)/NS (daß, w); S: Sp (über)/NS
                                                        (daß, w)
3. Daß er wieder so spät nach Hause kam, verstimmte sie. Die Anwesenden waren verstimmt über die ungerechtfertigten Beschuldigungen. Die Verstimmung der Delegierten über den Wahlausgang / darüber, wie der Vorschlag begründet wurde, war unverständlich.

## wütend – Wut / Mordswut / Stinkwut

Der Käufer (a) war wütend auf den Verkäufer (b). Die Wut der Zuschauer (a) über das schlechte Spiel der Mannschaft (b) zeigte sich an den Pfiffen.

1. 'Gefühl des Ärgers', 'Erregung', 'sehr intensiv'
2. a – Merkmalsträger / Mensch /
     A: Sn;                   S: Sg
   b – Grund / Konkretum, Abstraktum /
     A: Sp (über, auf)/NS (daß, w)/Inf; S: Sp (über, auf)/NS (daß, w)/Inf
3. Der Fahrgast war wütend über die Verspätung des Zuges / darüber, daß der Zug wieder fast eine Stunde Verspätung hatte. Sie war wütend, daß er sie wieder versetzt hatte / abermals von ihm versetzt worden zu sein. Die Wut der Fans über das Vorgehen der Polizei führte zu Schlägereien. Die Jugendlichen machten ihrer Wut über die Aufforderung zur Räumung des besetzten Hauses Luft. Die Spieler hatten eine Stinkwut auf den ungerecht pfeifenden Schiedsrichter. Die Zuschauer im Saal hatten eine Mordswut / Stinkwut.

Anmerkung
– Die Substantive *Wut / Mordswut / Stinkwut* weisen die gleichen Valenzeigenschaften auf. Die Komposita *Mordswut* und *Stinkwut* drücken eine höhere Intensität des Gefühls aus. *Mordswut* wird umgangssprachlich gebraucht, *Stinkwut* salopp.
– Der Gebrauch der Präpositionen *auf* und *über* richtet sich nach dem Bezugswort. Die Präposition *auf* bezieht sich auf Konkreta, die Präposition *über* auf Abstrakta:
   Er ist wütend *auf den Mitspieler / auf den Nachbarn / auf den bellenden Hund / auf den die Straße sperrenden Lastwagen.*
   Er ist wütend *über die Unfähigkeit des Schiedsrichters / über den Pfusch des Handwerkers / über die ewige Rennerei / über die langweilige Vorlesung.*

## zürnen – zornig – Zorn

Der Vater (a) zürnt dem Sohn (b), weil er die Straße nicht gefegt hat. Der
Förster (a) ist zornig auf den Wilddieb (b). Der Zorn der Arbeiter (a) auf den
Arbeitgeber (b), weil er seit drei Monaten keinen Lohn gezahlt hat, nimmt
bedrohliche Ausmaße an.

1. 'Gefühl des Ärgers', 'sehr intensiv', 'bezogen auf einen triftigen Grund'
2. a  –  Merkmalsträger / Mensch /
         V: Sn;                    A: Sn;                   S: Sg
   b  –  Grund / Lebewesen, Abstraktum /
         V: Sd/Sp (mit)/NS (daß,   A: Sp (über, auf)/       S: Sp (über,
         weil)/gehoben/;           NS (daß);                auf)/NS (daß)
3. Die Mutter zürnt ihrem Sohn nicht länger. Der Lehrer zürnt (mit) der Klasse, weil
   sie ihn im Stich gelassen hat. Der Schüler ist zornig auf den Lehrer, weil er sich
   ungerecht behandelt fühlt. Wir erlebten einen regelrechten Zorn der Teilnehmer
   über die miserable Organisation. Der Zorn der Demonstranten darüber, daß kein
   Regierungsvertreter zu sprechen war, entlud sich gegenüber der Polizei.

Anmerkung
– Die Präposition *auf* bezieht sich hauptsächlich auf Lebewesen, die Präposition *über* läßt auch andere
  Partner zu:
      Er ist zornig *auf seinen Bruder / auf den Nachbarn / auf den Freund.*
      Er ist zornig *über die schlechte Qualität / über das Hausverbot / über den hinterhältigen Kollegen.*
– Aktant b gibt an, worauf sich der Zorn richtet. Häufig steht eine weitere Angabe, die den eigentli-
  chen Grund für den Zorn bezeichnet:
      Das Mädchen ist zornig auf ihren Freund, *weil er sie schon wieder versetzt hat.*

# Feld des Existierens

Zu diesem Wortfeld gehören Verben, Adjektive und Substantive, die den Beginn, die Dauer oder das Ende des menschlichen oder tierischen Lebens bezeichnen. Daraus ergibt sich die Untergliederung in die Mikrofelder 'Leben' und 'Sterben'. Aus der Semantik der Elemente dieser beiden Mikrofelder resultiert, daß die Mehrzahl der Wörter einwertig bzw. zweiwertig ist.

Die zweiwertigen Wörter dieses Feldes bilden folgende (syntaktische) Grundstrukturen:

Verb
*hinrichten:* Täter    – Verb     – Betroffener
           Sn       – V         – Sa
Substantiv
*Hinrichtung:* Substantiv – Betroffener   – Täter
           S         – Sg        – Sp (durch)

## Übersicht über das Wortfeld

1.    'leben'

1.1.   'Leben geben'

1.1.1. 'bezogen auf Menschen'
*entbinden – Entbinden / Entbindung; gebären – Gebären / Geburt; niederkommen – Niederkunft*

1.1.2. 'bezogen auf Tiere'
*ausbrüten – Ausbrüten; ferkeln / abferkeln – Abferkeln; fohlen / abfohlen / verfohlen – Abfohlen; jungen; kalben / abkalben / verkalben – Abkalben; lammen / ablammen – Ablammen; werfen / verwerfen*

1.2.   'leben'
*existieren – existent – Existenz; leben – lebendig – Leben*

2.    'sterben'

2.1.   'ohne fremde Einwirkung'

2.1.1. 'bezogen auf Menschen und Tiere'
*erfrieren – Erfrieren; ersticken[1] – Ersticken; ertrinken – Ertrinken; kre-*

*pieren – Krepieren; sterben / wegsterben – sterblich – Sterben; umkom-*
*men; verbluten – Verbluten / Verblutung; verdursten – Verdursten; ver-*
*hungern – Verhungern; verrecken – Verrecken*

2.1.2. 'bezogen auf Menschen'
*abkratzen; (ableben) – Ableben; dahinscheiden / verscheiden – verschie-*
*den – Dahinscheiden / Verscheiden; einschlafen / entschlafen; entschlum-*
*mern; heimgehen – Heimgang*

2.1.3. 'bezogen auf Tiere'
*eingehen; verenden – Verenden*

2.2. 'durch fremde Einwirkung'

2.2.1. 'bezogen auf Menschen und Tiere'
*abschlachten – Abschlachten / Abschlachtung; beseitigen – Beseitigen /*
*Beseitigung; erschießen – Erschießen / Erschießung; ertränken; morden /*
*ermorden / hinmorden – Morden / Mord / Ermordung; niedermachen;*
*niedermetzeln – Niedermetzeln / Niedermetzelung; töten – tot – Töten /*
*Tötung; umbringen – Umbringen; umlegen – Umlegen; vergiften – Ver-*
*giften / Vergiftung*

2.2.2. 'bezogen auf Menschen'
*enthaupten – Enthauptung; erledigen – Erledigen; erschlagen – Erschla-*
*gen / Erschlagung; erstechen – Erstechen; ersticken[2]; erwürgen – Erwür-*
*gen; fallen; hängen / erhängen / aufhängen – Hängen / Erhängen / Auf-*
*hängen; hinrichten – Hinrichten / Hinrichtung; kaltmachen; lynchen –*
*Lynchen; massakrieren – Massakrierung; niedersäbeln – Niedersäbeln;*
*rädern – Rädern; verbrennen – Verbrennung*

2.2.3. 'bezogen auf Tiere'
*abschießen – Abschießen / Abschuß; abstechen – Abstechen; schlachten –*
*Schlachten / Schlachtung; totmachen – Totmachen*

# Beschreibung der Wörter

## abkratzen

Dieser Mensch (a) kratzt bald ab.

1. 'Sterben', 'ohne fremde Einwirkung', 'auf Menschen bezogen' /salopp/
2. a  –  Täter / Mensch / Sn
3. Dieser Verletzte / der Kerl dort kratzt bald ab. Hätten sie ihn nicht umgelegt, wäre
   er sowieso bald abgekratzt.

## (ableben) – Ableben

Die Freunde und Bekannten sprachen der Hinterbliebenen zum Ableben ihres Mannes (a) ihr tiefempfundenes Beileid aus.

1. 'Sterben', 'ohne fremde Einwirkung', 'bezogen auf Menschen' /gehoben/
2. a – Täter / Mensch /
       V: Sn;                           S: Sg
3. Alle beklagten das frühe Ableben des bekannten Wissenschaftlers. Das Kranken-haus setzte die nächsten Angehörigen vom Ableben des Patienten in Kenntnis.

Anmerkung
– Das Verb *ableben* wird heute nicht mehr gebraucht.
– Das Substantiv *Ableben* gehört der gehobenen Stilschicht an und wird vor allem im öffentlichen Leben (Amtssprache) benutzt.

## abschießen – Abschießen / Abschuß

Auf Anordnung der Behörde schießen die Jäger (a) alle Wildschweine (b) ab. Das Abschießen / der Abschuß einer bestimmten Anzahl von Großwild (b) durch Touristen (a) ist von der Regierung genehmigt.

1. 'Sterben', 'durch fremde Einwirkung', 'bezogen auf Tiere', 'auf Weisung oder mit Genehmigung mit einer Schußwaffe töten', 'niederschießen'
2. a – Täter / Mensch /
       V: Sn;                           S: Sp (durch)
   b – Betroffener / Tier /
       V: Sa;                           S: Sg/Sp (von)
3. Der Wilderer hat heute nacht eine tragende Ricke abgeschossen. Der Polizist hat einen tollwütigen Hund abgeschossen. Auf einer Safari dürfen die Touristen manchmal Großwild abschießen. Das Abschießen von Tieren in der Schonzeit ist untersagt. Das Abschießen von Schwarzwild durch den Förster dient der Regulie-rung des Wildbestandes. Durch das Forstamt wurden zwei Rehe und vier Hirsche zum Abschuß freigegeben.

## abschlachten – Abschlachten / Abschlachtung

Die Rebellen (a) haben Tausende Einwohner (b) abgeschlachtet. Die kran-ken Tiere (b) wurden in kurzer Zeit von Fachleuten (a) abgeschlachtet. Das Abschlachten der Einwohner ganzer Ortschaften (b) durch die Aufständi-schen (a) wurde vom Sicherheitsrat verurteilt. Die Abschlachtung der Rinder (b) durch Metzger (a) war wegen des Rinderwahnsinns notwendig geworden.

1. 'Sterben', 'durch fremde Einwirkung', 'bezogen auf Menschen und Tiere', 'bei Menschen im Sinne von grausam ermorden', 'größere Anzahl'
2. a – Täter / Mensch /
       V: Sn;                           S: Sp (durch)

b  –  Betroffener / Tier, Mensch /
    V: Sa;                        S: Sg/Sp (von)

3. Bei den Stammesfehden hat der eine Stamm die Mitglieder des anderen Stammes brutal abgeschlachtet. Viele Elefanten wurden wegen des Elfenbeins von Wilderern abgeschlachtet. Die Weißen haben die Büffel Nordamerikas zu Tausenden abgeschlachtet. Das Abschlachten seltener und vom Aussterben bedrohter Tierarten wurde von den Konferenzteilnehmern einhellig verurteilt.

## abstechen – Abstechen

Der Fleischer (a) stach das Schwein (b) schmerzlos ab. Das Abstechen der Beutetiere (b) durch die Marodeure (a) ging blitzschnell vonstatten.

1. 'Sterben', 'durch fremde Einwirkung', 'bezogen auf Tiere', 'durch Öffnen der Schlagader mit einem spitzen Gegenstand (meist Messer) töten', 'schnell'
2. a  –  Täter / Mensch /
       V: Sn;                     S: Sp (durch)
   b  –  Betroffener / Tier /
       V: Sa;                     S: Sg/Sp (von)
3. Im Schlachthof werden nicht nur Schweine und Rinder von den Kopfschlächtern abgestochen. Die Methode des Abstechens von Tieren durch Menschen wird heute noch immer praktiziert.

## ausbrüten – Ausbrüten

Die Glucke (a) brütet die Eier (b) aus. Das Ausbrüten der Eier (b) durch die Vogelmutter (a) dauert manchmal ziemlich lange.

1. 'Leben geben', 'bezogen auf Eier legende Tiere', 'junge Tiere durch Brüten / durch die eigene Körperwärme zum Ausschlüpfen bringen'
2. a  –  Täter / Tier (vor allem Vögel, Reptilien) /
       V: Sn;                     S: Sp (durch)
   b  –  Erzeugtes / Ding (Ei), Tier /
       V: Sa;                     S: Sg/Sp (von)
3. Die Enten brüten Eier aus. Die Schwalben brüten ihre Jungen aus. Die Schwäne ziehen sich zum Ausbrüten ihrer Jungen ins Schilf zurück. Das Ausbrüten der Eier durch die Pinguine wurde von dem Kameramann minutiös festgehalten.

## beseitigen – Beseitigen / Beseitigung

Das Verbrechersyndikat (a) beseitigte den Verräter (b). Das Beseitigen / die Beseitigung des Präsidenten (b) durch die eigene Palastwache (a) rief weltweit Empörung hervor.

1. 'Sterben', 'durch fremde Einwirkung', 'bezogen auf Menschen und Tiere', 'gewaltsam', 'meist ungesetzlich', 'häufig auf grausame Art'

2. a – Täter / Mensch, Institution /
   V: Sn;  S: Sp (durch)
   b – Betroffener / Mensch, Tier /
   V: Sa;  S: Sg/Sp (von)
3. Die Geheimpolizei beseitigte den Regimekritiker. Der Gangsterchef beseitigte eigenhändig seinen Kontrahenten. Die Beseitigung des Tyrannen durch den Freiheitskämpfer war lange beschlossen. Die Beseitigung des kranken Löwen durch die dafür Veranwortlichen verzögerte sich. Die Beseitigung der Reste des Indianerstammes durch die Armee rief unter den Humanisten weltweite Empörung hervor.

Anmerkung
– Das Verb *beseitigen* bezeichnet in der Hauptbedeutung ein Entfernen bzw. ein Aus-dem-Weg-Räumen von Störendem und bezieht sich auf Dinge und abstrakte Erscheinungen:
   Man beseitigt *Flecken / Schneemassen / Schwierigkeiten / Mängel.*

## dahinscheiden / verscheiden – verschieden – Dahinscheiden / Verscheiden

Die junge Kollegin (a) war völlig unerwartet dahingeschieden / verschieden. Unser Nachbar (a) ist gestern abend nach langer Krankheit verschieden. Sie gedachten des im vergangenen Jahr verschiedenen Dichters (a). Das Dahinscheiden / Verscheiden des verehrten Seniors der Firma (a) machte alle Betriebsangehörigen betroffen.

1. 'Sterben', 'ohne fremde Einwirkung', 'bezogen auf Menschen' /gehoben/
2. a – Täter / Mensch /
   V: Sn;  A: Sn;  S: Sg/Sp (von)
3. Die bekannte Schauspielerin verschied gestern im Alter von 85 Jahren. Die Trauerfeier anläßlich des Dahinscheidens des Seniorchefs findet am Montag statt. Der verschiedene Präsident wird im Parlament aufgebahrt.

## eingehen

Drei Ferkel (a) sind leider eingegangen.

1. 'Sterben', 'ohne fremde Einwirkung', 'bezogen auf (meist junge) Tiere', 'das Leben langsam verlieren'
2. a – Täter / Tier (meist Haustier) / Sn
3. Von diesem Wurf sind leider fast alle Ferkel eingegangen. Infolge der Dürre sind in der Sahelzone viele Tiere eingegangen.

Anmerkung
– Das Verb *eingehen* bezieht sich in gleicher Weise auch auf Pflanzen:
   *Dieser Baum / Strauch* wird braun, er geht sicher ein.
   Mir sind *vier von fünf Kiefern,* die ich gepflanzt hatte, eingegangen.

## einschlafen / entschlafen

Der Großvater (a) ist heute nacht sanft eingeschlafen / entschlafen.

1. 'Sterben', 'ohne fremde Einwirkung', 'ohne Todeskampf / Schmerzen' /verhüllend, gehoben/
2. a – Täter / Mensch / Sn
3. Der Herzkranke ist gestern sanft eingeschlafen. Die kranke Kollegin ist vor kurzem sanft entschlafen. Er hat das Bewußtsein nicht wiedererlangt und ist ruhig eingeschlafen / entschlafen.

Anmerkung
– Die Verhüllung kommt dadurch zustande, daß das sanfte Sterben mit dem Beginn des ruhigen Einschlafens eines Menschen verglichen wird.

## entbinden – Entbinden / Entbindung

Die junge Frau (a) hat gestern entbunden. Die junge Frau (a) wurde von einem kräftigen Jungen (b) entbunden. Das Kind (b) wurde entbunden. Wir rechnen täglich mit dem Entbinden / mit der Entbindung der jungen Frau (a).

1. 'Leben geben', 'gebären', 'bezogen auf Menschen', 'ein Kind zur Welt bringen'
2. a – Täter / Mensch (Frau) /
       V: Sn;               S: Sg
   b – Erzeugtes / Mensch (Kind) /
       V (Passiv): Sn/Sp (von);    S: Sp (von) /selten/
3. Die Mutter hat im Krankenhaus entbunden. Der Säugling / das Mädchen wurde gestern entbunden. Die Nachbarin wurde von einem Mädchen entbunden. Die Entbindung der Schwangeren verlief problemlos.

Anmerkung
– Es handelt sich beim Verb *entbinden* um unterschiedliche Struktur- und Valenzvarianten.
– Das einwertige Verb bezeichnet lediglich den Prozeß des Entbindens; der Aktant bezeichnet die Mutter. Außerdem steht meist eine Lokal- oder Temporalangabe im Satz:
   *Meine Frau entbindet zu Hause, nicht in der Klinik.*
– Das einwertige Verb im Passiv bezeichnet, daß ein Kind entbunden wird / zur Welt kommt; der Aktant bezeichnet das Kind. Auch hier erscheint meist noch eine Adverbialangabe:
   *Der Junge wurde gestern am Morgen entbunden.*
– Das zweiwertige Verb im Passiv bezeichnet, daß eine Frau ein Kind zur Welt bringt; auch hier steht meist eine Lokal- oder Temporalangabe im Satz:
   *Meine Frau ist gestern von einem strammen Jungen entbunden worden.*

## enthaupten – Enthauptung

Der Henker (a) enthauptete den Verbrecher (b). Die öffentliche Enthauptung des Verurteilten (b) durch den Henker (a) erfolgte morgens um 6 Uhr.

1. 'Sterben', 'durch fremde Einwirkung', 'bezogen auf Menschen', 'jemandem mit einem scharfen Schwert oder Beil den Kopf vom Körper trennen', 'den Kopf abschlagen'

2. a  –  Täter / Mensch /
    V: Sn;                     S: Sp (durch)
   b  –  Betroffener / Mensch /
    V: Sa;                    S: Sg/Sp (von)
3. Der Scharfrichter enthauptete die zum Tode Verurteilten. Zur Enthauptung der zum Tode Verurteilten fanden sich immer viele Schaulustige ein.

## entschlummern

Die alte Frau (a) entschlummerte friedlich.

1. 'Sterben', 'ohne fremde Einwirkung', 'bezogen auf Menschen', 'eines sanften Todes sterben'
2. a  –  Täter / Mensch / Sn
3. Der alte Mann / der frisch operierte Patient / die todkranke Frau ist gestern nacht ruhig entschlummert.

## erfrieren – Erfrieren

Die Expedition Scotts (a) ist auf dem Rückweg vom Südpol erfroren. Das Erfrieren der Expeditionsteilnehmer (a) ist u.a. auf fehlende Nahrung und nicht ausreichenden Brennstoff zurückzuführen.

1. 'Sterben', 'ohne fremde Einwirkung', 'bezogen auf Menschen und Tiere', 'durch übermäßige Frosteinwirkung und fehlende Wärme'
2. a  –  Täter / Mensch, Tier /
    V: Sn;                     S: Sg/Sp (von)
3. In dem strengen Winter sind unter Brücken und in Parks viele Obdachlose erfroren. Bei dem klirrenden Frost sind in den Ställen etliche Schweine und Schafe erfroren. Die Polarforscher schützten sich durch warme Kleidung vor dem Erfrieren.

## erledigen – Erledigen

Die Bande (a) erledigte den Verräter (b). Das Erledigen unerwünschter Personen (a) durch bezahlte Killer (b) kommt in bestimmten Kreisen immer häufiger vor.

1. 'Sterben', 'durch fremde Einwirkung', 'bezogen auf Menschen', 'jemanden (auf Weisung) ermorden / beseitigen' /umgangssprachlich/
2. a  –  Täter / Mensch /
    V: Sn;                     S: Sp (durch)
   b  –  Betroffener / Mensch /
    V: Sa;                    S: Sg/Sp (von)
3. Die Gangster erledigten den Boß des Syndikats. Das Erschießungskommando hat wieder fünf Partisanen erledigt. Das Erledigen der Partisanen durch das Spezial-

kommando erfolgte meist morgens. Das Erledigen einflußreicher Personen durch terroristische Gruppen hat in den letzten Jahren zugenommen.

## erschießen – Erschießen / Erschießung

Der Polizist (a) erschoß in Notwehr den Kindesmörder (b). Das Erschießen / die Erschießung der zum Tode verurteilten Offiziere (b) durch das Erschießungskommando (a) erfolgte unmittelbar nach der Urteilsverkündung.

1. 'Sterben', 'durch fremde Einwirkung', 'bezogen auf Menschen und Tiere', 'durch einen Schuß töten'
2. a – Täter / Mensch /
      V: Sn;                              S: Sp (durch)
   b – Betroffener / Mensch, Tier /
      V: Sa;                              S: Sg/Sp (von)
3. Der Einbrecher erschoß den Juwelier, der ihn überrascht hatte. Der eifersüchtige Mann erschoß seinen Nebenbuhler. Der Polizist erschoß den tollwütigen Hund. Der Wildhüter erschoß die kranke Löwin. Das Erschießen der ausgebrochenen Großkatzen durch den Ordnungshüter bedeutete einen schweren Verlust für den Zirkus. Die Erschießung von Gefangenen durch die Soldaten erfolgte ohne Zeugen.

Anmerkung
– Unter bestimmten Bedingungen kann die Position des Täters auch mit einer Bezeichnung für die Art des Tötens besetzt werden:
   Die Erschießung *durch Genickschuß / durch einen gezielten Schuß / durch eine Salve* . . .

## erschlagen – Erschlagen / Erschlagung

Der Einbrecher (a) erschlug den Pförtner (b). Das Erschlagen von Häftlingen (b) durch den sadistischen Aufseher (a) war der Leitung des KZ Buchenwald bekannt. Die Erschlagung des Taxifahrers (b) durch den Verbrecher (a) rief unter den anderen Taxifahrern helle Empörung hervor.

1. 'Sterben', 'durch fremde Einwirkung', 'bezogen auf Menschen und Tiere', 'durch Schläge / einen Schlag mit einem harten Gegenstand (auf den Kopf) töten'
2. a – Täter / Mensch /
      V: Sn;                              S: Sp (durch)
   b – Betroffener / Mensch, Tier /
      V: Sa;                              S: Sg/Sp (von)
3. Der Förster erschlug den tollwütigen Fuchs. Der Indianer erschlug den gewalttätigen Weißen. Der bösartige Jugendliche erschlug die Katze des Nachbarn. Das Erschlagen von Robben durch Robbenjäger ist unter Strafe gestellt worden. Die Erschlagung des Kassierers durch die Geiselnehmer wurde mit einer langjährigen Haftstrafe geahndet.

Anmerkung
- Die Position des Täters kann auch mit einer Bezeichnung für das Mittel (den Gegenstand) des Tötens besetzt werden:
  *Der umstürzende Baum / der Felsbrocken* erschlug das Kind.
  *Der Blitz* erschlug den Hirten und viele seiner Schafe.
- In diesen Fällen entfällt das Sem 'bewußtes / zielgerichtetes Handeln'.

## erstechen – Erstechen

Der Einbrecher (a) erstach die alte Frau (b), die ihn überraschte, mit einem Messer. Das Erstechen der leichtlebigen Frau (b) durch den eifersüchtigen Ehemann (a) führte in der Öffentlichkeit zu divergierenden Diskussionen.

1. 'Sterben', 'durch fremde Einwirkung', 'bezogen auf Menschen', 'mit einer Stichwaffe o.ä. töten'
2. a – Täter / Mensch /
       V: Sn;                     S: Sp (durch)
     b – Betroffener / Mensch /
       V: Sa;                     S: Sg/Sp (von)
3. Die Senatoren erstachen Cäsar. Die Gangster erstachen den alten Wachmann. Die Rebellen erstachen mehrere Regierungssoldaten. Beim Nahkampf muß jeder Soldat auch das Erstechen des Feindes beherrschen.

## ersticken¹ – Ersticken

Der Säugling (a) ist unter einem Kissen in seinem Bettchen erstickt. Bei dem Brand konnte das Ersticken der Bewohner der oberen Etage (a) trotz höchsten Einsatzes der Feuerwehr nicht verhindert werden.

1. 'Sterben', 'ohne fremde Einwirkung', 'bezogen vor allem auf Menschen', 'an Luft- und Sauerstoffmangel sterben'
2. a – Täter / Mensch /
       V: Sn;                     S: Sg/Sp (von)
3. Der junge Mann ist in der Garage an Auspuffgasen erstickt. Das Kind ist an einem Kirschkern buchstäblich erstickt. Das Ersticken der alten Menschen in dem brennenden Seniorenheim hat die Bevölkerung der Stadt erschüttert.

## ersticken²

Der herzlose Vater (a) hat den schreienden Säugling (b) mit einem Kissen erstickt.

1. 'Sterben', 'durch fremde Einwirkung', 'bezogen auf Menschen', 'jemanden töten durch Verhindern des Atmens / durch Entziehung der Luft'
2. a – Täter / Mensch / Sn
     b – Betroffener / Mensch / Sa

3. Die Kindesmörderin hat das unerwünschte Neugeborene mit einer Bettdecke erstickt. Der Einbrecher hat die alte Frau mit einer Plastiktüte erstickt.

## ertränken

Der Junge (a) sollte die Katze (b), die die Eltern nicht haben wollten, im Teich ertränken.

1. 'Sterben', 'durch fremde Einwirkung', 'bezogen auf Menschen und Tiere', 'einen Menschen bzw. ein Tier mit dem Kopf unter Wasser drücken / halten, bis der Tod eintritt'
2. a  – Täter / Mensch / Sn
   b  – Betroffener / Mensch, Tier / Sa
3. Der Mann ertränkte die noch blinden Katzen. Die verzweifelte junge Frau ertränkte das Neugeborene in der Badewanne.

## ertrinken – Ertrinken

Beim Untergang der "Titanic" sind Hunderte Passagiere (a) ertrunken. Entsetzt und zur Hilflosigkeit verdammt, mußten die Menschen am Ufer das Ertrinken des kleinen Jungen (a) in dem Strudel mit ansehen.

1. 'Sterben', 'ohne fremde Einwirkung', 'bezogen auf Menschen und Tiere', 'im Wasser versinken'
2. a  – Täter / Mensch, Tier /
      V: Sn;                              S: Sg/Sp (von)
3. Der über Bord gespülte Matrose ist in dem brodelnden Meer ertrunken. Bei der großen Sturmflut 1634 sind an der nordfriesischen Küste über 6000 Menschen und über 50000 Stück Vieh ertrunken. Das Ertrinken des im Eis Eingebrochenen konnte nicht verhindert werden.

## erwürgen – Erwürgen

Der Einbrecher (a) erwürgte den alten Mann (b). Das Erwürgen des zum Tode Verurteilten (b) durch den Henker (a) war eine grausame Hinrichtungsart.

1. 'Sterben', 'durch fremde Einwirkung', 'bezogen auf Menschen', 'durch Zudrücken / Abschnüren der Luftröhre töten'
2. a  – Täter / Mensch /
      V: Sn;                              S: Sp (durch)
   b  – Betroffener / Mensch /
      V: Sa;                              S: Sg
3. Der Ehemann erwürgte seine Frau nach einem heftigen Streit. Er erwürgte den Wächter im Affekt. Das Erwürgen des Gegners ist eine lautlose Art des Tötens.

## existieren – existent – Existenz

Diese Person (a) hat wirklich existiert, da gibt es keinen Zweifel. Der vom Aussterben bedrohte Stamm (a) ist noch existent. Die Existenz des angeblich getöteten Kindes (a) kann nun nicht mehr geleugnet werden.

1. 'Leben', 'bezogen auf Menschen und Tiere', 'vorhanden sein'
2. a  –  Täter / Mensch, Tier /
     V: Sn;                           A: Sn;                    S: Sg
3. Diese seltenen Tiere existieren wirklich auf der Erde. Vor Jahrtausenden waren die Saurier in vielen Gegenden existent. Die Existenz rechtsgerichteter Bürger in einer Reihe von Staaten kann nicht geleugnet werden.

## fallen

Im Zweiten Weltkrieg sind Millionen von Soldaten (a) gefallen.

1. 'Sterben', 'durch fremde Einwirkung', 'bezogen auf Menschen', 'im Krieg', 'durch militärische Einwirkung'
2. a  –  Täter / Mensch (Soldat) / Sn
3. Viele Soldaten fielen in der Schlacht von Stalingrad. Die Mutter erhielt die Nachricht, daß ihr Sohn in der Normandie gefallen sei. Der Sohn meines Nachbarn ist im letzten Krieg gefallen.

Anmerkung
– In der Bedeutung 'sein Leben durch Gewalt verlieren' wird das Verb *fallen* gehoben gebraucht. Es wird dann immer die Bezeichnung des Mittels realisiert. Man könnte hier auch von einem zweiwertigen Verb sprechen:
     Der zum Tode Verurteilte fiel *durch die Hand des Henkers / durch das Beil.*

## ferkeln / abferkeln – Abferkeln

Die Sau (a) hat gestern geferkelt. Dieses Mutterschwein (a) muß in einem separaten Stall abferkeln. Dieser Stall ist zum Abferkeln der Zuchtsäue (a) gebaut worden.

1. 'Leben geben', 'bezogen auf Tiere (Schweine)', 'Ferkel werfen', 'gebären'
2. a  –  Täter / Tier (weibliches Schwein) /
     V: Sn;                           S: Sg
3. Dieses Schwein / Muttertier wird bald ferkeln / abferkeln. Beim Abferkeln der Säue schauen die Kinder gern zu.

Anmerkung
– Das Verb *ferkeln* ist allgemeingebräuchlich.
– Das Verb *abferkeln* ist ein Fachwort, das auch auf das Ende des Prozesses verweist. Daher heißt der für den Prozeß des Ferkelns genutzte Stall auch *Abferkelstall.*

276 Feld des Existierens

## fohlen / abfohlen / verfohlen – Abfohlen

Die Stute (a) hat gefohlt / abgefohlt. Leider hat das Pferd (a) verfohlt. Das Abfohlen der Stuten (a) erfolgt oft im Beisein des Tierarztes.

1. 'Leben geben', 'bezogen auf Tiere (Pferde)', 'ein Pferd (Fohlen) zur Welt bringen', 'gebären'
2. a – Täter / Tier (weibliches Pferd) /
    V: Sn;                          S: Sg
3. Die Stute hat gestern abend endlich gefohlt / abgefohlt. Die Stute hat wieder verfohlt. Der Tierpfleger verfolgt interessiert das Abfohlen der Zuchtstute.

Anmerkung
– Das Verb *fohlen* ist allgemeingebräuchlich.
– Das Verb *abfohlen* ist ein Fachwort, das dazu auf das Ende des Prozesses verweist.
– Mit dem Verb *verfohlen* (Fachwort) wird angegeben, daß der Prozeß des Fohlens nicht gelungen ist (Fehlgeburt).

## gebären – Gebären / Geburt

Die Mutter (a) gebar ihr zweites Kind (b). Das Gebären des Kindes (b) durch die junge Mutter (a) wurde in einem Film festgehalten. Der stolze Vater zeigte die Geburt des Stammhalters (b) in der Regionalzeitung an.

1. 'Leben geben', 'bezogen auf Menschen', 'ein Kind zur Welt bringen'
2. a – Täter / Mensch (Frau) /
    V: Sn;                          S: Sp (durch)
   b – Erzeugtes / Mensch (Kind) /
    V: Sa;                          S: Sg/Sp (von)
3. Die junge Frau gebar Zwillinge. Unsere Nachbarin hat einen Jungen geboren. Das Gebären des Kindes bereitete der Frau große Schmerzen. Die Verwandten warten auf die Geburt des Stammhalters.

Anmerkung
– Beim Substantiv *Geburt* wird die Bezeichnung für den Täter kaum realisiert.

## hängen / erhängen / aufhängen – Hängen / Erhängen / Aufhängen

Der Henker (a) hängte / erhängte den zum Tode Verurteilten (b) auf dem Marktplatz. Die SS (a) hängte die Deserteure (b) an den Alleebäumen auf. Im Mittelalter war das Erhängen / Aufhängen von Verurteilten (b) durch den Henker (a) für viele Menschen ein sehenswertes Schauspiel.

1. 'Sterben', 'durch fremde Einwirkung', 'bezogen auf Menschen', 'einen Menschen mit einem Strick um den Hals an einer erhöhten Stelle befestigen und ihn so töten'
2. a – Täter / Mensch (meist Henker) /
    V: Sn;                          S: Sp (durch)

b – Betroffener / Mensch /
  V: Sa;                    S: Sg/Sp (von)
3. Die Dorfbewohner hängten / erhängten den Marodeur. Nach der Verurteilung wurden die Kriegsverbrecher im Gefängnishof gehängt / erhängt / aufgehängt. Das Hängen / Erhängen der zum Tode Verurteilten fand meist in den Morgenstunden statt. Der Kinderschänder erhängte sich in der Zelle.

## heimgehen – Heimgang

Nach dem Empfang der Sakramente durch den Priester ist der hochbetagte Mann (a) ganz still und friedlich heimgegangen. Freunde und Bekannte kondolierten zum Heimgang des verehrten Kollegen (a).

1. 'Sterben', 'ohne fremde Einwirkung', 'bezogen auf Menschen' /verhüllend, gehoben/
2. a – Täter / Mensch /
  V: Sn;                    S: Sg
3. Der geliebte Vater / verehrte Firmenchef ist heimgegangen. Am Heimgang des beliebten Präsidenten nahmen alle Bürger Anteil.

## hinrichten – Hinrichten / Hinrichtung

Man (a) hat den Mörder (b) gestern auf dem elektrischen Stuhl hingerichtet. Der Hinrichtung des Mörders (b) durch den Henker (a) waren drei Berufungsverhandlungen vorausgegangen.

1. 'Sterben', 'durch fremde Einwirkung', 'bezogen auf Menschen', 'an einem Verbrecher auf eine bestimmte Art das Todesurteil vollstrecken'
2. a – Täter / Mensch /
  V: Sn;                    S: Sp (durch)
  b – Betroffener / Mensch (zum Tode Verurteilter) /
  V: Sa;                    S: Sg/Sp (von)
3. Zum Tode Verurteilte werden heute auf unterschiedliche Art hingerichtet, u.a. durch den Strang, auf dem elektrischen Stuhl, mit einer Giftspritze. Hinrichtungen von Schwerverbrechern werden oft erst Jahre nach der Urteilsverkündung vollzogen.

## jungen

In einigen Tagen wird unsere Katze (a) jungen.

1. 'Leben geben', 'bezogen auf bestimmte Tiere', 'Jungtiere zur Welt bringen', 'werfen'
2. a – Täter / Tier (Katze, Hund, Nagetier u.ä.) / Sn
3. Die Katzen / Kaninchen / Goldhamster haben gejungt. Die Kinder warten darauf, daß die Katze jungt.

## kalben / abkalben / verkalben – Abkalben

Die schwarze Kuh (a) hat gestern endlich gekalbt. Die Buntgefleckte (a) hat
zum zweiten Mal verkalbt. Zum Abkalben der Zuchttiere (a) wird oft vor-
sorglich der Tierarzt gerufen.

1. 'Leben geben', 'bezogen auf Tiere (Kühe)', 'gebären'
2. a  –  Täter / Tier (Kuh) /
      V: Sn;                                  S: Sg
3. Eine der trächtigen Kühe hat heute nacht gekalbt. Die andere Kuh hat leider
   verkalbt. Der Bauer erwartet ungeduldig das Abkalben der beiden trächtigen Kühe.

Anmerkung
– Das Verb *kalben* ist allgemeingebräuchlich.
– Das Verb *abkalben* ist ein Fachwort, das dazu auf das Ende des Prozesses verweist.
– Mit dem Verb *verkalben* (Fachwort) wird angegeben, daß der Prozeß des Kalbens nicht gelungen ist
  (Fehlgeburt).

## kaltmachen

Der Verbrecher (a) hat sein Opfer (b) ohne Skrupel kaltgemacht.

1. 'Sterben', 'durch fremde Einwirkung', 'bezogen auf Menschen', 'gewaltsam' /sa-
   lopp/
2. a  –  Täter / Mensch / Sn
   b  –  Betroffener / Mensch / Sa
3. Der Gangster hat den Juwelier einfach kaltgemacht. Dieser Schurke hat den Chef
   des Unternehmens auf grausame Art kaltgemacht.

## krepieren – Krepieren

An der Seuche sind viele Schweine (a) krepiert. Unter dem Trommelfeuer
sind Tausende Soldaten (a) elendiglich krepiert. Gegen das Krepieren der
besten Zuchttiere (a) waren sie einfach machtlos.

1. 'Sterben', 'ohne fremde Einwirkung', 'bezogen auf Menschen und Tiere', 'verenden' /auf Menschen bezogen: salopp/
2. a  –  Täter / Mensch, Tier /
      V: Sn;                                  S: Sg/Sp (von)
3. Viele Elefanten sind in Folge der Dürre jämmerlich krepiert. Die Färsen sind auf
   der Weide krepiert, keiner weiß, was die Ursache ist. Der Obdachlose ist in der
   eisigen Kälte unter elenden Bedingungen krepiert. Das Krepieren der vielen Tiere
   war nicht aufzuhalten.

## lammen / ablammen – Ablammen

Das Schaf (a) hat endlich gelammt / abgelammt. Bei oft gleichzeitigem Ablammen der trächtigen Mutterschafe (a) muß der Schäfer sehr auf der Hut sein.
1. 'Leben geben', 'bezogen auf Tiere (Schafe)', 'gebären'
2. a – Täter / Tier (weibliches Schaf) /
    V: Sn;                         S: Sg/Sp (von)
3. Dieses Muttertier / Zuchtschaf muß in ein paar Tagen lammen / ablammen. Durch das Ablammen der weiblichen Tiere wird die Herde im Frühjahr bedeutend größer.

Anmerkung
– Das Verb *lammen* ist allgemeingebräuchlich.
– Das Verb *ablammen* ist ein Fachwort, das dazu auf das Ende des Prozesses verweist.

## leben – lebendig – Leben

Alle neugeborenen Babys (a) leben trotz des Bombardements auf die Klinik. Der abgestürzte Bergsteiger (a) ist Gott sei Dank noch lebendig. Das Leben des jungen Mannes (a) führte durch Höhen und Tiefen.
1. 'Leben', 'vorhanden sein'
2. a – Täter / Mensch, Tier /
    V: Sn;                A: Sn;                S: Sg
3. Diese kleinen Organismen / Fische leben alle im Wasser. Das Geschöpf ist lebendig. Nach intensiven Wiederbelebungsversuchen wurde er wieder lebendig. Die Bedrohung des Lebens der Menschen durch Naturkatastrophen wächst unaufhörlich.

## lynchen – Lynchen

Die aufgebrachten Menschen (a) lynchten den Mörder (b) in ihrer Erregung. Das Lynchen eines Schwerverbrechers (b) durch die Einwohner (a) ist eine strafbare Handlung.
1. 'Sterben', 'durch fremde Einwirkung', 'bezogen auf Menschen', 'Rache für ein Verbrechen üben', 'ungesetzlich'
2. a – Täter / Mensch /
    V: Sn;                         S: Sp (durch)
    b – Betroffener / Mensch /
    V: Sa;                         S: Sg/Sp (von)
3. Die aufgebrachten Angehörigen lynchten den Mörder des Kindes. Das Lynchen des Indianers durch die weißen Banditen rief überall Abscheu hervor.

## massakrieren – Massakrierung

Die feindliche Armee (a) hat Männer, Frauen und Kinder (b) rücksichtslos massakriert. Die Massakrierung der Menschen (b) durch Teile der feindlichen Armee (a) wurde international scharf verurteilt.

1. 'Sterben', 'durch fremde Einwirkung', 'bezogen auf Menschen', 'grausam töten / niedermetzeln'
2. a – Täter / Mensch /
     V: Sn;                              S: Sp (durch)
   b – Betroffener / Mensch /
     V: Sa;                              S: Sg/Sp (durch)
3. Die Soldateska hat im 30jährigen Krieg Tausende von Menschen massakriert. Durch Strafeinheiten wurden im Zweiten Weltkrieg viele Partisanen massakriert. Die Soldaten überfielen das Dorf und massakrierten die Dorfbewohner. Im Nahkampf kam es zur Massakrierung von Gefangenen auf beiden Seiten.

## morden / ermorden / hinmorden – Morden / Mord / Ermordung

Die feindliche Armee (a) hat viele Zivilisten (b) gemordet / ermordet / hingemordet. Das Morden der Konquistadoren (a) unter den Eingeborenen (b) wurde in Europa kaum zur Kenntnis genommen. Der Mord des bezahlten Killers (a) an dem Präsidenten (b) ist bis heute nicht restlos aufgeklärt. Die Ermordung des Präsidenten (b) durch den bezahlten Killer (a) führte zu Repressalien an der Bevölkerung.

1. 'Sterben', 'durch fremde Einwirkung', 'bezogen auf Menschen', 'vorsätzlich', 'gewaltsam', 'grausam'
2. a – Täter / Mensch /
     V: Sn;                              S: **Mord / Morden**: Sg
                                         **Ermordung**: Sp (durch)
   b – Betroffener / Mensch /
     V: Sa;                              S: **Mord**: Sp (an)
                                         **Morden**: Sp (unter, zwischen, in . . .)
                                         **Ermordung**: Sg/Sp (von)
3. Die Verbrecher / die Terroristen mordeten / ermordeten einen Polizisten. Die aufgebrachten Schwarzen ermordeten zwei Weiße. Der Mord des Bankräubers an dem Kassierer konnte schnell aufgeklärt werden. Das Morden der weißen Soldaten unter den Indios war fürchterlich. Die Ermordung der Rentnerin durch den Triebtäter hat die Bevölkerung aufgeschreckt.

Anmerkung
– Das Verb *morden* bezeichnet den Prozeß schlechthin, der zweite Aktant muß nicht sprachlich realisiert werden:
     Die Armee zog durch die Lande und mordete.
– Das Verb *ermorden* bezeichnet einen zielgerichteten Prozeß, der zweite Aktant ist obligatorisch:
     Die Armee ermordete *Männer, Frauen und Kinder.*

- Die Substantive *Mord, Morden* und *Ermordung* unterscheiden sich durch unterschiedliche syntaktische Konstruktionen.
  Die Täterbezeichnung wird bei *Mord* und *Morden* durch einen Genitiv, bei *Ermordung* durch Sp (durch) realisiert.
  *Morden* bezeichnet einen Prozeß in seiner Dauer, *Mord* einen abgeschlossenen Prozeß und *Ermordung* einen zielgerichteten Prozeß:
    Das Morden der Armee ging weiter.
    Der Mord (an dem Bandenchef) hatte ungeahnte Folgen.
    Die Ermordung des Bandenchefs wurde grausam gerächt.

## niederkommen – Niederkunft

Die junge Frau (a) ist mit einem Mädchen (b) niedergekommen. Die Niederkunft der Schwiegertochter (a) wird für nächste Woche erwartet.

1. 'Leben geben', 'bezogen auf Menschen', 'entbinden'
2. a  –  Täter / Mensch (Frau) /
        V: Sn;                           S: Sg
   b  –  Erzeugtes / Mensch (Kind) /
        V: Sp (mit);                    S: nicht realisiert
3. Die Frau des Nachbarn ist mit einem strammen Jungen niedergekommen. Die Kellnerin aus dem Stammlokal ist mit einem Mädchen niedergekommen. Die Niederkunft der jungen Lehrerin steht dicht bevor.

## niedermachen

Die betrunkenen Söldner (a) machten alle Gefangenen (b) nieder.

1. 'Sterben', 'durch fremde Einwirkung', 'bezogen auf Menschen und Tiere', 'skrupellos töten' /abwertend/
2. a  –  Täter / Mensch / Sn
   b  –  Betroffener / Mensch, Tier / Sa
3. Die weißen Eroberer machten alle Indios des eroberten Dorfes nieder. Die zusammengetriebenen Partisanen wurden von dem Einsatzkommando der SS bestialisch niedergemacht. Die Wilderer haben die Elefanten rücksichtslos niedergemacht.

## niedermetzeln – Niedermetzeln / Niedermetzelung

Die Kavallerie (a) hat die Angreifer (b) reihenweise niedergemetzelt. Das Niedermetzeln / die Niedermetzelung der vorstürmenden Infanterie (b) durch das feindliche Artilleriefeuer (a) konnte vom Gefechtsstand aus beobachtet werden.

1. 'Sterben', 'durch fremde Einwirkung', 'bezogen auf Menschen und Tiere', 'auf grausame Art und Weise', 'in größerer Zahl', 'auch mit Hilfe von Schußwaffen'
2. a  –  Täter / Mensch, Institution, Geschehen /
        V: Sn;                           S: Sp (durch)

b  –  Betroffener / Mensch, Institution, Tier /
    V: Sa;                            S: Sg/Sp (von)
3. Die Reiterei / die Artillerie metzelte die angreifenden Fußtruppen in Massen nieder.
   Von Flugzeugen aus wurden die Antilopen und Gazellen niedergemetzelt. Das Niedermetzeln / die Niedermetzelung der Büffel durch schießwütige Weiße war
   schrecklich anzusehen.

## niedersäbeln – Niedersäbeln

Die Reiter (a) säbelten die leichtbewaffneten Fußtruppen (b) in kurzer Zeit
nieder. Das Niedersäbeln der zu offen angreifenden Infanterie (b) durch die
Kavallerie (a) war ein schreckliches Schauspiel.

1. 'Sterben', 'durch fremde Einwirkung', 'bezogen auf Menschen', 'mit dem Säbel'
2. a  –  Täter / Mensch, Institution /
       V: Sn;                          S: Sp (durch)
   b  –  Betroffener / Mensch, Institution /
       V: Sa;                          S: Sg/Sp (von)
3. Die Elitetruppe säbelte die Demonstranten einfach nieder. Das Niedersäbeln der
   Studenten durch die berittene Polizei hatte starke politische Unruhen zur Folge.

Anmerkung
– Verb und Substantiv sind heute weitgehend veraltet. Das liegt u.a. daran, daß die Kavallerie als
  Truppengattung praktisch keine Rolle mehr spielt.

## rädern – Rädern

Im Mittelalter kam es vor, daß das Gericht (a) die Verurteilten (b) auf dem
Marktplatz rädern ließ. Das Rädern von Verurteilten (b) war eine besonders
grausame Art der Hinrichtung.

1. 'Sterben', 'durch fremde Einwirkung', 'bezogen auf Menschen', 'Hinrichten eines
   Menschen unter Zuhilfenahme eines Rades', 'besonders grausam' /veraltet/
2. a  –  Täter / Mensch (Henker), Institution /
       V: Sn;                          S: Sp (durch)
   b  –  Betroffener / Mensch /
       V: Sa;                          S: Sg/Sp (von)
3. Man ließ den Mörder erst rädern und dann vierteilen. Nach der Folterung und der
   Gerichtsverhandlung wurde der Angeklagte gerädert. Beim Rädern der Verurteilten sahen viele Schaulustige zu.

## schlachten – Schlachten / Schlachtung

Der Bauer (a) schlachtet im Jahr mehrere Schweine (b). Das Schlachten des
Schweins (b) durch den Metzger (a) war immer ein besonderes Ereignis. Die
Schlachtung der Schweine (b) durch den Schlachthof (a) war wegen der
Seuche notwendig geworden.

1. 'Sterben', 'durch fremde Einwirkung', 'bezogen auf Tiere', 'ein Tier töten, um es für die Ernährung zu nutzen'
2. a – Täter / Mensch, Institution /
   V: Sn;             S: Sp (durch)
   b – Betroffener / Tier /
   V: Sa;             S: Sg/Sp (von)
3. Die Bauersfrau schlachtet zur Kirmes einen Truthahn. Der Junge sträubt sich gegen das Schlachten eines seiner Kaninchen durch den Vater. Zum Hausschlachten fanden sich immer die Verwandten aus der Stadt ein. Beim Schlachten / bei der Schlachtung der Färse durch den Fleischer mußten der Bauer und sein Sohn kräftig mit zupacken.

Anmerkung
– Das Verb *schlachten* kann sich auch auf Menschen beziehen. Es hat dann die Bedeutung von 'grausam / bestialisch töten' und ist abwertend.
– Der zweite Aktant wird nicht realisiert, wenn der Prozeß generell gemeint ist. Meist handelt es sich dann um die Hausschlachtung (eines Schweines):
   Wir schlachten immer im Januar.

## sterben / wegsterben – sterblich – Sterben

Der Unfallverursacher (a) ist noch am Unfallort gestorben. Seine Angehörigen (a) sind alle in kurzer Zeit weggestorben. Alle Menschen (a) sind sterblich. Das Sterben kleiner Kinder (a) mitzuerleben ist für die Schwestern der Kinderstation immer schmerzlich.

1. 'Sterben', 'ohne fremde Einwirkung', 'bezogen auf Menschen und Tiere', 'aufhören zu leben'
2. a – Täter / Mensch, Tier /
   V: Sn;       A: Sn;       S: Sg/Sp (von)
3. Der treue Hund / das beim Rennen schwer gestürzte Pferd ist gestorben. Wir sind alle sterblich. Die langanhaltende Dürre hatte ein Sterben von Menschen und Tieren zur Folge.

Anmerkung
– Bei den Verben *sterben* und *wegsterben* kann ein Dativ stehen, der die Person bezeichnet, die von dem Verlust besonders betroffen ist:
   *Dem Nachbarn* ist unlängst die Frau gestorben / weggestorben.
   *Dem Jungen* ist neulich der Goldhamster gestorben / weggestorben.
– Das Adjektiv *sterblich* gibt an, daß Menschen und Tiere dem Naturgesetz des Vergehens unterworfen sind, vergänglich sind.

## töten – tot – Töten / Tötung

Der Angler (a) tötet den Fisch (b) möglichst schmerzlos. Die Frau meines besten Freundes (b) ist seit langem tot. Das Töten / die Tötung des Fisches (b) durch den Verkäufer (a) kann mancher Kunde nicht mit ansehen.

1. 'Sterben', 'durch fremde Einwirkung', 'bezogen auf Menschen und Tiere', 'gewaltsam'

2. a  –  Täter / Mensch, Tier /
       V: Sn;                    A: nicht realisiert;    S: Sp (durch)
   b  –  Betroffener / Tier, Mensch /
       V: Sa;                    A: Sn;                  S: Sg/Sp (von)
3. Der Jäger tötete das kranke Tier. Der Einbrecher tötete kaltblütig den Wachmann.
   Die Löwin tötete die Gazelle mit einem Prankenhieb. Die vergiftete Ratte / der
   gefangene Schmetterling ist tot. Das Töten der von der Seuche befallenen Schweine
   wurde erforderlich. Die Tötung zu kleiner Fische ist verboten.


## totmachen – Totmachen

Der Mann (a) machte die neugeborenen Katzen (b) einfach tot. Das Totmachen der angelandeten Fische (b) durch die Fischer (a) geht schmerzlos
vonstatten.

1. 'Sterben', 'durch fremde Einwirkung', 'bezogen auf Tiere' /salopp/
2. a  –  Täter / Mensch /
       V: Sn;                              S: Sp (durch)
   b  –  Betroffener / Tier /
       V: Sa;                              S: Sg/Sp (von)
3. Der Schweinezüchter machte das kranke Ferkel sofort tot. Der Junge machte die
   Maus tot. Das Totmachen von Tieren konnte die junge Frau nicht mit ansehen.


## umbringen – Umbringen

Der Einbrecher (a) hat den Rentner (b) umgebracht. Das Umbringen Gei-
steskranker (b) durch die Nationalsozialisten (a) war ein Verbrechen.

1. 'Sterben', 'durch fremde Einwirkung', 'gewaltsam', 'häufig auf grausame Weise'
2. a  –  Täter / Mensch, Institution /
       V: Sn;                              S: Sp (durch)
   b  –  Betroffener / Mensch, Tier /
       V: Sa;                              S: Sg/Sp (von)
3. Der Meuterer brachte den Steuermann mit dem Messer um. Der Sadist brachte den
   Schäferhund ganz langsam um. Die SS brachte Millionen von Menschen grausam
   um. Das bestialische Umbringen einiger Gefangener durch den Aufseher führte zu
   einer Rebellion im Lager.


## umkommen

Bei einem der schwersten Flugzeugunglücke (b) kamen über 200 Menschen
(a) um.

1. 'Sterben', 'ohne fremde Einwirkung', 'bezogen auf Menschen und Tiere', 'häufig
   bei einem Unglück oder einem Unfall'

2. a  –  Täter / Mensch, Tier / Sn
   b  –  Grund / Ereignis / Sp (in, bei . . .)/NS (weil)
3. Bei dem Großfeuer in dem Chemiebetrieb kamen fünf Werksangehörige um. Bei
   dem schweren Erdbeben in Kobe kamen über 5000 Menschen um. Der leichtsinnige
   Schwimmer kam in dem Strudel um. Bei der Flutkatastrophe kamen Tausende von
   Rindern und Schweinen um.

## umlegen – Umlegen

Der Verräter (a) legte den Bandenchef (b) um. Das Umlegen unerwünschter
Personen (b) durch bestellte Mörder (a) hat in den letzten Jahren beträchtlich zugenommen.

1. 'Sterben', 'durch fremde Einwirkung', 'bezogen auf Menschen und Tiere', 'kaltblütig erschießen' /salopp/
2. a  –  Täter / Mensch /
         V: Sn;                           S: Sp (durch)
   b  –  Betroffener / Mensch, Tier /
         V: Sa;                           S: Sg/Sp (von)
3. Der Wilderer legte den Zwölfender einfach um. Der Killer legte sein Opfer mit
   einem Schuß um. Die Bandenmitglieder legten sich gegenseitig um. Das Umlegen
   von seltenen Tieren durch gutzahlende Jagdtouristen ist von der Regierung endlich
   unter Strafe gestellt worden.

## verbluten – Verbluten / Verblutung

Der Verunglückte (a) verblutete am Unfallort. Das Verbluten / die Verblutung von Patienten (a) vor einer Notoperation ist gar nicht so selten.

1. 'Sterben', 'ohne fremde Einwirkung', 'bezogen auf Menschen und Tiere', 'infolge
   von Blutverlust'
2. a  –  Täter / Mensch, Tier /
         V: Sn;                           S: Sg/Sp (von)
3. Bei dem starken Artilleriefeuer konnten viele Schwerverwundete nicht abtranspor-
   tiert werden und mußten deshalb verbluten. Viele Schafe wurden durch Schüsse
   verletzt und sind auf dem Feld verblutet. Bei Gefahr eines Verblutens / einer Verblutung muß der verletzte Arm abgebunden werden.

## verbrennen – Verbrennung

Im Mittelalter hat man (a) viele Hexen (b) verbrannt. Die Verbrennung der
Frau mit ihrem verstorbenen Mann (b) durch die Angehörigen des Mannes
(a) war in einigen Ländern Asiens üblich.

1. 'Sterben', 'durch fremde Einwirkung', 'bezogen auf Menschen', 'durch Feuer ums
   Leben bringen'
2. a – Täter / Mensch /
      V: Sn;                          S: Sp (durch)
   b – Betroffener / Mensch /
      V: Sa;                          S: Sg/Sp (von)
3. Die Verurteilten wurden auf einem Holzstoß an einen Pfahl gebunden und dann
   verbrannt. Die Frau äußerte den Wunsch, nach dem Tode ihres Mannes lebendig
   verbrannt zu werden. Die Verbrennung der Verbrecher auf dem Marktplatz war
   häufig für das Volk ein Schauspiel.

Anmerkung
– Verb und Substantiv können auch bezeichnen, daß die Leiche eines Menschen bzw. der tote Körper
  eines Tieres dem Feuer übergeben wird:
  Er äußerte den Wunsch, *nach dem Tod* verbrannt zu werden.
  *Die verseuchten Tierkadaver* wurden verbrannt.
  Die Verbrennung *der Leiche* dauerte ziemlich lange.

## verdursten – Verdursten

In der Wüste sind leider schon viele Expeditionsteilnehmer (a) verdurstet.
Ein Verdursten der Wüstenbewohner (a) wurde durch das Erschließen neuer
Wasserquellen verhindert.

1. 'Sterben', 'ohne fremde Einwirkung', 'bezogen auf Menschen und Tiere', 'als Folge
   fehlender Flüssigkeit (Wasser)'
2. a – Täter / Mensch, Tier /
      V: Sn;                          S: Sg/Sp (von)
3. Viele Schiffbrüchige sind auf der tagelangen Fahrt mit dem kleinen Rettungsboot
   verdurstet. Da die Wasserstellen wegen der ungewöhnlich langen Trockenheit aus-
   getrocknet waren, sind zahlreiche Tiere jämmerlich verdurstet. Verdursten geht
   schneller als Verhungern. Selbst wenn man am Verdursten ist, soll man kein Salz-
   wasser trinken.

Anmerkung
– Das Verb *verdursten* kann auch salopp/scherzhaft gebraucht werden:
  Herr Wirt, wir sind schon am Verdursten! (= Wir möchten etwas zu trinken. – Meist bezogen
  auf alkoholische Getränke.)

## verenden – Verenden

Viele Schweine (a) sind an der Seuche verendet. Der Züchter ist durch das
Verenden seiner prächtigen Zuchttiere (a) an den Rand des Ruins gebracht
worden.

1. 'Sterben', 'ohne fremde Einwirkung', 'auf Tiere bezogen'
2. a – Täter / Tier /
      V: Sn;                          S: Sg/Sp (von)
3. Infolge der Dürre sind die Tiere in den Steppengebieten massenweise verendet. Das
   Verenden des kostbaren Rennpferdes bedeutete einen großen finanziellen Verlust
   für den Rennstallbesitzer.

## vergiften – Vergiften / Vergiftung

Der Einbrecher (a) hat den Wachhund (b) vergiftet. Das Vergiften / die Vergiftung der kostbaren Tiere (b) durch den skrupellosen Rivalen (a) rief unter den anderen Farmern Empörung hervor.

1. 'Sterben', 'durch fremde Einwirkung', 'bezogen auf Menschen und Tiere', 'durch Gift'
2. a  –  Täter / Mensch /
       V: Sn;                  S: Sp (durch)
     b  –  Betroffener / Mensch, Tier /
       V: Sa;                  S: Sg/Sp (durch)
3. Der Laubenbesitzer vergiftete die Mäuse durch Giftweizen. Die Krankenschwester vergiftete die alte Frau, um an das ihr überschriebene Geld zu kommen. Der Patient wurde durch falsche Medikamente beinahe vergiftet. Der Krebskranke hat sich selbst vergiftet. Die Vergiftung / das Vergiften mehrerer Patienten durch das Pflegepersonal konnte einwandfrei nachgewiesen werden. Die Tiere lagen tot im Stall, sie waren vergiftet worden.

## verhungern – Verhungern

In der Gefangenschaft sind viele Kriegsgefangene (a) verhungert. Dem Verhungern der Menschen in Afrika (a) muß endlich Einhalt geboten werden.

1. 'Sterben', 'ohne fremde Einwirkung', 'bezogen auf Menschen und Tiere', 'durch Mangel an Nahrung'
2. a  –  Täter / Mensch, Tier /
       V: Sn;                  S: Sg/Sp (von)
3. Fast alle Einwohner des Dorfes sind infolge der Naturkatastrophe verhungert. Viele Einwohner des eingeschlossenen Leningrads sind verhungert. In der Sahelzone sind viele Menschen und Tiere verhungert. Die vom Hochwasser Eingeschlossenen waren nahe am Verhungern.

Anmerkung
– Das Verb *verhungern* kann auch salopp/scherzhaft gebraucht werden:
  Wann gibt es denn Mittag? Wir sind schon am Verhungern! (= Wir haben großen Hunger.)

## verrecken – Verrecken

Die ausgezehrten Tiere (a) sind alle verreckt. Sauerstoffmangel in dem überfüllten Frachtraum führte zum massenhaften Verrecken der Sklaven (a).

1. 'Sterben', 'ohne fremde Einwirkung', 'bezogen auf Menschen und Tiere' /salopp/
2. a  –  Täter / Mensch, Tier /
       V: Sn;                  S: Sg/Sp (von)
3. Vor allem die kleineren Tierarten sind beim Waldbrand verreckt. Mein Nachbar hat seine Kaninchen alle verrecken lassen. Der Penner ist elend in der Gosse verreckt. Das Verrecken so vieler hilfloser Wesen ist entsetzlich.

– Beim Bezug auf Tiere ergibt sich das Merkmal salopp, beim Bezug auf Menschen das Merkmal vulgär.

## werfen / verwerfen

Die Kuh (a) hat ein Kalb (b) geworfen. Die Stute (a) hat verworfen.

1. 'Leben geben', 'bezogen auf Tiere (bestimmte Tierarten)', 'gebären'
2. a  –  Täter / Tier (bestimmte Säugetiere) / Sn
   b  –  Erzeugtes / Tier (Junges) / Sa
3. Die Katze hat fünf Kätzchen geworfen. Die Maus hat viele Junge geworfen. Unser bestes Schaf hat verworfen.

Anmerkung
– Das Verb *werfen* ist allgemeingebräuchlich.
– Mit dem Verb *verwerfen* (Fachwort) wird angegeben, daß der Prozeß des Werfens nicht gelungen ist (Fehlgeburt).

# Register

waschbar 141
Wäsche 141
waschecht 141
Waschen 141
waschen 141
Wascherei 141
Waschung 141
Wegbringen 49
wegbringen 49
weggeben 69
wegnehmen 73
wegrollen 53
Wegschieben 54
wegschieben 54
wegschleichen 40
Wegschleifen 54
wegschleifen 54
wegschleppen 55
wegschwimmen 41
wegsterben 283
wegtransportieren 56
Wegwälzen 59
wegwälzen 59
Wegzerren 59
wegzerren 59
Wegziehen 60
wegziehen 60
weichkochen 96
weiterbauen 90
weiterbefördern 49
weitereilen 25
weitererzählen 162
weiterfahren 51
Weiterfahrt 25
Weiterflug 26
weiterrasen 35

weiterreichen 76
weitersagen 166
weiterschieben 54
weiterverkaufen 83
werfen 288
Wiederbekommen 65
wiederbekommen 65
wiederkriegen 70
willfahren 191
willfährig 191
Willfährigkeit 191
Wischen 142
wischen 142
wohlunterrichtet 170
Wut 263
wütend 263

Zerpflücken 219
zerpflücken 219
zerren 59
ziehen 60
Zorn 264
zornig 264
Zubereiten 103
zubereiten 103
Zubereitung 103
zudiktieren 230
zugehen 28
Zugeständnis 176
zugestehen 176
zugetan 192
Zulassen 248
zulassen 248
zulässig 248
Zuraten 146
zuraten 146, 166

Zureden 177
zureden 177
zürnen 264
zurückbefördern 49
Zurückbekommen 65
zurückbekommen 65
Zurückbringen 49
zurückbringen 49
zurückerhalten 68
zurückgeben 69
zurückgehen 28
zurückkriegen 70
zurückrennen 37
zurückrollen 53
zurückrudern 39
zurücksausen 39
zurückschicken 77
zurückschlendern 40
zurückschwimmen 41
zurücktraben 45
zurücktragen 56
Zusage 177
zusagen 177
zusammenbauen 90
zusammenborgen 66
zusammenklauen 70
Zuschicken 77
zuschicken 77
zusichern 175
Zusicherung 175
Zustellen 85
zustellen 85
Zustellung 85
zutragen 178